Walter Momper

»Berlin, nun freue dich!«

Mein Herbst 1989

Das Neue Berlin

Walter Momper hat in diesem Buch minutiös dargestellt und analysiert, was in jenem Jahr der Umwälzungen geschah. Von seiner damaligen Position, dem Amt des Regierenden Bürgermeisters von Berlin, aus hat er diesen Prozess wie kein Zweiter aus nächster Nähe erlebt und ihn beeinflusst. Er war Mittler und Ansprechpartner für die westlichen Schutzmächte und die Sowjets, für die Bundesregierung und die Regierung der DDR, für die Oppositionellen außerhalb und die Reformer innerhalb der SED.

Willy Brandt

Wahrheit hat viele Seiten

Walter Momper, Jahrgang 1945, in Niedersachsen geboren und aufgewachsen, Mitglied der SPD mit 22, Studium in Münster, München und Berlin (Politische Wissenschaften, Geschichte und Volkswirtschaft). Seit 1969 in Berlin tätig, zunächst bei der Stiftung Preußischer Kulturbesitz, dann als Geschäftsführer der Historischen Kommission zu Berlin. Von 1986 bis 1992 Landesvorsitzender der Berliner SPD, von März 1989 bis Januar 1991 Regierender Bürgermeister. Präsident des Berliner Abgeordnetenhauses von 2001 bis 2011.

Sie sind seit geraumer Zeit das, was man einen Politrentner nennt. Was machen Sie derzeit, Herr Momper?

Ich habe in der Tat keine politischen Ämter mehr und muss mich nicht jeden Tag ins Getümmel stürzen, was ich als sehr angenehm empfinde. Ich habe viel freie Zeit, die meine Frau Anne, meine Töchter Alexandra und Friederike und ich fast vierzig Jahre schmerzlich vermissten, und die ich genieße. Ansonsten arbeite ich in meinem bürgerlichen Beruf, den ich seit fast zwanzig Jahren ausübe: als Projektentwickler. Mein Unternehmen betreut vornehmlich Einzelhandelsobjekte, wir kümmern uns insbesondere um die Genehmigungsverfahren.

Mit dieser Absage an die Politik fallen Sie aber aus der Norm. Die meisten Politiker trennen sich nur schwer von ihrem Amt. Waren Sie ein anderer Politikertyp?

Vielleicht. Ich war 33 Jahre im Berliner Abgeordnetenhaus. Das reichte dann auch. Da kommt nicht mehr wirklich Neues. Außerdem hatte ich als Regierender Bürgermeister und als Parlamentspräsident die beiden höchsten Ämter, die das Land Berlin zu bieten hat: Darüber gibt es nichts mehr. Zugegeben, ich wäre gern länger Regierender Bürgermeister gewesen, aber das ist wirklich der einzige Wunsch – so ich denn diesbezüglich Wünsche gehabt haben sollte –, welcher sich nicht erfüllte.

Furcht vor der Zeit ohne Politik hatte ich nie, ich wusste immer, was ich mit meiner freien Zeit anfangen würde. Wenn mir nichts eingefallen wäre, hätte ich mich mit meinen Briefmarken beschäftigt, die ich seit vierzig Jahren in einem Schuhkarton sammele. Es hatten sich auch viele Bücher angestaut, die ich unbedingt noch lesen will. Zudem haben wir einen Garten, in dem es immer etwas zu tun gibt. Meine Frau und ich hatten uns ein paar Reisen vorgenommen, keine Weltreisen oder so etwas, sondern wir wollten bestimmte Regionen in Europa besuchen. Auch in Deutschland haben wir noch viele Ziele. Erst unlängst waren wir mit britischen Freunden fast einen Monat streng nach Plan unterwegs. Täglich haben wir zwei, drei historisch interessante Orte aufgesucht: vom Brocken und Wernigerode über Leipzig, Weimar, Würzburg, München …

In Berlin, sagten Sie, hätten Sie alles erreicht. Die Bundesebene hat Sie nicht interessiert?

Nein. Ich hatte nie bundespolitische Ambitionen. Mich drängte es nicht einmal, in den Deutschen Bundestag zu gehen. Es genügte mir, Stadtpolitik – die ja in Berlin Landespolitik ist – zu machen. Als Regierungschef war ich außerdem bereits bundespolitisch präsent.

Sie lieben Berlin, obwohl hier nicht geboren und aufgewachsen.

Die wahren Berliner sind die Zugezogenen, weil sie sich bewusst zu dieser Stadt bekannt haben.

Man sagt, dass man Berlin entweder liebt oder hasst, dazwischen gäbe es nichts. Entweder – oder.

Naja, die meisten lieben die Stadt wohl doch. Viele der Bonner, die zwangsweise nach Berlin mussten, haben mir später gestanden, mit wie vielen Vorbehalten sie hierher kamen.

Diese Zuneigung der Westdeutschen hat sich allerdings sehr langsam entwickelt.

Gewiss. Dass es aber geschah, lag im Wesentlichen an den Berlinern. Man bekommt leicht Kontakt zu ihnen, und zwar in allen Bereichen, nicht nur in der eigenen sozialen Schicht, wie das etwa in Hamburg oder Düsseldorf stark ausgeprägt ist. Die

Westdeutschen stießen auf eine offene Gesellschaft, die sie so nicht kannten. Die meisten fanden das gut. Ganz abgesehen davon, dass die Stadt und ihre Umgebung sehr schön sind.

Am 20. August 1991 entschied der Bundestag in Bonn über die Hauptstadtfrage: Sollte Berlin Sitz der Bundesregierung und des Parlaments werden, oder sollte alles so bleiben, wie es war? Im Kern ging es allerdings um die Glaubwürdigkeit der politischen Klasse der alten Bundesrepublik. Jahrzehntelang war die deutsche Einheit mit der Hauptstadt Berlin postuliert worden, wohl wissend, dass dies bei deutscher Zweistaatlichkeit allenfalls ein wohlfeiles Lippenbekenntnis war, was keinerlei Folgen hatte. Nun aber konnte die Gretchenfrage westdeutscher Politik nicht nur wie gewohnt gestellt, sie musste beantwortet werden.

Es war eine Zitterpartie. In der Lobby wurde schwer gearbeitet. Insbesondere Nordrhein-Westfalen war entschieden gegen Berlin. Wie Wanderprediger sind die Berliner Sozialdemokraten dort unterwegs gewesen.

Was waren die Gründe für die massive Ablehnung?

Reiner Lobbyismus. Bonn lag auf dem Territorium von NRW, tief im reichen, wohlhabenden Westen, und dort sollte auch das politische Zentrum der Bundesrepublik Deutschland für immer bleiben. Neben allen anderen Gründen, die für Berlin sprachen: Das beschauliche Bonn am Rhein war, bei allem Respekt, Provinz, und das als Hauptstadt eines nicht unbedeutenden Staates in Zentraleuropa? Unvorstellbar. Die Metropole Berlin hätte, wenn die Ablehnung durchgekommen wäre, gewiss ihre eigene Sogkraft entfaltet, aber die Entwicklung hätte viel, viel länger gedauert als nach dieser dann getroffenen Entscheidung für Berlin.

Was Sie als Lobbyismus bezeichnen, könnte man auch egoistische Länderinteressen nennen, die weder etwas mit der regierenden Partei noch mit gesamtdeutschen Interessen zu tun hatten. Da gab es keine Unterschiede zwischen Sozialdemokraten in Nordrhein-Westfalen und den Konservativen in Bayern oder Baden-Württemberg. Das muss doch einem Sozialdemokraten wie Ihnen besonders sauer aufgestoßen sein.

Tat es auch. Die in Nordrhein-Westfalen waren da knallhart. Die haben uns in Berlin doch schon während der Verhandlungen 1990 mit der DDR, also noch vor Herstellung der deutschen Einheit, austricksen wollen. Hinter unserem Rücken haben sie versucht, in den Verträgen eine Berlin-Klausel unterzubringen, die gegen uns gerichtet war. Also mit der Maßgabe: Berlin ist die repräsentative Hauptstadt, aber in Bonn spielt die Musik! Dafür haben sie mit den Schwarzen gekungelt, was selbst Schäuble zu viel war. Der ist zu uns Berliner Sozialdemokraten gekommen und hat gewarnt: »Passt auf, eure Genossen versuchen, euch zu bescheißen.« Da war geradezu abenteuerlich, was da hinter den Kulissen abgelaufen ist.

Nach dem Grundgesetz hatte jedes Land im Bundesrat mindestens drei Stimmen, Länder mit mehr als zwei Millionen Einwohnern hatten vier, und Länder mit mehr als sechs Millionen Einwohnern fünf Stimmen. Die großen westlichen Länder Bayern, Baden-Württemberg, Nordrhein-Westfalen und Niedersachsen mit zusammen zwanzig Stimmen fürchteten, dass ihre Stellung durch das Hinzukommen der fünf neuen Länder, die es zusammen ebenfalls auf zwanzig Stimmen bringen würden, geschwächt werden könnte und sie ihre Sperrminorität gegen Verfassungsänderungen, zum Beispiel gegen eine Änderung der Finanzverfassung, verlieren könnten. Sie schlugen darum vor, Nordrhein-Westfalen acht und Bayern, Baden-Württemberg und Niedersachsen je sieben Sitze zu geben. Damit hätten sie sehr an politischem Gewicht gewonnen und sich eine Sperrminorität in der Länderkammer gesichert, diese Möglichkeit aber zugleich den neuen Bundesländern genommen. Gegen die Stimme Berlins und anderer kleinerer Länder brachten sie einen Gesetzentwurf für eine entsprechende Verfassungsänderung ein. Es wurde versucht, *vor* dem Beitritt der neuen Länder schnell noch Fakten zu schaffen.

Ich empfand dies als eine skandalöse Abschottung gegenüber den Ländern Ostdeutschlands. »Ich sehe schon vor mir, dass bald Ost-Elbien gegen West-Elbien steht«, sagte ich damals auf einer Pressekonferenz. Gegenüber den kleineren westdeutschen Ländern, die zusammen im Bundesrat auch über eine Sperrminorität verfügten, hatte es einen solchen Versuch der Ausgrenzung nie gegeben. Bis zuletzt wurde über den neuen Verteilungsschlüssel gepokert. Am Ende stimmte auch ich notgedrungen einem Kompromiss zu, der mit der Erhöhung auf sechs Stimmen für die großen Länder etwas maßvoller war ... Ich habe Johannes Rau, damals Ministerpräsident in NRW, klar gesagt: Ich beuge mich eurer Erpressung!

Das war, mit Verlaub, sehr sozialdemokratisch ... Das Stänkern gegen die kleinen Länder im Osten einschließlich Berlin hat bis heute nicht aufgehört. Die Forderung nach Überprüfung des Länderfinanzausgleichs wird mit steter Regelmäßigkeit insbesondere in Bayern und NRW immer wieder erhoben.

Ich ärgere mich besonders über die in Nordrhein-Westfalen. Sie haben Brandenburg von Anfang an wie ihre Kolonie behandelt. Rau hat Einfluss genommen bis hin zur Besetzung des Persönlichen Referenten des Ministerpräsidenten in Potsdam. Selbst der musste aus NRW kommen, der dafür vorgesehene Beamte aus der Senatskanzlei in Berlin wurde in Düsseldorf abgelehnt. Es wurde die zweite und dritte Garnitur aus NRW, die dort nichts geworden war, nach Brandenburg abkommandiert. Das erklärt auch die Qualität des Personals in Brandenburg und ist ein Teil der Antwort auf die Frage, warum es mit der Fusion von Brandenburg und Berlin nicht klappte. Das hängt mit den frühen Jahren und der Berlin-Entscheidung des Bundestages zusammen, es war gleichsam die späte Rache.

Platzeck, zwölf Jahre Regierungschef in Brandenburg, bezog stets Prügel, wenn er öffentlich dieses Thema ansprach. 2010, zum 20. Jahrestag des Beitritts, schrieb er in einem Essay im Spiegel *gar von »Anschluss«. Die westdeutsche »Anschlusshaltung« sei verantwortlich für viele Verwerfungen nach dem Ende der DDR. Damals sei »auf einen schnellen Anschluss statt gleichberechtigter Vereinigung« gedrängt worden.*

Auch er hatte seine Erfahrungen gemacht.

Und Ihre eigenen?

Wir, also Berlin und die DDR im Übergang, bildeten, nachdem ich mich am 12. Dezember 1989 mit Ministerpräsident Modrow getroffen hatte, einen provisorischen Regionalausschuss. Das war eine tolle Konstruktion. Dort saßen Berlin und die angrenzenden Bezirke Potsdam und Frankfurt/Oder zusammen und besprachen die grenzüberschreitende Kooperation. Das haben sie uns untersagt. In Brandenburg suggerierten sie, Berlin habe die Absicht, ihnen die Zähne zu ziehen, um es dann widerstandslos übernehmen zu können. Völliger Blödsinn.

Wer hat den Regionalausschuss sterben lassen bzw. wer machte diese Anti-Berlin-Stimmung in Brandenburg?

Vornehmlich die eingeflogenen »Berater« aus NRW.

Die damit eigene Interessen verfolgten.

Natürlich. Die Landesplanung Brandenburgs, etwa der keilförmige Zuschnitt der Kreise rings um Berlin, war von der Absicht getragen, Berlin »einzukreisen«. Sie haben das damit begründet, dass möglichst viele Kreise in den »Speckgürtel« um Berlin ragen und damit insgesamt davon profitieren sollten. Das war von Anfang an Unsinn, weil klar war, dass das eintreten würde, was eingetreten ist: Die abgelegeneren Regionen in diesen Kreisen werden vernachlässigt und entvölkern sich. Folglich fand auch keine gleichmäßige Entwicklung des Landes statt. Daran leidet Brandenburg unverändert.

Es handelte sich, wenn es denn keine politische Dummheit war, um eine vorsätzliche Schwächung des Ostlandes Brandenburg?

Diese Feststellung ist sicherlich eine polemische Zuspitzung, aber nicht falsch.

Sie waren doch in einer Partei. Vorsitzender der SPD war damals Willy Brandt, als Regierender Bürgermeister einst Ihr Vorgänger im Rathaus Schöneberg. Warum sind Sie nicht mal zu ihm gegangen und haben gesagt: Willy, so geht das nicht!

Natürlich haben wir das in der Partei diskutiert, es ist auch an Willy herangetragen worden. Doch der schwebte über den Dingen, und gegen Rau und die Genossen in Nordrhein-Westfalen kam auch er nicht an.

Aber wir müssen aufpassen, dass wir nicht alle Genossen aus NRW in einen Topf werfen, es gab dort keine geschlossene Fronde gegen Berlin und gegen den Osten. Viele Oberbürgermeister und Funktionäre aus dem Ruhrpott waren für Berlin, es gab dort vergleichbare Sozialstrukturen, eine vergleichbare Mentalität, man hatte durch den Bergbau polnische, also osteuropäische Wurzeln. Vornehmlich die Bonner und die Rheinländer, und dort die Sozialdemokraten fast noch mehr als die Konservativen, machten Front wie die Separatisten vor hundert Jahren.

Angeblich störte sie das Großkotzige an Berlin, der vermeintliche Rückfall ins Wilhelminische Zeitalter, der verhindert werden sollte. Das vielleicht einzig Großkotzige sind das Bundeskanzleramt und die Parlamentsbauten, und die hat Helmut Kohl aus Rheinland-Pfalz verantwortet. Wenn man genau hinschaut: Berlin war und ist doch eher ein bescheidener Stadtstaat, der keineswegs auf den Pudding haut und seit Jahren damit beschäftigt ist, seine Finanzen in Ordnung zu bringen. Reiche Länder wie Baden-Württemberg und Bayern, die jahrzehntelang vom Länder-Finanzausgleich profitiert haben, woran sie sich heute nicht mehr erinnern wollen, möchten nunmehr Berlin und den ostdeutschen Ländern nicht mehr unter die Arme greifen. Dieser Egoismus nervt mich.

Wir reden immer noch über die Berlin-Entscheidung von 1991. Wenn man das alles hört, kommt man zum Schluss: Im Westen hatte man mit der deutschen Einheit nichts am Hut.

Die Länderinteressen waren dort größer als das Interesse an der nationalen Frage. Für NRW und dessen Ministerpräsidenten muss man das so sagen. Das war wirklich alles sehr kleinkariert und hatte auch nicht die Spur mit Europa zu tun, in das man Deutschland als Ganzes einbetten wollte, womit sich – so die Argumentation – alle nationalen Fragen angeblich von selbst erledigten. Tatsächlich fürchtete NRW, an die Peripherie gedrängt zu werden. Ich habe es damals gesagt und die Entwicklung bestätigte meine Prognose, dass die Rheinschiene von der europäischen Entwicklung – die maßgeblich von Berlin aus befördert wird – profitieren werde. Dort fielen mitnichten die Grundstückspreise, im Gegenteil. Bonn schwimmt geradezu im Wohlstand, es gibt dort vier oder fünf DAX-Betriebe – Berlin hat heute nicht einen einzigen!

Ich werfe den Westdeutschen nicht mangelnde Fantasie vor, wenn sie sich damals kein vereintes Deutschland vorstellen konnten. Vor allem den jüngeren nicht, die unter den Bedingungen der deutschen Zweistaatlichkeit aufgewachsen sind. Ich traf im Bundestag auf Abgeordnete, die sich vor einem *anderen*, nicht nur vor einem größeren Deutschland fürchteten. Sie meinten, mit der Hauptstadtfrage, also bei einer Entscheidung für Berlin, für eine andere Politik zu stimmen, die sie nicht wollten. Also nicht fehlende Fantasie, sondern fehlender Mut.

Und was bewirkte ein Umdenken?

Das war ein langer Prozess. Viele Westdeutsche besuchten Berlin und fanden nicht den abstoßenden Moloch vor, von dem sie lasen oder hörten. Wenn sie dann daheim auf Politiker trafen, die Anti-Berlin-Reden hielten, tippten sie sich an die Stirn und sagten: Du hast sie ja nicht alle. Ich denke, dass sich dadurch mehr Realitätssinn auch in der Politik durchsetzte.

Nun ja, Untersuchungen ergaben, dass jeder fünfte Westdeutsche noch nie Berlin und den Osten besucht hat, jeder zweite war nur sehr selten dort.

Mag sein. Aber ich glaube schon, dass die Entdeckung des Ostens bei der Mehrheit des westdeutschen Wahlvolks positive Wirkung zeitigte. Das Volk ist dort weiter als die Politiker.

1990, also noch vor der Berlin-Entscheidung, waren Bundestagswahlen. Spitzenkandidat der SPD war Lafontaine. Ihm wurde damals (und auch später) unterstellt, er sei gegen die Einheit.

Unsinn, Oskar Lafontaine war für die Einheit. Er konnte sich allerdings mit Recht nicht vorstellen, dass die Zweistaatlichkeit und das Denken in diesem West-Ost-Raster sich faktisch über Nacht erledigen würden. Den Menschen etwa im Saarland stand Frankreich näher als die DDR, was primär keine politische, sondern eine geografische Frage war. Aber Oskar betrachtete das Problem als ein rein wirtschaftliches. Er sprach davon, dass uns die Einheit eine Milliarde D-Mark kosten würde (womit er weit unter den tatsächlichen Kosten lag, aber diese eine Milliarde schreckte bereits viele Westdeutsche). Oskar sah das alles völlig technizistisch, wollte das Territorium der DDR als ein Wirtschaftsgebiet, als eine Art Sonderzone entwickeln. Dabei verkannte er die Lage völlig. In der Berliner Bevölkerung bekam man keine Mehrheit mehr für Grenzen und Zollschranken und dergleichen, bei den Ostdeutschen ebenfalls nicht. Kein Grenzsoldat wäre bereit gewesen, irgendwelche Kofferräume zu kontrollieren.

War Lafontaine als Wessi ebenfalls gegen eine Hauptstadt Berlin?

Wir beide haben uns wegen vieler Fragen 1989/90 gestritten, und ich lief Gefahr in Verdacht zu geraten, ich wolle ihn als Kanzlerkandidat der SPD verdrängen. Oskar war nach seinem grandiosen Wahlsieg im Saarland mit über 54 Prozent Anfang 1990 vom Vorstand als Kanzlerkandidat benannt worden, und nach dem Attentat am 25. April 1990 wurde ich schon als sein Nachfolger gehandelt, weil ich in Berlin doch dichter an der DDR sei. Aber ich wollte das nicht, schon gar nicht unter diesen Umständen. Zudem rückten in den folgenden Wochen Lafontaine wie auch die SPD-Führung von ihrem Kurs ab, alles infrage zu stellen, was Kohl machte. Es gab harte Auseinandersetzungen etwa mit der Fraktion und Fraktionschef Hans-Jochen Vogel, die rascher begriffen hatten als Oskar Lafontaine, wohin die Reise ging. Nach dem Attentat schien es ihm auch egal, er war nicht mehr derselbe. Aber das Etikett, dass er gegen die Einheit gewesen sei, was nicht zutraf, haftet ihm bis heute an.

Worauf führen Sie die Aversion gegen den Osten insbesondere bei den jungen und jüngeren Westdeutschen zurück? Ist das eine Mentalitäts- oder eine Erziehungsfrage?

Ich glaube, sie dachten mehr europäisch.

Das dachte man in der DDR auch. Allerdings war für die Ostdeutschen Europa erst am Ural zu Ende, für die Westdeutschen bereits am Harz.

Stimmt. Aber es gab ja kaum Möglichkeiten, vernünftig durch die DDR zu reisen. Vernünftig meint: so einfach und unkompliziert, wie man als Bundesbürger oder Westberliner durch Westeuropa reisen konnte. Man reiste doch nur in die DDR, wenn man Verwandte hatte. Oder Freunde. Aber das betraf eher wenige, und selbst die betrachteten die DDR als Sicherheitsrisiko. Als ich mich 1989 mit Honecker traf, sagte ich ihm, dass sich die meisten Westberliner weniger über die Grenze aufregten als darüber, dass sie nicht mit dem Fahrrad in die DDR dürften. Aber insgesamt, da haben Sie recht, hatten die meisten Westdeutschen keine Beziehung zu diesem anderen Deutschland, zur Geschichte dieser Region, zur Kultur dort, zu den Kunstschätzen in den vielen Museen und so weiter. Bei den Westberlinern war das ein wenig anders. Das hing mit der Lage der Stadt und deren Geschichte zusammen. Und sie hatten, nicht zu vergessen, Ostfernsehen.

Meine und die nachfolgende Generation wuchs doch mit der Vorstellung auf: Den deutschen Nationalstaat gibt es nicht mehr, wir, also die Bundesrepublik Deutschland und Westberlin, wollen ein einiges Europa, in das die deutsche Nation eingebettet ist. Die DDR war aus unserer Perspektive ein kleiner Staat, der sich nach Westen abschottete. Ich will das jetzt weder moralisch noch politisch bewerten: Es war eben so. Selbst wenn eine Schulklasse mal eine Klassenfahrt in die DDR machen wollte, ging das nicht.

Die Westintegration der Westdeutschen war darum stärker als die Ostintegration der Ostdeutschen, was m. E. auch deren stärkeres Festhalten am Nationalen und das Interesse am anderen Teil Deutschlands, also der BRD, erklärte.

Zurück zum Hauptstadtbeschluss im Bonner Bundestag. Die Entscheidung fiel mit 338 zu 320 Stimmen denkkbar knapp für Berlin aus. Mancher der damals Unterlegenen leckt sich noch immer die Wunden. Und nicht nur, weil die entscheidenden Stimmen von den 18 Abgeordneten der PDS kamen …

Ich halte es für einen Skandal, dass die Bundesregierung de facto mehrheitlich noch immer in Bonn sitzt. Von den etwa 25.000 Beamten und Angestellten ist erst die Hälfte in Berlin. Allein das Verteidigungsministerium hat noch rund 6.000 Mitarbeiter in Bonn. Alle politischen Institutionen sind in Berlin, hier wird operativ gearbeitet und entschieden. Niemand sollte doch eigentlich Beamter 2. Klasse am Rhein sein, was sie alle objektiv sind. Was machen die da? Allein 300 Mitarbeiter vom Bundespresseamt sind noch dort. Warum, frage nicht nur ich.

Kann man da nichts machen?

Vor den jeweils nächsten Wahlen in NRW will da niemand ran. Und da immer irgendetwas gewählt wird – Landtag, Bundestag, Kommunalparlament, EU-Wahlen –, thematisiert das keine Partei im Land zu keiner Zeit.

Wäre das nichts für die aktuelle Große Koalition in Berlin?

Im Koalitionsvertrag findet sich dazu keine Silbe. Eigentlich hätte dort stehen müssen: Wir vollenden die Einheit Deutschlands, indem alle Regierungsstellen und -mitarbeiter endlich nach Berlin geholt werden.

Das also wäre schon mal ein Punkt, der sich im verflossenen Vierteljahrhundert nicht erfüllt hat. Was hat sich von Ihren seinerzeitigen Erwartungen als Illusion erwiesen, was wurde realisiert? Freut sich Berlin noch immer?

Natürlich. – Aber Spaß beiseite: Ich hatte die Vorstellung, dass die gesamte DDR *ein* Bundesland werden sollte. Auch, weil es ein Äquivalent zu Nordrhein-Westfalen gewesen wäre mit etwa 17 Millionen Menschen. Dann hätten die Westdeutschen die Ossis nicht so über den Löffel balbieren können.

... wie es geschah.

Wie es dann geschah.

Und warum wurde aus dieser Idee nichts?

Weil einzelne ostdeutsche Länder nicht mitspielten. Sachsen hielt sich mal wieder für was Besseres, war ein Freistaat. Thüringen ebenfalls. Das war Folklore und nicht macht- und deutschlandpolitisch durchdacht. Es gab auch mal kurzzeitig Stolpes Idee, aus Brandenburg, Niedersachsen, Hamburg und Mecklenburg-Vorpommern ein Bundesland zu bauen. Doch der Gedanke erledigte sich, als Mecklenburg-Vorpommern vorpreschte und gemäß Art. 23 GG seinen Beitritt zum Grundgesetz erklärte, bevor die Staatsverträge mit der DDR geschlossen waren. Das war natürlich genauso hinrissig wie der Antrag der DSU in der Volkskammer am 17. Juni 1990, sofort den Beitritt der DDR zu beschließen.

Mit dem Druck aus dem Westen sind später auch andere Entscheidungen durchgesetzt worden. Mit dem politischen Willen dort wäre ein solches Bundesland durchaus herstellbar gewesen.

Ja, aber das wollten sie ja nicht! Für die Gegner dieser Idee wäre es die Wiederaufstehung der DDR in anderer Form gewesen. Der Westen holte sich doch keinen starken Konkurrenten an den Hals, am wenigsten waren NRW, Bayern und Baden-Württemberg daran interessiert.

NRW, ich weiß nicht, ob das bekannt ist, hat sich einmal in dieses Ranking der Industrienationen der Welt, in welchem sich die DDR unter den ersten 10 sah, auf Rang 11 gesetzt.

Und auch auf der bundespolitischen Ebene war da nicht viel zu erwarten. Kohl hat einfach fortgesetzt, was ihm vertraut war, also kleinteilige Bundesländer. Da war keine perspektivische Idee, kein großer Wurf.

Was war für Sie das größte Problem in jener Zeit?

Nun ja, da gibt es keine Reihenfolge, das meiste war wichtig. Zum Beispiel hatten wir ähnliche Sorgen wie die Russen: Wir hatten für zwei Millionen Westberliner täglich die Existenz zu sichern, dazu mussten die Verbindungswege zwischen der Stadt und dem Bundesgebiet funktionieren. Also brauchten wir keine Wirren und Unruhen in der DDR. Und die Russen mussten ihre 600.000 Soldaten versorgen und deren Sicherheit garantieren. Was wäre geschehen, wenn sich plötzlich der kollektive Unmut gegen die Sowjetarmee gekehrt hätte? Sicherlich hätten die sich militärisch verteidigen können – aber zu welchem Preis? Die Folgen wären unabsehbar gewesen. Sie hatten eine Heidenangst, dass da was passieren könnte. Wir haben uns ständig mit Botschafter Kotschemassow, aber insbesondere mit Maxymitschew in der Ostberliner Vertretung der UdSSR beraten. Sie waren an unserer Lageeinschätzung interessiert.

Portugalow kam als eine Art Spion zu uns, weil sie sich in Moskau nicht erklären konnten, warum im Dezember '89/Januar '90 alles umkippte und in der DDR plötzlich vehement nach der deutschen Einheit gerufen wurde, beginnend etwa mit dem Kohl-Besuch in Dresden. In Moskau, sagte mir Portugalow, sehe man die DDR noch immer als den Getreuesten der Getreuen.

Anfang Oktober 1989 war Falin bei mir gewesen. Ich fragte ihn, was Generalsekretär Gorbatschow zum 40. Jahrestag der DDR sagen werde, und wie Moskau die deutsche Einheit in der Zukunft sehe. Daraufhin antwortete er mir diplomatisch, die Breshnew-Doktrin gelte nicht mehr, jeder Staat im Ostblock könne seinen eigenen Weg selbst bestimmen. Das bedeute, so Falin, dass Moskau der DDR nicht vorschreiben werde, wie sie mit Glasnost und Perestroika umzugehen gedenke. Aber selbst die Russen, so verstand ich ihn und so verstand ich Äußerungen sowjetischer Politiker in der Vergangenheit, empfanden die deutsche Teilung als temporär. Sie hatten dieses Thema zwar nie vordergründig behandelt, aber es war in ihrem Bewusstsein präsent, ab und an kam eine Äußerung aus dem Kreml, die zeigte, dass dort die deutsche Frage offen war.

Die Russen waren überhaupt nicht das Problem. Das waren sie nur in unserem, also dem westlichen Denken. Mich fragte damals wiederholt der britische Gesandte: Was ist, wenn die Russen kommen? Ich sagte ihm, dass sie erstens schon da wären, und zweitens: Was sollten sie besetzen? Das war doch ein Popanz! Ein zweites Kuba brauchten die Russen so wenig wie ein weiteres Afghanistan, wo sie bereits seit zehn Jahren auf verlorenem Posten kämpften. Die Briten und andere waren derart in ihrem Kalten-Krieg-Denken gefangen, dass sie nicht anders konnten. Es lag außerhalb ihrer Vorstellungskraft, dass die Russen freiwillig Deutschland aufgeben würden. Dieses Problem hatte die Thatcher. Die britische Premierministerin war davon überzeugt, dass die Russen zur DDR stehen und niemals gehen würden.

Das glaubte man hier auch.

Tja, da irrten sich viele im Osten wie im Westen.

Es gab Ende 1989 Anfragen aus Großbritannien und Frankreich, wie Sie, Herr Momper, die Sache sehen und was zu machen wäre. Mitterrand besuchte im Dezember die DDR und schloss einen Fünfjahresvertrag über die wirtschaftliche Zusammenarbeit …

Auf solche Fragen haben wir immer geantwortet: Alles, was die Lage in der DDR stabilisiert, ist von Nutzen. Die Entwicklung darf nicht aus dem Ruder laufen.

Die Amerikaner waren mithin die Einzigen, die die Entwicklung forcierten.

Ganz klar: Der US-Präsident Bush und sein Außenminister, oder umgekehrt, James Baker war der Aktivere, haben als einzige Siegermacht die Sache beschleunigt. Nicht uneigennützig, das gehört auch zur gern verschwiegenen Wahrheit. Baker hat überall antichambriert, strittige Punkte ausgeräumt, Widerstand niedergerungen, Kompromisse gesucht.

In jener Zeit liefen die Vorbereitungen der Open-Sky-Konferenz im kanadischen Ottawa, was hier angesichts der deutschen Probleme kaum wahrgenommen wurde. 1989 reanimierte Präsident George Bush die bereits 1955 von seinem Vorgänger formulierte Idee, dass die Großmächte als vertrauensbildende Maßnahme wechselseitig Beobachtungsflüge über ihre Territorien zulassen sollten. Die Sowjets hatten es damals abgelehnt, weil sie Spionage fürchteten. So war es sicherlich gedacht – aber ihnen wurde das Recht zu spionieren damit ja auch zugestanden. Bush schlug also diese Idee den Russen erneut vor, im Juni 1990 brachten die NATO-Staaten bei den Abrüstungsgesprächen in Wien die Sache aufs Tapet. Im März 1992 wurde in Ottawa der »Vertrag über den Offenen Himmel« von 27 Staaten unterzeichnet, darunter Russland, die Ukraine, Belorussland, Kirgisien. Dieser Vertrag, dem sich später weitere Staaten anschlossen, muss im Zusammenhang mit der Herstellung der deutschen Einheit gesehen werden. Die Amerikaner hatten von allen auswärtigen Mächten das größte Interesse daran, dass in Zentraleuropa die Dinge so liefen, was seit 1945 ihre Strategie in Bezug auf Europa war: Russen raus aus Zentraleuropa und dauerhaft sich selbst auf dem Kontinent festsetzen. Das schloss zwingend die Vorstellung ein, die NATO so weit wie möglich nach Osten, in die Nähe der russischen Grenze, auszudehnen. Der »Offene Himmel« war dazu ein wichtiger Schritt.

War das jedem bewusst? Die DDR bzw. Ostdeutschland sollte doch ursprünglich NATO-frei bleiben.

Wir führten dazu bei uns im Landesvorstand der SPD wiederholt Diskussionen. Vor allem beschäftigte uns die Frage, wie die künftige Sicherheitsarchitektur Europas aussehen könnte. Das werde die NATO sein, sagte ich, *mit* den Russen.

Die nicht eingebunden wurden! Und die Europäische Union? Wäre die nicht als Alternative zur NATO denkbar gewesen.
Das wäre bzw. ist die zivile Seite.

Aber die dominierende Macht in der NATO ist kein europäischer Staat, das sind die USA. Ist, so muss man fragen, die EU wirklich Herr im europäischen Hause?

Lord Ismay, von 1952 bis 1957 erster NATO-Generalsekretär, beantwortete die Frage »Wozu ist die NATO gut?« damals mit einem klaren Satz: »to keep the Russians out, the Americans in, and the Germans down«. Die Strategien haben sich seit 1990 geändert, die Interessen der USA inzwischen in den asiatisch-pazifischen Raum verlagert. Aber »to keep the Russians out« gilt unverändert. Eine zu große Nähe zwischen der EU und Russland wird nicht gern gesehen.

Nach meiner Überzeugung haben die Amerikaner noch nie eine langfristige Konzeption über den Umgang mit den Russen besessen. Es gibt Phasen, wo sie mit ihnen können und wollen, und mal geht es überhaupt nicht. Dann verkeilen sie sich geradezu ineinander. Europa, speziell die Bundesrepublik, hat in solchen Phasen zu leiden. Hinzu kommt noch, dass die Kanzlerin offenkundig keine Berater hatte, die etwas mit dem Osten am Hut haben. Das ist nicht gut. Die Linie von Außenminister Steinmeier in der letzten Großen Koalition war: so viele Kontakte mit den Russen wie möglich, damit die Beziehungen nicht konjunkturellen Schwankungen unterworfen werden können. Ich gehe davon aus, dass diese Politik jetzt wiederbelebt wird. Wir müssen vernünftig mit den Russen umgehen. Aber dagegen wird auch schon wieder moniert, einige gaben dem neuen Außenminister auf den Weg, er müsse etwas gegen sein »prorussisches Image« tun.

Leben die tradierten Feindbilder aus dem Kalten Krieg fort?
Ach, die Amerikaner sind gar keine so kalten Krieger. Das läuft nur so weiter, weil sie kein neues Konzept bzw. kein Konzept für den Umgang mit dieser Großmacht Russland haben. Es interessiert sie auch nicht sonderlich.

Sprung zurück in den Herbst 1989. Sie trafen sich am 29. Oktober mit Schabowski, dem Politbüromitglied, im Palast-Hotel. Am Tag darauf haben Sie auf einer Pressekonferenz in Westberlin ein neues Reisegesetz der DDR angekündigt und erklärt, dass Sie etwa 300.000 Besucher in Westberlin zu Weihnachten erwarteten. Diese Zahl, die Ihnen Schabowski nannte, hätte Sie doch stutzig machen müssen.

Nö, warum?

Mit einem normalen Reisegesetz so ein Ansturm?

Sie meinen, das wäre ein dezenter Hinweis auf die beabsichtigte Öffnung der Grenze gewesen? Dies plante zu jenem Zeitpunkt nicht einmal die DDR-Führung. Die veröffentlichte am Montag, dem 6. November, das uns von Schabowski angekündigte Reisegesetz, was einen Sturm der Entrüstung in der DDR auslöste: Es enthielt Einschränkungen und Bearbeitungsfristen etc. Aufgrund dessen erfolgte die Überarbeitung, und diese präsentierte dann Schabowski am Abend des 9. November auf der Pressekonferenz, was zu den bekannten Folgen führte.

Aber im Gespräch mit Schabowski im Palast-Hotel muss doch die Zahl gefallen sein, Sie werden sie sich nicht ausgedacht haben.

Schabowski sagte, dass aktuell nur etwa zwei Millionen DDR-Bürger einen Pass besäßen, und ehe die alle ein Ausreisevisum bekommen und die anderen einen Pass beantragt hätten, würde einige Zeit vergehen. Ich warf ein, dass der Druck viel zu groß sei, da könne man wohl kaum derart bürokratisch vorgehen, doch er sah das nicht so. Für die Lage im Lande war mir Schabowski mehr als eine Spur zu gelassen. Nun ja, ein paar Tage später, als sie den Gesetzentwurf im *Neuen Deutschland* veröffentlichten, bekamen er und seinesgleichen die Quittung.

Haben Sie später jemals mit Schabowski über diesen 9. November gesprochen?

Nein, ich kenne nur seine und die publizierten Darstellungen anderer Verantwortlicher, die alle voneinander abweichen. Aber es wird deutlich, dass er sich nicht im Klaren darüber war, was er mit seiner leichthin gemachten Aussage, dass die Regelung *ab sofort* gelte, angerichtet hatte. Er fuhr nämlich anschließend seelenruhig nach Wandlitz, sah im Fernsehen, wie sich die Massen an den Grenzübergängen versammelten, und kehrte dann erst an seinen Schreibtisch nach Berlin zurück. Also von einer vorsätzlichen, geplanten Handlung lässt sich da kaum sprechen. Der hat sich auf der Pressekonferenz einfach verquatscht. Mehr nicht.

Die Öffnung der Grenze war doch eine Weltnachricht. Wieso verkündete sie Krenz als Generalsekretär nicht selbst?

Weil die neue Reiseordnung der DDR keine Weltnachricht war! Wir dürfen doch nicht das spätere Wissen auf bestimmte Entscheidungen und Abläufe rückübertragen. Lesen Sie das Protokoll der ZK-Tagung, die Krenz verließ, um dem zur Pressekonferenz eilenden Schabowski die soeben besprochene Reiseordnung in die Hand zu drücken. Das war lediglich ein Punkt von mehreren, die im Plenum – an dem im Übrigen Schabowski nur zeitweise teilnahm – besprochen wurden. Zur Weltnachricht wurde diese Mitteilung doch erst durch Schabowskis Nachlässigkeit.

25 Jahre später: Was hat sich an Erwartungen erfüllt, was nicht?

Ich denke, dass Ossis und Wessis noch immer zu wenig voneinander wissen. Uns im Westen fehlt mehrheitlich Wissen über die DDR, das Leben dort war nicht nur, wie uns vermittelt wird, Schwarz und Weiß, es lebten dort nicht nur Böse und Gute. Erst sehr langsam, zu langsam, wie ich meine, wächst eine differenziertere Sicht. Im kulturellen Verständnis sind wir noch immer sehr verschieden. Und das zweite ist die ökonomische Frage. Es dauert viel, viel länger als erhofft, ehe ein entindustrialisierter Landstrich wieder normal funktioniert. Dazu bedarf es einer langfristigen und keiner kurzatmigen Strukturpolitik.

In der DDR wurde eine langfristige Strukturpolitik durchaus entwickelt. In rückständigen, unterentwickelten Gebieten siedelte man bewusst Industrie an, man denke etwa an die Ostseeregion mit den Werften in Wismar, Rostock, Warnemünde, Stralsund und Wolgast, an die Uckermark mit dem Petrolchemischen Kombinat Schwedt und den Papierfabriken, an Eisenhüttenstadt, an die Altmark mit dem Kernkraftwerk usw.

Nun ja, aber da waren auch viele Rüstungsbetriebe darunter. Das ist für einen Staat immer das Einfachste.

Bleiben wir mal in Berlin. Eigentlich entwickelten sich nach 1945 dort zwei Städte. Das hatte zur Folge, dass 1990 nahezu alles doppelt vorhanden war: Theater, Opern, Museen, Universitäten, Institute, Betriebe …

Das ist doch wunderbar.

Das sehen möglicherweise die Institutionen, die aus eben diesem Grunde abgewickelt wurden, ein wenig anders. Aber das größte Problem war der Wegfall der Berlin-Förderung.

Das hat reingehauen wie nichts. Faktisch fiel für die West-Berliner das 13. Monatsgehalt weg. Das war ein riesiger Verlust an Kaufkraft.

Eine der größten Touristenattraktionen des heutigen Berlin sind die Reste der Mauer. Viel ist davon nicht mehr da. Warum wurde damals entschieden, alles abzureißen?

Es war nicht absehbar, dass die Mauer einst zu einer gefragten Sehenswürdigkeit werden würde. Das bewegte sich außerhalb unserer Vorstellung. Das Denken kreiste nur um die Aufgabe: Die Mauer muss weg! Jeder Politiker, der damals erklärt hätte, wir wollen die Mauer mal stehen lassen, man weiß nie, wozu sie eines Tages taugt, wäre für verrückt erklärt worden.

Aber warum blieben dann dennoch einige Abschnitte stehen?

Weil damit auch Grundstücksgrenzen markiert wurden. Wenn diese Mauerstücke abgerissen worden wären, hätte man sie durch einen Zaun oder Ähnliches ersetzen müssen. Das Stück am Preußischen Landtag beispielsweise begrenzte das Grundstück des einstigen Gestapo-Geländes – jetzt Gedenkstätte »Topografie des Terrors« – zur Straße. Ähnlich verhielt es sich an der Bernauer Straße, da war es die Abgrenzung zum Friedhof, oder bei der Hinterlandmauer in Friedrichshain, die dann zur Eastside-Gallery wurde. So wurde aus dieser pragmatischen Notwendigkeit ein Gedenkort.

Apropos Denkmal. Sie gehören dem Förderkreis an, der sich u. a. für den Friedhof in Friedrichsfelde mit der Gedenkstätte der Sozialisten engagiert. Auf keinem Gottesacker der Republik liegen so viele Persönlichkeiten der deutschen Arbeiterbewegung wie dort. Wilhelm Liebknecht, der 1900 als erster Parteiführer in Friedrichsfelde beigesetzt worden war, folgten viele namhafte Sozialdemokraten, später auch Kommunisten – Mies van der Rohe setzte ihnen ein Denkmal, das die Nazis später schleiften. In der westdeutschen Wahrnehmung kommt dieser Friedhof nicht vor. Ist das der Grund für Ihr Engagement?

Politik braucht Symbole. Und wir brauchen in der deutschen Hauptstadt auch Nationaldenkmale, historische Orte der Demokratie. Der Friedhof der Märzgefallenen im Friedrichshain beispielsweise ist der Paulskirche in Frankfurt am Main und dem Schloss Hambach durchaus adäquat. Aber er ist nicht im öffentlichen Bewusstsein präsent. Das sehe ich als Aufgabe, Orte der positiven Teile der deutschen Geschichte angemessen herauszustellen und sie bewusstzumachen. 1848 war ein Ruhmesblatt der deutschen demokratischen Geschichte. Die Beschränkung auf die negativen Elemente – ich nenne als Reizworte nur Sachsenhausen und Hohenschönhausen – ist einseitig und genügt nicht zur demokratischen Erziehung.

Der Verein, dem ich angehöre, ist nahezu paritätisch besetzt mit Mitgliedern der SPD und der Linken. Die Gedenkstätte der Sozialisten ist ein nationales Denkmal für die Zeit der DDR, es steht aber auch für die gemeinsame Geschichte von Sozialisten und Kommunisten. Oder der Friedrichshain mit dem Friedhof der Märzgefallenen, mit dem Denkmal für die Spanienkämpfer, mit dem Denkmal für die Polen, die bei der Befreiung Berlins starben, mit dem bewachsenen Trümmerberg »Mont Klamott« etc.: das ist eine einzigartige Geschichtslandschaft. Vergleichbares gibt es in Westdeutschland nicht. Es gibt dort auch nirgendwo ein Denkmal für die Freiwilligen, die die Spanische Republik zwischen 1936 und 1939 verteidigten …

Wohl aber wird an die Deutschen erinnert, die Franco halfen: Im Westteil Berlins gibt es beispielsweise die Spanische Allee.

Ja, das waren die anderen … Wenn man sich europäische Hauptstädte anschaut, wird man feststellen, dass die meisten vollgestellt sind mit Denkmalen aus Jahrhunderten. Wir hier in Berlin haben die meisten geschleift, erst nach dem Krieg und dann nach der Einheit. Wir müssen eine historisch erlebbare Stadt gestalten, die alle Elemente der Geschichte angemessen darstellt.

Wie groß ist dafür das Interesse in der politischen Klasse dieses Landes?

Ich würde nicht nach dem Interesse der Politiker, sondern nach dem der Berlin-Besucher, der normalen Menschen, fragen. Dass deren Interesse an Originalschauplätzen, an Orten mit Geschichte, sehr groß ist, sehen wir doch etwa am früheren Checkpoint Charly in der Friedrichstraße oder bei der »Topografie des Terrors«. Besonders jüngere Menschen ohne eigene Erinnerung – wir Älteren gehören ja zur sogenannten Erlebnisgeneration, weil wir die »Geschichte« erlebten – interessieren sich sehr für authentische Orte, die sie nur aus den Geschichtsbüchern kennen. Aber, und darum ist der Friedhof der Märzgefallenen so wichtig, es müssen eben auch die positiven Elemente unserer Geschichte stärker als bislang herausgestellt werden. Eine einseitige Fixierung auf Täter, Unterdrückung und Krieg stärkt nicht unbedingt das demokratische Empfinden und ein differenziertes Bild von der Vergangenheit.

Und wie sieht das aus mit der Fixierung auf DDR-Geschichte? Wenn Jahrestage begangen werden – 17. Juni 1953, 13. August 1961, 9. November 1989 etc. –, sind das genuin DDR-Ereignisse. Es scheint keine bundesdeutsche Geschichte gegeben zu haben.

Ich denke, dass das »Phänomen DDR« den Westdeutschen erst einmal erklärt werden muss. Das Thema DDR beschäftigt ja auch Ihren Verlag, und auch Ihre Bücher nehmen nicht nur Ostdeutsche, sondern auch Westdeutsche in die Hand. Nun werde ich nicht jedes Ihrer Bücher lesen, wie ich nicht jeden Film und jede Ausstellung über die DDR als wahr und zutreffend empfehlen werde. Aber aus den unterschiedlichen Sichten und Darstellungen entsteht, wie aus vielen Puzzleteilen, ein sehr detailliertes Bild, das der historischen Wirklichkeit nahekommt.

2014 wird es sehr viele Publikationen geben, die sich mit dem »Fall der Mauer« beschäftigen, und auch dieses Buch erscheint aus diesem Anlass. Sie vermitteln darin die Sicht eines Sozialdemokraten, der einen großen Teil seines Lebens im Westteil einer 28 Jahre lang geteilten Stadt zubrachte und der in jenem Herbst '89 mehr oder minder zufällig Regierender Bürgermeister war.

Ja, es ist meine subjektive Sicht. Andere haben andere Erfahrungen gemacht, die sich von meinen unterscheiden. Aber ich sagte ja bereits, dass sich das Bild der Vergangenheit aus unterschiedlichen Facetten zusammensetzt. Die ganze Wahrheit gibt es nie aus einem Guss oder an einem Stück. Das ist *meine* persönliche Wahrheit.

Das Gespräch führten Peter Brinkmann und Frank Schumann im Dezember 2013

Wetterleuchten im Osten

Das Ende der 70er Jahre und die erste Hälfte der 80er Jahre waren die Zeit der harten Blockkonfrontation zwischen Ost und West und die Zeit der Atomkriegsgefahr, in der die Amerikaner in der Bundesrepublik Mittelstreckenraketen und Marschflugkörper mit nuklearen Sprengköpfen als Antwort auf die sowjetischen SS-20 stationierten, in der die Sowjets in Afghanistan einmarschierten und der Westen darauf mit einem Handelsembargo reagierte: Zwischen Ost und West herrschte Eiszeit. Immerhin hatten die Deutschen aus beiden Teilen trotz dieser Schwierigkeiten in den frühen 80er Jahren wieder ein gemeinsames Interesse formuliert: Nie wieder dürfe ein Krieg von deutschem Boden ausgehen.

Ein Mann unterbrach den weltweiten Kreislauf aus Rüstung und Gegenrüstung, in dem jede weitere Entspannungspolitik zu ersticken drohte, mit wenigen mutigen Entscheidungen: Michail Gorbatschow. Er hatte erkannt, dass diese Rüstungsspirale nicht nur die Gefahr eines alles vernichtenden Krieges immer größer werden ließ, sondern dass sie schon zu Friedenszeiten seinem Land jene Ressourcen raubte, die es für eine bessere ökonomische Entwicklung dringend brauchte. Das Missverhältnis zwischen der großen militärischen Macht und dem niedrigen zivilen Entwicklungsstand der Sowjetunion war nur aufzulösen, wenn das unkontrollierte Ausufern der Militärausgaben endlich gestoppt werden konnte.

Mit dem Abzug aus Afghanistan und dem Abkommen über die Verschrottung der Mittelstreckenraketen wurde die Rüstungsspirale zum ersten Mal seit dem Ausbruch des Kalten Krieges zurückgedreht, und Elemente von Vernunft und Weitsicht traten in die internationalen Beziehungen. Ohne ihren Status als Supermächte gegenseitig zu relativieren, reduzierten die USA und die Sowjetunion einen Teil ihrer Massenvernichtungswaffen, um für die wirtschaftliche und gesellschaftliche Entwicklung Mittel freizubekommen. In Wien verhandelten sie bereits über eine drastische Verringerung der konventionellen Waffensysteme. Eine Welt wurde vorstellbar, die von Partnerschaft und Zusammenarbeit geprägt sein würde statt von immer weiter eskalierender Bedrohung. Nur wenn das Blockdenken zuerst im militärischen Bereich überwunden wurde, konnte auch im politischen, ökonomischen und kulturellen Sektor eine neue Ära der Kooperation beginnen.

Die Abrüstungserfolge der 80er Jahre strahlten am meisten auf die beiden deutschen Staaten aus, die stellvertretend für die beiden großen Weltmächte als Schlacht- und Sterbefeld ausersehen waren, so vollgestopft mit den modernsten Massenvernichtungswaffen wie kein anderer Ort auf dem Globus. Die Sozialdemokraten entwickelten das Modell einer Sicherheitspartnerschaft zwischen Ost und West und machten den Vorschlag, damit entlang der innerdeutschen Grenze durch die Schaffung eines von atomaren, biologischen und chemischen Waffen freien Korridors zu beginnen.

Die internationale Politik handelte bei dieser Wende zum Besseren durchaus nicht allein unter dem Druck der ökonomischen Verhältnisse, sondern sie spiegelte auch die Veränderungen im Bewusstsein der Völker wider. Die zu Beginn der 80er Jahre weltweit stark angewachsene Friedensbewegung hatte den Blockstrategen beider Seiten deutlich gemacht, dass die Menschen nicht länger gewillt waren, die Konfrontationspolitik mitzumachen. Die ständige Eskalation der Bedrohungspotenziale fand keine Akzeptanz mehr; es reichte nicht mehr aus, eine vermeintliche oder reale Bedrohung aus dem Osten als Begründung für weitere Militärausgaben in Milliardenhöhe heranzuziehen. Besonders in der Bundesrepublik suchte die Bevölkerung einen Ausstieg aus dem gefährlichen Szenario der Konfrontation, in dem sie Spielball und Geisel zugleich war.

Die Friedensbewegung blieb nicht auf den Westen beschränkt, sondern fand Ebenbilder und Partner auch im Osten Europas. Dazu zählten die wachsenden Proteste in der Sowjetunion gegen das Afghanistan-Abenteuer ebenso wie die jungen Leute in Jena und in anderen Städten der DDR, die mit dem Ruf »Schwerter zu Pflugscharen« gegen die Hochrüstung protestierten. Mit Michail Gorbatschow war ein Mann auf die Weltbühne getreten, der der von den Völkern immer dringender geforderten Politik der Vernunft endlich eine Chance gab. Seine Formel vom »gemeinsamen europäischen Haus« beflügelte die Fantasie der Menschen. Zum ersten Mal seit dem Krieg wagte ein Führer einer Supermacht einen Denkansatz, der über die Blockkonfrontation hinausging. Zum ersten Mal gab es eine realistische Vision für ein Europa ohne Abschreckung und Bedrohung. In der logischen Konsequenz war dies eine Vision, die auch über Mauer und Stacheldraht hinauswies. Ein hermetisch abgeschlossener Überwachungsstaat DDR war in einem gemeinsamen Europa nicht vorstellbar.

Michail Gorbatschow wusste, dass äußerer und innerer Friede zusammengehören. Ein friedliches Nebeneinander der Staaten in Europa und ein drastischer Abbau der Rüstungen konnten nicht realisiert werden, wenn – wie 1953 in Berlin, 1956 in Budapest und 1968 in Prag – Panzer und Maschinengewehre demokratische Volksbewegungen niederwalzten. Eine der ersten Konsequenzen der neuen sowjetischen Abrüstungspolitik war es daher, die Breshnew-Doktrin aufzugeben – jenen Grundsatz des früheren sowjetischen KP-Chefs, der zur Rechtfertigung der militärischen Intervention 1968 in der Tschechoslowakei entwickelt worden war. Jedes sozialistische Land besaß nach dieser Doktrin nur eine beschränkte Souveränität und durfte nur eingeschränkt bestimmen, welchen innen- und außenpolitischen Kurs es einschlagen wollte.

Das Ablassen von der Breshnew-Doktrin war nicht allein eine Konsequenz aus der Abrüstungspolitik Gorbatschows, sondern es war auch mit Blick auf die innenpolitischen Probleme der Sowjetunion eine folgerichtige Maßnahme. Ein Land, das immer weniger in der Lage war, seine regionalen Konflikte zu beherrschen, und dessen ökonomische und ökologische Grundlagen immer weiter zerbrachen, hatte keine machtpolitische Legitimation mehr und konnte es sich auch nicht mehr leisten, sich in die inneren Angelegenheiten der Nachbarstaaten einzumischen. Die Sowjetunion musste sich, wenn sie eine Weltmacht bleiben wollte, auf das eigene Land und die eigenen Probleme konzentrieren. Die Polen, das widerspenstigste und mutigste unter den Völkern des Ostblocks, hatten den Sowjets als Erste diese Lektion erteilt. Dort waren sogar das Machtmonopol der Kommunistischen Partei gefallen und ein »Runder

Tisch« gebildet worden, demokratische Wahlen wurden durchgesetzt.

Man konnte 1989 also durchaus sehen, dass die neue Außenpolitik der Sowjetunion den Ländern des Ostblocks beträchtliche Spielräume erlaubte. Aber wie weit würden sie reichen? Würde die Sowjetunion auch zulassen, dass das Gesellschaftssystem umgestülpt wurde? Würde sie die Hinwendung ihrer Satelliten zum Kapitalismus, zu den westlichen Märkten, zur Europäischen Gemeinschaft gestatten? Kaum jemand hätte Anfang 1989 geglaubt, dass die Sowjetunion eines Tages einer schrittweisen Auflösung des Warschauer Vertrags und sogar dem Wechsel eines Mitgliedslandes in die NATO zustimmen würde.

Im besonderen Fall der DDR mussten alle diese Bedenken doppelt schwer wiegen. Denn die Sowjetunion hatte das östliche Deutschland durch die Abwehr des deutschen Überfalls und durch den Sieg über Hitler unter ungeheuren Verlusten in ihren Machtbereich gebracht. Der Große Vaterländische Krieg, die unvorstellbaren Gräueltaten der Deutschen und die Millionen von Opfern blieben der sowjetischen Bevölkerung unvergessen. Die Teilung Deutschlands war für viele eine Garantie gegen einen erneuten Überfall durch Deutschland.

Diese Haltung wurde auch von vielen anderen Völkern in Europa geteilt. Hinter vorgehaltener Hand gaben auch Engländer, Franzosen, Holländer und Italiener gern zu verstehen, was sie von einer Wiedervereinigung hielten. »Ich liebe Deutschland so sehr, dass ich froh bin, zwei davon zu haben«, sagte der ehemalige französische Kulturminister und Literat André Malraux.

Öffnung und Abschottung

Die Umwälzungen in den Ostblockstaaten hatten das Gesicht Berlins schon vor der Wende in der DDR fundamental verändert. Wir waren nicht mehr der ruhige, rundherum abgeschlossene Vorposten des Westens, sondern wurden immer mehr der westliche Vorort des Ostens. Es wurde eng und manchmal auch ungemütlich in Berlin. Einen ersten Vorgeschmack auf die neuen Zeiten bekamen wir, als Polen Ende 1988 seinen Bürgern die Reisefreiheit gewährte. Die Reaktion auf diese Entwicklung wurde zum Lehrstück für unseren unsicheren Umgang mit einem Osten, der wieder nach Europa zurückkehrte. Mit Zügen und Bussen aus Warschau, Stettin und Breslau kamen täglich Tausende Polen in die Stadt, meist Menschen, denen die Not anzusehen war. Das Elend Osteuropas besuchte den reichen, »goldenen« Westen.

Die Besucher schleppten schwer an ihren Taschen, die vollgestopft waren mit Gläsern, Tellern, Besteck, Tüchern und Werkzeugen, mit polnischer Wurst und Eiern vom Land, mit lebenden Tieren, vom jungen Hund bis zur Gans, und zunehmend auch mit Schmuggelware, vor allem Schnaps und Zigaretten. Über die vom westlichen Zoll praktisch unkontrollierten U- und S-Bahn-Verbindungen aus Ostberlin strömten sie zum Gelände des ehemaligen Potsdamer Personenbahnhofs am westlichen Rand Kreuzbergs, nahe der Mauer. Das Grundstück war 1972 vom Berliner Senat für 31 Millionen D-Mark von Ostberlin erworben worden, aber ein Konzept für die städtebauliche Gestaltung und Nutzung der 85.000 Quadratmeter gab es immer noch nicht. Auf einem Teil des Platzes war ein Trödelmarkt angesiedelt. In seiner Nachbarschaft bildete sich schnell der Treffpunkt für den sogenannten Polenmarkt heraus.

Zehntausende boten hier bei jedem Wetter ihre Waren feil. Fünfzig West-Mark waren in Polen, zum dortigen Schwarzmarktkurs gegen Zloty eingetauscht, so viel wie ein Monatslohn. Als Käufer traten neben einem bunten Gemisch von westdeutschen Touristen und Berlinern in der Mehrzahl Türken auf. Da Käufer und Verkäufer keine gemeinsame Sprache hatten, entstand hier ein grotesk anmutender Basar, auf dem fast ausschließlich mit Gebärden und Zeichen gefeilscht wurde. Das Klima war aggressiv, denn die Polen konnten die Türken aus rassistischen und religiösen Gründen nicht leiden und litten darunter, sich diesen »Arabern« anbiedern zu müssen. Und auf der anderen Seite fühlten sich die Türken den Polen überlegen, weil diese bettelarm waren und keine Devisen hatten. Bei Regen verwandelte sich das unbefestigte Gelände in ein widerliches Schlammloch. Dreck und Müll auf dem Platz und in der näheren Umgebung waren unbeschreiblich. Die Menschen kampierten im Freien, in ihren Autos und Bussen, in Hauseingängen oder unter Planen. Die Notdurft wurde in Hinterhöfen und Gärten verrichtet. Die Proteste der Anwohner nahmen immer mehr zu.

Bald entdeckten auch Kriminelle und Schieber den Markt. Einige betrieben das betrügerische »Hütchenspiel«, bei dem der Einsatz fünfzig oder hundert Mark war. Dabei galt es zu erraten, unter welcher von drei schnell hin- und hergeschobenen kleinen Schachteln (»Hütchen«) sich eine Kugel befindet. Der Spieler hatte geheime Komplizen unter den Zuschauern, die zu Beginn hohe Summen gewannen und auf diese Weise viele dazu animierten, auch einen Einsatz zu wagen. Setzte ein Passant dann fünfzig Mark, befand sich in Wirklichkeit unter keiner der Schachteln eine Kugel. So wurden viele Polen ihren Monatslohn schnell wieder los. Auch die Prostitution im nahen Tiergarten nahm zu.

Der Handel war mittlerweile straff organisiert. Findige Geschäftemacher tauschten am Bahnhof Zoo zum Schwarzmarktkurs Ost-Mark ein, kauften dafür im centrum-Kaufhaus am Alexanderplatz neuwertige Ostwaren, schmuggelten die Sachen in den Westen und verhökerten sie dort für D-Mark, um dann den Kreislauf von Neuem mit höherer Startsumme zu beginnen. Bald mussten auch die öffentlichen Telefone und die Fahrschein- und Zigarettenautomaten in Westberlin technisch umgestellt werden, weil sie mit Zwanzig-Zloty-Stücken (Wert: zwei Pfennig) gefüllt waren, die von den Automaten als Markstücke angenommen wurden. Im Durchschnitt waren täglich dreitausend bis fünftausend Händler auf dem »Polenmarkt«, an den Wochenenden zehn- bis zwanzigtausend. Die Transitübergänge in Dreilinden und Stolpe waren zeitweise von einreisenden Bussen und Autos aus Polen verstopft, weil der Zoll selbst für eine minimale Kontrolle dieses Massenansturms nicht gerüstet war.

Der Senat unter Eberhard Diepgen (CDU) hatte, publizistisch wirksam, mit Großrazzien der Polizei und der Massenausweisung von Schwarzhändlern Aktivitäten vorgetäuscht, aber real kaum etwas gegen den illegalen Handel ausrichten können. Denn kaum hatte sich die Polizei entfernt, waren die Verkäufer wieder da. Schließlich beschloss die Landesregierung, das Areal um den alten Potsdamer Bahnhof mit Gittern hermetisch abzuriegeln. Das hatte aber nur zur Folge, dass die Händlermassen einige Ecken weiter in Richtung Westen zogen und nun zwischen Philharmonie, Staatsbibliothek und Nationalgalerie, mitten im Kulturforum, kampierten.

Diese Situation fanden SPD und Alternative Liste (AL) vor, als wir die Regierungsgeschäfte im März 1989 übernahmen. Die festlich gekleideten Konzertbesucher nahmen Anstoß an den Polen, und die Verwaltung der Philharmonie protestierte ebenso wie die der Staatsbibliothek und der Nationalgalerie heftig gegen die Zustände. Besonders enttäuschte mich, dass die Gemeinde St.Matthäi-Kirche gegen die Polen Sturm lief. Wir ließen Müllcontainer und Toilettenwagen aufstellen, doch auch das entspannte die Situation nur wenig. Schließlich versuchten wir ebenfalls, per Beschluss den »Polenmarkt« zu verbieten, und riegelten nun auch das neu entstandene Marktgelände mit einem Gitterzaun ab. Jetzt war schon eine zweite große Fläche im zentralen Bereich mit Drahtverhauen vollgestellt.

Das Problem wurde mit dieser Maßnahme aber nicht gelöst. Die Händler zogen jetzt wieder ein Stück weiter nach Osten und richteten sich im Mendelssohn-Bartholdy-Park ein, einer kleinen Grünanlage am Rande der südlichen Friedrichstadt. Der Park war nach vier Wochen fast total zerstört, und die Anwohner der umliegenden Wohnsiedlungen sammelten Protestunterschriften. Nachdem der Kreuzberger Bezirksbürgermeister, Günter König, uns mit allem Nachdruck erklärt hatte, dass der Mendelssohn-Bartholdy-Park von allen denkbaren Möglichkeiten die schlechteste sei, entschlossen wir uns, den »Polenmarkt« nunmehr offiziell zu dulden, und zwar am ursprünglichen Ort, am alten Potsdamer Bahnhofsgelände. Dort war der Schaden für die Anwohner am geringsten, und dort konnten Zoll, Polizei und Lebensmittelaufsicht das Geschehen noch am besten kontrollieren. Wir stellten die nötige Infrastruktur bereit, öffneten den vom Vorgängersenat dort aufgestellten Zaun und zogen den Kopf ein gegen die nun einsetzende massive Kritik von Teilen der Presse, des Mittelstands und der CDU, die pauschal ein Verbot des »Polenmarkts« forderten.

Ich weigerte mich jedoch, ausgerechnet gegen die Polen massiv Polizei auffahren zu lassen. Abgesehen davon, dass es wenig genutzt hätte, war ein solches Vorgehen angesichts der historischen Schuld der Deutschen gegenüber diesem Nachbarvolk nicht angemessen. Zudem entsprach es nicht dem Bild einer weltoffenen Metropole. Ich lehnte die Forderung des CDU-Vorsitzenden Eberhard Diepgen ab, für die Polen auch in Berlin eine Visumpflicht einzuführen. In einer Fernsehansprache warb ich um Verständnis bei den (West-)Berlinerinnen und -Berlinern: »Wir müssen uns in Berlin daran gewöhnen, dass die Bürgersteige und Geschäfte voller werden und dass viele Gäste zu uns kommen. Wir sind wirklich die Drehscheibe zwischen Ost und West. Wenn die Mauer fällt, wird alles noch enger werden. Das müssen wir aushalten.«

Noch in letzter Minute versuchte der Bezirk Tiergarten, in dem das von uns ausgewählte Gelände lag, den »Polenmarkt« zu verhindern. Das Bezirksamt beauftragte eine Firma damit, das ganze Gebiet wieder einzuzäunen. Nun machten wir als Senat von dem Recht Gebrauch, dem Bezirk die Zuständigkeit für das Grundstück zu entziehen und es wieder in unsere Verantwortung zu nehmen; das Bezirksamt ließ das Gelände dennoch absperren. Der Chef der Senatskanzlei, Dieter Schröder, sein Fahrer, Michael Rewolinski, und der Staatssekretär in der Finanzverwaltung, Werner Heubaum, machten den Zaun mit Zange und Schraubenschlüssel noch am Abend desselben Tages eigenhändig wieder auf. »Die fundamentalen Veränderungen in Europa können nicht mit den Mitteln des Bezirksverwaltungsgesetzes bewältigt werden«, sagte ich verärgert an die Adresse der Tiergartener Bezirkspolitiker.

Der »Polenmarkt« war nur ein schwacher Abglanz von dem, was auf uns zukommen sollte. Die Mauer war nicht nur für die SED, sondern in ihrer Wirkung auch für die westliche Wohlstandsgesellschaft ein Schutz, ein Windfang gegen den Ansturm der Armut aus dem Osten.

Die Bundesregierung hatte sogleich nach Einführung der Reisefreiheit in Polen beschlossen, die Bundesrepublik von dem Andrang abzuschotten. Sie verlangte von polnischen Touristen ein Visum und, um noch eine zusätzliche Hürde aufzubauen, den Nachweis von Devisen in Höhe von fünfzig D-Mark pro Aufenthaltstag. Diese Bonner Entscheidung war für uns in Berlin in zweierlei Hinsicht verheerend: Erstens gab es in Berlin aufgrund einer alliierten Anordnung aus dem Jahre 1967 keine Visumpflicht für Osteuropäer. Albaner, Bulgaren, Polen, Rumänen, Russen, Tschechen, Ungarn und Jugoslawen durften sich als Touristen und auch für geschäftliche und kulturelle Zwecke ohne weitere Formalitäten dreißig Tage in Berlin aufhalten. Dementsprechend konnte es natürlich auch keine Kontrolle von Devisen geben. Die Folge der westdeutschen Abschottung war, dass sich der ganze Reisedruck aus Polen einzig und allein auf Berlin auswirkte, da andere westdeutsche Ziele kaum angesteuert werden konnten. Wir protestierten in Bonn heftig gegen diese Politik, trafen aber nur – wie üblich – auf taube Ohren und Unverständnis.

Zweitens fiel uns Bonn durch die Fünfzig-Mark-Devisenregelung bei unseren Versuchen in den Rücken, von der DDR eine Abschaffung oder Senkung des Mindestumtausches für Besuche in Ostberlin und in der DDR zu erreichen. Seitdem Ostberlin den Mindestumtauschsatz von fünfundzwanzig D-Mark pro Tag zum Kurs von eins zu eins verlangte, waren die DDR-Reisen von Westberlinern und Bundesbürgern erheblich zurückgegangen.

Als ich Erich Honecker bei meinem Besuch am 19. Juni 1989 zum wiederholten Male um eine Senkung des Umtauschsatzes bat, sagte er genüsslich: »Wieso, wir nehmen doch nur die Hälfte von dem, was Sie von den Polen verlangen.« Damit war die Diskussion dieses Themas für ihn beendet. Auch diese negative Folge für die Glaubwürdigkeit unserer Politik hatte die Bonner Koalition nicht bedacht.

Die beste DDR der Welt

Zu Beginn des Jahres 1989 war innerhalb der DDR noch nicht zu erkennen, dass sich dort ein großer Sturm zusammenbraute. Die DDR, mit Erich Honecker an der Spitze, schien im Gegenteil das stabilste Regime des östlichen Machtbereichs zu sein. Die wirtschaftliche Leistungskraft war, verglichen mit den anderen Staaten im Rat für Gegenseitige Wirtschaftshilfe (RGW), beträchtlich, das Niveau der Versorgung mit höherwertigen Konsumgütern traumhaft für jeden Polen, Tschechen oder Russen. Zwar entsprach die Qualität nicht den westlichen Standards, für östliche Verhältnisse war sie aber recht ordentlich. Die Staatspartei SED hatte rund zwei Millionen Mitglieder, jeder sechste erwachsene DDR-Bürger gehörte ihr an. Die Ostdeutschen waren die Musterschüler im östlichen Machtbereich, in dieser Rolle den Westdeutschen auf der anderen Seite nicht unähnlich.

Armee, Grenztruppen, Volkspolizei und Betriebskampfgruppen waren dem Regime treu ergeben und schienen durchaus willens, die Interessen der SED notfalls auch mit Gewalt durchzusetzen. Ein System von Belobigungen, Beförderungen, Zuteilungen und Reiseerlaubnissen sorgte dafür, dass sich jeder Bürger, der im Leben auch nur ein wenig vorankommen wollte, ohne Widerspruch in die vorgesehenen Mechanismen einordnete. Nur die Kirche und Bereiche des künstlerischen Lebens blieben gesellschaftliche Nischen, die allerdings von den Sicherheitsbehörden intensiv ausgeleuchtet wurden. Zur relativen Stabilität des DDR-Systems gehörte auch die Möglichkeit, in begrenztem Umfang auf negative Stimmungen im Lande mit Devisen reagieren zu können. Während andere Ostblockregierungen nur die Peitsche kannten, hatte Honecker auch noch das Zuckerbrot zur Verfügung, um seine Herrschaft abzusichern. Zahlreiche Verträge und Abkommen mit der Bundesrepublik, vor allem die Transitpauschale, die Postpauschale und der innerdeutsche »Swing« – von dem wenig Gebrauch gemacht wurde –, sorgten für einen beständigen Einnahmestrom in harter Währung. Eine sehr effektive und sichere Westgeldquelle war auch der Menschenhandel mit in der DDR einsitzenden Häftlingen, denen politische »Straftaten« vorgeworfen wurden oder die einen Fluchtversuch unternommen hatten. Wenn die Devisen knapp wurden oder nicht ausreichten, um zu Weihnachten Apfelsinen für die DDR-Bevölkerung einzukaufen, ließ die DDR-Führung eine größere Zahl von Häftlingen in den Westen ausreisen, um pro Person fünfzigtausend D-Mark oder mehr zu kassieren. Der sonst so sehr auf die Integrität seines Staatsvolks pochende Staat scheute sich nicht, seine Bürger gegen ein Kopfgeld aus dem Staatsverband zu entlassen, wenn materielle Bedürfnisse der Bevölkerung nur mit Westwaren befriedigt werden konnten.

Mit den Deviseneinnahmen konnten sich nicht nur die Spitzenfunktionäre ihr Leben höchst angenehm gestalten, damit konnten auch aktuelle Bedürfnisse des Volkes befriedigt werden. Einmal wurden zehntausend nagelneue Volkswagen auf den Markt geworfen, ein anderes Mal französische und japanische Autos und Videorecorder. Zudem konnte das Regime jederzeit ein Druckventil besonderer Art betätigen: die Reiseerlaubnis in den Westen. Wann immer im Kessel DDR Überdruck entstand, konnte mit wohldosierten Lockerungen Dampf abgelassen werden. Die Zahl der genehmigten Westreisen stieg von Jahr zu Jahr. 1987 waren es 1,3 Millionen Westreisen in dringenden Familienangelegenheiten sowie 1,6 Millionen weitere Reisen von Rentnern, die keiner besonderen Genehmigung bedurften. Die führenden Köpfe der Opposition wurden, wenn alle Repressalien nichts halfen, einfach in die Bundesrepublik abgeschoben oder zwangsweise ausgebürgert. Prominente Beispiele sind Wolf Biermann, Freya Klier, Roland Jahn, Ralf Hirsch, Thomas Brasch, Jürgen Fuchs, Sarah Kirsch, Jurek Becker, Stephan Krawczyk und Rudolf Bahro. Die SED-Führung beabsichtigte damit, dass sich niemand als Symbolfigur der Bürgerbewegung etablieren konnte. Die Opposition musste immer wieder neue Leitfiguren aufbauen.

Das politische Zwangssystem DDR war fast perfekt. Aber es hatte drei entscheidende Schwachstellen: erstens die Mauer, ohne die massenhaft DDR-Bürger ihr Land verlassen hätten und die das Regime immer wieder vor der Weltöffentlichkeit rechtfertigen musste. Die inneren gesellschaftlichen Mechanismen aus Repression, Abhängigkeit und Belohnung konnten nur funktionieren, wenn die äußere Absperrung dicht blieb. Dazu gehörte auch, dass die übrigen Staaten des Warschauer Vertrags die strikte Abschottung nach Westen mittrugen, fluchtwillige Ostdeutsche an der Ausreise über ihre Grenzen hinderten und sie zwangsweise in die DDR zurückbrachten. Ohne diese Mittäterschaft verlor die Mauer ihren Sinn, und die innere Stabilität der DDR war sofort gefährdet. Erich Honecker war sich am 19. Januar 1989 noch sicher: »Die Mauer wird so lange bleiben, wie die Bedingungen nicht geändert werden, die zu ihrer Errichtung geführt haben. Sie wird in fünfzig und auch in hundert Jahren noch bestehen bleiben.«

Die zweite Schwachstelle war die mangelnde nationale Identität, die sich auch nach zahlreichen Olympiasiegen, nach der Weltraumfahrt von Sigmund Jähn und der Produktion des Ein-Megabit-Prozessors nicht einstellen wollte. Und die dritte war die Nähe zur und die Abhängigkeit von der Bundesrepublik Deutschland. Die DDR war keine abgekapselte Insel, war kein hermetisch von äußeren Einflüssen abgeschirmtes Land, wie es zum Beispiel Nordkorea ist. Über die elektronischen Medien und durch die zahlreichen menschlichen Kontakte war der SED-Staat ständig den westlichen Einflüssen und dem Systemvergleich ausgesetzt.

Die Ostpolitik Willy Brandts, die von der CDU nach anfänglichem Widerstand vollständig übernommen wurde, war für die SED-Führung eine durchaus janusköpfige Angelegenheit. Zwar sicherte sie auf der einen Seite Devisen und internationale Anerkennung, aber andererseits bewirkte sie eine gewisse Öffnung der DDR zum Westen. Wenn wir zurückblicken, wird deutlich, dass die in die Entspannungspolitik der USA und der Sowjetunion eingebettete Ostpolitik die erstarrten Fronten in Europa gelockert und damit letztlich die gesellschaftliche Dynamik des Jahres 1989 in der DDR mit ermöglicht hat.

Berlin hat dabei eine besondere Rolle gespielt. Berlin war die Ursache dafür, dass die Grenze zwischen den beiden deutschen Staaten nicht so hermetisch geschlossen war wie zum Beispiel die in Korea. Hier musste man sich täglich über die Grenzen hinweg verständigen, zumindest über die ganz praktischen Angelegenheiten wie den Transitverkehr nach Westberlin, wie die U-Bahn, die Müllabfuhr, die Entwässerung, den Luftverkehr oder die Schifffahrt. Eine besondere Chance ergab sich daraus, dass Berlin ein von den Alliierten besetztes Gebiet mit einem besonderen Status blieb. Die vier Siegermächte des Zweiten Weltkriegs – Frankreich, Großbritannien, die USA und die Sowjetunion – waren der Souverän. In Berlin und wegen Berlin mussten sich die vier Mächte auch noch arrangieren, als jeder andere Gesprächskontakt zur Zeit des Kalten Kriegs längst eingefroren war.

Berlin wurde zum Barometer für den Stand der Ost-West-Beziehungen und zum Experimentierfeld für neue Ansätze internationaler Politik. In der ersten Phase nach dem Krieg wollte die Sowjetunion das komplizierte Problem Berlin dadurch lösen, dass sie mit allen Druckmitteln versuchte, auch in den Westsektoren die politische Dominanz der Kommunisten durchzusetzen. Unter dem sowjetischen Druck, unter materiellen Verlockungen und Drohungen vereinigten sich die Kommunisten und die SPD in der sowjetisch besetzten Zone Deutschlands zur Einheitspartei SED. In Westberlin gelang das nicht, weil die Berliner SPD unter dem Schutz der westalliierten Präsenz eine Urabstimmung über die geplante Vereinigung durchführen konnte und die Vereinigung mit einer Mehrheit von 82 Prozent am 31. März 1946 ablehnte.

Die Sowjets gaben ihre Versuche, auch Westberlin ihrem Machtbereich einzuverleiben, aber noch nicht auf. Die Blockade der Stadt von 1948 bis 1949 und das Chruschtschow-Ultimatum von 1958 waren die härtesten und gefährlichsten Situationen für die Stadt. Die Berliner waren zu Hunderttausenden mobilisiert, gingen zu den Freiheitskundgebungen mit Ernst Reuter vor dem Reichstag und widerstanden der Bedrohung. Sie entschieden sich ganz bewusst und unter Hinnahme von großen materiellen Entbehrungen für den Westen, für Freiheit und Demokratie. In dieser Zeit wurden aus den westlichen Besatzern die Schutzmächte Berlins. Hier wurden die Grundlagen für die Westintegration der Bundesrepublik gelegt, auf denen Konrad Adenauer seine Politik aufbauen konnte. Das Beispiel des Freiheitskampfs der Berliner nötigte auch den westlichen Siegermächten den Respekt ab, den die Bundesrepublik brauchte, um mittelfristig wieder im Kreis der anerkannten Nationen aufgenommen zu werden.

Die Machtgrenzen zwischen den beiden militärischen Blöcken der NATO und des Warschauer Pakts lagen in den 50er Jahren noch nicht eindeutig fest. Die Sowjets versuchten, die von ihnen eroberten Satellitenstaaten zu stabilisieren und in Berlin sogar weiter nach Westen zu expandieren. Die USA setzten auf die Strategie des »Roll-back«, auf das Zurückdrängen der Sowjets aus Ost- und Mitteleuropa. Der Mauerbau 1961 schloss diese gefährliche Phase ab. Er fixierte die Grenzen zwischen den beiden Weltsystemen und teilte Berlin. Das war schmerzlich für alle Menschen in Europa, aber das war die Realität, die der Zweite Weltkrieg hervorgebracht hatte, und mit dieser Realität musste Berlin, mussten die Deutschen leben lernen. Man musste akzeptieren, dass das andere System durch äußeren Druck nicht zu beseitigen war, dass es so fest und unverrückbar stand, wie sich die Mauer durch Berlin zog. Unter diesen Bedingungen war es die einzige Alternative und zugleich eine verpflichtende Aufgabe, das Leid der Teilung für die Menschen zu mildern, Besuche und Kontakte über die Grenze hinweg zu ermöglichen und die Zustände auf den Transitwegen, in der Kommunikation zwischen den beiden Staaten und im Handel zu verbessern.

Willy Brandt und Egon Bahr haben diese erste Stufe der Entspannungspolitik formuliert und die einzelnen Schritte – vom ersten Passierscheinabkommen für Verwandtenbesuche in Ostberlin im Jahre 1963 über das Viermächteabkommen im Jahr 1971 bis hin zum Grundlagenvertrag des Jahres 1972 – erfolgreich verwirklicht. Diese Ostpolitik hielt die geteilte Nation im Alltag der Menschen zusammen und sorgte für einen beständigen Austausch nicht nur von Geldern und Gütern, sondern auch von Meinungen und Ideen. Durch das Viermächteabkommen musste sich die DDR noch vor Helsinki für Besucher aus Westberlin öffnen. Und sie kamen in Scharen. Trotz aller Schikanen machten die Westberliner in jedem Jahr mindestens 1,6 Millionen Besuche »im Osten«. Mit dem Grundlagenvertrag war die Zulassung für westliche Journalisten in der DDR verbunden. Die DDR wurde dadurch der einzige Staat im sowjetischen Machtbereich, dessen Einwohner über Hörfunk und Fernsehen des Westens regelmäßig freie Berichte über die Lage im eigenen Land empfangen konnten, auch wenn westliche Journalisten immer wieder bei ihrer Berichterstattung behindert und einzelne sogar ausgewiesen wurden.

Viele Menschen haben damals geglaubt, die Entwicklung würde so weitergehen, Ost und West könnten echte Partner werden. Doch das war eine Illusion. Die Beziehungen zwischen demokratischen und kommunistischen Staaten konnten niemals wirklich freundschaftliche Beziehungen werden, solange konstitutive Bestandteile des demokratischen Gesellschaftsverständnisses im Osten mit Füßen getreten wurden. Solange es dort nicht ein Mindestmaß an Freiheit und Selbstbestimmung gab und diese Gesellschaftssysteme in ihrem Inneren nicht wirklich reformfähig wurden, blieben fundamentale Gegensätze bestehen. Und die Entspannungspolitik konnte nicht über das Niveau einfacher, praktischer Regelungen hinausreichen, wenn gleichzeitig die Rüstungsspirale immer weiter gedreht wurde.

Diese beiden Faktoren erklären den Stillstand der Entspannungspolitik gegen Ende der 70er Jahre und zu Beginn der 80er Jahre. Nach den ersten Abrüstungsschritten zwischen Ost und West und nach den Reformsignalen aus Moskau hofften wir ab Mitte der 80er Jahre alle darauf, jetzt endlich eine neue, eine zweite Stufe der Entspannungspolitik mit der DDR einleiten zu können. Das erforderte Risikobereitschaft auf beiden Seiten; auf unserer Seite die Bereitschaft, die Existenz des zweiten deutschen Staates zu respektieren, und auf der DDR-Seite die Bereitschaft, durchgreifende Demokratisierungsschritte einzuleiten. Doch weder die Bundesregierung noch die Regierung der DDR waren bereit, diesen Weg zu gehen. Hätte es nicht 1990 überraschend die ganz andere Lösung, die schnelle Wiedervereinigung, gegeben, das Verhältnis zwischen den beiden deutschen Staaten wäre zu einem Hemmschuh für die Weiterentwicklung des sogenannten »gemeinsamen europäischen Hauses« geworden.

Außenpolitisch etablierte sich die DDR in den 70er Jahren zunehmend. Sie wurde 1973 zusammen mit der Bundesrepublik nach dem Grundlagenvertrag in die UNO aufgenommen und begann damit, sich wirtschaftliche Kooperationspartner auch außerhalb des sozialistischen Lagers zu suchen. Mit Österreich, Japan, Frankreich und Italien gediehen die Kontakte am weitesten. Erich Honecker zeigte sich auf internationalem Parkett erstaunlich weltoffen, gewandt und flexibel. Sein größter Erfolg war zweifellos der Staatsbesuch in der Bundesrepublik im September 1987, als er gleichberechtigt neben Bundeskanzler Kohl eine Ehrenformation der Bundeswehr abschritt, während die DDR-Fahne gehisst und die Hymne des Landes gespielt wurde. Erich Honecker wartete nur noch auf einen Staatsbesuch in Washington als Höhepunkt seiner internationalen Wertschätzung.

Die Gefahren für das herrschende System in der DDR kamen 1989 von außen, aber nicht aus dem Westen, sondern aus dem Osten. Gorbatschows Politik von »Perestroika«, Umgestaltung, und »Glasnost«, Transparenz, die Öffnung des politischen Systems der Sowjetunion für eine freiere Berichterstattung der Medien, für Kritik an staatlichen Einrichtungen und für eine größere politische Vielfalt waren für die SED-Oberen eine Bedrohung. Die SED versuchte sofort, sich in einer Art Umkehrung der Breshnew-Doktrin vom großen Bruder in Moskau abzusetzen und das Recht auf einen »eigenen Weg« zu verteidigen. Der SED-Ideologiechef Kurt Hager – »Tapeten-Hager« – gab die Marschrichtung vor: »Würden Sie, wenn Ihr Nachbar seine Wohnung neu tapeziert, sich verpflichtet fühlen, Ihre Wohnung ebenfalls neu zu tapezieren?«, fragte er in einem Interview.

Die DDR ging sogar soweit, sowjetische Presseerzeugnisse, in denen die Reformdiskussion geführt wurde, aus dem Verkehr zu ziehen. Im November 1988 wurde die Zeitschrift *Sputnik* vom Postzeitungsvertrieb ausgeschlossen. Die Führung in Ostberlin kam mit der neuen Entwicklung in Moskau nicht zurecht. Sie lief dadurch Gefahr, sich im eigenen Lager zu isolieren und eine Art zweites Albanien zu werden. Verunsichert von den Veränderungen in Moskau, suchte die Führung in Ostberlin immer offener den Kontakt mit den konservativen Kräften im Kreml sowie mit den orthodoxen Herrschern in Prag, Bukarest und Peking zu verstärken.

Zu den unruhigen Nachbarn in Polen waren die Beziehungen schon seit längerem eingefroren. Der frühere sozialistische Bruderstaat war für einen DDR-Bürger als Reiseziel fast genauso schwer zu erreichen wie der Westen. Und mit Ungarn, wo in der KP die Reformer um Imre Pozsgay an die Macht gekommen waren, wuchsen die Spannungen.

Den Oppositionellen in der DDR blieb die Unsicherheit der SED-Führung im Umgang mit den Reformbestrebungen in Osteuropa nicht verborgen. Mit Witz und Ironie machte die kleine Bürgerrechtsbewegung auf die Kalamität Honeckers aufmerksam: »Von der Sowjetunion lernen heißt siegen lernen.« Diese parteioffizielle Losung aus der Ulbricht-Zeit gewann plötzlich eine ganz neue Bedeutung und wurde von der Opposition ebenso gern gebraucht wie der Ruf »Gorbi, Gorbi«. Am 17. Januar 1988, anlässlich der Feiern zum 69. Jahrestag der Ermordung von Rosa Luxemburg und Karl Liebknecht, hatte die Bürgerrechtsbewegung das Regime zum ersten Mal aus der Reserve gelockt, und zwar mit dem Satz von Rosa Luxemburg: »Freiheit ist immer die Freiheit des Andersdenkenden.« Die Staatssicherheit begriff richtig, dass er gegen die SED gerichtet war, und schlug brutal zu.

Am 7. Mai 1989 gab es in der DDR Kommunalwahlen mit den üblichen 95-Prozent-Ergebnissen für die Kandidaten der »Nationalen Front«. Verschiedene Bürgerrechtsbewegungen zweifelten diese Ergebnisse an. Sie hatten in einigen Wahlkreisen die eigenen Gegenstimmen genau festgehalten und konnten so feststellen, dass nicht einmal diese wenigen Gegenstimmen bei der Bekanntgabe der offiziellen Ergebnisse auftauchten. Doch die Beschwerdebriefe an den Vorsitzenden der Wahlkommission, Politbüromitglied Egon Krenz, blieben ohne Antwort. Hundertzwanzig Menschen, die am Abend des 7. Juni im Staatsratsgebäude eine Eingabe übergeben wollten, wurden sogar vorübergehend festgenommen. Die Doppelmoral von sozialistischer Ideologie und realsozialistischer Wirklichkeit wurde immer häufiger entlarvt. Die ostdeutschen Kommunisten gerieten zunehmend in eine Legitimationskrise und zählten mittlerweile im eigenen Lager zu den letzten Dogmatikern.

Es gab für die SED aus dieser Situation prinzipiell nur zwei Auswege: Reform oder Unterdrückung. Behutsame Reformen wurden zunehmend selbst an der Basis der SED diskutiert. Eine erhebliche Hebelwirkung entfaltete hierbei das zwischen SPD und SED im Sommer 1987 kurz vor Honeckers Besuch in

Bonn vereinbarte Grundsatzpapier »Der Streit der Ideologien und die gemeinsame Sicherheit«, in dem die SED grundsätzlich die Legitimität von Kritik und offener Diskussion sowie die Reformfähigkeit auch der westlichen Gesellschaftsordnung anerkannt hatte. Das Papier war das einzige von der SED-Führung unterzeichnete Dokument, auf das sich die Bevölkerung und die Basis bei ihrem Wunsch nach kritischer Diskussion über Veränderungen beziehen konnte.

Bei Besuchen in Betrieben in der DDR und bei Gesprächen mit SED-Funktionären wurde mir gegenüber offen zugegeben, welche große Rolle das Papier in der Diskussion spielte. Fast förmlich wurde mir Meldung gemacht, dass man das Papier in der eigenen Parteigruppe schon diskutiert habe und Kernaussagen wie Sicherheitspartnerschaft, aber auch Dialogfähigkeit und

Erhard Eppler (SPD, Vorsitzender der Grundwertekommission) und Erich Hahn (SED, Institutsdirektor an der Akademie für Gesellschaftswissenschaften) standen an der Spitze des halben Hunderts Wissenschaftler und Politiker, die auf sieben thematischen Beratungen mit wechselnder personeller Besetzung in drei Jahren das gemeinsame Grundsatzpapier »Der Streit der Ideologien und die gemeinsame Sicherheit« erarbeiteten

Offenheit sowie Reformfähigkeit und -notwendigkeit beider Systeme zur Kenntnis genommen habe. Bei einem Gespräch der SPD-Fraktion des Abgeordnetenhauses mit der SED-Stadtleitung in Leipzig im August 1988 entfuhr es einem SED-Sekretär: »Man kann ja in keine Parteiversammlung mehr gehen, ohne dass da einer sitzt, der einen nach den politischen Konsequenzen aus dem gemeinsamen Papier fragt und dann nachbohrt.«

Entsprechend häufig wurde es bei den Diskussionen in Betrieben und Kombinaten den Funktionären vorgehalten und zitiert. Es ist deshalb falsch, dieses Papier im Nachhinein zu diskreditieren, wie es etwa der seinerzeitige CDU-Generalsekretär Volker Rühe mit dem bösen Wort vom »Wandel durch Anbiederung« getan hat. Und es ist auch falsch, seinen Wert zu schmälern, wie dies innerhalb der SPD Mode wurde. Das Papier entfaltete zu seiner Zeit eine nicht unerhebliche Wirkung, denn es half der Opposition dabei, die Diskussion in Gang zu setzen, und ermutigte auch die Reformkräfte innerhalb der SED, sich langsam zu formieren.

Die Führung der DDR lehnte Reformen jedoch strikt ab und zeigte gleichzeitig ihre Sympathie für ein hartes Vorgehen gegen die Opposition. Anfang Juni 1989 wurden die blutigen Ereignisse auf dem »Platz des himmlischen Friedens« in Peking im *Neuen Deutschland* als »Antwort auf den konterrevolutionären Aufstand einer extremistischen Minderheit« gerechtfertigt, und Politbüromitglied Egon Krenz machte Deng Xiaoping persönlich seine Aufwartung. Die SED-Führung signalisierte dem Volk damit eindeutig, dass sie willens war, auch das Mittel des nackten Terrors einzusetzen, um an der Macht zu bleiben.

Die Kluft zwischen dem, was Erich Honecker und das *Neue Deutschland* tagtäglich von sich gaben, und der von den Bürgern erlebten Realität wurde noch tiefer. Im Mittelbau der Partei, bei den Kreis- und Bezirkssekretären, die den Unmut der Bevölkerung viel direkter spürten, begann schon das Nachdenken darüber, wer nach Honecker kommen würde.

Der starrsinnige alte Mann

Die Spannungen zwischen den widerstreitenden Kräften der Beharrung und der Veränderung hatten zugenommen. Dass sie sich in einer Eruption entluden, die in nur dreizehn Monaten zur Wiedervereinigung führte, war Folge einer beispiellosen Verkettung von Ereignissen, Zufällen, politischen Fehlentscheidungen und bewussten Strategien. Ein entscheidendes Glied in dieser Kette war die Beseitigung des mit Stacheldraht bewehrten Grenzzauns zwischen Ungarn und Österreich, die Anfang Mai 1989 begann. Diese Nachricht war schon für sich gesehen eine Sensation. Zum ersten Mal wurde der Eiserne Vorhang zerrissen, der nicht nur Deutschland, sondern ganz Europa teilte. Ein ehedem sozialistisches Land machte den Weg frei für seine Rückkehr in die Gemeinschaft der europäischen Staaten. Aber noch brachte niemand dieses ferne Ereignis mit der DDR in Verbindung. Niemand realisierte, dass der zweite deutsche Staat damit an seiner entscheidenden Schwachstelle getroffen war: Die Mauer war nicht mehr vollkommen dicht. Erich Honecker jedenfalls ahnte davon nichts, als ich ihn am 19. Juni 1989 in Ostberlin traf. Er war selbstsicher und selbstgerecht.

Das Treffen fand im Schloss Niederschönhausen in Berlin-Pankow statt. Früher hatte Wilhelm Pieck als erster Präsident der DDR dort residiert. Das Schloss diente jetzt als Nobelherberge für Staatsbesucher vor allem aus den Ostblockländern. Es war schon eine Besonderheit, dass das Treffen überhaupt in Berlin stattfand. Formal erkannte der Westen die Hoheit der DDR-Regierung über Ostberlin nicht an. Die Bundesregierung bestand sogar darauf, die DDR-Vertreter außerhalb Ostberlins zu treffen, weshalb Willy Brandt nach Erfurt und Helmut Schmidt zum Werbellinsee gefahren waren. Ansonsten war es eine elegante Lösung des Problems, wenn man sich am Rand der Leipziger Messe traf.

Für Berlin hatte sich aber Schloss Niederschönhausen als Treffpunkt durchgesetzt, nachdem Richard von Weizsäcker

1983 diesen Ort akzeptiert hatte. Er setzte damals Maßstäbe, denn er war der erste Regierende Bürgermeister von Berlin, der sich mit Honecker traf.

Die Statusprobleme hatte er mit der Erklärung umgangen, dass es sich um eine Begegnung zwischen zwei deutschen Politikern handle und dadurch der von den vier Mächten festgelegte Status gar nicht berührt werden könnte. Dass er sich so souverän über Statusprobleme hinwegsetzte, führte zu Stirnrunzeln in Bonn und in den drei westlichen Hauptstädten sowie zu einigem Grummeln in der konservativen Presse. Da von Weizsäcker aber ein Christdemokrat war, hielt sich die Kritik in Grenzen. Es zeigte sich wieder einmal, dass die Möglichkeiten, deutschlandpolitisches Neuland zu betreten, für einen konservativen Politiker größer waren als für einen Sozialdemokraten, gegen den bei gleicher Entscheidung wohl ein Sturm der Entrüstung losgebrochen wäre.

Schon bei der Vorbereitung meines Besuchs hatte ich eine Kostprobe davon bekommen. Dieter Schröder, der Chef der Senatskanzlei, verfügte als Hans-Jochen Vogels Berater in humanitären Fragen, wie man die Familienzusammenführung und Häftlingsfreilassung damals nannte, über gute Beziehungen zu Honeckers Staatssekretär Frank-Joachim Herrmann. Nach seinen Sondierungen konnten wir mit erheblichen Reiseerleichterungen für die Westberliner rechnen, er hatte aber zugleich Bedenken, ob Honecker alle Zusagen auch noch im Apparat durchzusetzen vermochte, und befürchtete, dass wir am Ende öffentlich unglaubwürdig würden, wenn angekündigte Verbesserungen ausblieben. Wir wünschten daher eine öffentliche, schriftliche Festlegung in Form einer gemeinsamen Pressemitteilung, die vorher genau ausgehandelt und im DDR-Apparat abgestimmt werden sollte.

So geschah es auch. Mit Rücksicht auf den besonderen Status von Berlin wurde dem Entwurf vorangestellt, dass ich Landesvorsitzender der SPD Berlin sei und Honecker Generalsekretär des ZK der SED. Damit sollte der Gedanke Richard von Weizsäckers bekräftigt werden, dass es sich um eine Begegnung zwischen zwei deutschen Politikern handelte. Dementsprechend beauftragte Honecker Gunter Rettner, den für Westangelegenheiten einschließlich der Beziehungen zur SPD zuständigen

Abteilungsleiter des Zentralkomitees der SED, mit den Vorgesprächen und nicht etwa den für Westberlin zuständigen Abteilungsleiter des Außenministeriums der DDR, der bei der Vorbereitung des Besuchs Richard von Weizsäckers eine große Rolle gespielt hatte. Wir fanden das einen besonders behutsamen Umgang mit dem Berlin-Status.

Es lag schon ein akzeptabler Text vor, als die Bundesregierung und die alliierten Militärregierungen, die wir laufend unterrichtet hatten, sich meldeten und eine gemeinsame Pressemitteilung als Gefährdung des Status bezeichneten. Formal sei der Entwurf zwar einwandfrei, aber in der politischen Wirkung könne er zu unübersehbaren Entwicklungen führen.

Als erste Reaktion darauf mussten wir über solche Albernheiten noch lachen. Als wir dann aber hörten, dass sich die Außenministerien der drei Mächte eingeschaltet hatten und den Besuch ganz untersagen wollten, haben wir uns mit dem Beauftragten Honeckers über Variationen einiger Wörter verständigt, so dass nicht mehr eine voll identische, gemeinsame, sondern nur noch zwei fast gleichlautende Pressemitteilungen vorlagen. Damit konnten wir die Bedenken auf der westlichen Seite ausräumen. Man muss sich an solche Vorgänge erinnern, um zu verstehen, unter welchen Bedingungen noch 1989 deutsche Politik gemacht werden musste.

Am Übergang Invalidenstraße nahmen uns eine Eskorte der Volkspolizei und ein Begleitfahrzeug der Staatssicherheit, Abteilung Personenschutz, in Empfang. Der Weg über die Schönhauser Allee und Mühlenstraße bis zum Schloss Niederschönhausen war, wie bei solchen Besuchen im Osten üblich, vom sonstigen Autoverkehr freigehalten. Die Häuser am Straßenrand erschienen bei schneller Fahrt vom Wagenfenster aus auffallend gut gepflegt. Ich bin den Straßenzug später noch oft entlanggefahren. Bei allen diesen sogenannten Protokollstrecken sah man, dass der Fassadenanstrich schon hinter dem dritten Haus der Nebenstraße aufhörte. Erich Honecker sollte ebenso wie seine Staatsgäste nur eine adrette DDR wahrnehmen.

Nach dem üblichen Fototermin im Spiegelsaal des Schlosses setzten wir uns in den »Roten Salon«. Honecker wurde begleitet von seinem Staatssekretär Frank-Joachim Herrmann, von dem Besuchsbeauftragten der DDR-Regierung, Walter Müller, und von Gunter Rettner, dem in deutschlandpolitischen Fragen wichtigsten Vertrauten des Generalsekretärs. Auf unserer Seite saßen der Chef der Senatskanzlei, Dieter Schröder, Senatssprecher Werner Kolhoff und Senatsrat Dietrich Hinkefuß mit am Tisch. Der SED-Chef machte einen wachen und konzentrierten Eindruck. Von einer schweren Krankheit, über die im Westen hier und da gemunkelt wurde, war nichts zu bemerken. Er wirkte gut gelaunt und begann freundlich: »Ich schlage vor, wir lassen uns etwas Kaffee bringen, bevor wir ans Werk gehen.« Vor jedem Gesprächsteilnehmer lagen auf dem Tisch ein in braunes Plastik eingebundener kleiner Notizblock und ein Bleistift. Die Kellner schenkten uns Kaffee in barock verschnörkelten Tassen ein, stellten Orangensaft, Wasser und Gebäck auf den Tisch und zogen sich zurück.

Schnell einigten wir uns auf den Inhalt der Pressetexte, die am Nachmittag zur gleichen Zeit in Ost- und Westberlin veröffentlicht werden sollten. Sie enthielten Reiseerleichterungen für die Westberliner, die einer kleinen Sensation gleichkamen. Fortan sollte es möglich sein, mit einem zuvor beantragten, für ein Jahr gültigen »Mehrfachberechtigungsschein« direkt an die Grenze zu fahren und dort sofort eine Einreisegenehmigung zu erhalten. Damit konnten endlich spontane Fahrten in das Umland unternommen werden, ohne, wie bisher, zwei bis drei Tage vorher einen Berechtigungsschein für ein Einreisevisum in einem »Büro für Reise- und Besuchsangelegenheiten« beantragen zu müssen. Darüber hinaus sollten die Berliner in den beiden Nachbarbezirken Potsdam und Frankfurt/Oder bei Tagesreisen übernachten können. Bis dahin war das nur in Ostberlin möglich gewesen.

Ich bat Erich Honecker um eine Erweiterung dieser Übernachtungsregelung auch auf den Bezirk Cottbus, in dem der Spreewald, das beliebte Ausflugsziel der Berliner, liegt. Er sagte, man werde dieses Begehren wohlwollend prüfen, und fuhr lächelnd fort: »Sie wissen, dass das, was Sie hier mitnehmen, schon sehr viel ist. Das hat nicht jeder Ihrer Vorgänger mitgebracht. Betrachten Sie es als einen Beweis für unser Interesse, mit Ihrem Senat eine gute Grundlage der Zusammenarbeit zu schaffen. Ich habe Ihre Regierungserklärung aufmerksam gelesen. Wenn Ihre Koalition im Verhältnis zur DDR die Richtung

Proletarier aller Länder, vereinigt euch!

NEUES DEUTSCHLAND

ORGAN DES ZENTRALKOMITEES DER SOZIALISTISCHEN EINHEITSPARTEI DEUTSCHLANDS

Dienstag, 20. Juni 1989
44. Jahrgang / Nr. 143
B-Ausgabe
Einzelpreis 15 Pf

Meinungsaustausch zwischen Erich Honecker und Walter Momper

Aktuelle internationale Probleme und die weitere Zusammenarbeit zwischen der Regierung der DDR und dem Senat von Berlin (West) beraten / Friedens- und Entspannungspolitik Voraussetzung für gute Nachbarschaft / Fortschritte auf zahlreichen Gebieten gewürdigt

Neonazis in der BRD sind weiter auf dem Vormarsch

Von ADN-Korrespondent Horst Schäfer

Gespräch über Ausbau der Handels- und Wirtschaftsbeziehungen mit BRD

Günter Mittag empfing DIHT-Präsidenten Hans-Peter Stihl

Titelseite des Neuen Deutschland *vom 20. Juni 1989. Im Text hieß es: »Das Gespräch war von wechselseitigem Verständnis und Interesse geprägt.«*

beibehält, werden weitere praktische Fortschritte möglich sein.« Die gönnerhafte Art und die plumpe Anbiederung gefielen mir ganz und gar nicht. Honecker dachte offenbar, er könne eine rot-grüne Landesregierung mit Geschenken kaufen. Es war schon auffällig gewesen, dass er nach meiner Wahl zum Regierenden Bürgermeister am 16. März 1989 als erster Gratulant aufgetreten war. Der Bote mit seinem Brief hatte damals im Rathaus Schöneberg auf den Ausgang der Wahl gewartet und das Schreiben dann sofort abgegeben.

Ich stellte in meiner Antwort klar, dass ich nicht gewillt sei, Berlin von Bonn abkoppeln zu lassen. Gleichzeitig relativierte ich die getroffene Vereinbarung: »Die heutigen Regelungen sind ein weiterer Schritt zur Normalisierung der Verhältnisse in und um Berlin. Wir treten dafür ein, dass sich dieser Prozess fortsetzt. Wir werden auf der Basis des Viermächteabkommens und als Teil der Bundesrepublik Deutschland alles tun, um die Entspannung zwischen den beiden deutschen Staaten in Mitteleuropa voranzubringen.«

Honecker wiederholte, er habe unser Koalitionsprogramm und meine Regierungserklärung mit Aufmerksamkeit zur Kenntnis genommen und dabei insbesondere bemerkt, dass wir Berlin zu einer Stadt des Friedens und der internationalen Verständigung machen wollten, von der eigene Initiativen für Abrüstung, Kooperation und Entspannung ausgehen sollten. Die DDR begrüße diese Absicht des Senats. Sie habe ihrerseits viel unternommen, damit das heutige Treffen in einem guten Klima stattfinden könne.

Damit spielte er auch auf ein siebenseitiges Papier an, das mir als Landesvorsitzendem der Berliner SPD nach dem Wahlsieg am 29. Januar 1989 von der Westabteilung des ZK auf dem Weg über die Berliner Sozialdemokraten Alexander Longolius und Harry Ristock übergeben worden war. Die Berliner SPD hatte seit 1981 kontinuierlich Kontakte mit der SED, die von dem Charlottenburger Abgeordneten Alexander Longolius initiiert worden waren. Jährlich fanden zwei größere, vertrauliche Gesprächsrunden statt, an denen neben Gunter Rettner stets vier oder fünf weitere hochrangige Gesprächsteilnehmer, darunter auch das ZK-Mitglied Otto Reinhold, teilnahmen. Darüberhinaus gab es eine große Zahl kleinerer Treffen, die dem Meinungsaustausch dienten. In jenem der Berliner SPD Anfang 1989 übergebenen Papier wurden eine Fülle von Verbesserungen des Kontakts zwischen dem Senat und der DDR-Seite, die jetzt zugestandenen Verbesserungen der Reise- und Besuchsmöglichkeiten, Abstimmungen innerstädtischer Planungen und eine Intensivierung der Wirtschaftsbeziehungen bei Respektierung der Verbindungen von Westberlin zur Bundesrepublik zugesagt. Zudem waren die früher streng vermiedenen kommunalen Kontakte zwischen dem Regierenden Bürgermeister von Westberlin und dem Oberbürgermeister von Ostberlin ebenso in Aussicht gestellt wie Begegnungen zwischen Vertretern des Abgeordnetenhauses (Westberlin) und der Stadtverordnetenversammlung (Ostberlin). Was im Januar angekündigt worden war, sollte nun eingelöst werden.

Honecker sprach monoton und nuschelnd, wie man es von seinen Auftritten im Fernsehen kannte. Er blickte hin und wieder auf seine schriftliche Vorlage und las auch davon ab, im Wesentlichen aber redete er frei.

Nach dem kurzen Einleitungsgespräch über die Reiseerleichterungen wechselte Honecker plötzlich zu einem Thema, das mich überraschte: die hohen Wahlergebnisse der »Republikaner« bei den gerade erfolgten Wahlen zum Europaparlament. »Das sind erschreckende Nachrichten für die ganze Weltöffentlichkeit, für alle Länder, die vom Faschismus betroffen waren. Da darf man sich nicht mit dem Hinweis zufriedengeben, dass auch in anderen westeuropäischen Ländern die Faschisten solche Resultate erzielt haben. Die Völker Europas haben unter dem deutschen Faschismus schwer gelitten. Ich kenne das, ich habe das erlebt und im Widerstand gewirkt. Ich weiß, was diese Faschisten getan haben. Ich war in Brandenburg in Haft. Verniedlichen Sie diese Ergebnisse nicht. 1923 haben die Faschisten in München geputscht. Damals war das eine kleine Gruppe. Zehn Jahre später hat Hitler in Berlin die Regierung gestellt. In München haben die Republikaner fünfzehn Prozent der Stimmen gehabt. Dort sitzt ihr Anführer. Diese ganze Entwicklung in der Bundesrepublik Deutschland und Westberlin ist äußerst bedrückend. Um so bedeutsamer ist daher die Entwicklung der DDR, die in den letzten vierzig Jahren einen grundlegend anderen Weg gegangen ist. Hier sind dem Faschismus die Grundlagen für immer entzogen. In diesem Sinne werden wir den 40. Jahrestag der Gründung unserer Republik begehen.«

Uns offenbarte sich die Gedankenwelt eines Mannes, dessen prägende Erfahrung der Widerstand gegen Hitlers Diktatur vor nunmehr fünfzig Jahren war. Honecker war der festen Überzeugung, dass nur das sozialistische System in der Lage war, ein erneutes Aufkommen rechtsradikaler und faschistischer Parteien zu verhindern. Und so legitimierte er bis heute in der DDR das politische System der Unterdrückung. Er fühlte sich moralisch im Recht. Er sah es geradezu als seine Lebensaufgabe an, einen starken, konsequent sozialistischen Staat als Lehre aus Faschismus und Krieg auf deutschem Boden aufzubauen und am Leben zu erhalten. Die DDR als antifaschistisches Bollwerk, die Mauer als antifaschistischer Schutzwall: Diese Begriffe stammten aus Honecker Gedankenwelt. Durch die Wahlerfolge der »Republikaner« fühlte sich der erste Mann der DDR in seinen Auffassungen nur noch mehr bestätigt.

Als ich erwiderte, die »Republikaner« würden von vielen Menschen aus der Arbeiterschicht aus Protestgründen, als Reaktion auf konkrete soziale Probleme wie Wohnungsnot und Arbeitslosigkeit gewählt und man könne, wenn man sich diesen

Problemen entschlossen zuwende, den rechtsradikalen Trend durchaus wieder in den Griff bekommen, wurde Honecker heftig. Er, der sonst so kontrolliert und steif wirkte, schlug mit der Hand auf den Tisch und rief zornig: »Sie müssen die verbieten! Sie müssen die verbieten! Nach dem Potsdamer Abkommen haben Sie alle Möglichkeiten dazu. Dieser Schönhuber hat in Hitlers Leibstandarte gedient. Sie können die verbieten. Das ist für das künftige Verhältnis zwischen unseren beiden Ländern sehr wichtig, wie Sie damit umgehen.«

Er war sehr erregt.

Ich wiederholte, ein Verbot würde gar nichts nützen; man müsse sich politisch mit den Gründen für die Wahlerfolge der Rechtsradikalen auseinandersetzen.

Honecker reagierte nicht.

Später, beim Mittagessen, erzählte er von seiner antifaschistischen Arbeit in den 30er Jahren in Berlin und von seiner Zeit im Außenkommando des Zuchthauses Brandenburg. Er sprach von seinem Einsatz bei Dachdeckerarbeiten an der italienischen Botschaft an der Tiergartenstraße mit Blick auf die Neue Reichskanzlei, wobei er die Vorgänge am 20. Juli 1944 beobachtet hatte. Diese Ereignisse waren in ihm äußerst lebendig, und er wirkte bei diesen Erzählungen frischer als vorher.

Aber nun wurde ein Sechzehn-Millionen-Einwohner-Staat an der Schwelle zum Jahr 2000 nach den Erfahrungen und mit den Maßstäben der Antifa-Arbeit und der Komintern der 30er und 40er Jahre geführt. Den jüngeren DDR-Bürgern lag diese Art Antifaschismus sehr fern. Für sie waren die Lieder und Losungen antiquiert und die Demonstrationen, zu denen sie hinbeordert wurden, ein kommunistisches Ritual. Die Auseinandersetzung über die aktuellen Formen von Rassismus und Diskriminierung, etwa der ausländischen Arbeiterinnen und Arbeiter, wurde in der »antifaschistischen« DDR dagegen sorgsam vermieden. Der Staatsratsvorsitzende lebte in einer anderen Zeit als sein Volk.

Dann ging Honecker auf die innere Lage der DDR und das Verhältnis zur Sowjetunion ein. Zu Beginn erwähnte er eine Meldung aus der *Frankfurter Allgemeinen Zeitung*, wonach der SPD-Vorsitzende Hans-Jochen Vogel gegenüber Michail Gorbatschow anlässlich ihres Bonner Treffens darauf hingewiesen habe, dass sich die reformorientierten Kräfte in der DDR ebenso durchsetzen würden wie in Moskau.

»Uns hat diese Einmischung von Herrn Vogel sehr irritiert«, sagte der SED-Chef. »In der DDR bestimmen wir, und sonst niemand. Herr Vogel hat sich an die falsche Adresse gewandt. In der DDR entscheidet die Volkskammer. Herr Vogel soll sich nicht täuschen. Genosse Gorbatschow hat nicht die Neigung, sich in die inneren Verhältnisse der DDR einzumischen. Ich kenne Sergejewitsch sehr gut, ich kenne ihn seit 1978. Ich werde mich in den nächsten Tagen mit dem Genossen Gorbatschow treffen, und Herr Vogel wird sehen, dass das Bündnis zwischen der DDR und der Sowjetunion unerschütterlich ist. Sie können keinen Keil zwischen uns treiben.«

Vogels Satz hatte ihn offenbar an einem sehr empfindlichen Punkt getroffen. »Die Sowjetunion mag ihre Gründe haben für die Prozesse der Umgestaltung«, fuhr er fort. »Aber die Verhältnisse dort sind gänzlich andere als hier. Sie kennen das ja. Da finden Sie ja in manchen Orten nicht einmal mehr Salz in den Regalen. Wer dort nicht einmal das Salz in die Regale bekommt, der soll über die Lage bei uns schweigen. Wir brauchen uns für unsere erreichten Erfolge nicht zu schämen. Wir sind das zehntstärkste Industrieland der Welt. Bei uns gibt es alles zu kaufen. Die Lebensqualität in der DDR kann sich an der der Bundesrepublik messen.«

Ich warf ein: »Wie ich bei Besuchen höre und in den Kaufhallen selbst gesehen habe, gibt es aber doch Probleme. Ich höre Klagen über Versorgungslücken.«

Daraufhin verdrehte Honecker die Tatsachen in völlig absurder Weise: »Der US-amerikanische Stadtkommandant in Westberlin hat ja sogar kürzlich seine Soldaten auffordern müssen, nicht so viel bei uns zu kaufen. Amerikaner sind anspruchsvoll. Im Centrum-Warenhaus ist alles zu haben.«

Wenn der SED-Chef wirklich glaubte, in der DDR sei der Lebensstandard genauso hoch wie in der Bundesrepublik, war sein Realitätsverlust total. Die Amerikaner hatten lediglich versucht, ihre Soldaten davon abzuhalten, Schwarzmarktgeschäfte zu machen. Manche GIs tauschten nämlich DDR-Mark im Westen zum Kurs von eins zu zehn, kauften in Ostberlin auch Ware minderer Qualität massenhaft ein und brachten die Produkte heim in den Westen. Da sie wegen des Viermächtestatus überhaupt nicht kontrolliert wurden, war das vollkommen risikolos. Das hatte im Ostteil der Stadt aber schon zu einigem Unmut geführt, denn die Ostberliner konnten die vielen westalliierten Soldaten in Uniform, die dort kauften, was es zu kaufen gab, und ihre Familien im Centrum-Warenhaus am Alexanderplatz nicht übersehen. Der Stadtkommandant hatte aus Fürsorge für seine Soldaten die Zügel etwas angezogen, was gleich im *Neuen Deutschland* abgedruckt wurde, um zu zeigen, wie gut es der DDR gehe. Dieses Beispiel war aber im Gegenteil gerade ein Beleg für die Schwäche der Mark der DDR und nicht für das angeblich hohe Lebensniveau in Ostdeutschland. Immer wieder hatte die DDR die in Westberlin üblichen Umtauschkurse für Mark der DDR als »Schwindelkurse« zur »Ausplünderung der DDR« kritisiert.

Da es mein Auftrag war, handfeste Verbesserungen für die Westberlinerinnen und Westberliner zurückzubringen und nicht, den alten Herrn über die reale Lage in der DDR aufzuklären, sagte ich vorsichtig, um nicht unnötige Fronten aufzubauen: »Die materielle Lage mag ja gut sein, uns fällt aber auf, dass die Stimmung in der Bevölkerung sehr schlecht ist. Die Stimmung ist offenbar schlechter als die materielle Lage. Das hat seine Ursache wohl auch in den Zweifeln und Diskussionen über das Ergebnis der Kommunalwahlen. Hier haben auch ganz seriöse Kreise der evangelischen Kirche in der DDR kritische Fragen nach den Ergebnissen gestellt, die die Staatsführung der DDR überzeugend beantworten muss. Es sind Antworten erforderlich, die von den Gutwilligen akzeptiert werden können. Solche Antworten hat es bisher von der Regierung der DDR leider noch nicht gegeben. Negative innere Entwicklungen in der DDR können sich destabilisierend für ganz Europa auswirken. Das ist unsere Sorge. Das ist keine Einmischung in die Angelegenheiten der DDR, sondern Sorge um die europäische Stabilität.«

Honecker erwiderte: »Ich verstehe Ihre Motive. Auch wir machen uns Sorgen um die Stabilität in Europa, die immer wieder dadurch gefährdet wird, dass der Grundsatz der Unverletzlichkeit der Grenzen und der Nichteinmischung in die inneren Angelegenheiten der DDR nicht beachtet wird. Sie dürfen bei der Betrachtung unserer inneren Situation nicht nur von denen ausgehen, denen alles nicht passt. Solche finden Sie überall. Man hat der DDR seit ihrer Gründung kein ruhiges Jahr gegönnt. Die DDR feiert jetzt ihren 40. Gründungstag, und sie wird auch ihren 80. Gründungstag feiern. Die SED ist mit über zwei Millionen Mitgliedern eine große politische und ideologische Kraft. Die DDR braucht ihre inneren Verhältnisse im Gegensatz zu anderen nicht zu korrigieren. Wir haben fünf weitere Parteien außerhalb der SED mit rund sechshunderttausend Mitgliedern. Die arbeitenden Menschen sind im FDGB organisiert, der über neun Millionen Mitglieder hat. Das ist eine starke Gewerkschaft, die an der Gestaltung der entwickelten sozialistischen Gesellschaft mitwirkt. Eine weitere Basis sind unsere fleißigen Bauern. Die Bauern haben kein Interesse daran, zur individuellen Landwirtschaft zurückzukehren. Alle gesellschaftlichen Organisationen und Parteien sind in der ›Nationalen Front‹ organisiert und sorgen so für eine hohe gesellschaftliche Effektivität und Stabilität. Was bei Ihnen so hochgejubelt wird, die Samariterkirche, die Umweltbibliothek und ähnliche Aktivitäten, hat demgegenüber keine Perspektive. Auf diese Gruppen sollten Sie nicht setzen.

Ihr Herr Eppler hat in seiner Rede anlässlich der Gedenkstunde des Deutschen Bundestages zum 17. Juni 1989 die Fortdauer der deutschen Nation betont. Ich frage mich, ob sich darin eine Veränderung der sozialdemokratischen Politik abzeichnet. Außerdem hat er sowjetische Begriffe wie Umgestaltung und Transparenz auf die DDR übertragen. Nun, dafür besteht keine Grundlage. Wir brauchen das nicht, denn wir haben eine ganz andere Ausgangslage. Bei uns gibt es alle Informationen. Im Fernsehen können Sie alles sehen, die westlichen Programme sind zugelassen. Die Entwicklung in Polen und Ungarn ist mit der unsrigen nicht zu vergleichen. Wir haben die dort jetzt erkannten Notwendigkeiten längst berücksichtigt. Der Reiseverkehr zwischen der DDR und der BRD sowie Westberlin hat sich sehr gut entwickelt. Nur 0,04 Prozent der Reisenden bleiben im Westen. Das ist wohl eine zu vernachlässigende Größe.

Und was die Kommunalwahlen angeht, so waren dies die demokratischsten Wahlen, die man sich überhaupt vorstellen kann. Wir sind an wirklichen Ergebnissen interessiert. Manipulationen sind deshalb ausgeschlossen. In der Welt gibt es verschiedene Formen der Demokratie. Wir haben in der DDR die sozialistische Demokratie verwirklicht. Zehn Parteien und Organisationen haben sich zur Wahl gestellt. Egon Krenz war Vorsitzender der Zentralen Wahlkommission. Eine Million Wahlhelfer waren tätig, es gab 214.000 Kandidaten aus allen Schichten und Berufen, und in vierzehntausend Wahlkreisen bestand die Möglichkeit zur Teilnahme an der sozialistischen Demokratie. Die Wahlkommissionen haben öffentlich getagt. Wenn Einzelne glauben, andere Wahlergebnisse feststellen zu müssen, dann hat das keine Grundlage und keine Bedeutung. Die DDR ist stabil wie kein anderes sozialistisches Land. Die Entwicklung ist mit den anderen nicht vergleichbar.«

Ich hakte im Anschluss an diese Rede des SED-Chefs etwas offensiver nach: »Uns hat tief besorgt, in welcher Weise die DDR auf die Vorgänge in China reagiert hat. Wir hatten eine solche Reaktion bei dem erreichten Stand der Kooperation hier in Mitteleuropa nicht erwartet. Die DDR muss sich fragen lassen, welche Folgen eine solche Erklärung für den Entspannungsprozess hat. Die Ereignisse in China haben bei uns sofort die Diskussion darüber verstärkt, ob die Reformen in der Sowjetunion unumkehrbar sind oder nicht. Wir fragen uns, ob maßgebliche Kreise in der DDR wünschen, die Prozesse in der Sowjetunion und Ungarn wieder umzukehren. Das hätte allerdings erhebliche Auswirkungen auf das Klima zwischen den beiden deutschen Staaten. Ich muss Ihnen auch sagen, dass Schüsse an der Mauer nicht vereinbar sind mit dem Klima der Entspannung und dem Ziel des Baus eines gemeinsamen europäischen Hauses.«

Honecker antwortete zu den Ereignissen in China vorsichtiger, als ich erwartet hatte: »Wissen Sie, ich kenne Herrn Deng schon lange und weiß, wer das ist. Dass der Westen jetzt so enttäuscht ist von ihm, hat der Westen sich selbst zuzurechnen. Sie müssen sich fragen lassen, wer Deng über viele Jahre hinweg als den größten Reformer bejubelt hat. Das war bei Ihnen im Westen. Im Übrigen: In China hat sich endgültig durchgesetzt, die sozialistische Gesellschaft aufzubauen. Es gibt dort kein Zurück mehr. Die Beseitigung des Sozialismus hat dort keine

Chance. Was die westlichen Horrormeldungen über angebliche Bluttaten angeht, so habe ich mir die Fernsehberichte selbst mehrfach angesehen, aber dafür keine Bestätigung finden können. Wir haben uns auf die Mitteilungen der offiziellen Stellen unserer Bruderpartei in China gestützt. Andere gesicherte Informationen gibt es nicht.«

Auf meinen Vorwurf bezüglich der Gewalttaten an der Mauer ging der SED-Chef wie üblich nicht ein. Dafür schlug er – das war ebenso üblich – mit Angriffen zurück.

»Wissen Sie, ich beobachte mit Sorge, dass die BRD verstärkt versucht, sich in unsere inneren Angelegenheiten einzumischen. Bei uns sind Bedingungen geschaffen, die allen Menschen die zentralen Grundrechte garantieren. Begriffe wie Obdachlosigkeit, neue Armut oder Zweidrittelgesellschaft sind bei uns unbekannt. Kennzeichen der DDR sind gesellschaftlicher Frieden und die Geborgenheit der Menschen. Das sind die wahren Grundrechte. Demgegenüber muss ich feststellen, dass in der Bundesrepublik zehntausend Prozesse wegen Berufsverboten stattfinden und vier Millionen Menschen überprüft werden. Das ist eine furchtbare Praxis.«

Auf meine Erwiderung, dass die Länder der Bundesrepublik die Praxis der Berufsverbote längst eingestellt hätten oder dabei seien, dies zu tun, reagierte er nicht. Die Gesprächsatmosphäre blieb förmlich. Man konnte dieses Denken nicht nachvollziehen, das verbohrt, verbittert und verstockt war.

Bei einem kurzen Spaziergang im Park des Schlosses, als ich unter vier Augen mit Honecker sprach, war er lockerer und erklärte mir, dass Gunter Rettner der Mann seines Vertrauens auch für diskret zu regelnde Fragen sei.

Ich sprach den SED-Generalsekretär auf die Gewährung von Arbeitsmöglichkeiten für einige Journalisten an, die trotz aller Bemühungen bisher keine Berichterstattungserlaubnis für die DDR bekommen hatten. Außerdem bat ich ihn, die Einreise für legal ausgereiste ehemalige DDR-Bürger auf jeden Fall fünf Jahre nach der Ausreise oder nach einer kürzeren Frist wieder zu erlauben.

Am Verhandlungstisch ging es weiter mit der Erläuterung unserer Vorschläge für einige konkrete gemeinsame Projekte, die wir mit der DDR angehen wollten. Ich regte an, dass sich die

DDR mit eigenen Präsentationen an Messen und Ausstellungen in Westberlin, besonders an der »Grünen Woche«, beteiligen sollte. Außerdem schlug ich vor, dass die DDR es zulassen sollte, dass ihren Bürgern westliche Gebrauchtwagen von Verwandten und Freunden im Westen geschenkt werden konnten. Bisher war die Einfuhr solcher Fahrzeuge verboten, obwohl es in Ostdeutschland dafür eine riesige Nachfrage gab. Honecker sagte zu, diese Idee zu prüfen, schien aber, wie seine Miene verriet, in Wirklichkeit nicht allzu sehr davon angetan.

Direkt ablehnend reagierte er, als ich ihm vorschlug, in den Jahren 2000 oder 2004 Olympische Spiele in ganz Berlin zu veranstalten. Ich sagte, dass eine gemeinsame Bewerbung von Ost- und Westberlin beim Internationalen Olympischen Komitee ohne Zweifel große Chancen hätte. Wir wollten gleichberechtigte Spiele in beiden Teilen der Stadt. »Solche Spiele wären ein hervorragendes Zeichen der Kooperation und der friedlichen Zusammenarbeit über Grenzen hinweg«, erläuterte ich. Unser Hintergedanke bei diesem Vorschlag war, beide Teile der Stadt enger zusammenzuführen, ein Stück gemeinsamer Planung zu realisieren und die Mauer durch eine solche Veranstaltung um vieles durchlässiger zu machen. Denn die Ostberliner und die DDR-Bürger würden dann als Zuschauer zu Wettkämpfen in den Westteil der Stadt kommen wollen und die Westberliner in den Ostteil. Beim Evangelischen Kirchentag im Frühjahr 1989 hatte es für einige hundert Besucher aus der DDR schon Tagesvisa gegeben, was gut funktioniert hatte. Darauf wies ich Honecker hin. Die Planung gemeinsamer Olympischer Spiele, so unser Kalkül, würde die SED zur Kooperation und Öffnung zwingen. Es war klar, dass die DDR ein großes Interesse daran hatte, einmal Austragungsland der Spiele zu sein. Viele Sportler, Zuschauer und Funktionäre träumten davon. Allein aber würde der »zweite deutsche Staat« den Zuschlag wohl nie bekommen. Unser Kooperationsvorhaben in dieser Sache war ein verlockendes Angebot und würde auch, so hofften wir, einen gewissen innenpolitischen Druck auf die Führung entfalten.

Honecker hörte sich meine Bitte aufmerksam an und sagte dann kühl: »Ich lehne jede Art von Kooperation bei Veranstaltungen ab, mit der beabsichtigt wird, eine nicht gegebene, angebliche Einheit Berlins darzustellen. Und was den Gedanken an Olympische Spiele betrifft, so haben wir solche Überlegungen auch schon angestellt. Wie ich höre, will sich die Messestadt Leipzig darum bewerben.«

Mit diesem Satz wischte er einen Vorschlag vom Tisch, der eine völlig neue Ära der Kooperation zwischen Ost und West hätte einleiten können. Ich empfand die Antwort als Affront, denn Honecker wusste ebensogut wie ich, dass Leipzig niemals Olympiastadt werden konnte. Die gesamte Infrastruktur der Stadt lag so danieder, dass die Zeit bis zum Jahr 2000 oder 2004 gar nicht ausreichte, sie zu erneuern, selbst wenn die finanziellen Mittel vorhanden gewesen wären. Und politisch würde Leipzig auch nicht vom IOC den Zuschlag bekommen, denn das IOC würde sich hüten, sich in eine Ost-West-Konkurrenz hineinziehen zu lassen. Honeckers Vorschlag war nur dazu bestimmt, die faszinierende Idee gemeinsamer Spiele in ganz Berlin totzuschlagen. Wie sich in den nächsten Tagen herausstellte, wusste in Leipzig niemand von solchen Plänen, und sie wurden danach auch nicht weiterverfolgt.

Wir verließen Schloss Niederschönhausen mit einem schönen praktischen Ergebnis für die Westberliner im Gepäck und mit sehr ernsten Gedanken über die politische Zukunft der DDR. Erich Honecker lebte völlig an der Realität der Menschen in seinem Land vorbei. Die Schlangen vor den Geschäften, die Sehnsucht nach westlichen Konsumwaren und nach Reisen, die Frustration über das triste Leben in den Neubaughettos, die Bitterkeit über die Bevormundung durch die Bürokratie und die Kritik an der fortschreitenden Zerstörung der Umwelt, all das nahm er nicht wahr, er ahnte es vermutlich nicht einmal. Seine engsten Mitarbeiter trugen ihm nur noch die Fakten vor, die in das Bild von einer leistungsfähigen, international anerkannten DDR passten. Seine Fahrten durch das Land waren bis ins Detail vorbereitet, seine Begegnungen mit Menschen sorgsam inszeniert. Er glaubte wirklich, was er sagte. Und was er sagte, stand am nächsten Tag als Staatsdoktrin im *Neuen Deutschland*. Die SED unter Honecker handelte getrennt von der Gesellschaft. »Wir neigten dazu, die Wirklichkeit von Tribünen und Präsidiumstischen aus einzuschätzen. So haben wir uns sehr vielen Täuschungen hingegeben«, gestand später Honeckers Nachfolger Egon Krenz.

Besonders erschreckend aber war, wie klar und offen Honecker sich mir gegenüber von den Reformbestrebungen in der Sowjetunion, Polen und Ungarn distanziert hatte. Immerhin war ich so etwas wie der Klassenfeind. Eine Mischung aus Zorn, Stolz und Trotz kennzeichnete das Verhältnis Honeckers zu den reformwilligen Bruderparteien. Es war die sehr deutsche und sehr hochmütige Haltung, die da hieß: Das haben wir nicht nötig!

Beim Mittagessen hatte er zunächst über seine Zeit in Berlin im Außenkommando des Zuchthauses Brandenburg und über die dann folgende illegale Zeit erzählt. Ganz unvermittelt war er dann auf den Arbeiteraufstand in der DDR am 17. Juni 1953 gekommen, um bitter über die sowjetischen »Freunde« zu reden. Die sowjetische Seite sei es gewesen, die damals die Erhöhung der Arbeitsnormen und die Erhöhung der Preise bei einer Reihe von Konsumgütern durchgesetzt habe, und zwar gegen den Rat der deutschen Seite. Gewiss, »aus Solidarität« habe man das mitgetragen und gegenüber der Bevölkerung vertreten. Aber auslösender Faktor für den Aufstand sei eine Fehleinschätzung der Sowjets gewesen. Bisher war die Existenz des SED-Staats nur von Westen her infrage gestellt worden. Nun sah sich Honecker plötzlich in einer Art Mehrfrontenkrieg: die halbe Welt gegen die kleine DDR. Statt mit Flexibilität reagierte er mit Verhärtung auf die neue Lage.

Die Führung der DDR schien tatsächlich eine massive Bunkermentalität entwickelt zu haben, sie fühlte sich umringt und bedroht. Es war zu befürchten, dass die Staatsführung blind um sich schlagen würde, wenn die reale Welt eines Tages versuchen sollte, in diesen Bunker einzudringen. Honecker würde, das war jetzt klar, jede noch so kleine Reformbestrebung knallhart unterdrücken. Angesichts des wachsenden Unmuts in der Bevölkerung bedeutete dies, dass sich die inneren Konflikte in der DDR drastisch verschärfen würden und sich die Deutschland- und Berlinpolitik darauf einrichten musste. Es war undenkbar, weiter mit der SED-Spitze über Erleichterungen zu verhandeln, wenn die Repressalien gegen Oppositionelle zunahmen. Die traditionelle Deutschlandpolitik der kleinen Schritte gelangte an ihre Grenzen.

Es würden schwierige Zeiten auf Berlin zukommen.

Nichts wie weg hier!

Durch die harte Absage der Führung an jede Art von Reform stieg der Druck im Kessel DDR sprunghaft an. Besonders bei den jungen Leuten machte sich Hoffnungslosigkeit breit. Ringsumher – in Polen, Ungarn und der Sowjetunion – war die Gesellschaft in Bewegung geraten, und nur zwischen Elbe und Oder schienen die Menschen wieder einmal das schlechtere Los der Geschichte gezogen zu haben. Wer zwanzig, dreißig oder vierzig Jahre alt war, wollte nicht mehr auf Veränderungen im Irgendwann warten, sondern hatte das Gefühl, dass ihm mit jedem weiteren Tag Realsozialismus das Leben zwischen den Fingern zerrann. Viele Menschen bekamen Angst, für immer ausgeschlossen zu sein von der Welt der Demokratie, des Wohlstands und der Freiheit. Torschlusspanik machte sich breit.

Die Zahl der legal gestellten Ausreiseanträge schnellte nach oben und betrug nach westlichen Schätzungen insgesamt rund eine Million. Zusammen mit den Familienangehörigen bedeutete das, dass fast jeder achte Ostdeutsche sein Land verlassen wollte. Kein Staat der Welt kann einen solchen Verlust an Zustimmung im eigenen Volk aushalten. Der Führung lief das Volk davon. Anfang August 1989 flüchteten Hunderte von DDR-Bürgern in die bundesdeutschen Vertretungen in Ostberlin, Budapest, Prag und Warschau sowie in die US-Botschaft in Ostberlin. Besonders vor der Vertretung der USA kam es zu dramatischen Szenen, als die Volkspolizei den Zugang abriegelte und weitere Ausreisewillige, die in das Missionsgebäude gelangen wollten, mit Gewalt zurückdrängte. Die betroffenen Vertretungen wurden für den Besucherverkehr geschlossen. Botschaftsbesetzungen waren schon mehrfach vorgekommen und bisher immer relativ schnell und diskret gelöst worden. Beide Seiten hatten kein Interesse daran, dass die Botschaften und Vertretungen zu Konfliktstellen wurden und das gegenseitige Verhältnis beeinträchtigten. Doch diesmal funktionierten die erprobten Mechanismen zur Lösung des Problems nicht, weil einerseits die DDR weniger flexibel war als früher und weil auf der anderen Seite auch die Flüchtlinge kompromissloser ihr Ziel, die sofortige Ausreise, verfolgten.

Honeckers Vertrauter, der Ostberliner Rechtsanwalt Wolfgang Vogel, hatte, anders als in früheren Fällen, offenbar nicht die Vollmacht, den Flüchtlingen eine positive Entscheidung über ihren Ausreiseantrag zuzusichern. In den Vorjahren hatte man mit einer solchen Zusicherung die für alle Beteiligten heikle Situation relativ schnell gelöst. Die Flüchtlinge waren wieder nach Hause zurückgekehrt und hatten dort ihre Ausreiseanträge erneut gestellt. Die Genehmigung ließ dann nicht lange auf sich warten. So wahrte die DDR ihr Gesicht und behielt sich formal die souveräne Entscheidung über eine ständige Ausreise vor. Diesmal reichte das Mandat von Rechtsanwalt Vogel jedoch nur so weit, den Flüchtlingen Straffreiheit zu versprechen und sie immer wieder zum Verlassen der Botschaft aufzufordern. Darauf gingen die Betroffenen nicht ein. Sie hatten mit ihrer Aktion ohnehin schon alle Brücken zum DDR-Staat hinter sich abgebrochen und nichts mehr zu verlieren. Rechtsanwalt Vogel, der schon oft erfolgreich gewesen war, wenn es galt, menschliche Schicksale im geteilten Deutschland diskret zu lösen, musste diesmal passen. Auch seine Gespräche mit Kanzleramtsminister Seiters brachten nichts voran.

Die Führung der DDR zeigte sich in dieser kritischen Situation handlungsunfähig und unansprechbar. Erich Honecker war seit dem 7. Juli, als er den Gipfel des Warschauer Vertrages in Bukarest vorzeitig verlassen musste, erkrankt. Offiziell war von einer »akuten Gallenblasenerkrankung« die Rede, aber es gingen Gerüchte über ein ernsthaftes Leiden um. An vielen kleinen Details merkten wir in der Senatskanzlei, dass nach dem Treffen mit Honecker nichts vorankam. Die Führung war ausgefallen, also wurde auch nicht entschieden, weder positiv noch negativ, ob der Bezirk Cottbus in die Besuchsregelung für die Westberliner einbezogen werden sollte. Die Handlungsunfähigkeit wurde durch das Flüchtlingsproblem offenbar.

Die stagnierende Situation zog immer mehr Aufmerksamkeit auf sich. Die DDR-Medien starteten eine scharfe Kampagne gegen die Flüchtlinge. In der *Aktuellen Kamera*, der Nachrichtensendung des DDR-Fernsehens, wurde ein Kommentar veröffentlicht, in dem es hieß, die Botschaftsflüchtlinge handelten »verantwortungslos gegen sich selbst und ihre Kinder und gegen die Friedenspolitik unseres Landes«. Dem Westen wurde »eine üble Hetzkampagne« und eine »gezielte Kampfansage gegen den Sozialismus im Stil des Kalten Kriegs« vorgeworfen. Das SED-Zentralorgan *Neues Deutschland* druckte zahlreiche Leserbriefe mit parteikonformen Stimmen aus Betrieben und Kombinaten.

Am 14. und 15. August tauchte Erich Honecker für zwei Tage wieder im Amt auf, nicht jedoch, um den entstandenen Konflikt zu lösen, sondern um noch einmal in aller Schärfe jegliche Reform abzulehnen. Er nahm voller Stolz den ersten in der DDR hergestellten Ein-Megabit-Prozessor des Erfurter Kombinats Mikroelektronik entgegen und sprach vom »bewährten Kurs der Einheit von Wirtschafts- und Sozialpolitik«, von »internationalem Niveau«, das erreicht worden sei, und von dem »großen Aufbauwerk«, um das es gehe. Wieder gab er bei dieser Rede ein eindrucksvolles Beispiel für seine durch die historische Erfahrung des Faschismus geprägte, enge Gedankenwelt. »Der Sozialismus ist die einzige Gesellschaftsordnung, in der der Mensch ein Mensch sein kann ... Das ist die Wahrheit über die Werte unseres Lebens und unseres Kampfes. Dafür haben wir in der Weimarer Republik gekämpft und im Widerstand gegen den Hitlerfaschismus, so haben wir nach den furchtbaren Ereignissen des Zweiten Weltkrieges in der DDR ein neues Leben aufgebaut, und so gestalten wir weiterhin die entwickelte sozialistische Gesellschaft in der DDR.« Er verlor kein Wort über das Thema, über das ganz Deutschland redete: die Botschaftsflüchtlinge. Stattdessen gipfelten seine Ausführungen in dem platten Satz: »Den Sozialismus in seinem Lauf hält weder Ochs' noch Esel auf.«

Eigentlich hatte die feierliche Übergabe des Mikrochips in der thüringischen Metropole stattfinden sollen, doch wurde sie wegen Honeckers Erkrankung nach Ostberlin verlegt. Das Prestigeobjekt war der blanke volkswirtschaftliche Unsinn. Genauso leistungsfähige Chips wurden für weit niedrigere Kosten, als sie die DDR jemals hätte erreichen können, im Fernen Osten produziert. Es war verrückt, ausgerechnet auf dem High-Tech-Sektor mit dem Westen konkurrieren und wirtschaftlich autark werden zu wollen und auf der anderen Seite gleichzeitig die traditionell gut entwickelte und relativ konkurrenzfähige Maschinenbauindustrie und die Infrastruktur – Schiene, Straße und Telekommunikation – verkommen zu lassen. Neben den irrsinnig hohen Kosten, die die Armee mit ihren 200.000 Angehörigen, die Staatssicherheit mit ihren 115.000 hauptamtlichen Mitarbeitern sowie die überzogene Verwaltung und der hauptamtliche Apparat der SED mit rund 40.000 Mitarbeitern verursachten, lag hier eine der Ursachen des volkswirtschaftlichen Niedergangs der DDR. Während die industrielle und öffentliche Infrastruktur »auf Verschleiß« gefahren wurde, wie es im DDR-Jargon hieß, wurden teure, aber nutzlose Prestigeobjekte mit Milliardeninvestitionen aufgepäppelt. Computer der Marke »Robotron« aber waren nun einmal das Steckenpferd des greisen Generalsekretärs.

Bei der Entwicklung solcher Prestigeobjekte und durch die Politik der wirtschaftlichen Entflechtung vom Ausland, die sogenannte »Störfreimachung« der DDR-Volkswirtschaft, sind Milliardenbeträge verschwendet worden. Wie Honeckers »wissenschaftlich-technische Revolution« in der Realität aussah, schilderte ein paar Tage später der Korrespondent des Berliner *Tagesspiegel* in einer Reportage aus Jena. Der Chip-Hersteller VEB Carl Zeiss Jena hatte für seine weiblichen Mitarbeiter einen betriebsinternen Sonderverkauf von Damenschlüpfern arrangiert, weil diese Kleidungsstücke in den meisten Größen in den Jenaer Geschäften nicht zu haben waren. Bekannt wurde die einmalige Aktion durch wütende Leserbriefe in der örtlichen Zeitung. Viele Frauen, die nicht im Kombinat arbeiteten, protestierten heftig gegen diese Bevorzugung. Das war sie, die DDR: zwischen Computer-»Weltniveau« und realsozialistischer Mangelwirtschaft.

Honecker erlitt kurz nach der Mikrochip-Übergabe einen ernsten Schwächeanfall und musste in dem den Mitgliedern des Zentralkomitees vorbehaltenen, damals qualitativ nicht sehr gut eingeschätzten Regierungskrankenhaus Berlin-Buch operiert werden.

Der Hochmut der DDR-Führung gegenüber den Flüchtlingen in der Ständigen Vertretung in Ostberlin und in den anderen bundesdeutschen Botschaften rächte sich rund tausend Kilometer weiter südlich: in Ungarn. Viele DDR-Bürger hatten im Lauf des Sommers entdeckt, dass eine Flucht über die ungarische Grenze nach Österreich weniger gefährlich war als jede andere Möglichkeit, die DDR zu verlassen. Der Zaun an der Grenze zur Alpenrepublik war auf weiten Strecken bereits abgebaut. Die Zahl derer, die den nächtlichen Weg über die grüne Grenze wagten, stieg täglich an und lag Mitte August '89 schon bei rund einhundert pro Tag. Etwa zweitausend DDR-Bürger warteten auf einem Campingplatz in der Nähe von Sopron auf eine günstige Gelegenheit zur Flucht. Die ungarischen Grenzpatrouillen versuchten zwar, die Flüchtlinge aufzustöbern und nach Möglichkeit schon bei der Anfahrt anzuhalten, aber sie schossen nicht. Wer zum ersten Mal erwischt wurde, kam mit einer Verwarnung davon. Beim zweiten Fluchtversuch allerdings stempelten die Ungarn einen Vermerk in die DDR-Pässe. Es waren vor allen Dingen Flüchtlinge aus dieser Gruppe sowie Familien mit Kleinkindern, die in der Budapester Botschaft der Bundesrepublik Zuflucht suchten. Die Hilfsdienste hatten schon Zelte in der Umgebung der nahe gelegenen Pfarrei Zugliget aufstellen müssen, um alle unterbringen zu können.

Am 19. August kam es anlässlich eines grenzüberschreitenden »Friedenspicknicks« der »Paneuropa-Union« an der ungarisch-österreichischen Grenze zu einer Massenflucht von rund fünfhundert Menschen. Diese Szenen waren von Kamerateams festgehalten worden. Die meisten DDR-Bürger sahen sie am Abend in ihren Wohnzimmern, als die *ARD*-Tagesschau um zwanzig Uhr als gewohnte Hauptinformationsquelle zu den Tagesereignissen eingeschaltet wurde. Fünf Tage später ließ die Budapester Regierung über einhundert Botschaftsflüchtlinge mit Ausweisen des Roten Kreuzes nach Wien ausfliegen. Damit durchbrach Ungarn als erstes Ostblockland die bis dahin vertragliche Vereinbarung mit der DDR, wonach niemand ohne Ostberliner Zustimmung in den Westen gelassen werden durfte. Noch bezeichnete die ungarische Regierung die Aktion allerdings als eine »einmalige humanitäre Geste«. Am nächsten Morgen war die Botschaft in Budapest wieder voll. Der Zustrom ebbte nicht ab. Rund zweihunderttausend DDR-Bürger waren noch in Ungarn und verbrachten ihren Urlaub zwischen Balaton und Budapest. Sie begriffen schnell, dass sie unverhofft an einer offenen Käfigtür standen und jetzt nur noch den einen entscheidenden Schritt gehen mussten. Aus Ostberlin vernahmen die Ungarnurlauber nur Meldungen, die Angst machten. Gerüchte machten die Runde, dass die Führung nur den 40. Jahrestag abwarte und dann alle Reisen nach Ungarn, womöglich sogar auch in die Tschechoslowakei verbieten werde. So entschieden sich viele tausend Menschen, die ihr Zuhause für einen normalen Urlaub verlassen hatten, in den letzten Augusttagen spontan zur Flucht.

Gerade Kritiker des Systems, besonders innerhalb der evangelischen Kirche, sahen diese Fluchtbewegung mit großer Sorge. Zum einen wurde die Opposition innerhalb der DDR durch den Abgang unbequemer Bürger geschwächt, zum anderen wurden Teile des gesellschaftlichen Versorgungssystems – insbesondere die medizinische und pflegerische Versorgung – an den Rand des Zusammenbruchs gebracht. Es gab die ersten vorsichtigen Appelle, doch im Lande zu bleiben und bei der Verbesserung der Verhältnisse mitzuwirken.

Ich konnte diejenigen verstehen, die gingen, und ich bewunderte den Mut und die Zuversicht derjenigen, die bewusst blieben. Ich selbst wollte mir nicht anmaßen, vom bequemen und sicheren Sessel im Westen aus kluge Ratschläge zu erteilen und zum Bleiben zu animieren. Natürlich schwächte jeder, der wegging, die sich gerade formierende Opposition. Aber er schwächte auch die Macht der SED. Natürlich waren die Erwartungen der Flüchtlinge an den Westen, war die Euphorie bei ihrer Ankunft in Bayern oft überzogen, und man ahnte, dass viele noch bitter enttäuscht werden würden.

Erich Honecker war offenbar schwerer erkrankt, als offiziell zugegeben wurde. Er ließ sein für den 4. September geplantes Treffen mit mir am Rande der Leipziger Messe absagen. Immerhin war ich bei dieser Messe zusammen mit meinem Kollegen Voscherau aus Hamburg der ranghöchste westliche Gast, und unter normalen Umständen hätte sich der erste Mann der SED diesen Termin schon wegen der Medienwirkung nicht entgehen lassen. Wie desolat die Spitze war und dass sich auch der Apparat im Zentralkomitee nicht traute, die einfachsten Entscheidungen zu treffen, zeigte sich, als man mir auch keinen anderen hochrangigen Gesprächspartner für Leipzig nennen konnte, aber auch nicht richtig absagte, sondern die Senatskanzlei einfach hängenließ. Egon Krenz war vom Politbüro in Urlaub geschickt worden, und Günter Mittag, formell Honeckers Vertreter, war selbst gesundheitlich schwer angeschlagen. Willi Stoph, auch nicht mehr der Jüngste, konnte gerade noch den traditionellen Rundgang wahrnehmen.

Ich fuhr dennoch am 4. September nach Leipzig, machte die üblichen Besuche bei ausstellenden Westberliner Firmen und hatte, wie schon seit Jahren bei jedem Messebesuch, mein Informationsgespräch mit einigen Generaldirektoren von großen DDR-Außenhandelsbetrieben. Dabei erfuhr man stets einige Interna aus der DDR-Wirtschaft. Der immer sehr offene Generaldirektor Klaus Braunsdorf vom DDR-Außenhandelsbetrieb Textilkommerz überraschte Peter Mitzscherling, den späteren Wirtschaftssenator, und mich 1988 mit der Feststellung, dass selbst bei moderner Maschinenausstattung ein DDR-Textilbetrieb nur eine Produktivität von fünfundsiebzig Prozent eines vergleichbaren Westbetriebs erreiche. Die Motivation für die Mitarbeiter sei einfach nicht da, weil sie für ihren Verdienst nicht genug kaufen könnten. Leistung und Leistungszuschläge, selbst Sachzuwendungen, seien für sie uninteressant, und das wirke sich nachteilig auf die Produktivität aus.

Am Nachmittag traf ich mich im Gemeindehaus der Leipziger Thomaskirche mit dem sächsischen Landesbischof Johannes Hempel und Superintendent Johannes Richter von Leipzig-West. Ich hatte Hempel schon wiederholt nach Messebesuchen getroffen, um ungeschminkte Informationen über die Lage im Lande aus der Binnenperspektive zu bekommen. Das West-Fernsehen hatte von dem beabsichtigten Gespräch irgendwie Wind bekommen und verfolgte mich bei dem Gang durch die Innenstadt zur Thomaskirche. Vor der Kirche traf ich den Leiter der Ständigen Vertretung der Bundesrepublik, Staatssekretär Franz Bertele, der mich zu dem Gespräch begleitete. Wir gingen zuerst in die Thomaskirche, um die Journalisten loszuwerden.

In dem Gespräch zeigten sich die beiden Kirchenmänner deprimiert und voller Hoffnungslosigkeit. Hempel, der an jenem Montag eigens meinetwegen von Dresden herübergekommen war, nannte die Fluchtzahlen »dramatisch«. Er habe immer versucht, Fluchtwillige davon zu überzeugen, dass es besser sei, in der Republik zu bleiben, als vor den Problemen nach Westen zu flüchten. Wo man hineingeboren und wo man von Gott hingestellt worden sei, da müsse man sein Leben und die Herausforderungen auch meistern, habe er stets argumentiert. Aber alle kirchliche Reformarbeit sei offenbar nutzlos gewesen, verändert habe sich nichts. Im Gegenteil, die jetzige Verhärtung des Regimes mache auch ihn mutlos. Nachdem die Parteiführung Reformen so offensichtlich ablehne, sei auch das letzte Motiv, in der DDR zu bleiben, entfallen. Durch die Fluchtbewegung seien alle Bereiche personell erheblich ausgedünnt, es mangele überall an Personal. Die Versorgung werde immer schlechter. Das sei wiederum ein weiterer Grund, das Land zu verlassen. Aus der sächsischen Landeskirche seien jetzt auch einzelne Pfarrer nach Westen gegangen, was ein Alarmsignal sei, denn unter den evangelischen Theologen war es absolut verpönt und galt als Flucht aus der Verantwortung vor Gott und den Menschen, wenn jemand in den Westen ging.

»Zehn Jahre Friedensarbeit sind umsonst gewesen«, sagte Bischof Johannes Hempel. »Alles löst sich auf. Wir stehen vor dem Nichts.« Am schlimmsten sei die Vernichtung der Werte durch die SED. »Es gibt keinen Zusammenhalt mehr in unserer Gesellschaft. Heimat, Zuhause, das bedeutet vielen nichts mehr. Sie verlassen das alles mit Leichtigkeit. Überall ist Misstrauen und Hass. Ich habe Angst, dass die Entwicklung in Gewalt umschlägt.« Diese Radikalisierung der Opposition und das drohende Umschlagen in Gewalt, weil friedliche Opposition sich als unwirksam erwiesen habe, war seine tiefe Sorge.

Noch nie habe ich einen Bischof und gläubigen Christen so deprimiert und mutlos gesehen wie Johannes Hempel an jenem 4. September 1989.

Ich gab in Leipzig eine Pressekonferenz und forderte die DDR-Führung eindringlich auf, jetzt endlich mit Reformen zu beginnen. »Die Probleme, die zur gegenwärtigen Flucht- und Ausreisewelle geführt haben, können nur hier im Land gelöst werden, und zwar durch eine andere Politik.«

Am Abend desselben Tages kam es zu der ersten großen Leipziger Demonstration. Im Anschluss an das montägliche Friedensgebet in der Nikolaikirche entrollten rund tausend Demonstranten Transparente mit Forderungen wie »Wir wollen raus« und »Mauer weg«. Als sie von der Kirche durch die Straßen der Innenstadt ziehen wollten, wurden sie von einem massiven Aufgebot aus Polizei und Staatssicherheit gestoppt. Man riss ihnen die Transparente aus den Händen, es kam zu Handgemengen und Festnahmen.

Die Zahl der in Notzelten und Lagern in Budapest kampierenden Flüchtlinge war Ende September schon auf sechstausend angewachsen, und immer weitere kamen dazu. Die ungarische Regierung, die das Problem bisher als Angelegenheit zwischen den beiden deutschen Staaten bezeichnet hatte, musste endlich eine Lösung finden. Die KP-Reformer in Budapest befanden sich dabei in einer Zwickmühle. Einerseits suchten sie gute Beziehungen besonders zur Bundesrepublik und Österreich und erwarteten von diesen Ländern auch wirtschaftliche Unterstützung, andererseits waren sie Mitglied im Warschauer Vertrag und hatten mit der DDR Verträge abgeschlossen, die es weder erlaubten, die Flüchtlinge direkt in den Westen ausreisen zu lassen, noch gar, wie Bonn es anstrebte, sie in Budapest mit westdeutschen Pässen auszustatten. Die ungarische Regierung zerstritt sich in der Frage, wie mit den ostdeutschen Flüchtlingen umzugehen sei, und verhielt sich sehr widersprüchlich: Keiner wurde zwangsweise in die DDR zurückgeschickt, aber die Pässe der ertappten Flüchtlinge wurden gekennzeichnet. Ungarns Außenminister Gyula Horn und Ministerpräsident Nemeth pendelten zwischen Ostberlin und Bonn hin und her und suchten nach einem Ausweg. Doch die DDR-Regierung blieb bei ihrer harten Haltung, dass alle Flüchtlinge zunächst zurückkehren müssten. Sie erklärte noch am 5. September offiziell: »Der Aufenthalt in diplomatischen Vertretungen oder an anderen Aufenthaltsorten außerhalb der DDR bringt keine Begünstigung und ist kein Weg zur Erreichung der ständigen Ausreise aus der DDR.«

Noch einmal gab Ungarn der DDR-Führung einen Aufschub, indem es ihr für einige Tage gestattete, die Flüchtlinge in den Lagern direkt anzusprechen und sie zur Rückkehr zu überreden. Doch die Mitarbeiter der eilends in Wohnwagen errichteten »Beratungsstellen« wurden von den Fluchtwilligen nur verhöhnt. Am 10. September schließlich verkündete die ungarische

Regierung ihren Beschluss, »dass jeder sich in Ungarn aufhaltende DDR-Bürger von Mitternacht an das Land in Richtung des von ihm gewünschten Zieles unter der Bedingung verlassen kann, dass die Behörden des Aufnahmelandes ihn aufnehmen«. Gleichzeitig kündigte Ungarn das mit der DDR geschlossene Abkommen vom 20. Juni 1969, mit dem sich beide Staaten verpflichtet hatten, »dass Bürger des anderen Staates nicht in dritte Staaten, für die die Reisedokumente keine Gültigkeit haben, ausreisen«.

Diese Entscheidung führte zu einem beispiellosen Exodus. Über zehntausend Menschen reisten innerhalb weniger Tage mit Sonderzügen und in ihren Trabis durch Österreich in die Bundesrepublik. Viele DDR-Urlauber in der Tschechoslowakei und in der Sowjetunion brachen ihre Ferien ab und versuchten, sich nach Ungarn durchzuschlagen. Immer häufiger überquerten Flüchtlinge, die kein Visum für Ungarn besaßen, illegal die Grenze zwischen der Tschechoslowakei und Ungarn. Eine Art Massenpsychose setzte ein. Keiner wollte jetzt den – möglicherweise letzten – Zug verpassen. Manche entschlossen sich auf dem Heimweg von der Arbeit zur Flucht in den Westen und gingen direkt zum Bahnhof. Mit nicht mehr als der Aktentasche in der Hand kamen sie in Ungarn und Österreich an. Binnen kurzem entschieden viele, ihr ganzes bisheriges Leben, ihre Heimat, ihr Haus, ihre Arbeit und ihre Freunde hinter sich zu lassen. Skrupellose ließen sogar ihre Kinder unversorgt zu Hause zurück.

Die DDR-Führung reagierte voller Wut. »Es handelt sich um eine direkte Einmischung in die inneren Angelegenheiten der DDR. Unter dem Vorwand humanitärer Erwägungen wird organisierter Menschenhandel betrieben. Mit Bedauern muss festgestellt werden, dass sich Vertreter der ungarischen Volksrepublik verleiten ließen, unter Verletzung von Abkommen und Vereinbarungen diese von der BRD von langer Hand vorbereitete Aktion zu unterstützen«, hieß es in einer Erklärung des *Allgemeinen Deutschen Nachrichtendienstes* der DDR (ADN). Auch in den anderen, noch nicht von den Reformen erfassten Ostblockländern wie der Tschechoslowakei, Bulgarien und Rumänien war die Aufregung groß. Demonstrativ reiste Jegor Ligatschow, der orthodoxe Gegenspieler Gorbatschows im Politbüro der KPdSU, nach Ostberlin, um dort die »völkerrechtswidrigen Machenschaften der BRD« zu verurteilen. Doch der wütende Protest half nicht. Der Eiserne Vorhang hatte jetzt ein Riesenloch. Die DDR war dort angelangt, wo sie im Sommer 1961 schon einmal war. Damals, im Juli 1961, waren rund 30.000 Menschen aus dem Land geflohen. So viele waren es auch im September 1989. Für uns in der Senatskanzlei war der Vergleich der Fluchtzahlen mit denen von 1961 ein Gradmesser für die Tiefe der Krise in der DDR. 1961 hatte das SED-Regime mit dem Bau der Mauer reagiert. Was würde jetzt geschehen?

Man begriff auch in den übrigen Staaten des Warschauer Vertrags schnell, wie ernst die Lage war. Als ich am 1. September 1989 zu den Gedenkveranstaltungen anlässlich des fünfzigsten Jahrestages des Überfalls von Hitlerdeutschland auf Polen nach Warschau reiste, hielten sich dort dreizehn DDR-Flüchtlinge in der bundesdeutschen Botschaft auf. Im polnischen Außenministerium wurde ich um Rat gefragt, wie man mit dem Problem umgehen solle. Ich empfahl, die Botschaftsflüchtlinge schnell über Schweden oder direkt auf dem Luftweg in die Bundesrepublik ausreisen zu lassen. Der Referent für die deutschsprachigen Länder, ein guter alter Bekannter aus der Zeit, als er an der polnischen Militärmission in Westberlin Dienst tat, berichtete mir über seine Sorge, dass es zu massenhaften Fluchtbewegungen über die Oder kommen würde, wenn der Weg über Polen nach Westen erst offen sein werde. Zugleich ließ er aber auch keinen Zweifel daran, dass die neue, demokratisch legitimierte Regierung Mazowiecki, die gerade gebildet wurde, den eigenen Bürgern und auch den im Lande befindlichen Ostdeutschen Reisefreiheit gewähren würde. Er hielt es für ausgeschlossen, dass die DDR die Grenze nach Osten so abschotten würde wie die nach Westen. Das könne sich die DDR wegen der damit verbundenen Kosten und volkswirtschaftlichen Lasten nicht leisten.

Ich war überzeugt: Polen würde, wenn es Ungarn nicht bereits getan hätte, seine Grenzen öffnen.

Wir tauschten Gedanken über die innere Lage in der DDR aus. Es war auch meinem polnischen Gesprächspartner klar, wie zerbrechlich das Fundament war, auf dem das System der DDR ruhte.

Ungarn verstärkte die Verlegenheit der DDR noch, indem es erklärte, die Grenze mindestens bis zum 7. Oktober, dem 40. Jahrestag, offenzuhalten. Damit befand sich die SED in einem historischen Schachmatt. Wenn sie jetzt auch noch die den DDR-Bürgern verbliebenen spärlichen Reisemöglichkeiten nach Ungarn, ans Schwarze Meer und in die Tschechoslowakei unterband, musste sie mit Streiks und Demonstrationen größten Ausmaßes rechnen. Dagegen wiederum konnte sie kaum mit Gewalt vorgehen, wollte sie nicht ihre internationale Reputation verlieren, die Honecker so mühsam aufgebaut hatte.

Die große Zahl der Übersiedler führte in der DDR zu einem gravierenden personellen Substanzverlust in fast allen Bereichen des gesellschaftlichen Lebens und verstärkte so wiederum den Unmut und die Hoffnungslosigkeit der Zurückgebliebenen. Vor allem die jüngeren Menschen gingen. Viele Mitarbeiter aus der Gastronomie, aus den Pflegeberufen, Ingenieure, Facharbeiter und Ärzte verließen das Land. In einem Landkreis östlich von Berlin habe es, wie mir ein Mitarbeiter der Senatskanzlei erzählte, früher vier Tierärzte gegeben. Drei seien bereits in den Westen gegangen, nur einer, sein Onkel, war geblieben. Wenn auch er sich entschließen würde abzuwandern, gäbe es keine tierärztliche Versorgung mehr für die Genossenschaftsbauern in diesem Landkreis. Kranke Tiere müssten dann notgeschlachtet werden.

So sah es nahezu überall in der DDR aus. Und je näher der 40. Geburtstag der DDR rückte, desto größer wurde die Torschlusspanik. Irgendjemand musste die Führung übernehmen. Würde es nach dem 7. Oktober, wenn der letzte Ehrengast abgereist war, zur »chinesischen Lösung« kommen? Würde die Sowjetunion das politisch mitmachen? Unsere Sorge wuchs von Tag zu Tag, eines Morgens aufzuwachen und als Westberliner plötzlich mitten in einem Gebiet schärfsten Kriegsrechts und Polizeiterrors zu leben.

Die West-Decke ist zu kurz

Aber auch ohne eine solche Zuspitzung war Westberlin als Insel im Meer von den Stürmen direkt betroffen, die da draußen im Osten seit einiger Zeit herrschten. Immer mehr Verzweifelte, Suchende, Gescheiterte und Hoffende aus Polen, der DDR, der Sowjetunion und Rumänien flüchteten sich in die Mauern unserer Stadt. Seit 1985 war die Wanderungsbilanz wieder stark positiv und die Einwohnerzahl Berlins schon um 150.000 Männer und Frauen gestiegen. Prognosen besagten, dass Westberlin, das 1985 noch 1,85 Millionen Einwohner gehabt hatte und jetzt schon wieder über zwei Millionen Einwohner zählte, 1995 bei fast 2,3 Millionen Einwohnern liegen würde – innerhalb von nur zehn Jahren fast eine halbe Million Menschen mehr auf der ohnehin knappen Fläche.

Die meisten Neubürger waren legale Übersiedler aus der DDR und deutschstämmige Aussiedler aus Polen oder der Sowjetunion, aber es waren auch ständig rund 25.000 Polen in der Stadt, die hier halb illegal lebten und arbeiteten. Auf die demografische Struktur der ausgezehrten Stadt wirkte sich diese Entwicklung positiv aus, denn es kamen vor allem junge Menschen mit relativ guter Berufsausbildung und Familien mit vielen Kindern. Berlin wurde zur jüngsten Großstadt der Bundesrepublik und zur Stadt mit dem höchsten Bevölkerungswachstum. Die sozialen Spannungen aber verschärften sich dramatisch. Missgunst und Hass richteten sich besonders gegen die Ausländer und gegen die deutschstämmigen Aussiedler aus Polen, was oft einfach gleichgesetzt wurde. Ein populärer Spruch war: »Wie kann einer Deutscher sein, der nur Polnisch spricht?« Und auch sonst kursierten Gerüchte voller Neid über die Neuankömmlinge: »Musste erst Pole werden, um 'ne Wohnung zu kriegen.« Dabei waren diese Geschichten über angebliche Bevorzugungen der Neubürger aus der Luft gegriffen.

Wie weit die Grabenkriege zwischen den einzelnen Bevölkerungsteilen schon gingen, erlebte ich bei meinem Besuch im

Durchgangslager Marienfelde am 15. September. Ich stand auf dem Bürgersteig vor dem Portal und redete mit einer etwa vierzigjährigen Frau aus Polen, die mich weinend angesprochen hatte. Sie versuchte, meine Hände zu greifen, und flehte um Hilfe. Sie war alleinstehend und vor vier Monaten mit ihrem elfjährigen Sohn angekommen. Sie erzählte, ihr Sohn habe hier eine Schule gefunden, in der er sich wohlfühle, sie selbst gehe putzen, und nun solle sie im Zuge der Verteilung der Zuwanderer auf die wetdeutschen Länder in ein anderes Lager bei Osnabrück weitergeleitet werden. »Jetzt werden wir alles wieder verlieren«, klagte die Frau. Aus ihren Worten sprach große Angst vor dem unbekannten Westen, vor den Verhältnissen einer bundesdeutschen Kleinstadt, vor dem Neuen überhaupt. Hier in Berlin, nahe der alten Heimat, fühlte sie sich sicher, und zugleich hatte ihr die Großstadt eine gute soziale Startchance geboten. Deshalb kamen so viele Zuwanderer aus Osteuropa gerade nach Berlin. Ich versprach, mich nach ihrem Fall zu erkundigen, und ließ mir ihren Namen geben.

Während ich noch mit der Frau sprach, mischte sich ein junger Übersiedler aus der DDR ein. »Sie sollten sich mal um uns kümmern. Seit Monaten mit der Familie uff einem Zimmer. Alles tun se für die Polacken. Sind wir Deutsche oder nich?« Jetzt meldeten sich auch zwei Westberlinerinnen, die das Ganze aus dem Hintergrund beobachtet hatten: »Wir arbeiten im Kindergarten, da tut ihr gar nix für, schon seit Jahren nicht. Da solltet ihr mal Geld reinstecken. Die Aussiedler kriegen alles. Ihr tut nix mehr für uns. Wir kriegen keine Wohnung wie die.« Eine der Frauen zeigte auf das Durchgangslager: »Da stopft ihr alles rein. Dafür sammelt ihr. Aber uns habt ihr vergessen.«

Die Decke war zu kurz. Zu kurz für eine wachsende Bevölkerung und ihre Ansprüche. Die Konkurrenz wurde härter. Nicht in den mittleren und oberen sozialen Schichten: Akademiker oder Beamte konkurrieren nicht mit einem Polen, einem Aussiedler, einem Zuwanderer aus der DDR oder einem Türken. Da fällt es leicht, liberal zu sein. Aber die einfachen Menschen standen (und stehen) in einem harten Wettbewerb um jede bezahlbare Wohnung und jeden Arbeitsplatz. Die neue Ausländerfeindlichkeit in Deutschland hatte viel mit diesem Mechanismus der sozialen Konkurrenz zu tun.

Insbesondere aus dem konservativen Lager ist der rechtliche und soziale Status der Fremden immer wieder infrage gestellt worden. So hat zum Beispiel die in den frühen 80er Jahren geführte Diskussion um Rückkehrhilfen dazu beigetragen, die Ausländer als beliebig manövrierbare Masse wahrzunehmen, die weichen muss, wenn es zu eng wird auf dem Arbeitsmarkt. Besonders deutlich wurde diese Art politischer Diskriminierung in der Frage des kommunalen Ausländerwahlrechts. Das konservative Lager hat eine solche Reform mit aller Macht bekämpft und im Wesentlichen damit argumentiert, dass nur Deutsche darüber entscheiden sollen, was in einer Kommune geschieht. Das stellt das Prinzip der kommunalen Selbstverwaltung auf den Kopf, wonach *alle* ständigen Einwohner einer Stadt oder Gemeinde über ihre lokalen Angelegenheiten entscheiden dürfen.

In der Praxis führt der Ausschluss der Ausländer aus der kommunalen Mitverantwortung zu grotesken Verzerrungen. So bestimmen im Südosten Kreuzbergs nur rund die Hälfte der Bewohner, was dort politisch geschieht, denn dreißig Prozent sind Ausländer, und ein Drittel der deutschen Bevölkerung geht nicht zur Wahl. Die stärkste Partei ist real im Südosten Kreuzbergs gerade einmal von rund zwanzig Prozent der erwachsenen Einwohner gewählt worden. Für die Identifikation mit dem Stadtteil und das Verantwortungsbewusstsein der Bürger für ihre eigene Umgebung ist diese Entwicklung eine schlechte Voraussetzung. Konflikte auf der Straße sind dadurch vorprogrammiert. Die Politik in Deutschland hatte den Ausländern trotz eines über zwanzigjährigen Aufenthalts niemals volle rechtliche Gleichstellung, kulturelle Identität sowie politische und gesellschaftliche Integration zugebilligt; sie ist damit letztlich verantwortlich für das heutige Maß an Ausländerfeindlichkeit.

Ironischerweise richtete sich diese latente Diskriminierung, unter der die Türken, Spanier, Portugiesen und Jugoslawen schon lange litten, nun vorrangig gegen Volksdeutsche aus Osteuropa. Gewiss, es gab beim Nachweis der Herkunft auch schwer verständliche Vorgänge. Wenn etwa jemand aus der Familie auf Himmlers berüchtigter »Volkstumsliste 3« gestanden hatte, dann galten auch die Angehörigen als Deutsche. Aber das war nicht der Regelfall des deutschen Aussiedlers. Der weit rechts stehende Berliner CDU-Politiker Heinrich Lummer nutzte diese Umstände allerdings für den gehässigen Kommentar, manche aus Polen kommende Aussiedler könnten »als Einziges nachweisen, dass sie mal einen deutschen Schäferhund hatten«. Das war eine gezielte Demagogie aus Teilen der Berliner CDU, die die Stimmung gegen Aussiedler, Zuwanderer und Ausländer richtig anheizte.

1989 waren bis zum September in Berlin schon fast 30.000 Aus- und Übersiedler registriert worden. Fast 20.000 von ihnen lebten in Heimen, in Wohncontainern, Turnhallen und provisorisch hergerichteten Sälen. In einer alten Teppichfabrik in Spandau waren vierhundert Menschen unter einfachsten Bedingungen in einem Raum untergebracht. Die Lebensbedingungen waren schlicht menschenunwürdig.

Durchschnittlich mussten die Aus- und Übersiedler acht Monate im Heim leben, die aus Polen sogar mehr als ein Jahr, ehe sie eine Wohnung fanden. In einer solchen Halle gab es keinerlei Privatsphäre, keine Rückzugsmöglichkeit, keine Intimität für die Familie oder für den Kranken und keine Ruhe für ein Hausaufgaben machendes Kind.

Zum ersten Mal seit den Flüchtlingstrecks der Nachkriegsjahre hatten wir wieder Lagerverhältnisse – mit allen Problemen, die dazugehören. Und nun sollte es erst richtig losgehen mit der großen Welle aus Ungarn. Die Sozialsenatorin Ingrid Stahmer und ihre Mitarbeiter schafften es immer wieder in kürzester Zeit, neue Unterbringungsmöglichkeiten zu mobilisieren. Kein Gedanke war verrückt genug, um ihn nicht zu prüfen, kein Gebäude tabu. In Steglitz wurden Wohnungen, die die Eigentümer aus spekulativen Gründen leerstehen ließen, von der dortigen resoluten Sozialstadträtin kurzerhand beschlagnahmt und für Notunterbringungen verwendet. Die Alliierten erklärten sich bereit, zwei Flugzeughangars in Gatow und nicht dringend benötigte Kasernengebäude zur Verfügung zu stellen.

Berlin nahm fast zehn Prozent aller in die Bundesrepublik kommenden Aus- und Übersiedler auf, obwohl es nur einen Anteil von 2,7 Prozent an der Gesamtbevölkerung hatte. Aber noch mehr wollten in die Stadt. Das Boot war voll. Der Senat rang sich daher am 21. Oktober zu dem umstrittenen Beschluss durch, Berliner Extraleistungen für Aussiedler zu streichen, weil nach der Demokratisierung Polens eine politische Verfolgung nicht mehr unterstellt werden konnte. Ab sofort sollten nur noch Ostberliner und Aus- und Übersiedler mit engen Verwandten in Westberlin aufgenommen werden. Alle anderen wurden nach Westdeutschland weitergeleitet. Diese Entscheidung betraf lediglich das Notaufnahmeverfahren, also die Betreuung und Unterbringung durch die Stadt in der ersten Zeit. Die Betroffenen hatten natürlich das Recht, sich wie alle Deutschen ihren Wohnsitz später frei zu wählen. Aber auch nach diesen heftig kritisierten Maßnahmen sank der in Berlin verbleibende Anteil nur unwesentlich auf rund acht Prozent.

Der Zustrom hatte gravierende Auswirkungen auf die Infrastruktur der Stadt. Die Neubürger brauchten Wohnungen, Kindergarten- und Schulplätze, Umschulung und Qualifizierung, und sie benötigten soziale und medizinische Betreuung. Aber sie zahlten, zumindest solange sie noch arbeitslos waren, keine Steuern. Für unsere ohnehin schon angespannte Finanzlage bedeutete dies zusätzliche Ausgaben in erheblichem Umfang für neue Wohnungen, Lehrerstellen, Kinderbetreuung und Sozialarbeiter. Für je zehntausend dieser Neubürger rechneten wir in der Integrationsphase mit einer zusätzlichen Belastung des Haushalts von rund fünfhundert Millionen D-Mark. Bonn war nicht bereit, Berlin zu helfen. Finanzminister Theo Waigel (CSU), der sich während meiner Amtszeit kein einziges Mal in Berlin die Probleme vor Ort angeschaut hat – weder vor noch nach der Maueröffnung –, erklärte, er könne eine überproportionale Belastung Berlins nicht erkennen.

Die angespannte Lage auf dem Wohnungsmarkt, die Konkurrenz um Arbeitsplätze, eine neue Armut, das alles hat sich durch den Zustrom der Aussiedler drastisch verschärft. Immer deutlicher wurde, dass es in Deutschland faktisch seit dem letzten Amtsjahr von Helmut Schmidt, 1982, auf dem sozialen Sektor nur Stillstand und Rückschritt gegeben hatte.

Den letzten qualitativen Sprung nach vorn machte der soziale Sektor Anfang der 70er Jahre mit Willy Brandts Reformen.

Auf die Straße!

Während seit dem 10. September die Ausreisewelle über Ungarn rollte, spitzte sich die innenpolitische Lage in der DDR immer mehr zu. Alarmiert von der Massenabwanderung formierte sich die Opposition, die bis dahin auf eine kleine Zahl versprengter intellektueller Zirkel, die sich unter dem Dach der Kirche trafen, beschränkt war. Am 11. September veröffentlichten hundert Persönlichkeiten aus der ganzen DDR unter dem Namen »Neues Forum« einen Aufruf:

»In unserem Lande ist die Kommunikation zwischen Staat und Gesellschaft offensichtlich gestört. Belege hierfür sind weit verbreitete Verdrossenheit bis hin zum Rückzug in die private Nische oder zur massenhaften Auswanderung. Fluchtbewegungen dieses Ausmaßes sind anderswo durch Not, Hunger und Gewalt verursacht. Davon kann bei uns keine Rede sein. […] Wir wollen Spielraum für wirtschaftliche Initiativen, aber keine Entartung in eine Ellenbogengesellschaft. Wir wollen das Bewährte erhalten und doch Platz für Erneuerung schaffen, um sparsamer und weniger naturfeindlich zu leben. Wir wollen geordnete Verhältnisse, aber keine Bevormundung. Wir wollen freie, selbstbewusste Menschen, die doch gemeinschaftsbewusst handeln. Wir wollen vor Gewalt geschützt sein und dabei nicht einen Staat von Bütteln und Spitzeln ertragen müssen. […]

Wir bilden deshalb gemeinsam eine politische Plattform für die ganze DDR, die es Menschen aus allen Berufen, Lebenskreisen, Parteien und Gruppen möglich macht, sich an der Diskussion und Bearbeitung lebenswichtiger Gesellschaftsprobleme in diesem Land zu beteiligen. […] Wir berufen uns hierbei auf das in Artikel 29 der Verfassung der DDR geregelte Grundrecht, durch gemeinsames Handeln in einer Vereinigung unser politisches Interesse zu verwirklichen.

Wir werden die Gründung der Vereinigung bei den zuständigen Organen der DDR anmelden. Wir rufen alle Bürger und Bürgerinnen der DDR, die an einer Umgestaltung unserer

Gesellschaft mitwirken wollen, auf, Mitglied des ›Neuen Forums‹ zu werden. Die Zeit ist reif.«

Einen Tag später erschien der Gründungsaufruf der Bürgerbewegung »Demokratie jetzt!« mit einer ganzen Reihe konkreter politischer Forderungen vom demokratischen Wahlrecht über freie Medien bis hin zur Reisefreiheit. Am 14. September gab der Erfurter Pfarrer Edelbert Richter in Bonn die Gründung einer weiteren Oppositionsgruppe unter dem Namen »Demokratischer Aufbruch« bekannt. Unter den Bedingungen der Illegalität, die eine Koordinierung der Aktivitäten erschwerte, prägten persönliche Verbindungen einerseits und Konkurrenzen andererseits das Entstehen dieser verschiedenen Gruppen, deren inhaltliche Differenzen noch gering waren.

Am 18. September meldeten sich zahlreiche populäre Rockmusiker, Liedermacher und Unterhaltungskünstler der DDR zu Wort und forderten: »Dieses Land muss endlich lernen, mit andersdenkenden Minderheiten umzugehen, vor allem dann, wenn sie vielleicht gar keine Minderheiten sind.«

Die Synode des Evangelischen Kirchenbundes in der DDR beschäftigte sich am 19. September in Eisenach eingehend mit der aktuellen Situation und verabschiedete einen Grundsatzbeschluss: »Wir brauchen ein allgemeines Problembewusstsein dafür, dass Reformen in unserem Land dringend notwendig sind. Wir brauchen die offene und öffentliche Auseinandersetzung mit unseren gesellschaftlichen Problemen. [...] Wir brauchen verantwortliche, pluralistische Medienpolitik, demokratische Parteienvielfalt, Reisefreiheit für alle Bürger, wirtschaftliche Reformen [...].«

Noch waren die Aktivitäten der Bürgerbewegung zersplittert, doch ein Ziel einte sie: das gesellschaftliche Zusammenleben in der DDR durch Reformen zu retten und aus der Agonie des SED-Staats eine neue, bessere Gesellschaft zu schaffen. Diese Bürger kämpften leidenschaftlich *für* eine DDR, in der sie gerne leben wollten. Sie kämpften *für* die Utopie eines zweiten deutschen Staates, gemeinschaftlicher und sozialer als der andere, ihm aber an Freiheit in nichts nachstehend.

Doch die SED-Führung nahm sich dieser Forderungen und der Hilferufe der Bürger nicht an, sondern stieß sie brüsk zurück. Sie sah in allem sofort eine grundsätzliche Bedrohung ihrer

Macht, des Sozialismus, letztlich des Staates. Einen der wichtigsten Gründe für die harte Abwehrhaltung der ostdeutschen Kommunisten formulierte Otto Reinhold, Rektor der Akademie für Gesellschaftswissenschaften beim ZK der SED. In einem Rundfunkinterview sagte er, die Kernfrage sei, »was man die sozialistische Identität der DDR nennen könnte«. Hier gebe es einen prinzipiellen Unterschied zwischen der DDR und anderen sozialistischen Ländern. Die anderen Länder hätten bereits *vor* ihrer sozialistischen Umgestaltung existiert. »Ihre Staatlichkeit war daher nicht von der Gesellschaftsordnung abhängig.« Für die DDR aber gelte das nicht.

»Welche Existenzberechtigung sollte eine kapitalistische DDR neben einer kapitalistischen Bundesrepublik haben?«, fragte Reinhold und antwortete selbst: »Natürlich keine! Die DDR ist nur als antifaschistischer, als sozialistischer Staat, als sozialistische Alternative zur BRD denkbar.«

Reinholds These war nach meiner Überzeugung der gröbste Knüppel, den die SED gegen die Reformer finden konnte. Damit schloss die Partei aus prinzipiellen Gründen jeglichen Reformversuch aus, ja, sie verband die Bewahrung der gegebenen Verhältnisse mit der staatlichen Existenz der DDR. Einen Sozialismus in demokratischen Formen konnte es demnach in der DDR prinzipiell nicht geben. Reinholds These lief in letzter Konsequenz darauf hinaus, dass die DDR nur als Zwangssystem zu erhalten war. In einem sich öffnenden Europa hatte aber ein Staat, der eine Insel der Gewalt war, weder ökonomisch noch politisch eine Überlebenschance. Die einzige Chance für die Existenz der DDR waren zu dieser Zeit Reformen.

Die ordnungsgemäß eingereichte Anmeldung des »Neuen Forums« wurde von den Behörden abgelehnt. *ADN* verbreitete am 22. September folgenden Text: »Der Minister des Inneren der DDR teilt mit, dass ein von zwei Personen unterzeichneter Antrag zur Bildung einer Vereinigung ›Neues Forum‹ eingegangen ist, geprüft und abgelehnt wurde. Ziele und Anliegen der beantragten Vereinigung widersprechen der Verfassung der Deutschen Demokratischen Republik und stellen eine staatsfeindliche Plattform dar. Die Unterschriftensammlung zur Unterstützung der Gründung der Vereinigung war nicht genehmigt und folglich illegal. Sie ist ein Versuch, Bürger der Deutschen Demokratischen Republik über die wahren Absichten zu täuschen.« Während die Menschen der DDR in Scharen davonliefen, während in manchen Orten schon Teile der Versorgung zusammenbrachen und sich fast die gesamte intellektuelle Schicht des Landes in dem Ruf nach Reformen einig war, spielte die SED-Führung weiter auf dem Klavier der Drohungen, Verbote und Schikanen, als ob nichts geschehen sei.

Der wohlmeinende Appell der Evangelischen Synode vom 19. September wurde im *Neuen Deutschland* mit einer unglaublichen Arroganz beiseitegeschoben: »Alter Quark wurde da als Frischkäse angeboten. Was da im Westen aus dem Bericht an die Synode zitiert wurde, ist in letzter Konsequenz ein Katalog von Maßnahmen, um die DDR kapitalistisch und für die Wiedervereinigung sturmreif zu machen. [...] Wir brauchen keine pluralistische Medienpolitik kapitalistischer Konzerne, weil wir nicht von solchen Übeln wie Massenarbeitslosigkeit, Obdachlosigkeit und Drogenhandel ablenken müssen. Und unsere Parteienvielfalt ohne Neonazis ist für die Gestaltung unserer sozialistischen Gesellschaft völlig ausreichend.«

Die SED-Führung war weder fähig zum Dialog noch willens, ihn zu führen. Aus allen Rohren wurde in den Zeitungen gegen die Bundesrepublik und die Flüchtlinge geschossen. »Ich habe erlebt, wie BRD-Bürger gemacht wurden«, hieß eine der Lügengeschichten über angebliche Schlepper-Banden und »kaltblütige, berufsmäßige Menschenhändler«, für die sich das *Neue Deutschland* nach der Wende bei ihren Lesern offiziell entschuldigte. Als Gipfel des Hochmuts wurde von vielen eine von Erich Honecker persönlich in einen *ADN*-Kommentar eingefügte Formulierung empfunden, in der es über die Flüchtlinge hieß: »Man sollte ihnen [...] keine Träne nachweinen.«

Am 25. September nahm Erich Honecker seine Amtsgeschäfte wieder auf. Er startete eine Propagandaoffensive und schickte die Mitglieder des Politbüros zu Besuchen in die Betriebe, wo sie Ehrenbanner verteilten und Durchhalteparolen verkündeten: »Die Gegner der DDR werden scheitern«, sagte MfS-Minister Erich Mielke vor seinen Mitarbeitern in Ostberlin. »Nichts und niemand bringt uns vom Weg des Sozialismus ab«, verkündete der Medienverantwortliche Joachim Herrmann in einer Leipziger Wollkämmerei. »Unser bewährter Kurs wird fortgesetzt«, versprach Volkskammmerpräsident Horst Sindermann im Kombinat Agrochemie. Die Losungen wurden in den Parteizeitungen ganz groß herausgestellt und sollten Akzente setzen gegen die Reformdiskussion, die immer intensiver auch in der SED und bei den Blockparteien geführt wurde. Den mutigen Anfang machte LDPD-Chef Manfred Gerlach, immerhin stellvertretender Staatsratsvorsitzender, der die DDR am 19. September auf einer Veranstaltung seiner Partei zum 40. Jahrestag der Republikgründung dazu aufforderte, »Neues nicht zu blockieren, sondern aufzuspüren und auf den Weg zu bringen. [...] Die DDR [brauche] Fragende, Ungeduldige, Neugierige.« In krassem Gegensatz zu Honecker bekundete Gerlach offen seine Sympathie für die Veränderungen in der Sowjetunion. Nur die LDPD-Parteizeitung *Der Morgen* brachte diese Passagen. Das *Neue Deutschland* ließ sie weg.

Während eines Besuchs in Stuttgart äußerte sich der Dresdener SED-Bezirkschef, Hans Modrow, vorsichtig zu Reformen. Es wurde auch kolportiert, dass der frühere Spionagechef, Markus Wolf, sich für Reformen eingesetzt habe. Das bestätigte mich in der Einschätzung, dass Reformen in der DDR nicht *gegen*, sondern nur *mit* der SED machbar seien. Der entscheidende Durchbruch musste aus der Partei selbst kommen. Die Gründung nicht legal operierender Parteien, auch einer sozialdemokratischen Partei, konnte in dieser Phase wenig zur Veränderung beitragen. Auch in Polen, Ungarn und der Sowjetunion hatten zuerst Reformen *innerhalb* der regierenden Staatspartei stattgefunden. Ich setzte deshalb sehr stark auf den Veränderungswillen an der Parteibasis, vor allem auf den Mittelbau der SED in den Bezirken und Kreisen, wo viel offener geredet und realistischer gedacht wurde.

Die Reformdiskussion innerhalb der SED wurde aber nicht offen, sondern verdeckt geführt. Innerparteiliche Kontroversen gab es vor allem über die Frage, wie die Motive der Ausreisenden zu bewerten seien. In der Antwort auf diese Frage verlief die Grenzlinie zwischen Selbstgerechtigkeit und Selbstkritik, zwischen Bewahrern und Reformern. Die Parteiführung erklärte die Flüchtlinge zu eigensüchtigen, verantwortungslosen Menschen, während die Reformer den Grund für die Fluchtwelle auch in der bisherigen Politik sahen. »Da gibt es Dinge, über die wir nachzudenken haben«, sagte vorsichtig Hans Modrow, und der stellvertretende DDR-Kulturminister Klaus Höpcke forderte zur Diskussion darüber auf, »welche Umstände des Lebens bei uns in diesem oder jenem überhaupt den Wunsch entstehen lassen, das Land zu verlassen«. Über solche eher diplomatischen Formulierungen gingen die öffentlichen Äußerungen der SED-Reformer nicht hinaus.

Die Oppositionsgruppen außerhalb der SED gaben am 4. Oktober eine gemeinsame Erklärung ab, in der sie geheime und freie Wahlen unter UNO-Kontrolle forderten. In dem Aufruf hieß es: »Uns verbindet der Wille, Staat und Gesellschaft demokratisch umzugestalten. Es kommt darauf an, einen Zustand zu beenden, in dem Bürgerinnen und Bürger dieser Gesellschaft nicht die Möglichkeit haben, ihre politischen Rechte so auszuüben, wie es die Menschenrechtskonvention der Vereinten Nationen und die KSZE-Dokumente verlangen.« Unterzeichnet war dieser Text von sechs Gruppen: der Bürgerbewegung »Demokratie jetzt!«, dem »Demokratischen Aufbruch«, der »Gruppe Demokratischer SozialistInnen«, der »Initiative Frieden und Menschenrechte«, dem »Neuen Forum«, der »Initiativgruppe für eine Sozialdemokratische Partei in der DDR« sowie von Vertretern verschiedener Friedenskreise.

Die SED-Führung reagierte nicht direkt auf diese verstärkten Rufe nach Reformen. Wahrscheinlich war Honecker auf den 40. Jahrestag der DDR am 7. Oktober fixiert, obwohl die Vorbereitung erkennbar nicht so breit und sorgfältig angelegt war, wie das früher bei solchen Jahrestagen üblich war. Nach dem traditionellen Friedensgebet in der Nikolaikirche demonstrierten am 25. September in Leipzig achttausend Menschen in der Innenstadt für die Freilassung der bei der ersten Demonstration am 11. September inhaftierten Regimegegner. Die Staatsmacht hielt sich zurück, sorgte aber dafür, dass westliche Kamerateams nicht in die Stadt gelangen konnten.

Eine krasse Fehlentscheidung der Führung heizte die Situation weiter an. Auslöser waren die Flüchtlinge, die noch immer in der Prager Botschaft der Bundesrepublik ausharrten. Anders als in Budapest, wo die Regierung eine mutige Entscheidung getroffen hatte, war das Flüchtlingsproblem in Prag noch immer nicht gelöst. Die tschechische Regierung wollte nichts gegen die

DDR unternehmen. Die wiederum beharrte auf ihrem alten Standpunkt, dass alle Flüchtlinge zurückkehren müssten. So bewegte sich für die Betroffenen nichts. Da die Tschechoslowakei auch nicht duldete, dass das Rote Kreuz Zeltlager außerhalb des exterritorialen Botschaftsgeländes aufstellte, mussten die Flüchtlinge in dem kleinen Palais Lobkowitz und dessen Garten unter äußerst beengten Bedingungen ausharren. Zeitweise versuchte die tschechische Polizei, den weiteren Zugang zum Gebäude abzuriegeln. Die Sperren wurden jedoch von den Ausreisewilligen durchbrochen. Hunderte kletterten über den gusseisernen Zaun, der das Gelände umgab. Das war besonders an einer Stelle gut möglich, weil dort eine Kabelrolle lag, die das Übersteigen des mehr als mannshohen Zauns erst ermöglichte und von niemandem weggeräumt wurde. Die Maßnahmen der Prager Polizei zur Absperrung waren also eher halbherzig.

Die Verhandlungen zwischen Bonn und Ostberlin zogen sich ohne Ergebnis hin. Die Ostberliner Regierung sah offenbar keine Lösung mehr, die für sie akzeptabel war. Wie wir wussten, hatte man Rechtsanwalt Vogel, dem bewährten Ostberliner Unterhändler für solche Fälle, längst das Heft aus der Hand genommen. Die Lage in der Botschaft wurde für die mehr als dreitausend Menschen, unter ihnen viele Kinder, immer unhaltbarer.

Schließlich stimmte die DDR ihrer Ausreise in die Bundesrepublik unter zwei Bedingungen zu: Die Flüchtlinge durften nicht mit dem eigenen Auto, sondern nur in Sonderzügen ausreisen. Und diese Sonderzüge durften nicht direkt von der Tschechoslowakei nach Bayern fahren, sondern mussten zuvor das DDR-Territorium passieren. So glaubte das Regime sein Gesicht zu wahren und nach außen hin deutlich zu machen, dass die Ausreisegenehmigung eine souveräne Entscheidung gewesen sei. Für die Flüchtlinge war das eine Tortur, mussten sie doch mit der Angst losfahren, dass die DDR die Züge stoppen und alle Insassen festnehmen könnte. Dennoch war der Jubel unbeschreiblich, als Außenminister Hans-Dietrich Genscher am Abend des 30. September auf den Balkon der Prager Botschaft trat und die erlösende Nachricht verkündete.

Siebentausend Menschen fuhren in der Nacht zum 1. Oktober in verriegelten Zügen, die nirgends hielten, über DDR-

Gebiet nach Hof. Dort wurden sie auf dem Bahnsteig von der Bevölkerung mit großem Jubel empfangen. Doch am nächsten Tag war das Botschaftsgelände schon wieder voll.

Am Abend des 2. Oktober demonstrierten fast 20.000 Menschen in Leipzig. Sowohl die Fluchtwelle als auch die Proteste im Lande waren nicht zu stoppen, sondern verstärkten sich kontinuierlich. Die DDR-Führung entschloss sich zu einer härteren Gangart: Am 3. Oktober verfügte das Politbüro eine »zeitweilige Aussetzung« des visafreien Reiseverkehrs mit der Tschechoslowakei. Damit war die letzte und einzige Möglichkeit, frei zu reisen, abgeschafft. Vier Tage vor ihrem Jubiläum war die DDR ein hermetisch von der restlichen Welt abgeriegelter Staat geworden. Honecker hatte das Land zum Staatsgefängnis gemacht.

Die in Prag festsitzenden 10.000 DDR-Flüchtlinge durften am 4. Oktober mit Sonderzügen in den Westen ausreisen. Diesmal fuhren die Konvois nachts durch Dresden, was einer Provokation der Zurückgebliebenen gleichkam. Die Gleise wurden von Tausenden von Ausreisewilligen belagert, die nichts mehr zu verlieren hatten und mit aller Kraft versuchten, auf die Züge aufzuspringen. Am Neustädter Bahnhof in Dresden kam es zu schweren gewalttätigen Auseinandersetzungen. Die Polizei setzte Wasserwerfer und Schlagstöcke ein, viele Menschen wurden verletzt. Die Grenze zur Gewalt war jetzt überschritten, und das wenige Tage, bevor in Berlin viele Tausende junger Menschen zu einem großen Fackelzug zu Ehren des 40. Jahrestags zusammengeholt werden würden.

Was sich da zusammenbraute, war hochgefährlich und unberechenbar. Einen Sturm auf die Mauer in Berlin hielt ich nicht mehr für ausgeschlossen. Ich brauchte mehr Informationen und Einschätzungen aus erster Hand.

Die Haltung der Sowjets

Über die sowjetische Haltung war ich relativ gut informiert. Dort hoffte man auf Reformen in der DDR. Am 30. September waren Egon Bahr und ich auf Einladung von Manfred Lahnstein mit dem sowjetischen Deutschlandexperten Valentin Falin abends in einem Restaurant in Berlin zusammengetroffen, um etwas mehr über Moskaus Absichten in Bezug auf Deutschland zu erfahren. Auf meine Frage, ob Gorbatschow Honecker zu Reformen drängen werde, sagte Falin, sonst eher ein Meister diplomatischer Formulierungen, ironisch: »Was wollen Sie? Wollen Sie eine umgekehrte Breshnew-Doktrin? Wollen Sie, dass wir uns einmischen?« Aber dann wurde er ernster: »Verlassen Sie sich darauf, wenn Michail Gorbatschow nach Ostberlin kommt, werden seine Ausführungen an Deutlichkeit nicht zu wünschen übriglassen.« Gegen Reformen und Veränderungen in der DDR würde die Sowjetunion nicht einschreiten. Eine Intervention wolle und könne Gorbatschow nicht riskieren, dann würde er sein politisches Ansehen in der Sowjetunion selbst und im internationalen Rahmen verlieren. Das passe nicht in seine Konzeption, sagte Falin mit allem Nachdruck.

Vor dem Hintergrund der in der SPD laufenden und vor allem von Norbert Gansel angefangenen Diskussion über mehr Distanz der SPD zu den kommunistischen Staatsparteien bat Falin mich, dafür einzutreten, dass die SPD den Kontakt zu den kommunistischen Parteien in Osteuropa nicht abbreche. »Sie sehen doch, dass wir uns alle auf einen sozialdemokratischen Weg begeben haben, die KP Ungarns, die KPdSU, die polnische Arbeiterpartei und bald auch die SED. Es wäre falsch, wenn die SPD den Dialog ausgerechnet jetzt abbrechen würde.«

Am folgenden Morgen hatten wir noch ein Frühstück mit Falin im Senatsgästehaus, zu dem neben Dieter Schröder und Egon Bahr auch Dietrich Stobbe als Berliner Bundestagsabgeordneter hinzukam. Falin gab dabei einen ungeschminkten Bericht über die desolate Lage der sowjetischen Wirtschaft, die schon damals erschreckend war. Alle Reformbemühungen Gorbatschows brachten offenbar viel zu wenig spürbare Verbesserungen. Das waren ziemlich bittere Informationen über die politische Lage in der Sowjetunion.

Ich hatte Michail Gorbatschow bei seinem Besuch in Bonn im Mai 1989 kurz getroffen und ihn sowie Außenminister Schewardnadse auf die Möglichkeit eines Besuchs von mir in Moskau, mit Begleitung durch den deutschen Botschafter, angesprochen, ohne allerdings eine konkrete Antwort bekommen zu haben. Sehr verklausuliert ließ Schewardnadse damals erkennen, dass die Sowjetunion ihre bisherige formalistische Position in dieser Frage aufzugeben bereit sein könne. Die Begleitung des Regierenden Bürgermeisters von Westberlin durch den bundesdeutschen Botschafter zu offiziellen Terminen in Moskau hatte die Sowjetunion immer unter dem Verweis auf den besonderen Status von Berlin verweigert, so auch zu Beginn der 70er Jahre die Visite von Klaus Schütz.

Mit dem sowjetischen Botschafter in Ostberlin, Wjatscheslaw Kotschemassow, hatte ich einen eher formalen Kontakt schon seit 1985, als ich Oppositionsführer im Abgeordnetenhaus geworden war. Wie alle Regierenden Bürgermeister seit Willy Brandt traf ich ihn während meiner Amtszeit mindestens zweimal im Jahr zu einem Meinungsaustausch. Das war nützlich, weil der Botschafter in Berlin in der sowjetischen Hierarchie weit über dem Bonner Botschafter der Sowjetunion rangierte. Er war Mitglied des Zentralkomitees der KPdSU und hatte schon deshalb einen größeren Einfluss. Über die Lage in der DDR machte Kotschemassow nur sehr vorsichtige Bemerkungen, dennoch war bei dem alten Herrn eine große Resignation zu spüren.

Am 3. Oktober nutzte ich die Gelegenheit einer Kranzniederlegung am Grab von Carl von Ossietzky auf dem städtischen Friedhof in Berlin-Pankow zu einem Abstecher ins Haus des Berlin-Brandenburgischen Konsistoriums in der Neuen Grünstraße, wo Dieter Schröder und ich mit Bischof Gottfried Forck und Konsistorialpräsident Manfred Stolpe zusammentrafen. Beide waren für mich Vertrauenspersonen, absolut integer durch ihre kritische Distanz zum Regime, gleichzeitig aber auch kompetente Gesprächspartner, weil sie als Mittler zwischen Staatsführung und Opposition über exzellente Informationen verfügten. Ihre Einschätzung war niederschmetternd. Es gebe keinerlei Bewegung an der Parteispitze. Die Führung sei nur noch auf den 7. Oktober fixiert und wolle dieses Datum mit allem Pomp begehen. Die Stimmung in der Bevölkerung sei jetzt nach der Schließung der Grenze sehr aggressiv. »Die Leute sind sehr wütend«, sagte Manfred Stolpe. Die Kirche versuche dem Frust und der Wut ein Ventil, eine Plattform zu geben. Und man wirke sowohl bei den Demonstranten wie auch bei der Volkspolizei darauf hin, keine Gewalt anzuwenden. Es sei aber fraglich, ob solche Appelle nützten. In Berlin sei die Organisation der SED noch soweit intakt, dass die von mir befürchteten Eskalationen wohl ausgeschlossen werden könnten.

Mich konnte das nicht beruhigen. Dieter Schröder berichtete den alliierten Verbindungsoffizieren im Rathaus Schöneberg noch am selben Tag über unsere Befürchtungen. Kurz danach ließen sich die drei westalliierten Gesandten und anschließend die drei Stadtkommandanten von mir informieren. Meine Einschätzung war pessimistisch. Ich glaubte zwar nicht, dass Honecker sich noch lange würde halten können, fürchtete aber, dass er und seine Führung nicht freiwillig abtreten würden. Vielleicht würde die SED ihre Betriebskampfgruppen gegen Demonstranten marschieren lassen? Eine Eskalation der Gewalt konnte auch jederzeit durch unbedachte Handlungen einzelner Bürger entstehen. Die Wut im Volk war dazu groß genug. Ich fürchtete, dass wir in Westberlin dann ähnlich hilflos dastehen würden wie 1953 und 1961. Weder die Westberliner Polizei noch die alliierten Truppen hatten damals eingreifen können. Unsere Mittel hatten sich in wütendem Protest erschöpft und in der Hilfe für die, die verletzt oder unverletzt Westberliner Gebiet erreichten. Der Senat war nicht nur zur Untätigkeit verdammt, sondern musste noch die eigenen Bürger beruhigen und davon abhalten, ihrer Wut in unüberlegten Aktionen freien Lauf zu lassen. »Es kann sehr schwierig werden. Wir müssen sensibel sein«, sagte Raymond Haddock, der amerikanische Stadtkommandant. Von unserer Besprechung ließen wir kein Wort nach außen dringen. Aber heimlich bereiteten sich die Alliierten und auch unsere Polizei auf alle Eventualfälle vor. Es wurden Notfallpläne erarbeitet.

Vierzig Jahre DDR

Am 5. Oktober gingen in der Senatskanzlei alarmierende Meldungen von den Grenzübergängen ein. Bei der Westberliner Polizei meldeten sich Hunderte, denen die Einreise nach Ostberlin verwehrt worden war. Ich wurde darüber während eines Aufenthalts in Brüssel informiert, wo ich Gespräche mit der EG-Kommission führte. Ich fuhr noch am Abend des 6. Oktober vorzeitig mit dem Auto nach Bonn zurück, um von dort notfalls mit einer Militärmaschine der Alliierten nach Berlin zu fliegen. Da aber alles ruhig blieb, kehrte ich erst am Morgen des 7. Oktober an die Spree zurück.

Die DDR-Grenzer hatten den Reisenden lapidar erklärt, es finde zurzeit keine Abfertigung statt, das Betreten der DDR-Hauptstadt sei nicht möglich. Begründungen gab es keine. Die DDR hatte ihre Grenze fast vollständig geschlossen, nur einige Rentner durften noch passieren. Wir protestierten heftig gegen diesen Vorstoß gegen die Vereinbarungen über den Reise- und Besucherverkehr und verlangten unverzüglich ein Treffen der Besuchsbeauftragten beider Seiten. Doch die DDR-Führung reagierte darauf nicht. Am Mittag desselben Tages wurde die Radiofrequenz eines Berliner Privatsenders von Störwellen überlagert, deren Quelle, wie sich schnell herausstellte, sich in Ostberlin befand. Der Sender war dadurch im Ostteil der Stadt und in der DDR nicht mehr zu empfangen. So etwas hatte es seit Jahrzehnten nicht mehr gegeben.

Vor dem Hintergrund dieser Ablehnung und der Abschottung Ostberlins wirkte der Staatsempfang für die Ehrengäste aus der sozialistischen Welt wie das Zusammentreffen einer zerrütteten Familie, in der sich niemand mehr etwas zu sagen hat, aber jeder krampfhaft heile Welt spielt. Erich Honecker empfing die Ehrengäste persönlich auf dem Flughafen in Schönefeld. Lachend und trotzig bemerkte er auf eine Frage nach seinem Gesundheitszustand gegenüber den Reportern: »Totgesagte leben länger.«

Am Vorabend des Jubiläums zog ein gespenstischer Fackelzug der FDJ an der Ehrentribüne mit den Staatsgästen vorbei. Die aus dem ganzen Land herbeigeholten Blauhemden ließen jedoch nicht die eigene Staats- und Parteiführung hochleben, sondern skandierten »Gorbi, Gorbi!«.

Michail Gorbatschow absolvierte das Programm mit ruhiger, ernster Miene. An den Straßenrändern riefen viele Menschen bei seiner Vorbeifahrt »Gorbi, Gorbi« und »Gorbi, hilf uns«. Gorbatschow äußerte sich nicht klar, sondern formulierte vorsichtig diplomatisch. »Das Leben bestraft diejenigen, die die Zeichen der Zeit nicht erkennen«, sagte er in ganz allgemeiner Form zu den Journalisten, aber jeder wusste, dass dieser Satz hier sehr konkret auf Honecker und die SED-Führung gezielt war. Diese Worte gingen in einer anderen Übersetzung in die Geschichte ein: »Wer zu spät kommt, den bestraft das Leben.«

In seiner Festrede sagte Michail Gorbatschow: »Natürlich hat die DDR, wie jedes andere Land, ihre eigenen Entwicklungsprobleme, die ihre Durchdenkung und ihre Lösung erfordern.« Das war angesichts des verklärten DDR-Bilds, das Honecker pflegte, schon sehr direkt. Im nächsten Satz dann ermunterte Gorbatschow versteckt die Reformkräfte innerhalb der SED. »Wir zweifeln nicht daran, dass die SED mit ihrem intellektuellen Potenzial, ihren reichen Erfahrungen und ihrer politischen Autorität imstande ist, in Zusammenarbeit mit allen gesellschaftlichen Kräften Antworten auf die Fragen zu finden, die durch die Entwicklung der Republik auf die Tagesordnung gestellt wurden und die ihre Bürger bewegen.« Und offensiv warb der KPdSU-Generalsekretär für seine Reformpolitik: »Es ist uns bekannt, welch großes Interesse in der DDR unseren Angelegenheiten, den radikalen Umgestaltungen in der Sowjetunion, entgegengebracht wird. Demokratisierung, Offenheit, sozialistischer Rechtsstaat, freie Entwicklung aller Völker und ihre gleichberechtigte Mitbestimmung in den Angelegenheiten, die das ganze Land betreffen, würdige Lebensbedingungen für die ganze Bevölkerung und garantierte Rechte für jeden, umfassende Möglichkeiten für das Schöpfertum eines jeden Menschen – das erstreben wir, und von diesen Zielen lassen wir uns leiten.«

Die Dissonanz zwischen dieser und Honeckers Rede hätte kaum größer sein können. Honecker begann auch hier, wie so oft, mit seinen Erfahrungen aus Faschismus und Krieg: »Im Westen, wo das Potsdamer Abkommen mit Füßen getreten wurde, war, ohne das Volk zu fragen, ein Separatstaat entstanden. Die Vergangenheit blieb unbewältigt. Heute ist klarer denn je: Die Gründung der Deutschen Demokratischen Republik war geradezu eine geschichtliche Notwendigkeit. Hitler hatte auf die Entzweiung der Völker der Sowjetunion spekuliert, aber zu seinem Entsetzen trat das nicht ein. Sein Eroberungs- und Unterwerfungskonzept kostete ihn Kopf und Kragen. Das ist zugleich eine Mahnung an diejenigen, welche die Zeit für gekommen erachten, den Status quo in Europa zu revidieren, und die, wie sie sagen, eine neue Epoche anbrechen sehen, angeblich geprägt vom Scheitern des Sozialismus. Wir werden unsere Republik in der Gemeinschaft der sozialistischen Staaten auch künftig in den Farben der DDR verändern. Es geht um die weitere Gestaltung der entwickelten sozialistischen Gesellschaft. Es handelt sich um einen historischen, einen langfristigen Prozess tiefgreifender Wandlungen und Reformen in allen Bereichen. So viel steht fest, für uns gilt die in der Gründerzeit der DDR geprägte Losung ›Vorwärts immer, rückwärts nimmer‹.«

Kein Wort über die akute Krise der DDR, kein Wort der Selbstkritik, nicht einmal die Andeutung einer Reformbereitschaft. Es war eher eine Skurilität am Rande, dass der Name Walter Ulbrichts, des Mannes, der die KPD, die Sowjetische Besatzungszone und die DDR wie kein anderer geprägt hatte, in der Rede nicht vorkam. Das wäre fast so, als wenn in einer Rede über vierzig Jahre Bundesrepublik Deutschland Konrad Adenauer nicht erwähnt werden würde. Erich Honecker hatte jeden Maßstab für die Geschichte und für die Realität verloren.

Am Abend sah ich mir im Fernsehen die Ehrenparade der Nationalen Volksarmee an. Der preußische Stechschritt, der militärische Pomp und die Kraftmeierei wirkten operettenhaft und irgendwie surreal. Wenn man nicht wusste, dass es Realität war, konnte man annehmen, dies sei eine Inszenierung für einen amerikanischen Historienfilm. Und oben auf der Tribüne befanden sich so gegensätzliche politische Persönlichkeiten wie Michail Gorbatschow, PLO-Chef Yasser Arafat und Erich Honecker. Die Atmosphäre auf der Ehrentribüne wirkte im Fernsehen angespannt. Gorbatschow stand in der ersten Reihe und klopfte ungeduldig mit dem Festprogramm auf die Brüstung der Tribüne. Millionen Menschen in der DDR konnten sehen, dass die Sowjetunion nicht mehr bedingungslos hinter der Führung der DDR stand. Es herrschte kein freundliches Klima unter den Staatsgästen.

Und dem entsprachen auch die Fernsehbilder vom Treffen der Delegation Michail Gorbatschows mit dem Politbüro der SED: eisige Mienen auf beiden Seiten. Es ging ganz formal zu, keine Spur von Einverständnis oder gar Herzlichkeit war auszumachen. Die gemeinsame Basis war offensichtlich dahin. Falins klare Auskünfte, Gorbatschows bis an den Rand der diplomatischen Höflichkeit gehende Rede, die erkennbar unterkühlte Stimmung bei dem Treffen der Spitzen, das konnte nur heißen: Honecker hatte die Unterstützung der sowjetischen Führung für sein Regime eingefordert, und sie war ihm verweigert worden.

Im Fernsehen und im Rundfunk verfolgte ich, wie noch während des Abschlussempfangs für die Ehrengäste im Palast der Republik am 7. Oktober die Farce vom Volk beendet wurde. Auf dem Alexanderplatz hatte sich spontan eine kleine, heftig diskutierende Menschentraube gebildet, die immer weiter anwuchs. Als sich die Gruppe langsam in Richtung Palast der Republik in Bewegung setzte – kurz bevor VP und MfS einschritten –, schlossen sich ihr immer mehr Menschen an und versammelten sich am Ufer der Spree gegenüber dem Palast. Tausende riefen »Freiheit, Freiheit«, »Gorbi, komm, hilf uns« und »Wir bleiben hier«. Die Brücke über die Spree mit der Zufahrt zum Palast der Republik wurde von quergestellten Lastwagen der Volkspolizei blockiert, ebenso die anderen Spreebrücken. Offenbar fürchtete auch die Volkspolizei den Sturm nach Westen auf das Brandenburger Tor.

Am Abend formierte sich aus der Menschenmenge heraus ein Protestzug zur Gethsemanekirche im Bezirk Prenzlauer Berg, wo seit einigen Tagen Mahnwachen und regelmäßige Andachten für inhaftierte Oppositionelle stattfanden. Die Polizei umstellte den Platz von drei Seiten und ging massiv gegen die Demonstranten vor, die immer wieder »Keine Gewalt, keine Gewalt« riefen. Über einhundert Teilnehmer der Demonstration wurden festgenommen und eine große Zahl verletzt. Die Verhafteten wurden unter menschenunwürdigen Verhältnissen in Garagen und Kasernen eingesperrt und behandelt, als sei man in einer mittelamerikanischen Bananenrepublik: Schläge, beleidigende Sprüche, Verweigerung des Toilettenganges und stundenlanges Stehen in der Kälte. Bezirksgerichte verurteilten einige Demonstranten am nächsten Tag zu Haftstrafen bis zu sechs Monaten.

Zu schweren Zusammenstößen kam es auch in Leipzig und Dresden. *ADN* meldete am nächsten Tag: »In den Abendstunden des 7. Oktober versuchten in Berlin Randalierer, die Volksfeste zum 40. Jahrestag der DDR zu stören. Im Zusammenspiel mit westlichen Medien rotteten sie sich am Alexanderplatz und Umgebung zusammen und riefen republikfeindliche Parolen. Der Besonnenheit der Schutz- und Sicherheitsorgane sowie der Teilnehmer an den Volksfesten ist es zu verdanken, dass beabsichtigte Provokationen nicht zur Entfaltung kamen. Die Rädelsführer wurden festgenommen.«

Ich forderte auf einer Pressekonferenz in Westberlin die Staatsführung der DDR auf, sich dem Dialog zu stellen und die Inhaftierten wieder freizulassen: »Im gemeinsamen europäischen Haus kann nicht jeder in seinem Zimmer randalieren, wie er will. Die Demonstrationen haben gezeigt, dass die Zeit der Angst in der DDR vorbei ist. Und sie wird auch nicht wiederkommen. Mit Knüppeln wird die Staatsführung die drängenden Fragen der Bürger nicht beantworten können. Die SED kommt um den Dialog nicht herum. An der Basis und im Funktionärskörper brodelt es.«

Ich setzte darauf, dass die Reformkräfte innerhalb der SED jetzt endlich Mut bewiesen und sich lauter als bisher zu Wort meldeten. Die Vierzig-Jahr-Feier war vorbei, niemand brauchte jetzt mehr Rücksicht zu nehmen. Und Gorbatschow hatte in Ostberlin deutlich gemacht, dass er auf Seiten der Veränderer stand. »Die DDR muss sich in das europäische, das internationale und nationale Umfeld einpassen«, sagte ich, »sie kann sich auf Dauer aus den Reformprozessen in den übrigen Staaten des östlichen Lagers nicht ausklinken.«

Zugleich warnte ich davor, vom Westen aus die Situation jetzt durch Wiedervereinigungsgerede zu komplizieren: »Wir müssen der Demokratie in der DDR eine Entwicklungschance geben. Der Westen darf der Demokratiebewegung nicht seine Ziele aufzwingen.«

Leipzig macht Mut

Der Dialog, den Honecker noch hartnäckig verweigerte, begann in Dresden und Leipzig. In Dresden empfing Oberbürgermeister Wolfgang Berghofer eine Abordnung der Demonstranten und diskutierte mit ihnen über die Forderungen der Opposition. Er sagte die Freilassung der bei den Krawallen festgenommenen Personen zu. Zum ersten Mal öffnete sich hier eine staatliche Instanz der DDR, ein Oberbürgermeister, außerhalb der von der SED vorbestimmten Formen für das direkte Gespräch mit den Bürgern. Wolfgang Berghofer und mit ihm Hans Modrow bleibt, gleich, was man ihnen sonst vorzuwerfen hat, das Verdienst, diesen mutigen Schritt gegen den Willen der Ostberliner Parteiführung als Erste getan zu haben.

Ein Durchbruch sollte der Ablauf der Montagsdemonstration in Leipzig am Abend des 9. Oktober werden. Wenn Teile der Parteiführung auf die chinesische Karte setzen wollten, dann würden sie nach unseren Befürchtungen in Leipzig ein blutiges Exempel statuieren. In Berlin war die Schwelle der Gewalt bei der Niederschlagung der Demonstration schon überschritten worden. Die DDR-Medien waren voll mit Propagandaberichten über die Ereignisse in Berlin, die alle darauf hinausliefen, dass westliche Kamerateams die Zwischenfälle inszeniert hätten. »Die Story hieß Tumult«, schrieb die *Berliner Zeitung*. Viele westliche Journalisten wurden des Landes verwiesen. Ein weiteres negatives Vorzeichen war, dass sich Erich Honecker ausgerechnet an diesem 9. Oktober demonstrativ mit dem chinesischen Vizepräsidenten Yao Yilin traf und erklärte: »Die grundsätzliche Lehre aus dem konterrevolutionären Aufruhr in Peking sowie der gegenwärtigen Hetzkampagne gegen die DDR und andere sozialistische Staaten besteht darin, unbeirrbar an den Grundwerten des Sozialismus festzuhalten.«

Doch in Leipzig blieb am Abend überraschenderweise alles friedlich, obwohl die Demonstration mit 70.000 Menschen so groß war wie nie zuvor und obwohl in großer Zahl Betriebskampfgruppen und Volkspolizei in der Stadt zusammengezogen worden waren. Die Krankenhäuser wurden für die Aufnahme von Verletzten vorbereitet. Der Befehl, die Demonstration gewaltsam zu unterbinden, der schon ausgegeben war, wurde offenbar in letzter Minute gestoppt. Die Wende zur Vernunft kam auch hier vom Mittelbau der Partei, von den drei Sekretären der SED-Bezirksleitung Roland Wötzel (Volksbildung), Jochen Pommert (Propaganda) und Kurt Meyer (Kultur), die auf Initiative des Gewandhaus-Dirigenten Kurt Masur, des Theologen Peter Zimmermann und des Kabarettisten Bernd-Lutz Lange hin einen Aufruf zum Dialog und zur Gewaltlosigkeit mitunterzeichnet hatten, der fortlaufend über den Stadtfunk bekanntgegeben wurde: »Wir sind von der Entwicklung in unserer Stadt betroffen und suchen nach einer Lösung. Wir alle brauchen einen freien Meinungsaustausch über die Weiterführung des Sozialismus in unserem Land. Deshalb versprechen die Genannten heute allen Bürgern, ihre ganze Kraft und Autorität einzusetzen, dass dieser Dialog nicht nur im Bezirk Leipzig, sondern auch mit unserer Regierung geführt wird. Wir bitten Sie dringend um Besonnenheit, damit der friedliche Dialog möglich wird.«

Buchstäblich in letzter Minute zogen sich die Einsatzkräfte wieder zurück. Deren Bereitschaft, sich bedingungslos für das Regime einzusetzen, war, wie wir heute wissen, auch nicht mehr sonderlich groß. Das Regime litt an innerer Auszehrung. Wie ich später aus dem Bericht des Ministeriums für Staatssicherheit »über einige beachtenswerte Erscheinungen in den Kampfgruppen der Arbeiterklasse im Zusammenhang mit der gegenwärtigen Lageentwicklung« vom 15. Oktober erfuhr, war es »im Zeitraum des 40. Jahrestags der Gründung der DDR« insbesondere in Chemnitz – damals noch Karl-Marx-Stadt – und Leipzig zu Austrittserklärungen und Befehlsverweigerungen bei den Kampfgruppen gekommen, so dass ganze Einheiten nicht mehr einsatzbereit waren. Honeckers Machtmittel waren am 9. Oktober also schon stärker verfallen, als wir im Westen ahnten. Das Regime hatte zu diesem Zeitpunkt gar nicht mehr die Macht, die Wende noch mit Gewalt zu verhindern.

In die Besprechungen am Abend des 9. Oktober im Rathaus Schöneberg ließ ich mir fortlaufend die neuesten Meldungen hereinreichen. Spät in der Nacht wusste ich: Die Demokratiebewegung in der DDR war mit normalen polizeilichen Mitteln nicht mehr aufzuhalten. Wenn die SED-Führung das noch unterdrücken will, dachte ich, riskiert sie einen Bürgerkrieg. Die Menschen in Leipzig hatten die Furcht vor Staat, »Stasi« und Armee und selbst vor einem eventuellen Eingreifen der sowjetischen Truppen überwunden. Jetzt würde die Demokratiebewegung schnell zu einer breiten Massenbewegung werden.

Nach der Wende zum friedlichen Dialog in Leipzig und Dresden meldeten sich zum ersten Mal die Kritiker Honeckers in der Parteispitze öffentlich zu Wort. Kurt Hager, der Chefideologe, bezeichnete Erneuerungen jetzt plötzlich als »erforderlich«. Hermann Kant, der Präsident des DDR-Schriftstellerverbandes und Mitglied im ZK der SED, kritisierte heftig, wie die DDR-Medien über die Fluchtwelle berichtet hatten, sprach von »Selbstherrlichkeit im Pressewesen«, von »mangelnder Freizügigkeit von Ideen im Lande« und forderte: »Man sollte weniger vor dem Sumpf da drüben warnen, sondern sich mehr an die eigene Nase fassen.«

Das Politbüro tagte und zog – was äußerst selten passierte – die 1. Sekretäre der Bezirksleitungen der SED zu den Beratungen hinzu. Am 11. Oktober beschloss es eine vielbeachtete Erklärung, die auf der einen Seite zum ersten Mal Elemente von Selbstkritik enthielt, auf der anderen Seite aber noch keine konkreten Reformen ankündigte. Auffällig war der Kompromisscharakter dieses Textes, der abwechselnd aus Absätzen entsprechend der alten Linie und aus Absätzen mit neuen, nachdenklichen Tönen bestand. Immerhin hieß es über die Ausreisewelle: »Es lässt uns nicht gleichgültig, wenn sich Menschen, die hier arbeiteten und lebten, von unserer Deutschen Demokratischen Republik losgesagt haben. Die Ursachen für diesen Schritt mögen vielfältig sein. Wir müssen und werden sie auch bei uns suchen. Jeder an seinem Platz, wir alle gemeinsam.«

Vorsichtig ließ der Text Reformbereitschaft erkennen: »Es geht um wirtschaftliche Leistungsfähigkeit und ihren Nutzen für alle, um demokratisches Miteinander und engagierte Mitarbeit, um gute Warenangebote und leistungsgerechte Bezahlung, um lebensverbundene Medien, um Reisemöglichkeiten und gesunde Umwelt.« Das Macht- und Meinungsmonopol der SED stellte das Politbüro in diesem Text nicht infrage, und kein Wort verlor es über die Zulassung des »Neuen Forums« oder der am 7. Oktober im kleinen Dorf Schwante bei Berlin illegal gegründeten Sozialdemokratischen Partei (SDP), im Gegenteil: »Wir haben alle erforderlichen Formen und Foren der sozialistischen Demokratie. Wir rufen auf, sie noch umfassender zu nutzen. Doch wir sagen auch offen, dass wir gegen Vorschläge und Demonstrationen sind, hinter denen die Absicht steckt, Menschen irrezuführen und das verfassungsmäßige Fundament unseres Staates zu verändern.«

Mit der Gründung des »Neuen Forums« war erstmals eine von der Staatspartei nicht kontrollierte und legitimierte politische Organisation entstanden. Mit der Gründung der SDP wurde das Parteimonopol der SED und der ihr verbundenen Blockparteien direkt infrage gestellt. Das waren sichtbare Zeichen der Herausforderung an die bestehende Ordnung und – aus Sicht der SED – eine massive Kampfansage.

Ich hatte mich, in Übereinstimmung mit den Westberliner Sozialdemokraten, bis dahin nicht für die Wiedergründung einer sozialdemokratischen Partei in der DDR eingesetzt, sondern eher davor gewarnt. Ich hielt es für unangemessen, aus dem sicheren Westen heraus gute Ratschläge denen zu geben, die das Risiko tragen mussten. Allerdings unterschätzte ich damals den inneren Erosionsprozess der SED-Herrschaft auf der einen Seite und den Mut der überwiegend aus kirchlichen Kreisen und evangelischen Pfarrhäusern kommenden Gründungssozialdemokraten auf der anderen Seite. Markus Meckel, Martin Gutzeit, Ibrahim Böhme, Steffen Reiche, Thomas Krüger, Stefan Hilsberg, Angelika Barbe und die anderen in Schwante trafen exakt den richtigen Zeitpunkt für die Gründung der SDP. Sie gewannen die Konkurrenz um die erste Parteigründung und setzten so ein lebendiges Zeichen bester sozialdemokratischer Tradition.

Auf der Pressekonferenz am 9. Oktober begrüßte ich mit Blick auf die SDP, »dass sich Bürger der DDR in demokratischen Organisationen zusammenschließen. Wir verfolgen das Entstehen einer pluralistischen Landschaft von Parteien und Bürgerrechtsorganisationen mit Sympathie. Die SPD will in diesen Prozess nicht eingreifen, sondern den DDR-Bürgern selbst den Aufbau eigenständiger demokratischer Parteien überlassen. Überhaupt sollte es die bundesdeutsche Seite unterlassen, eigene parteipolitische Vorstellungen der DDR aufzustülpen. Selbstbestimmungsrecht heißt, selbst bestimmen zu können. Die SPD denkt derzeit nicht daran, die SPD-Ortsverbände in Ostberlin wiederzubeleben. Wir suchen das Gespräch mit allen Gruppen.«

Die Menschen reagierten zu Recht skeptisch auf die Erklärung des SED-Politbüros vom 11. Oktober und verlangten konkrete Reformen, insbesondere die Zulassung des »Neuen Forums« und den freien und ungehinderten Zugang zu den Medien. Der Beschluss des Politbüros vom 11. Oktober war der erste von vielen nur halbherzigen Reformschritten der SED, die ihren Niedergang letztlich nur beschleunigten. Die Staatspartei ließ sich jede Veränderung scheibchenweise abhandeln, ließ sich jeden Schritt unter Druck abpressen. Sie lief der Entwicklung konstant drei Schritte hinterher.

Am 16. Oktober versammelten sich in Leipzig über 100.000 Menschen zur bis dahin größten Demonstration in der Geschichte der DDR. Sie riefen in Sprechchören: »Wir sind das Volk«, »Wir bleiben hier«, »Freie Wahlen«, »Pressefreiheit«, »Jetzt oder nie, Demokratie«, »Neues Forum zulassen« und »Erich, geh ins Altersheim«. Stundenlang zog die riesige Menge über den Ring um die Altstadt. Polizei und Sicherheitskräfte hielten sich im Hintergrund. Zum ersten Mal berichtete die Hauptnachrichtensendung des DDR-Fernsehens aktuell über die Demonstration von »zehntausenden Bürgern der Messestadt«. »Der Zurückhaltung der Sicherheitskräfte und der eingesetzten Ordnungskräfte ist es zu danken, dass es zu keinen Ausschreitungen kam«, hieß es in der knappen Meldung.

Ich gab im Abgeordnetenhaus eine Regierungserklärung ab und sagte: »Wir bewundern den Mut und die Disziplin der Bürgerinnen und Bürger, die für ihre Rechte friedlich demonstrieren. Die Staatsautorität reicht nicht mehr aus, um die Menschen mundtot zu machen. Die Erklärung des Politbüros ermuntert die Bürger zum Mitmachen, hält aber am Machtanspruch der SED fest. Das ist ein Widerspruch, der in der Praxis nicht lange Bestand haben wird. Wir fordern die SED auf, die Bürgerrechtsgruppen, die sich gebildet haben, anzuerkennen und die Repressalien gegen diese Gruppen einzustellen.«

Götterdämmerung

Am 17. Oktober endlich traf das Politbüro des ZK der SED die längst fällige Entscheidung und drängte Erich Honecker zum Rücktritt. Am folgenden Tag trat das Zentralkomitee zusammen und entband den Generalsekretär von seiner Funktion. Mit ihm wurden auch Propagandachef Joachim Herrmann und der Wirtschaftssekretär Günter Mittag ihrer Funktionen enthoben. Das Kommuniqué beendete die Ära des orthodoxen Kommunismus in der DDR mit einer letzten amtlichen Parteilüge: »Zu Beginn ergriff Genosse Erich Honecker das Wort und bat, ihn aus gesundheitlichen Gründen von seinen Funktionen zu entbinden. Das Zentralkomitee entsprach seiner Bitte. Es würdigte sein langjähriges Wirken für die Partei und die DDR und sprach ihm für sein politisches Lebenswerk den herzlichen Dank aus, verbunden mit den besten Wünschen.« Keine Hand rührte sich, als er schließlich ging.

Zum Nachfolger Erich Honeckers ernannte das Zentralkomitee »einmütig« den 52-jährigen Egon Krenz. Krenz war noch am 25. September als Vertreter Honeckers in Peking aufgetreten und hatte die harte Linie der chinesischen Führung gewürdigt. Seine Ernennung entsprach nicht dem, was man sich unter einer grundlegenden Erneuerung vorgestellt hatte, aber immerhin, das Gesamtbild der personellen Veränderungen zeigte, dass die noch in der Stalin-Zeit geprägten orthodoxen Kommunisten ihre Macht in der SED verloren hatten. Nun musste es darum gehen, den zweiten, weit schwierigeren Schritt zur Demokratisierung zu schaffen: der Einheitspartei das Machtmonopol zu entreißen, eine demokratische Parteienlandschaft zu etablieren und freie Wahlen und Pressefreiheit durchzusetzen. Die politische Wende in der DDR begann erst jetzt richtig.

Meiner Ansicht nach war die Ernennung von Egon Krenz zum SED-Generalsekretär sowie, am 24. Oktober, zum Staatsratsvorsitzenden und Vorsitzenden des Nationalen Verteidigungsrates der DDR eine der gravierendsten Fehlentscheidungen der SED im Verlauf der gesamten Herbstereignisse. Sie trug dazu bei, dass die Prozesse enorm beschleunigt wurden. Zwar hatte man schon lange damit gerechnet, dass Krenz der Nachfolger Honeckers werden würde, gehofft hatten viele jedoch auf eine andere Lösung. Krenz war von Honecker selbst als Kronprinz aufgebaut worden. Er hatte jahrzehntelang das Vertrauen des alten Generalsekretärs genossen. Das war allein schon Grund genug, ihm jetzt zu misstrauen.

Anders als Honecker, dem die Bevölkerung immerhin seine Haftzeit unter den Nazis in Brandenburg anrechnete, hatte Krenz nie etwas anderes als die DDR kennengelernt und dort in der Partei eine Bilderbuchkarriere gemacht: FDJ-Mitglied, 1955 Eintritt in die SED, Besuch der Parteihochschule der KPdSU in Moskau, Sekretär des FDJ-Zentralrats von 1961 bis 1971, Vorsitzender der Pionierorganisation ab 1971, ZK-Mitglied seit 1973, Chef der FDJ ab 1974, Politbüromitglied und ZK-Sekretär seit 1983. Er galt als Anpasser, als Mann ohne eigene Meinung. Außerdem war er Wahlleiter für die Kommunalwahlen 1989 gewesen und damit verantwortlich für die Fälschungen, die die Proteste ausgelöst hatten. Krenz hatte sich auch demonstrativ hinter das brutale Vorgehen der chinesischen Führung gestellt. Jedes nachdenkliche Wort aus seinem Mund musste jetzt falsch und hohl klingen, jedes Versprechen auf Reformen unglaubwürdig. Krenz erhielt sehr schnell in der Bevölkerung die Bezeichnung »Wendehals«.

Zu allem Überfluss war seine Antrittsrede, die im Fernsehen übertragen wurde, auch noch reichlich verunglückt. Er las vor den Kameras die im Zentralkomitee zu seiner Wahl gehaltene Rede noch einmal vor, ohne jede Änderung. Das war – wie wir später hörten – der schwer verständliche Wunsch einer Mehrheit im ZK gewesen. So begann die Ansprache mit den Worten: »Liebe Genossinnen und Genossen.« Vierzehn Millionen DDR-Bürger, die nicht Mitglieder der SED waren, fühlten sich dadurch entweder gar nicht angesprochen oder zwangsweise für die SED vereinnahmt.

Die Rede selbst enthielt keine konkreten Reformpläne außer der allgemein gehaltenen Mitteilung, dass nun ein neues Reisegesetz vorbereitet werden solle. Eine solche Ankündigung hatte es schon im Frühjahr gegeben, das Ergebnis war enttäuschend gewesen. Jeder DDR-Bürger wusste, dass es darauf ankam, wie ein neues Reisegesetz im Detail formuliert sein würde, und da waren die meisten eher skeptisch. Das Machtmonopol der SED stellte Krenz nicht infrage, und über die Zulassung anderer Parteien und Gruppierungen verlor er kein Wort. Immerhin rang er sich in der ersten Woche seiner Amtszeit zu einer Entschuldigung für die Polizeiübergriffe vom 7. Oktober durch und führte einen Beschluss über die Amnestie von einsitzenden Republikflüchtlingen herbei. Die Maßnahme war aber insofern halbherzig, als die Einreise- und Transitverbote von Ausgereisten oder Ausgebürgerten weiter aufrechterhalten wurden.

Wenn wir aus dem Westen bei dem Prozess der Demokratisierung überhaupt helfen konnten, dann auf zweierlei Weise: Erstens mussten wir den Druck auf Krenz und die SED verstärken und grundlegende Reformen bei der Parteiführung einfordern. Deshalb erklärte ich öffentlich sogleich mein Interesse, mit dem neuen Generalsekretär zusammenzutreffen.

Zweitens mussten wir jetzt neben unseren Kontakten zur SED verstärkt mit der immer noch nicht zugelassenen Opposition zusammenarbeiten. Wir mussten unsererseits so tun, als seien das »Neue Forum«, die SDP und die anderen Gruppierungen legalisiert. Eine gute Gelegenheit dafür bot der Parteitag der Berliner SPD am 20. Oktober im Internationalen Congress-Centrum. Seit einigen Jahren waren dort – im Zuge der SPD/SED-Kontakte – auch einige Abgesandte des Zentralkomitees der SED als Beobachter anwesend, meist angeführt von Abteilungsleiter Gunter Rettner, dem Honecker-Vertrauten in Sachen Berlin- und Deutschlandpolitik. Nun begrüßte ich auf dem Parteitag neben diesen schon bekannten Gästen erstmals auch Mitglieder des »Neuen Forums«. Die Abgesandten der Staatspartei mussten öffentlich hinnehmen, dass sie nicht mehr die alleinigen Vertreter der DDR waren, sondern Konkurrenz bekommen hatten.

In einem Gespräch unter vier Augen sprach ich Rettner auf die Lage in der DDR an und sagte ihm, dass die DDR nun unaufhaltsam auf eine pluralistische Staats- und Gesellschaftsordnung zusteuere und niemand das unterdrücken könne. Ich wies ihn auf die Zahlen der Teilnehmer der Montagsdemonstrationen in Leipzig hin, er aber meinte ungerührt, das werde sich wieder geben, so hohe Teilnehmerzahlen würden nicht bleiben. Krenz werde einiges verändern, dann werde das Interesse an Demonstrationen wieder abnehmen. Ich war entsetzt über das Maß an Ignoranz des ZK-Abteilungsleiters. Ein langes Leben im leninistischen Parteiapparat und auf einem hohen Posten im ZK machte für die Realität doch ziemlich blind.

In meiner Rede vor dem Landesparteitag forderte ich die SED dazu auf, die Reformgruppen anzuerkennen und mit ihnen die Zukunft des Staates nach dem Vorbild Polens an einem »Runden Tisch« zu besprechen.

Ich sprach mich erneut dagegen aus, den Gedanken der Wiedervereinigung vom Westen her in den Vordergrund der Debatte zu schieben. Niemand konnte damals abschätzen, wie die Sowjetunion auf diese Forderung reagieren würde. Sie stand mit rund 600.000 Soldaten im Land. Wer jetzt die Wiedervereinigungsfrage in die Diskussion brachte, machte die demokratische Veränderung in der DDR zu einer Herausforderung für die sowjetische Sicherheitspolitik. Das Risiko, das damit für die Oppositionsbewegung in der DDR entstehen konnte, war schwer abzuschätzen. Es würde jedenfalls nicht von denen im Westen getragen werden müssen, die jetzt schon über die baldige Wiedervereinigung schwadronierten. Die Formulierung einer Politik, die auf die Vernichtung nicht nur der SED als Staatspartei, sondern auch des Staates DDR selbst hinauslief, konnte schnell zu einer Sperre, zu einer Blockade jeglicher Reformbereitschaft führen und die bestehenden Verhältnisse zementieren. Die Arbeit der Demokratiebewegung in der DDR, die sich noch gar nicht richtig hatte entfalten können, wurde durch die Forderung nach Wiedervereinigung schon im Ansatz torpediert. Denn die Opposition hatte sich zum Ziel gesetzt, ihren Staat DDR zu reformieren und demokratisch zu gestalten. Ihr Ziel war es nicht, die DDR zu beseitigen. Sie vermied damit sorgsam jede Provokation der Sowjetunion.

Ich hielt die ausschließlich von einigen Kreisen im Westen geführte Wiedervereinigungsdiskussion zu diesem Zeitpunkt politisch und moralisch für falsch, für bevormundend und kontraproduktiv. Ich schlug vor, diese Diskussion zurückzustellen und sich über die Parteigrenzen hinweg in der Bundesrepublik auf die Formel zu einigen, dass es jetzt um das Selbstbestimmungsrecht der DDR-Bevölkerung gehe. »Die Menschen in der DDR sollen selbst entscheiden können, wie sie ihr Gesellschaftssystem verändern wollen.« Entschieden wehrte ich mich aber dagegen, dass die Bundesrepublik die Staatsbürgerschaft der DDR formell anerkennen sollte, wie dies verschiedene Parteifreunde, aber auch zum Beispiel die Ostberliner Bürgerrechtlerin Bärbel Bohley forderten. Es gehörte meiner Auffassung nach ebenfalls zum Selbstbestimmungsrecht der DDR-Bürger, darüber zu entscheiden, welche Staatsbürgerschaft sie wählen wollten. Ich konnte und wollte nicht eine Politik mitmachen, die darauf hinauslief, Millionen von Menschen zwangsweise die (bundes-)deutsche Staatsangehörigkeit abzusprechen, die sie offensichtlich bevorzugten und mit der viele die Hoffnung verbanden, von der Bundesrepublik Deutschland im äußersten Notfall geschützt zu werden.

Am 26. und 27. Oktober versammelten sich die Ministerpräsidenten der Länder zu ihrer Jahreskonferenz in Düsseldorf.

ZK-Abteilungsleiter Gunter Rettner (zwischen Oskar Lafontaine und Hans Modrow) in Dresden, November 1985. Links Wissenschaftsminister und DDR-Vizepremier Herbert Weiz, rechts Dresdens Oberbürgermeister Gerhard Schill

Die Frage des Umgangs mit den Flüchtlingen und den aus Osteuropa ankommenden Aussiedlern beherrschte die Verhandlungen. Obwohl Nordrhein-Westfalen und Berlin zusammen allein mehr als die Hälfte der Flüchtlinge aufnahmen – Berlin übernahm sogar eine doppelte Quote –, zeigten sich die Kollegen aus den anderen Ländern sehr beunruhigt über den anschwellenden Strom von Zuwanderern. Mit Vorschlägen zur Einschränkung der Freizügigkeit, wenigstens vorübergehend, waren sie schnell bei der Hand. Alle waren sich im Grunde einig, dass die Vertriebenen- und Flüchtlingsgesetzgebung, die seit 1949 geschaffen worden war, in einem Europa mit wiederhergestellter Freizügigkeit, aber sehr unterschiedlichen wirtschaftlichen Bedingungen, dringend reformbedürftig sei. Die Sozialminister hatten das schon auf die Tagesordnung ihres nächsten Treffens gesetzt.

Ich warnte eindringlich davor, darüber jetzt zu beraten. In dieser Lage hätte ein falsches Wort, ein Gerücht, dass der Zugang in das Bundesgebiet erschwert werden sollte, eine weitere Eskalation der Massenwanderung von Ost nach West ausgelöst. Die Klagen einiger Kollegen über die Belastung kamen mir im Übrigen lächerlich vor. Wenn man bedachte, dass wir seit 1948 im Westen Deutschlands viele Millionen Flüchtlinge und Aussiedler integriert hatten, konnte die jetzige Aufgabe für den reichsten Staat Europas nicht unlösbar sein. Die Debatte war ein Symptom für den Kleinmut und die Kirchturmpolitik, mit der einige westdeutsche Länderregierungen den Einigungsprozess begleiteten.

Am 28. Oktober abends kam Steffen Reiche als Abgesandter der SDP zu uns ins Rathaus Schöneberg.

Er war auf dem Rückweg vom ersten Besuch eines SDP-Funktionärs beim SPD-Parteivorstand in Bonn. Er hatte am Rhein die neue Partei offiziell vorgestellt und ihre Ziele vor der Presse erläutert. Er informierte auch mich über das Programm der SDP und gab uns die Namensliste und Anschriften der führenden ostdeutschen Sozialdemokraten und der in den Regionen Verantwortlichen. Steffen Reiche machte auf uns einen sicheren, soliden und mutigen Eindruck. (Von 1990 bis 2000 sollte er Vorsitzender der brandenburgischen SPD sein.)

Am 29. Oktober fuhr ich nach Ostberlin, um mich zum ersten Mal ganz offiziell mit den führenden Vertretern der Opposition zu treffen. Vor mir hatte noch kein westlicher Amtsträger diesen Schritt unternommen. Das Treffen war den Behörden angekündigt worden, wir gaben das Versteckspiel auf und signalisierten der Staatspartei damit, dass wir uns ab sofort frei in der DDR bewegen und unsere Gesprächspartner selbst bestimmen wollten. Der Chef der Senatskanzlei, Dieter Schröder, und der Sprecher des Senats, Werner Kolhoff, begleiteten mich. Das Treffen fand im Atelier von Bärbel Bohley in einem Altbau im Prenzlauer Berg statt. Wie ich später erfuhr, wurde es vom MfS mit großem Aufwand überwacht. Vor dem Haus stand ein Bauwagen, auf den uns Bärbel Bohley aufmerksam machte: »Von da aus werde ich beobachtet«, sagte sie.

Die mir schon vertrauten Personenschützer von der Staatssicherheit, die mich wie bei jedem Besuch von der Grenze aus begleiteten, wirkten hier im Zentrum der Opposition sehr nervös. Sorgsam untersuchten sie jede Ecke des Hausflurs, als ob Terroristen dort auf mich lauern würden. Oppositionelle und Gewalttäter waren nach ihrem Feindbild wahrscheinlich identisch. Als sie dann auch noch Bärbel Bohleys Wohnung inspizieren wollten, schickte ich sie verärgert weg.

Bärbel Bohley bot uns Tee an und erzählte: »Es geht bei mir drunter und drüber. Es ist total hektisch, ich schlafe kaum noch.« Seit der Veröffentlichung des Aufrufs zur Gründung des »Neuen Forums« am 11. September war die Malerin zur bekanntesten Regimegegnerin in der DDR geworden. Zweimal schon hatte sie im Gefängnis gesessen. Im Januar 1988 wurde sie zusammen mit anderen Oppositionellen nach der Demonstration zum 69. Todestag von Rosa Luxemburg und Karl Liebknecht erneut festgenommen. Der DDR-Staat zwang sie und ihren Lebensgefährten Werner Fischer, für ein halbes Jahr in den Westen zu gehen. Knapp entging sie damals einer Zwangsausbürgerung. Sie verbrachte die Zeit in Großbritannien und kehrte im August 1988 zurück. Das rechneten ihr viele DDR-Bürger hoch an. Jetzt war ihr Gesicht immer häufiger im westlichen Fernsehen zu sehen. Sie sprach stets vorsichtig und sensibel, fast traurig über die Lage im eigenen Land. Sie wirkte zerbrechlich und äußerte Gefühle, Wünsche und Träume sehr offen. Gerade das machte sie jetzt im Kampf gegen den kalten SED- und »Stasi«-Apparat so stark. An ihrer moralischen Integrität prallten alle Vorwürfe der Partei, wonach die Proteste aus dem Westen gesteuert seien, ab. Bärbel Bohley verkörperte eine Opposition, die keine Angst kannte, weil sie nichts mehr zu verlieren hatte. Ich bewunderte den Mut dieser Frau.

Im Atelier der Malerin im Hochparterre hatten sich ungefähr fünfzehn Vertreter verschiedener Oppositionsgruppen versammelt, darunter vom »Neuen Forum« Jens Reich und Reinhard Schult, von der SDP Ibrahim Böhme. Die Vertreter der Bürgerbewegung äußerten sich kritisch über Egon Krenz und skeptisch über die Ernsthaftigkeit seiner Reformbestrebungen. »Dem kann man erst einmal gar nichts glauben, der hat doch das in China verteidigt«, hieß es. Der wichtigste Test für die neue Führung sei die Entscheidung über die Zulassung des »Neuen Forums«, die erneut beantragt worden sei. »Unser zentrales Ziel ist jetzt die Anerkennung der Bürgerbewegung. Danach müssen wir über die Bildung eines ›Runden Tischs‹ reden. Wir haben noch große Schwierigkeiten, uns zu organisieren. Wir haben keine Büros, keine Kopierer und Drucker und kaum Telefone. Es ist unglaublich schwer, sich offiziell zu treffen und miteinander zu kommunizieren.«

Ich sagte zu, mich um technische Hilfe von Seiten meiner Partei zu kümmern. Darüber hinaus vereinbarten wir, dass Wirtschaftsexperten des Senats und des Deutschen Instituts für Wirtschaftsforschung alsbald nach Ostberlin kommen würden, um die Oppositionellen über ihre Einschätzung der DDR-Wirtschaft zu informieren. Die Daten aus dem Westen galten als weit verlässlicher als die offiziellen Ostberliner Planzahlen. »Für unsere wirtschaftspolitischen Vorschläge müssen wir zuerst einmal wissen, wie die Lage wirklich ist. Nicht einmal die Regierung hat darüber Zahlen«, sagte Jens Reich.

Während des Gesprächs standen meine Begleiter vom MfS im Hausflur, und die Besatzung des Bauwagens machte ihre Aufzeichnungen. Der Videofilm über meinen Abschied vor der Haustür ist später gefunden und im Fernsehen vorgeführt worden. Es war für mich unfassbar, mit welchem Aufwand alle Bewegungen observierter Personen in der DDR erfasst wurden.

Ankündigung mit Folgen

Von der Wohnung Bärbel Bohleys fuhren wir zum Palast-Hotel im Herzen Ostberlins. Der Konsistorialpräsident der evangelischen Kirche, Manfred Stolpe, hatte uns dort zum Mittagessen eingeladen und einen besonderen Gast angekündigt: Günter Schabowski, bis vor kurzem 1. Sekretär der SED-Bezirksleitung Berlin, Politbüro-Mitglied seit 1984, langjähriger Chefredakteur des *Neuen Deutschland*, jetzt Informationschef der SED und so etwas wie die graue Eminenz des parteiinternen Aufstands gegen Honecker. Schabowski galt wie Modrow als Anhänger der Reformen Gorbatschows. In Journalistenkreisen war er als einer der möglichen Nachfolger Honeckers gehandelt worden, denn er hatte gute Drähte zu den Sowjets. Jetzt war er faktisch der zweite Mann im Staate. Angesichts seines offensichtlichen Vorsprunges an politischer Intelligenz gegenüber Egon Krenz war er seit Honeckers Abgang der eigentlich mächtige Mann in der neuen DDR-Führung.

Wir waren also gespannt, zumal das Erscheinen Schabowskis keineswegs ganz sicher war. In der Umgebung des Luxushotels war es unruhig, viele Bürger waren an diesem Sonntagvormittag auf der Straße. Vor dem Roten Rathaus hatte sich eine große Menschenmenge versammelt, die Lautsprecherstimmen klangen als ferner Lärm zu uns herüber. Die SED übte sich auch in Ostberlin im »Dialog«; Oberbürgermeister Erhard Krack und Günter Schabowski machten den Anfang. Was Berghofer und Modrow in Dresden begonnen hatten, wurde von der Parteiführung jetzt systematisch praktiziert. Alle Politbüromitglieder schwärmten in Betriebe und auf Plätze aus und stellten sich einer, wie es das *Neue Deutschland* nannte, »öffentlichen Aussprache«.

Die Stimmung unter den rund zwanzigtausend Versammelten vor dem Rathaus war aggressiv und ablehnend, die Menge misstraute der »Wendigkeit« der neuen, alten Herren. Als Schabowski sagte, er müsse nun gehen, um sich mit Walter Momper zu treffen, wurde »Momper her, Momper her« skandiert. Die geplante Vertraulichkeit unserer Unterredung war damit dahin.

An dem Gespräch, das im »Rosensalon« des Hotels mit Blick auf das Rote Rathaus stattfand, nahmen außer Stolpe, Schabowski und mir noch der Ostberliner Generalsuperintendant, Günter Krusche, und Dieter Schröder teil. Schabowski ließ gleich zu Beginn des Gesprächs keinen Zweifel daran, dass er sich als der starke Mann der SED fühlte und gewillt war, einen Reformkurs durchzusetzen. Er betonte, das Politbüro habe mit der Entlassung von Honecker, Herrmann und Mittag eine »grundlegende Richtungsentscheidung« getroffen. Diese drei seien die Hauptvertreter der alten Linie gewesen. Aber man werde bei diesen ersten Entscheidungen nicht stehen bleiben. Als Nächste stehe Volksbildungsministerin Margot Honecker zur Disposition, ebenso FDGB-Chef Harry Tisch: »Es gibt Gesichter an der Spitze, die wollen die Leute einfach nicht mehr sehen.«

Schabowski wollte die SED wieder »zum Motor der Veränderung« machen. Er hatte erkannt, dass die SED nur die Kontrolle behalten konnte, wenn sie selbst Träger der Reformen würde. »Wir müssen von uns aus wieder die Führung bei der Umgestaltung haben«, sagte er. Ohne dass ich ihn danach gefragt hätte, sprach er das Kernproblem an, den Monopolanspruch der SED auf die Macht im Staate, wie er in Artikel 1 der DDR-Verfassung verankert war: »Natürlich müssen wir jetzt auch über die Zulassung anderer Parteien nachdenken. Dass es bei uns eine politische und gesellschaftliche Vielfalt gibt, ist doch offensichtlich. Es ist nur die Frage, in welcher Form sich das organisieren soll.«

Schabowski sprach mit bemerkenswerter Offenheit, sein leichter Berliner Dialekt ließ ihn manchmal sogar jovial und schnoddrig wirken. Er ließ durchblicken, dass Egon Krenz möglicherweise nur für eine Übergangszeit Generalsekretär der SED bleiben werde.

Vehement verteidigte Schabowski das Prinzip der führenden Rolle der Partei und verwickelte uns in eine längere Diskussion über die »begrenzte Wirksamkeit« der »reformistischen« Parteien, womit er die Sozialdemokratie meinte. Diese hätten zwar in der Regierung den Kapitalismus etwas sozialer ausgestaltet, aber nirgendwo die ungerechte Aufteilung der Gesellschaft in

Arme und Reiche, Besitzende und Nicht-Besitzende, Mächtige und Beherrschte geändert. Deshalb habe er Vorbehalte gegen das sozialdemokratische Politikmodell. Aber auch er denke angesichts der Lage in der DDR darüber nach.

Noch nie zuvor hatte ich einen führenden SED-Politiker so offen über die Verhältnisse im Politbüro und über dessen Mitglieder reden hören, seine Kritik an Harry Tisch war geradezu ätzend. Er erzählte, wie schwer es gewesen sei, durchzusetzen, dass die Chefs der SED-Bezirksleitungen zu den Sitzungen des Politbüros am 11. Oktober und am 18. Oktober hinzugezogen werden konnten. Von Krenz und ihm, so Schabowski weiter, seien die Bezirkssekretäre vorgeschickt worden, um Honecker zu kritisieren und seinen Rücktritt zu fordern. Vor allem der sonst kritischen Denkens eher unverdächtige 1. Sekretär der Bezirksleitung Potsdam, Günther Jahn, sei mit der Kritik an Honecker vorangegangen, was den SED-Chef offenbar besonders überrascht habe. Schabowski freute sich uns gegenüber ganz ungeniert über diesen Coup. Hans Modrow spielte in seinen Erwägungen offenbar keine Rolle. Er erwähnte ihn nicht einmal. Mit besonderem Grimm kam er auf Günter Mittag zu sprechen, dem er die Hauptschuld an der wirtschaftlichen Misere in der DDR gab und der im Politbüro bis zuletzt zu Honecker gehalten habe, während selbst Erich Mielke aus Einsicht in die reale Lage von Honecker abgerückt sei. Der Minister habe sich am Abend des 7. Oktober auf den Straßen selbst ein Bild von den Demonstrationen verschafft. Dieser unmittelbare Eindruck habe seine Wirkung nicht verfehlt.

Ich kam auf das angekündigte neue Reisegesetz zu sprechen. Schabowski antwortete: »Wir machen jetzt ein Gesetz, das diese Frage löst, das ist schon in Arbeit. Wir werden das klar und eindeutig regeln. Verlassen Sie sich darauf, dass es ein Reisegesetz geben wird, das den Namen auch wirklich verdient. Es wird Reisefreiheit geben. Das Gesetz wird der Volkskammer vom Ministerrat vorgelegt werden. Ich denke, es kann schon im Dezember in Kraft treten, vielleicht schon zum 1. Dezember. Jeder DDR-Bürger soll einen Pass bekommen, und er wird einen Rechtsanspruch haben, mit diesem Pass reisen zu können. Natürlich müssen wir bestimmte Einschränkungen für die empfindlichen Sicherheitsbereiche haben, so wie das in jedem Land üblich ist.

Das ist ja bei Ihnen auch nicht anders. Und denen, die für immer ausreisen wollen, werden wir keine Hindernisse in den Weg legen. Letztlich können wir die Leute doch nicht halten. Die Motivation dafür, im Lande zu bleiben, muss hier bei uns gegeben sein. Die Mauer macht das auf Dauer nicht.«

Ich war wie elektrisiert. »Kann jeder dann mit seinem Pass fahren, wann er will, wohin er will, ohne Visum oder Genehmigung? Haben Sie das vor?«, fragte ich.

»Die Einzelheiten sind noch nicht geregelt«, antwortete er. »Aber das Reisegesetz wird ein umfassendes sein. Es wird seinen Namen verdienen. Jetzt haben wir erst ein paar Millionen Pässe ausgestellt, wir müssen noch nachdrucken. Das geht nicht so schnell. Von daher gibt es in der ersten Phase sicher auch technische Probleme. Aber danach wird sich ein umfassender und geregelter Reiseverkehr entwickeln können.

Ein großes Problem wird aber die Devisenfrage sein. Es ist klar, dass wir die Leute nicht mit Devisen ausstatten können. Das ist ein objektives Hindernis.«

Schabowski wurde nicht so konkret, wie ich es gerne gewollt hätte. Möglicherweise würde es am Ende doch ein Genehmigungsverfahren geben. Die ganze Willkür der Bürokratie ginge dann weiter. Davor warnte ich Schabowski und fuhr fort: »Viele Menschen wollen gar nicht ständig ausreisen. Die wollen doch nur zum Ku'damm, den Westen sehen können. Wenn Sie wirklich Reisefreiheit einführen, wird das ein großer Beitrag zur Stabilität sein.«

»Das wissen wir«, erwiderte Schabowski. »Ich rechne damit, dass 100.000 bis 150.000 Bürger der DDR im Westen bleiben werden, aber das muss man in Kauf nehmen. Der Schritt muss gewagt werden.«

Immerhin bekundete Schabowski mit dieser Botschaft, dass in der SED-Spitze bereits konkret über eine Reiseregelung diskutiert wurde.

Wie sie auch im Einzelnen aussehen würde, uns in Westberlin mussten die Veränderungen in jedem Fall am meisten betreffen. Ich kam daher auf die technischen Fragen zu sprechen: Die bestehenden elf Übergänge zwischen West- und Ostberlin würden bei weitem nicht ausreichen, um einen umfangreicheren Reiseverkehr zu bewältigen. Die Situation am Bahnhof Friedrichstraße sei schon jetzt eine Katastrophe. »Wenn die Reisefreiheit eingeführt wird, müssen auch rechtzeitig die baulichen und organisatorischen Vorbereitungen getroffen werden. Meiner Ansicht nach müssen die Gespräche unter den Besuchsbeauftragten darüber sofort beginnen.« Ich nannte Schabowski eine Liste von möglichen Übergängen, allen voran den Potsdamer Platz, die Brunnenstraße, die Glienicker Brücke und die U-Bahnhöfe Jannowitzbrücke und Alexanderplatz. Ich machte ihm deutlich, dass wir in der ersten Zeit mit einem Andrang von 300.000 bis 500.000 Besuchern pro Tag rechnen müssten.

Über die praktischen Folgen der Reiseregelung hatte Schabowski offenbar noch nicht nachgedacht. Die erkennbar notwendig werdenden Maßnahmen leuchteten ihm jedoch ein. Er sagte zwar nichts Konkretes zu, aber wir vereinbarten gleich für den Beginn der Woche ein Treffen der Besuchsbeauftragten von Senat und DDR-Regierung. Wir waren uns einig: Ein Berg von Aufgaben zur Vorbereitung auf den verstärkten Reiseverkehr musste jetzt sofort bearbeitet werden.

Im abhörsicheren Auto besprach ich mit Dieter Schröder und Werner Kolhoff, was jetzt zu tun sei. Uns war klar: Westberlin würde sehr bald sehr viele Besucher bekommen, was eine große Belastung für die Bewohner bedeutete. Wir einigten uns darauf, dass wir öffentlich von nicht mehr als 300.000 zu erwartenden Besuchern sprechen wollten, um keine Verunsicherung aufkommen zu lassen. Wahrscheinlich würden viele DDR-Bürger für immer im Westen bleiben wollen. Verwaltung, Polizei, Verkehrsbetriebe und Versorgungseinrichtungen mussten sich so schnell wie möglich auf einen großen Ansturm vorbereiten, der nach unserer Einschätzung spätestens am 1. Dezember, dem ersten Adventswochenende, zu erwarten war.

Wir fuhren zusammen mit Manfred Stolpe zu Bischof Forck nach Berlin-Weißensee und am Abend von dort aus dann in die Gethsemanekirche im Bezirk Prenzlauer Berg, wo ein festliches Konzert aus Anlass der 450. Wiederkehr der Einführung der Reformation in Berlin und Brandenburg gegeben wurde.

Vor der Kirche standen viele Menschen, die auf den Einlass warteten, sowie Mahnwachen mit Kerzen in der Hand. Viele wollten mir die Hände schütteln, sie begrüßten uns mit großer Herzlichkeit und mit Beifall, als wir die Kirche betraten. Man sah ihren Augen an, dass die Hoffnung auf eine bessere Zukunft in ihnen entfacht war – die Kirche und der Glaube hatten diese Hoffnung wachgehalten. Die spürbar dankbare und hoffnungsfrohe Stimmung in der Kirche der Oppositionsbewegung war ergreifend.

Die Gegend um die Kirche war der Ort, an dem in der Nacht vom 7. auf den 8. Oktober die Demonstranten gehetzt, verprügelt und verhaftet worden waren. Die Feier zum Reformationsgedenken hier zu veranstalten war eine trotzige Demonstration gegen SED-Staat und »Stasi«-Herrschaft. Die Lieder der Festgemeinde spiegelten das protestantische Selbstvertrauen wider: »Gott der Herr ist Sonn und Schild«, »Ein' feste Burg ist unser Gott«: »Der alt böse Feind / mit Ernst er's jetzt meint, / groß Macht und viel List / sein grausam Rüstung ist; / auf Erd ist nicht sein'sgleichen«.

Mir ging während des Konzerts immer wieder das Gespräch mit Schabowski durch den Kopf: Wann würde die Grenze geöffnet werden, und: Würden wir in Westberlin mit dem Besucheransturm fertig werden?

Zwei Tage später, am 31. Oktober, berichtete ich im Senat über meine Gespräche in Ostberlin, und wir beschlossen, sofort eine Projektgruppe »Vorbereitung auf einen verstärkten Besucher- und Reiseverkehr aus Ostberlin und aus der DDR« einzusetzen. Als Richtlinie legten wir fest, dass wir die DDR-Bürger als »normale Touristen« und Besucher betrachten wollten und kein besonderes Maß an sozialer Betreuung entfaltet werden sollte. Wir wollten die Stimmung möglichst ruhig halten. Der Staatssekretär in der Senatswirtschaftsverwaltung, Jörg Rommerskirchen, wurde mit der Leitung der Projektgruppe beauftragt. Alle von dem erwarteten Besucherandrang betroffenen Ressorts waren vertreten: Verkehr, Bundesangelegenheiten, Bauwesen, Gesundheit und Soziales, Finanzen und Inneres. Vertreter der Bezirke, des Zolls und der Polizei wurden hinzugezogen. Die Projektgruppe trat am 1. November zum ersten Mal zusammen, formulierte einen Aufgabenkatalog und verteilte Arbeitsaufträge. Überall wurden jetzt schon intensive Vorbereitungen für den »Tag X« getroffen.

Am 8. November beriet die Projektgruppe Zwischenergebnisse. Ohne die Arbeit dieser Gruppe hätten wir in Berlin wohl kaum den Ansturm bewältigen können, der in der Nacht vom 9. auf den 10. November ungeplant einsetzte. Zwar war die Kommission vom 1. Dezember als »Tag X« ausgegangen, und sie war mit ihrer Arbeit noch längst nicht fertig, als die Grenzübergänge geöffnet wurden, doch war schon so viel vorgedacht und vorbereitet worden, dass wir in den entscheidenden Stunden auf diese Beratungen zurückgreifen konnten.

Öffentlich schätzte Staatssekretär Rommerskirchen, dass bis zu 300.000 Besucher am ersten Wochenende nach der Öffnung der Grenzen nach Berlin kommen würden. Das war dreimal so viel wie bei den großen Kirchentagen, die Berlin gerade erlebt hatte, als die Stadt voll war von westdeutschen Touristen und buchstäblich jedes Reservebett belegt war. Wie sehr wir uns aber selbst noch mit der intern gehandelten Zahl von 500.000 Besuchern pro Tag verschätzten, zeigte später die wirkliche Entwicklung: Über zwei Millionen DDR-Bürger kamen am Wochenende nach der Maueröffnung in die Stadt.

Auch die Auszahlung des Begrüßungsgeldes beschäftigte die Projektgruppe. Wie konnte an so viele Menschen gleichzeitig, noch dazu an einem Wochenende, das Geld ausgezahlt werden? Waren überhaupt so viele Bargeldreserven in den Kassen? Das bisherige System der Auszahlung des Geldes durch die Sozialämter war dem erwarteten Besucheransturm nicht gewachsen. Die Menschen würden viele Stunden vor den Behörden warten müssen, statt sich die Stadt ansehen zu können. Das würde Unmut auslösen. Ich hatte daher der Bundesregierung bereits Ende Oktober vorgeschlagen, die Auszahlung nicht im Westen, sondern schon im Osten durch die Staatsbank der DDR vornehmen zu lassen. Das war die praktikabelste Lösung und bot die beste Sicherung gegen Betrügereien. Vorsorglich wurden aber auch Gespräche mit den Westberliner Banken und Sparkassen sowie mit der Post geführt. Diese wurden gebeten, sich an der Auszahlung zu beteiligen und gegebenenfalls auch an den Wochenenden dafür die Schalter zu öffnen.

Außerdem wurde von den Experten beraten, wie Doppelzahlungen zu verhindern seien. Die Senatskanzlei nahm in dieser Angelegenheit Gespräche mit der DDR-Regierung und mit der Bundesregierung auf. Unsere Absicht war es, in jeden DDR-Ausweis oder Pass bei der Auszahlung des Begrüßungsgeldes einen Stempel zu drücken, ein rotes Kreuz. Da das ein Vermerk auf einem Ausweispapier eines souveränen Staates sein würde, erforderte es die Zustimmung der DDR.

Ein großes Problem bereitete natürlich der Devisenmangel. Auf Dauer, so befürchteten wir, könnte er zu einer wirksameren Mauer werden, als es die bestehende aus Beton war. Mit einhundert Mark Begrüßungsgeld kam ein Tourist nicht weit. Städtereisen nach München, Köln oder gar Paris waren damit unerschwinglich, Westberlin blieb für viele das einzig erreichbare Reiseziel. Ich schlug deshalb vor, der Bund solle ein Reisewerk für DDR-Touristen vorbereiten und Billigfahrten mit günstigen Übernachtungsmöglichkeiten anbieten. Leider wurde dieser Vorschlag in Bonn nicht aufgegriffen; dort diskutierte man ebenso leidenschaftlich wie ergebnislos darüber, ob man der DDR-Regierung für die Reisekasse ihrer Bürger einen Devisenfonds einrichten solle.

Das wichtigste Thema in der Projektgruppe aber war das Verkehrsproblem. Es war klar, dass Busse und Bahnen die Hauptlast befördern mussten. Würden die Reisenden alle mit ihren Trabis und Wartburgs kommen, dann würde Westberlin in kürzester Zeit einem einzigen Parkplatz ähneln. Vor allem die Besucher aus dem Umland mussten dazu bewegt werden, ihre Autos vor der Stadtgrenze zu parken und dort auf Bahn und Bus umzusteigen. Dazu mussten aber solche Verbindungen erst geschaffen werden: nach Nauen, nach Oranienburg, nach Potsdam und nach Schönefeld. Die S-Bahn, die für die Lösung dieser Aufgabe geschaffen war, war seit 1961 an den Stadtgrenzen unterbrochen. Die Verkehrsbetriebe Westberlins würden natürlich bei einem so plötzlichen Besucheransturm an ihre Kapazitätsgrenzen stoßen. Es wurde überlegt, wie ein solcher Andrang personell, technisch und organisatorisch bewältigt werden könnte. Es gab nur ein Beispiel für ein plötzliches Anschnellen der Fahrgastzahlen: den Smog-Alarm. Dafür hatte die BVG exakte Einsatzpläne in der Schublade, die sie im Winter 1984 schon einmal hatte anwenden müssen. Also beschloss die Projektgruppe, dass die BVG auch in der Extremsituation »Maueröffnung« nach den Smog-Plänen fahren sollte.

Die Senatskanzlei schickte eine Wunschliste mit den dringend benötigten weiteren Übergängen über die Besuchsbeauftragten an die Regierung der DDR. Zur Sicherheit ging eine Kopie auch direkt an Schabowski.

Die Projektgruppe beschäftigte sich auch mit der Frage, wie die Bevölkerung der Stadt psychologisch auf die neue Situation vorbereitet werden konnte. Den Berlinern steckte der Stress der 750-Jahr-Feier, der Kirchentage und der anderen zurückliegenden Großveranstaltungen noch in den Knochen. Zweifellos würden sie sich über die Reisefreiheit zunächst freuen. Aber dann würden doch sehr schnell Klagen über die verstopften Straßen und überfüllten Läden zu hören sein. Die Projektgruppe beschloss, dass ich einen Brief an alle Berliner Haushalte schreiben sollte, um sie auf die Situation einzustimmen.

Am 3. November informierte ich die alliierten Gesandten ausführlich über unser Gespräch mit Schabowski. Frankreich, die USA und Großbritannien saßen mit ihren Berliner Brigaden mittendrin in dem brodelnden Kessel DDR, und auf der anderen Seite der Mauer befanden sich, in ziemlich ungemütlicher Lage, die Sowjets. Die Situation war politisch äußerst labil und konfliktträchtig. Für die Alliierten kam es jetzt darauf an, möglichst genau einzuschätzen, wie sich die Stimmung in der DDR entwickeln würde. Angriffe wütender DDR-Bürger auf sowjetische Militärangehörige etwa konnten zu ernsten Zusammenstößen mit der vierten Siegermacht und damit schnell zu einer gefährlichen Eskalation führen. Nicht minder herausfordernd war die noch immer in der Luft liegende Gefahr, dass die DDR-Bürger eines Tages einen Sturm auf die Mauer wagten. Ich hielt es nicht für ausgeschlossen, dass sich eine solche Situation bei einer für den 4. November angemeldeten großen Demonstration der DDR-Opposition in Ostberlin ergeben könnte. Wir vereinbarten, dass die Westberliner Polizei und die alliierten Dienststellen die Situation sorgfältig beobachten und sich Polizei und Alliierte für jenen Sonnabend auch kräftemäßig auf die Eventualität vorbereiten sollten.

Dass nicht nur wir, sondern auch die DDR-Regierung einen Sturm auf die Mauer fürchtete, zeigte sich daran, wie die Demonstration des 4. November von den ostdeutschen Sicherheitskräften vorbereitet wurde. Vorsorglich wurde die Kundgebung vom Platz der Akademie zum Alexanderplatz verlegt, der etwas weiter von der Mauer entfernt liegt. Auf den wichtigsten

Spreebrücken waren wie schon am 7. Oktober wieder Lastwagen der Volkspolizei quergestellt. Sie bildeten so eine Barriere Richtung Grenze. Nur eine kleine Gruppe von Demonstranten wich während des Zugs einmal kurz von der Route ab und lief ein paar Meter in Richtung Brandenburger Tor. Das alarmierte sofort die Volkspolizei, die zur Absperrung der Straße eine Kette bildete. Die Gruppe drehte wieder ab.

Die drei alliierten Gesandten befragten mich sehr genau über meine Beurteilung zur wirtschaftlichen Lage, zum Ausreisedruck und zum Devisenproblem. Meine Einschätzung war sehr pessimistisch. Die neue Führung habe es nicht vermocht, das Vertrauen der Bevölkerung zu gewinnen, die DDR sei noch labiler als zuvor und der Ausreisedruck unvermindert groß.

Ich kam auf das mich am meisten bedrückende Problem der bevorstehenden Reisefreiheit zu sprechen: Viele DDR-Bürger hätten so viel Misstrauen gegen ihren Staat, dass sie die Reisefreiheit möglicherweise nutzen würden, um sich sofort und endgültig in den Westen abzusetzen. Ich berichtete über Schabowskis Einschätzung, dass 100.000 bis 150.000 Menschen im Westen bleiben würden. Davon käme der größte Teil nach Westberlin. Da aber unsere Unterbringungsmöglichkeiten schon jetzt restlos erschöpft seien, würden wir diese Menschen nicht versorgen können. Also müssten sie so schnell wie möglich nach Westdeutschland in die dortigen Durchgangslager weitergeleitet werden. Ich bat Harry Gilmore, den US-Gesandten, mit den Militärs zu sprechen, um für einen solchen Fall innerhalb kürzester Zeit genügend Militärflugzeuge für eine Luftbrücke bereitzustellen, über die die Übersiedler ins übrige Bundesgebiet gebracht werden könnten. Die zivilen Luftfahrtgesellschaften seien von einem solchen Andrang überfordert.

Die Gesandten teilten meine Einschätzung, dass es besser sei, alles für den Extremfall vorzubereiten.

Am Abend des 3. November teilte das Außenministerium der DDR mit, dass alle Flüchtlinge in der Prager Botschaft in die Bundesrepublik ausreisen dürften. Die Prager Vertretung hatte sich nach der Wiederaufnahme des visumfreien Reiseverkehrs am 27. Oktober sofort wieder mit Ausreisewilligen gefüllt, ungefähr fünftausend Menschen, darunter tausend Kinder, harrten hier erneut unter katastrophalen Bedingungen aus. Die Sonderzüge brauchten diesmal nicht den Umweg über DDR-Gebiet zu machen, sondern konnten direkt nach Bayern fahren. Am nächsten Tag erweiterte Prag diese Praxis noch und ließ die Flüchtlinge mit ihren Trabis ohne weitere Kontrollen direkt zu den Grenzübergängen in die Bundesrepublik fahren.

Wir rechneten damit, dass die neue Fluchtwelle uns in Berlin mit einer Verzögerung von zwei Tagen erreichen würde, und bereiteten zusätzliche Notunterkünfte vor.

Die Einführung der Reisefreiheit lag in diesen ersten Novembertagen also in der Luft, aber dass nur wenige Tage später die Mauer ganz geöffnet würde, das ahnte niemand. Und dieses historische Ereignis wäre tatsächlich wohl erst einige Wochen später eingetreten, wenn die SED-Spitze nicht erneut einen politischen Fehler nach dem anderen gemacht hätte. Die neuen Herren ließen sich jede Reform einzeln vom Volk abringen. Die SED hielt immer noch starr an ihrem Monopolanspruch fest, auch wenn intern die Diskussion darüber schon begonnen hatte und diese Festung wankte. Der Stil der offiziellen Verlautbarungen war noch weitgehend der alte, die Medien blieben der Opposition nach wie vor verschlossen.

Die SED glaubte, den Unmut der Massen durch eine Strategie der Erneuerung von oben auffangen zu können. Die Partei versuchte, sich selbst an die Spitze der Bewegung zu stellen. Jedes kleine Reformvorhaben wurde in den staatlich gelenkten Zeitungen wie ein Stück Planerfüllung gefeiert. Und dem Volk wurden einige Opfer gebracht; es durfte Köpfe rollen sehen. Am 30. Oktober verabschiedete sich Karl-Eduard von Schnitzler, im Volksmund »Sudel-Ede« genannt, vom Fernsehen. Am 2. November traf es Harry Tisch, den Vorsitzenden des FDGB, die Vorsitzenden der Blockparteien CDU und NDPD, Gerald Götting und Heinrich Hohmann, Volksbildungsministerin Margot Honecker sowie einige SED- Bezirksfürsten.

Das Leipziger Problem glaubte man allen Ernstes dadurch in den Griff zu bekommen, dass eine Regierungskommission »zur weiteren Entwicklung der Stadt Leipzig, vor allem auf dem Gebiet des komplexen Wohnungsbaus einschließlich der Instandsetzung und Reparatur«, ins Leben gerufen wurde. Über die geführten öffentlichen »Dialoge« wurde mit Stolz im *Neuen Deutschland* berichtet.

Die Straße hat die Macht!

Die SED fühlte sich so sicher, dass sie meinte, jetzt auch Demonstrationen und Kundgebungen in ihrem Sinne für eine »Reform des Sozialismus« gebrauchen zu können. Die für den 4. November von Künstlern angemeldete Kundgebung in Ostberlin wurde deshalb von den Behörden nach Kräften unterstützt. Volkspolizei und Demonstranten vereinbarten eine »Sicherheitspartnerschaft«, und DDR-Fernsehen und -Rundfunk übertrugen die Veranstaltung direkt. Aber am 4. November scheiterte die »Umarmungsstrategie« der SED. Die Demonstranten pfiffen Günter Schabowski auf dem Alexanderplatz gnadenlos aus; sie wollten von der SED und ihren Vertretern nichts mehr hören. Günter Schabowski beendete seine Rede mit den Worten: »Wir lernen unverdrossen«, aber gerade das klang nach Parteijargon und ging an den Bedürfnissen der Menschen völlig vorbei. Die Demonstration des 4. November war eine der fantasievollsten, entschlossensten und zugleich friedlichsten Demonstrationen, die es in Deutschland jemals gegeben hat.

Etwa eine Million Menschen ging zu dieser Demonstration, eine gewaltige Zahl, wenn man bedenkt, dass die DDR insgesamt nur sechzehn Millionen Einwohner hatte. Hier zeigte sich ein Niveau der politischen Kultur, das in unserem Land selten erreicht worden ist. Hunderte von Künstlern hatten sich bunte Schärpen umgebunden, auf denen stand: »Keine Gewalt«. Sie begleiteten die Massen am Rande, sprachen mit Volkspolizisten, verteilten Blumen. Die Demonstranten waren keinen bestimmten Bevölkerungsgruppen zuzuordnen, es waren alle Schichten und alle Altersgruppen vertreten. Aus Marzahn und Treptow, Oranienburg, Teltow und Prenzlauer Berg, aber auch aus entfernteren Teilen der DDR waren sie gekommen. Viele von ihnen hatten selbstgemalte Schilder mitgebracht, die Texte waren bitter, aber voller Witz und Ironie. Die Wand des Palasts der Republik, der Volkskammer, wurde symbolisch mit Tapeten beklebt – des Volkes Antwort auf »Tapeten-Hager«.

Hier entfaltete sich die politische Kreativität eines Volkes, das vierzig Jahre lang nicht nur hinter Mauern und Stacheldrähten, sondern mehr noch in sprachliche Floskeln, Denkschablonen und Veranstaltungsrituale eingesperrt worden war. Befreites Lachen statt des rhythmischen Klatschens der Parteikundgebungen, bunte Transparente statt staatlicher »Wink-Elemente«, freche Sprache statt parteioffizieller Losungen. Am 4. November fiel faktisch das Machtmonopol der SED, die führende Rolle der Partei wurde durch das Volk selbst beendet. Die Straße machte deutlich, dass sie sich die Herrschaft von den Kommunisten nicht mehr nehmen lassen würde. Das Volk nahm die Macht an sich. Die Regierenden waren ab jetzt nur noch Getriebene.

»Wer sich nicht bewegt, fühlt seine Fesseln nicht«, »Es geht nicht um Bananen, jetzt geht's um die Wurst«, »Wandlitz, zeig dein Antlitz«, »Mein Vorschlag für den 1. Mai: Die Führung zieht am Volk vorbei«, »Eure Politik ist zum Davonlaufen«, »Ich will ich sein« und »Krenzenlose Demokratie« stand auf den Papptafeln und Spruchbändern. Hier hatte jeder etwas zu sagen, hier wusste jeder, um was es ging. Die Sprache und die Gefühle waren endlich befreit. Außerordentlich differenziert, vorsichtig und nachdenklich waren die Reden von Christoph Hein, Christa Wolf, Stefan Heym, Friedrich Schorlemmer, Heiner Müller, Gregor Gysi, Jens Reich und Steffi Spira. Und ebenso das Publikum. Leise wurde es auf dem Platz immer nur dann, wenn von den Flüchtlingen die Rede war, von den Tausenden, die gerade unterwegs waren in den Westen. Jeder kannte das, morgens im Büro die Mitteilung, dass die Kollegin nicht mehr komme; zu Hause die Nachricht, dass der Nachbar nicht mehr da sei. Von Anfang an gab es in der revolutionären DDR zwei widerstreitende politische Kulturen: die eine, die für eine neue, demokratische DDR kämpfen wollte, und die zweite, die gar keine DDR wollte.

Christa Wolf sagte: »Stell dir vor, es ist Sozialismus, und keiner geht weg.« Christoph Hein schlug Leipzig als Heldenstadt vor, und Stefan Heym erklärte: »Wir sind jetzt dabei, den aufrechten Gang zu erlernen, und das, Freunde, in Deutschland, wo bisher sämtliche Revolutionen danebengegangen sind, und wo die Leute immer gekuscht haben, unter dem Kaiser, unter

Dieses Bild bot der Alexanderplatz am Sonnabendvormittag Foto: ZB/Busch

Protestdemonstration von 500000 im Zentrum Berlins

Sachlich-zurückhaltende Nachricht auf der ersten Seite im Neuen Deutschland*, 6. November 1989*

den Nazis und später auch. Der Sozialismus – nicht der Stalinsche, der richtige – den wir endlich erbauen wollen, zu unserem Nutzen und zum Nutzen ganz Deutschlands, dieser Sozialismus ist nicht denkbar ohne Demokratie.«

Die Menge klatschte und jubelte. Die Intellektuellen in der DDR sahen sich an diesem Tag vereint mit dem Volk, ein Traum ging in Erfüllung. Und die Losung klang nach Revolution. Sie hieß »Wir bleiben hier«. Bärbel Bohley sagte später: »Der 4. November, das war der schönste Moment.«

Im Rathaus Schöneberg saßen wir in meinem Dienstzimmer am Bildschirm: Senatssprecher Werner Kolhoff, die Diensthabenden des Presseamts und ich. Uns wurde klar, dass die kommunistische Erziehungsdiktatur der SED beendet war. Das Volk hatte sich die Freiheit erkämpft, die Angst vor dem Regime war vorbei. Dem Chef vom Dienst des Presseamts, Klaus Haetzel, der als Jugendlicher den 17. Juni 1953 und als junger Journalist den 13. August 1961 hautnah erlebt hatte, standen die Tränen in den Augen, als er die Bilder sah.

Schicksalsort Botschaft

Zur gleichen Zeit rollte ein nicht enden wollender Strom von Trabis, Ladas und Wartburgs in Richtung Süden an die Grenze zur Tschechoslowakei und von dort auf dem direkten Weg über die tschechische Staatsstraße 13 nach Bayern. Fünfzehntausend Menschen waren es allein an jenem Wochenende. Werner Kolhoff und ich fuhren am 5. November, einem wunderschönen Novembersonntag, mit einem Dienstwagen der Berliner Polizei über Dresden nach Prag. Erstmals war eine Dienstfahrt der (West-)Berliner Polizei mit zwei mich begleitenden Beamten in der DDR zugelassen worden. In Drewitz, dem Kontrollpunkt vor der Autobahnzufahrt zum Berliner Ring, empfingen uns unsere Begleiter von der Staatssicherheit. Wir waren nach der so machtvollen und friedlichen Demonstration des Volkes am Vortag ganz optimistisch, zumal die Tschechoslowakei nunmehr allen DDR-Bürgern die Ausreise in die Bundesrepublik erlaubte. Nach der Demonstration hatte die DDR-Regierung verkünden lassen, dass die Behörden Anträge auf Übersiedlungen in die Bundesrepublik unbürokratisch genehmigen würden. Am nächsten Tag, am Montag, sollte das neue Reisegesetz kommen. Wir waren ganz sicher, dass es nicht mehr hinter den erreichten Stand an Freizügigkeit zurückfallen konnte.

Die Gruppe der Berliner Sozialdemokraten war zu ihrer traditionellen Gedenkstättenfahrt schon am Vortag aufgebrochen und hatte Lidice und Theresienstadt besucht. Wir sollten in Prag zu ihr stoßen. Am Grenzkontrollpunkt Zinnwald an der tschechischen Grenze sprach Werner Kolhoff den Hauptmann der DDR-Grenztruppen auf die Ausreisewelle an. »Ja, es sind sehr viele, den ganzen Tag lang rollt es«, sagte der Mann, »jeder DDR-Bürger mit normalen Ausweispapieren kann durch«. Die Mauer war hier in Zinnwald endgültig zur Farce geworden. Es stand jedem frei, die DDR für immer zu verlassen. Wir fragten uns: Was macht die DDR eigentlich, wenn einige ihrer Bürger nach ein paar Tagen Tourismus im Bundesgebiet wieder zurück wollen? Die DDR dürfte sie dann kaum abweisen können und wollen. Sollte sie dann besser nicht gleich volle Reisefreiheit gewähren und die Mauer in Berlin aufmachen, statt zweihundert Kilometer weiter südlich in Zinnwald? Wie leicht könnte die Opposition jetzt ein Spiel mit Krenz veranstalten: Eine kleine Reisedemonstration mit zehn Trabis – einmal DDR-BRD via Tschechoslowakei und zurück, vom Fernsehen begleitet, und die ganze Absurdität der Situation wäre enthüllt.

In der Tschechoslowakei war in jenen Tagen von einer politischen Umwälzung noch nicht viel zu spüren. Ich hatte der Parteizeitung *Rude Pravo* vor Beginn meiner Reise ein Interview gegeben, das aber nur stark gekürzt veröffentlicht worden war. Immerhin war mein Satz erschienen: »Wir verhehlen nicht die Sympathien für die Prozesse, die heute die Sowjetunion, Ungarn und Polen bewegen und die sich mit überraschender Beschleunigung auch in der DDR abspielen.« Das war für dieses stalinistische Staatsorgan schon eine kleine Sensation. Aber den Satz: »Wir würden uns wünschen, dass auch die Kommunistische Partei der Tschechoslowakei diesen Weg geht«, mochte die Zeitung ebensowenig drucken wie meine Kritik am gewalttätigen Vorgehen der Miliz gegen die Protestdemonstration auf dem Wenzelsplatz zum 21. Jahrestag der Besetzung der Tschechoslowakei durch Truppen des Warschauer Vertrags am 20. August. Die kommunistische Staatspartei der Tschechoslowakei wähnte sich noch im Vollbesitz der Macht, und ihre Repräsentanten wirkten ausgesprochen selbstsicher. Ich traf den Prager Parteichef Miroslav Stepan, der als der eigentliche starke Mann der KPTsch galt, am 5. November in seiner Parteizentrale. Er versuchte mir klarzumachen, dass seine Partei an der Spitze der Reformbewegung marschiere. Die Lage sei ganz anders als in der DDR oder in anderen Bruderländern – welche kommunistische Partei des Ostblocks hatte diesen Satz eigentlich nicht gebraucht? Die KPTsch habe schon frühzeitig von Gorbatschow gelernt, so Stepan, man habe kein nationales Identitätsproblem wie die DDR, und materiell stehe es viel besser als in den sozialistischen Nachbarstaaten. Man werde gesetzeswidrige Aktionen – er meinte Demonstrationen – weiterhin nicht dulden.

Und der Sekretär für Wirtschaftsfragen in der KPTsch, Jozef Lenart, ein alter Dogmatiker, malte uns in den schönsten Farben aus, wie weit das Land schon auf dem Weg der Perestroika sei. Die Betriebe und Kombinate arbeiteten immer selbständiger und dürften mit dem westlichen Ausland kooperieren und sogar Gemeinschaftsunternehmen gründen. Ich entgegnete, dass zu Perestroika, den Wirtschaftsreformen, untrennbar auch Glasnost, also die Demokratisierung der Gesellschaft, gehöre.

Ich setzte mich dann, einem Rat der Freunde von der Oppositionsbewegung »Charta 77« folgend, für den gerade inhaftierten Ján Carnogursky, dem der Prozess in Pressburg gemacht werden sollte, und für zwei inhaftierte Redakteure der *Volkszeitung* ein. Doch davon wollte die Prager KP-Führung nichts wissen. Die Demonstranten seien Unruhestifter, die die sozialistische Demokratie gefährdet hätten. Zwischenfälle mit der Miliz würden von den westlichen Medien aufgebauscht und vom Westen gesteuert.

Meine Gespräche mit den Prager Machthabern waren in Deutschland nicht unumstritten. Die SPD-Führung in Bonn hatte nach den Ausschreitungen der Polizei gegen friedliche Demonstranten die Gesprächskontakte mit der regierenden kommunistischen Partei kurz zuvor abgebrochen. Ich hielt diese Entscheidung für falsch. Schließlich hatten wir auch mit Honecker, Breschnew oder Ceaucescu geredet, selbst zu Zeiten härtester Diktatur. Nur das direkte Gespräch erlaubte eine richtige Einschätzung der Lage und ermöglichte eine, wenn auch geringe Einflussnahme. Nur im direkten Gespräch konnte man seine Abscheu über Gewalttaten des Staates und die Forderungen nach Veränderungen übermitteln. Die Oppositionellen im Land hatten keine Chance, auf die Machthaber einzuwirken und mit ihnen zu sprechen. Da war es wichtig, dass wenigstens das Ausland für sie das Wort ergriff, eine Auffassung, die mir Vertreter der Opposition auch bestätigten. Außerdem konnte man nur so bestimmte Einzelschicksale lösen. Ich empfand die Entscheidung der SPD-Spitze als voreilig.

Mit der Selbstsicherheit der Prager Kommunisten korrespondierte in gewisser Weise das geringe Selbstvertrauen der Vertreter der Opposition, die wir in der Residenz des deutschen Geschäftsträgers im Villenvorort Branik trafen. Früher fanden solche Treffen unter strengster Geheimhaltung in Privatwohnungen in der Altstadt Prags statt, doch jetzt trauten sich die

Oppositionellen schon mehr zu. Allerdings fühlten sich unsere Gesprächspartner, darunter Prof. Jiri Hajek, der Außenminister unter dem Reformer Alexander Dubcek gewesen war, Pfarrer Maly, Peter Uhl, Ludvik Vaculik und Jiri Dienstbier offensichtlich nicht besonders wohl in dem feinen Ambiente des Bungalows. Seit dem Einmarsch des Warschauer Vertrags waren sie, die sich zuvor als Literaten, Professoren oder Politiker einen Namen gemacht hatten, degradiert zu Hausmeistern, Kohlenschleppern und Fabrikarbeitern. Man sah ihren Händen und ihrer Kleidung die schwere Arbeit und das einfache Leben an. Bitterkeit über die brutale Erfahrung von 1968 schwang in jedem zweiten Satz mit. Sie freuten sich sehr, als ich ihnen berichtete, dass auf der Kundgebung in Ostberlin die Forderung erhoben worden sei, die DDR solle sich beim tschechischen Volk für ihre Beteiligung an der damaligen Militäraktion entschuldigen.

Viele Tschechen und Slowaken hätten sich, berichteten sie, mit dem Regime arrangiert. Die Machthaber achteten sehr auf die Versorgungslage, die zum Teil weit besser sei als in der DDR. Die Demonstrationen, die die Demokratiebewegung organisierte, mobilisierten einige tausend Schüler, Studenten und Intellektuelle, aber es gelinge kaum, auch Arbeiter und Angestellte für den Protest zu gewinnen. Die Arbeiter seien relativ zufrieden und wüssten nicht, warum sie sich auf das große Risiko einer Demonstration einlassen sollten. Die schlimme Erfahrung von 1968 steckte ihnen noch tief in den Knochen.

Jiri Dienstbier vor mir in einem abgetragenen Anzug, der in einer einfachen Arbeiterwohnung lebte, in einem Hochhausblock die Heizungsanlage bediente und dort Nachtwächter war, der immer wieder, manchmal für Jahre, ins Gefängnis geworfen worden war, sollte fast genau vier Wochen später Außenminister der Tschechoslowakei werden. Ihm blieb es vorbehalten, das erste Stück Zaun an der Grenze zu Bayern wegzuschneiden. Prags Parteisekretär Stepan hingegen saß bereits im Gefängnis und Lenart war aus der Partei ausgeschlossen.

Die Ausgangsbedingungen für die tschechische Bewegung waren sicher andere als die der Demokratiebewegung in der DDR. Für die Tschechoslowakei gab es im Unterschied zur DDR keine Möglichkeit, in einem anderen Staat gleicher Nationalität aufzugehen, die nationale Identität war insoweit viel stärker. Allerdings drohte der Tschechoslowakei der Zerfall in einen Staat der Tschechen und einen der Slowaken, was Václav Havel lange Zeit verhinderm konnte, indem er die Machtverteilung zwischen beiden Volksgruppen sorgsam ausbalancierte. Auch fehlte hier ein großer, finanzkräftiger Patron, wie ihn die DDR mit der Bundesrepublik hatte. Die Tschechoslowakei musste sich selbst helfen. Die Alternative ein anderer Staat oder kein Staat bestand hier nicht. So gab es nur den Weg radikaler Reformen. Zudem verfügte das Land mit der »Charta 77« über eine seit langem etablierte, im Ausland anerkannte Oppositionsbewegung sowie über integere Führungspersönlichkeiten, allen voran Václav Havel, der sich nicht nur für die Tschechoslowakei, sondern für ganz Europa als ein großartiger Staatsmann entpuppte. Die Spitze der Opposition war zum Teil schon seit 1968 zusammen, sie wusste, was sie wollte, sie war machtbewusst, und einige ihrer Führungspersönlichkeiten besaßen Regierungserfahrung. Und da sie seit Jahren auf das Schlimmste verfolgt wurde, war sie unbelastet vom Verdacht, mit Sicherheitsdiensten zusammengearbeitet zu haben. So konnte die tschechische Revolution gleichzeitig zwei Ziele erreichen: siegreich sein und dennoch sanft und gewaltfrei bleiben.

Wir besuchten die deutsche Botschaft in Prag. Dort war Ruhe eingekehrt, die DDR hatte den Flüchtlingen seit drei Tagen erlaubt, den direkten Weg nach Schirnding zu nehmen. Das Innere des Gebäudes glich einem Schlachtfeld. Jeder der wunderschönen barocken Repräsentationsräume des ehemaligen Stadtpalais des Fürsten Lobkowitz war bis unter die Decke mit Feldbetten, drei, vier Etagen übereinander, vollgestellt. Auch auf den Fluren und in den Treppenhäusern hatten die Menschen gelegen und geschlafen. Es sah so aus, als seien die Flüchtlinge in großer Hast aufgebrochen. Spielsachen, Kleidungsstücke, aufgeschlagene Bücher, Kartenspiele lagen noch da. Bei der Nachricht von der Ausreise in den Westen waren die Menschen so erregt zum Bahnhof aufgebrochen, dass manches seinen Wert verlor, für das man in der DDR früher noch Schlange gestanden hatte. Die Mitarbeiter der Hilfsdienste waren gerade dabei aufzuräumen. Wir traten auf den Balkon des Palais, von dem aus der Bundesaußenminister Genscher am 30. September die erlösenden Worte gesprochen hatte: »Wir sind zu Ihnen gekommen, um Ihnen mitzuteilen, dass heute Ihre Ausreise …«, die weiteren Worte waren im Jubel untergegangen.

Die Botschaften in Prag und Budapest sind Schicksalsorte der Deutschen geworden. Hier begann die Wende für die DDR und für die ganze deutsche Nation. Von hier aus wurde die Mauer von Osten her durchlöchert, als die Menschen nicht wieder in die DDR zurückkehren mussten. Man sollte hier Gedenktafeln befestigen. Dank gilt vor allem den Botschaftsangehörigen. Von der Sekretärin bis zum Attaché haben sie wochenlang alles getan, um den Flüchtlingen zu helfen, haben Zelte und Medikamente organisiert, Verzweifelte angehört, Konflikte gelöst, sich um tausend Einzelprobleme gekümmert und den Papierkram erledigt. Sie haben die Züge in die Bundesrepublik organisiert wie eine Transportleitung.

Am Abend fuhr der Geschäftsträger der Botschaft mit uns durch die dunkle Stadt. Mit jedem Zug aus Dresden kamen hundert bis hundertfünfzig DDR-Deutsche an, die weiter nach Westen wollten. Die Mitarbeiter der deutschen Hilfsorganisationen waren an mehreren Stellen in der Stadt auf dem Weg vom Bahnhof zum Palais Lobkowitz deutlich sichtbar in ihren Uniformen und mit ihren Hilfsfahrzeugen postiert. Die Flüchtlinge wurden in der Bahnhofshalle versammelt, bis der nächste Zug in die Bundesrepublik bereitgestellt war. Immer wenn rund fünfhundert Ausreisewillige zusammen waren, wurde bei der zentralen Transportleitung in Mainz ein neuer Zug bestellt. Bis der dann in Prag abfahrbereit stand, waren rund tausend Flüchtlinge beisammen, um den Zug zu füllen.

An jenem 5. November fuhr alle acht Stunden ein Zug, in den nächsten Tagen fuhren sie noch häufiger.

Reisegesetz ohne Freiheit

Mit Spannung warteten wir am Montag, dem 6. November, in unserem Prager Hotel auf den Text des lange angekündigten neuen DDR-Reisegesetzes. Nach der Öffnung der DDR-Grenzen zur Tschechoslowakei, der Freigabe der Ausreise in die Bundesrepublik und entsprechend der Nachrichtenlage vom Vortag waren wir optimistisch. Um so größer war unsere Enttäuschung, als wir schließlich den morgens im *Neuen Deutschland* veröffentlichten Gesetzentwurf erhielten. Wir hatten nur ein ziemlich verstümmelt angekommenes Telefax des Artikels vor uns liegen, doch über das, was wir entziffern konnten, waren wir entsetzt: Der Berg hatte gekreißt und eine Maus geboren.

Wohlklingende Grundsätze waren da formuliert, wie: »Die Bürger der Deutschen Demokratischen Republik haben das Recht, in das Ausland zu reisen«, doch entscheidend war das Kleingedruckte: »Für Reisen in das Ausland sind ein Pass der Deutschen Demokratischen Republik und eine darin eingetragene Genehmigung – Visum – erforderlich. In Übereinstimmung mit Artikel 12 der Konvention über zivile und politische Rechte darf die Genehmigung für eine Reise nur dann versagt werden, wenn dies zum Schutz der nationalen Sicherheit, der öffentlichen Ordnung, der Gesundheit oder Moral oder der Rechte und Freiheiten anderer notwendig ist.« Die Entscheidung, ob eine Reise genehmigt würde oder nicht, sollte bei den örtlichen Dienststellen der Deutschen Volkspolizei liegen. Die Anträge waren dreißig Tage vorher einzureichen. Die maximale Reisedauer betrug dreißig Tage pro Jahr. Einen Anspruch auf den Erwerb von Reisezahlungsmitteln, sprich: Devisen, schloss der Entwurf aus. Der Ministerrat lud großzügig zur öffentlichen Diskussion dieses Entwurfs ein. Eine Kommission sei gebildet worden, die die eingehenden »Hinweise, Vorschläge und Meinungen« bearbeiten sollte, schrieb das *Neue Deutschland*.

Wir ließen sofort über unser Presseamt in Berlin eine geharnischte Kritik an dem Entwurf verbreiten, auch Hans-Jochen

Entwurf des Gesetzes über Reisen ins Ausland

Berlin (ADN). Der Ministerrat hat in seiner Sitzung am 2. November 1989 die Entwürfe des Gesetzes über Reisen von Bürgern der Deutschen Demokratischen Republik in das Ausland und der Durchführungsverordnung beraten und für die öffentliche Diskussion bestätigt, heißt es in einer dem ADN übermittelten Pressemitteilung.

Wie bereits gemeldet, wurde eine Kommission unter Leitung des Stellvertreters des Vorsitzenden des Ministerrates Horst Sölle gebildet, die alle Hinweise entgegennimmt und auswertet. Bis zum 30. November 1989, so heißt es weiter in der Mitteilung, haben die Bürger der DDR die Möglichkeit, ihre Vorschläge und Meinungen unter folgender Anschrift zu unterbreiten:

Ministerrat der DDR
Klosterstraße 47
Berlin
1020
Kennwort „Reisegesetz"

Die Entwürfe der Rechtsvorschriften wurden ebenfalls dem Präsidenten der Volkskammer mit der Bitte zugeleitet, sie den Ausschüssen der Volkskammer zur Beratung vorzulegen.

Es wird, der Mitteilung zufolge, um Verständnis dafür gebeten, daß die vom Ministerrat in Auftrag gegebenen komplizierten Untersuchungen zur Art und Weise der Bereitstellung von Finanzmitteln in anderen Währungen für Auslandsreisen noch nicht abgeschlossen werden konnten. Eine entsprechende Information für die Öffentlichkeit werde zum frühestmöglichen Zeitpunkt erfolgen.

Nach Abschluß der öffentlichen Diskussion wird der Ministerrat der Volkskammer den Gesetzentwurf unverzüglich zur Beratung und Beschlußfassung unterbreiten.

Der Entwurf des Gesetzes hat folgenden Wortlaut:

Entwurf

GESETZ
über
Reisen von Bürgern der Deutschen Demokratischen Republik in das Ausland
— Reisegesetz —
vom ...

§ 1
Geltungsbereich

(1) Die Bestimmungen des Gesetzes gelten für Reisen von Bürgern der Deutschen Demokratischen Republik in das Ausland.

(2) Reisen im Sinne dieses Gesetzes sind Dienst- und Privatreisen sowie ständige Ausreisen.

Grundsätze
§ 2

(1) Die Bürger der Deutschen Demokratischen Republik haben das Recht, in das Ausland zu reisen.

(2) Minderjährige bis zur Vollendung des 14. Lebensjahres können nur in Begleitung von Erziehungsberechtigten oder eines Beauftragten der Erziehungsberechtigten in das Ausland reisen.

(3) Die Bürger der Deutschen Demokratischen Republik haben das Recht, jederzeit in die Deutsche Demokratische Republik einzureisen.

§ 3

Die Bürger der Deutschen Demokratischen Republik haben das Recht, einen Reisepaß der Deutschen Demokratischen Republik zu erwerben.

§ 4

(1) Für Reisen in das Ausland sind ein Paß der Deutschen Demokratischen Republik und eine darin eingetragene Genehmigung — Visum — erforderlich. Soweit zwischenstaatlich vereinbart, können Dienst- und Privatreisen in das Ausland paß- und visafrei erfolgen.

(2) Eine Genehmigung kann für eine Reise oder mehrere Reisen nach einem Staat oder mehreren Staaten erteilt werden.

(3) Genehmigungen für Dienst- und Privatreisen werden befristet.

(4) Für Privatreisen und ständige Ausreisen erforderliche Einreise- bzw. Transitvisa anderer Staaten sind durch den Bürger einzuholen.

§ 5

(1) Die Genehmigung einer Privatreise begründet keinen Anspruch auf den Erwerb von Reisezahlungsmitteln.

(2) Festlegungen über Möglichkeiten des Erwerbs von Reisezahlungsmitteln und deren Höhe trifft der Minister der Finanzen in Abstimmung mit dem Präsidenten der Staatsbank der Deutschen Demokratischen Republik auf der Grundlage von Entscheidungen des Ministerrates in Rechtsvorschriften.

§ 6

(1) In Übereinstimmung mit Artikel 12 der Konvention über zivile und politische Rechte darf die Genehmigung für eine Reise nur dann versagt werden, wenn dies zum Schutz der nationalen Sicherheit, der öffentlichen Ordnung, der Gesundheit oder der Moral oder der Rechte und Freiheiten anderer notwendig ist.

(2) Die Versagung der Genehmigung für Reisen in das Ausland trägt Ausnahmecharakter.

§ 7

Die Erteilung der Genehmigung für eine ständige Ausreise kann ausgesetzt werden, bis der Antragsteller

a) Zahlungsverpflichtungen oder andere Verbindlichkeiten oder Unterhaltsrückstände beglichen hat,

b) seine Eigentums- und Nutzungsrechte an Grundstücken und Gebäuden geregelt hat.

§ 8
Entscheidungen und Bearbeitungsfristen

(1) Entscheidungen zu Dienst- und Privatreisen treffen die Leiter Paß- und Meldewesen der zuständigen Dienststellen der Deutschen Volkspolizei.

(2) Entscheidungen zu ständigen Ausreisen treffen die Leiter der Abteilungen Innere Angelegenheiten oder Genehmigungsangelegenheiten des zuständigen Rates des Kreises/Stadtbezirkes.

(3) Anträge für Dienst- und Privatreisen sind innerhalb von 30 Tagen zu entscheiden. In dringenden Fällen wird über den Antrag innerhalb von 3 Arbeitstagen entschieden.

(4) Anträge für ständige Ausreisen sind in der Regel innerhalb von 3 Monaten, spätestens jedoch innerhalb von 6 Monaten, zu entscheiden.

§ 9
Information über Entscheidungen

Über eine getroffene Entscheidung ist der Antragsteller zu informieren. Eine ablehnende Entscheidung ist schriftlich mitzuteilen und zu begründen.

Rechtsmittel und gerichtliche Nachprüfung
§ 10

(1) Gegen eine nach diesem Gesetz getroffene Entscheidung ist das Rechtsmittel der Beschwerde zulässig. Der von der Entscheidung Betroffene ist darüber zu informieren.

(2) Soweit Entscheidungen durch den Leiter Paß- und Meldewesen der Dienststelle der Deutschen Volkspolizei getroffen wurden, regelt sich das Beschwerdeverfahren nach Paragraph 19 des Gesetzes vom 11. Juni 1968 über die Aufgaben und Befugnisse der Deutschen Volkspolizei (GBl. I Nr. 11 S. 232).

(3) Beschwerden gegen Entscheidungen des Leiters der Abteilung Innere Angelegenheiten oder Genehmigungsangelegenheiten des Rates des Kreises/Stadtbezirkes sind innerhalb von 2 Wochen nach Bekanntwerden der Entscheidung schriftlich bei diesem einzulegen. Kann er der Beschwerde nicht abhelfen, hat er diese bis 4 Wochen nach ihrem Eingang seinem übergeordneten Leiter des Rates des Bezirkes/Stadtkreises vorzulegen. Dieser hat innerhalb weiterer 6 Wochen endgültig zu entscheiden. Kann diese Frist nicht eingehalten werden, ist ein Zwischenbescheid zu erteilen.

§ 11

(1) Gegen eine Entscheidung nach diesem Gesetz und den zu seiner Durchführung erlassenen Rechtsvorschriften kann der Betroffene, nachdem über seine Beschwerde entschieden ist, innerhalb von 2 Wochen nach Zugang der abschließenden Entscheidung Antrag auf Nachprüfung durch das Gericht stellen.

(2) Für das Verfahren gelten die Bestimmungen des Gesetzes vom 14. Dezember 1988 über die Zuständigkeit und das Verfahren der Gerichte zur Nachprüfung von Verwaltungsentscheidungen (GBl. I Nr. 28 S. 327).

(3) Die gerichtliche Nachprüfung ist nicht zulässig, wenn der Beschwerde aus Gründen der nationalen Sicherheit nicht stattgegeben wurde.

§ 12
Wiederholung der Antragstellung

Anträge auf Privatreisen und ständige Ausreisen können erneut gestellt werden, wenn die Gründe, die zur Ablehnung des Antrages geführt haben, nicht mehr vorliegen oder nach der Entscheidung 6 Monate vergangen sind.

Schlußbestimmungen
§ 13

Für Ausländer, einschließlich Staatenlose, mit ständigem Wohnsitz in der Deutschen Demokratischen Republik finden die Bestimmungen dieses Gesetzes entsprechende Anwendung.

§ 14

Die zur Durchführung dieses Gesetzes erforderlichen Rechtsvorschriften erlassen der Ministerrat, der Minister des Innern und Chef der Deutschen Volkspolizei sowie der Minister der Finanzen.

§ 15

(1) Dieses Gesetz tritt am ..., in Kraft.

(2) Gleichzeitig treten außer Kraft:

a) die Verordnung vom 30. November 1988 über Reisen von Bürgern der Deutschen Demokratischen Republik nach dem Ausland (GBl. I Nr. 25 S. 271)

b) die Erste Durchführungsbestimmung vom 14. März 1989 zur Verordnung über Reisen von Bürgern der Deutschen Demokratischen Republik nach dem Ausland (GBl. I Nr. 8 S. 119).

Entwurf der Durchführungsverordnung zum Reisegesetz Seite 3

Sollte den Druck aus dem Kessel nehmen: das neue Reisegesetz, dessen Entwurf am 6. November 1989 veröffentlicht wurde

Vogel in Bonn kritisierte den Entwurf scharf. Nur die Bundesregierung begriff nicht gleich, was los war, und begrüßte die geplanten Regelungen vorsichtig als Verbesserung. In der DDR erhob sich ein Sturm des Protests. Aber die Kritik wurde nicht, wie im *Neuen Deutschland* erbeten, schriftlich an die Adresse Ministerrat der DDR, Klosterstraße 47, Berlin 1020, Kennwort »Reisegesetz«, geschickt, sondern direkt geäußert, und zwar auf der Straße. Alle prominenten Vertreter der Opposition kritisierten den Entwurf mit großer Schärfe und zeigten sich enttäuscht. Selbst aus Kreisen der Volkskammer wurde das Papier abgelehnt. So war schon am Mittag des 6. November praktisch klar, dass dieses Reisegesetz nicht Bestand haben und dort landen würde, wo es hingehörte: im Papierkorb der Geschichte.

Die Montagabend-Demonstration in Leipzig erreichte an jenem 6. November eine Rekordbeteiligung. 500.000 Menschen waren dort trotz Kälte und Dauerregen auf den Straßen. In Dresden, das wir abends auf dem Rückweg nach Berlin mit unserem Konvoi passierten, waren es 300.000. Auf Transparenten wurde ein »Reisegesetz ohne Einschränkungen« gefordert. Manche Sprechchöre gingen noch weiter: »Die Mauer muss weg.« Die Redner der SED wurden ausgebuht und ausgepfiffen, vielerorts der Rücktritt der Bezirkssekretäre gefordert. Von Dialog redeten jetzt nur noch die Parteifunktionäre, die Menschen hatten genug davon. »Wir wollen nicht mehr Bittsteller sein«, riefen sie. Wut und Verbitterung der Menschen hatten einen Siedepunkt erreicht.

Der Flüchtlingsstrom schwoll in den nächsten Tagen noch einmal stark an. Allein am 7. November gingen über elftausend Menschen in den Westen, mehr als jemals zuvor seit Beginn des Massenexodus. Die SED hatte jegliche Glaubwürdigkeit verloren. Ein halbes Jahr zuvor wäre jeder SED-Generalsekretär, der ein solches Reisegesetz präsentiert oder vorgeschlagen hätte, von der DDR-Bevölkerung zum Volkshelden ernannt worden. Jetzt aber blieb der Gesetzentwurf weit hinter der Entwicklung des öffentlichen Bewusstseins und noch weiter hinter den Erwartungen zurück. Die DDR-Bürger akzeptierten nicht mehr, dass sie ausgerechnet mit dem ersten Stückchen Reisefreiheit, das man ihnen gab, dieser Partei und ihrem geschwächten Apparat noch einmal ein Machtmittel in die Hand geben sollten, nämlich die Entscheidung über das Visum. Die Menschen hatten genug von der Willkür der Volkspolizei und der Abteilungen für Inneres bei den Räten der Kreise und der Städte, sie hatten das Antragstellen, das Warten, das Schlangestehen und das Buckeln gründlich satt.

Das *Neue Deutschland* versuchte, die massiv einsetzende Kritik am übernächsten Tag noch mit den üblichen Methoden abzuwehren. Es nannte die kritischen Kommentare aus dem Westen »den Chor der ewigen Mäkler, denen wir nie etwas recht machen können«. Das wirkte hilflos und defensiv. Die neue SED-Führung hatte einen großen Fehler gemacht. Die Folge war, dass jetzt die SED selbst und ihr Führungsanspruch mehr denn je in das Kreuzfeuer der Kritik gerieten. Krenz und seine Mitstreiter hatten den Führungsanspruch der Partei schon drei Wochen nach ihrem Amtsantritt gründlich verspielt und die Bevölkerung auf das Äußerste gereizt. Am 7. November trat der Ministerrat der DDR geschlossen zurück. Willi Stoph machte das Amt damit nach 22 Jahren für einen Jüngeren frei. Das Land war ohne Führung. Der grinsende Krenz hatte schon abgewirtschaftet, als er am 1. November in einem Fernsehinterview aus Moskau die alte Überheblichkeit erkennen ließ und auf Befragen erklärte, dass er sich seiner Zusammenarbeit mit Honecker nicht zu schämen brauche. Ton und Inhalt des Interviews schlugen bei den DDR-Bürgern wie ein Blitz ein. In Moskau präsentierte sich der wirkliche Egon Krenz ohne seinen Aufpasser und Denker Schabowski: Er besaß sogar die Dreistigkeit, den Bestand der Mauer zu rechtfertigen. Ihn nahm niemand mehr ernst.

Das ZK trat am 8. November in dem »Großen Haus« am Werderschen Markt zusammen und versuchte hektisch, eine neue Linie zu finden. Zu Beginn erklärte das Politbüro geschlossen seinen Rücktritt. Egon Krenz präsentierte eine neue Mannschaft, in der fast die gesamte alte Riege fehlte. Draußen versammelten sich fast fünfzigtausend Parteimitglieder aus Berlin und der Umgebung. Jetzt meldete sich endlich auch die Basis der SED zu Wort. Sie hatte genug von den stümperhaften Versuchen der Führung, Reformen anzukündigen, ohne sie wirklich zu wagen. Die Demonstranten forderten einen Parteitag noch in diesem Jahr, eine Demokratisierung der innerparteilichen Strukturen, ehrliche Reformen und personelle Erneuerung.

Viel Bitterkeit und Sorge zeigten sich bei den Rednern. Ein Feuerwehrmann aus Berlin sagte: »Ich stehe vor dem Scherbenhaufen meiner politischen Arbeit, meines Lebens.«

Egon Krenz ließ sich nur kurz draußen bei den Demonstranten sehen, redete formal, verwies auf die Beschlüsse des ZK und verschwand dann. Zurück ließ er eine verzweifelte Basis. Menschen, die an die Sache des Sozialismus glaubten und nun sahen, wie ihr Ideal zum Gossenwitz verkam, aber auch viele, die im SED-Staat ihren Einfluss, ihre Karriere und ihr Einkommen allein der Partei zu verdanken hatten und nun um ihre Existenz fürchteten. Endzeitstimmung einer Partei, die schon ahnte, dass sie Abschied von der Macht nehmen musste.

An jenem 8. November brach mit der Demonstration der Basis gegen die Führung eine weitere zentrale Säule des SED-Staats, der sogenannte demokratische Zentralismus, also die Herrschaft des Politbüros über zwei Millionen Parteimitglieder. Es sah nicht danach aus, als ob die SED noch einmal Tritt fassen und Autorität zurückgewinnen könnte. Andererseits traute auch niemand der Opposition zu, jetzt schon die politische Macht zu übernehmen. Dazu waren die Gruppen noch zu jung, die Mitglieder und Führungspersönlichkeiten noch zu unerfahren und die ganze Bewegung zu ziellos. Faktisch hatte die Macht in diesen ersten Novembertagen das Volk auf der Straße.

Die Parolen der Montagsdemonstrationen in Leipzig, Plauen, Dresden, Rostock und vielen anderen Städten bestimmten die Tagesordnung in den Schaltstellen in Ostberlin, aber auch die Themen der Oppositionsbewegung. Diese rudimentären Willensbekundungen des Volkes reichten als Regierung für das Sechzehn-Millionen-Einwohner-Land einstweilen völlig aus, zumal es in den nächsten Tagen und Wochen ohnehin nicht viel zu entscheiden gab. Denn der Souverän, das Volk, geruhte ab dem 9. November zur Abwechslung einmal zu verreisen: in den Westen.

Reisefreiheit ohne Gesetz

Über Berlin lag am 9. November 1989 das Hochdruckgebiet »Xanthos« und brachte trockenes, sonniges Wetter. »Kaiserwetter« nannten die Berliner so etwas in früheren Zeiten. Nur in den Dämmerstunden war es neblig. Die DDR-Morgenzeitungen druckten einen dramatischen Appell von Künstlern und führenden Persönlichkeiten der Opposition an die Bevölkerung: »Wir alle sind tief beunruhigt. Wir sehen die Tausende, die täglich unser Land verlassen. Wir wissen, dass eine verfehlte Politik bis in die letzten Tage hinein ihr Misstrauen in die Erneuerung dieses Gemeinwesens bestärkt hat. Wir sind uns der Ohnmacht der Worte gegenüber Massenbewegungen bewusst, aber wir haben kein anderes Mittel als unsere Worte. Die jetzt noch weggehen, mindern unsere Hoffnung. Wir bitten Sie, bleiben Sie doch in Ihrer Heimat, bleiben Sie bei uns! Was können wir Ihnen versprechen? Kein leichtes, aber ein nützliches Leben. Keinen schnellen Wohlstand, aber Mitwirkung an großen Veränderungen. Wir wollen einstehen für Demokratisierung, freie Wahlen, Rechtssicherheit und Freizügigkeit. Unübersehbar ist: Jahrzehntealte Verkrustungen sind in Wochen aufgebrochen worden. Wir stehen erst am Anfang des grundlegenden Wandels in unserem Land. Helfen Sie uns, eine wahrhaft demokratische Gesellschaft zu gestalten, die auch die Vision eines demokratischen Sozialismus bewahrt. Kein Traum, wenn Sie mit uns verhindern, dass er wieder im Keim erstickt wird. Wir brauchen Sie. Fassen Sie zu sich und zu uns, die wir hierbleiben wollen, Vertrauen.«

Unterschrieben war diese Erklärung unter anderem von Christa Wolf, Ulrich Plenzdorf, Kurt Masur, Bärbel Bohley, Christoph Hein und Stefan Heym. Christa Wolf hatte den Text schon am Vorabend im DDR-Fernsehen verlesen können. Die Demokratiebewegung wandte sich jetzt mit deutlich spürbarer Unsicherheit jenem Teil der Bevölkerung zu, der nicht eine andere DDR, sondern überhaupt keine DDR mehr wollte. Die

Euphorie und Aufbruchstimmung, die noch die Demonstration vom 4. November geprägt hatte, war bereits verflogen. Die Verfasser dieses Appells spürten, dass jetzt der Kampf um die Existenz des Staates begonnen hatte. Die Ausreisewelle hatte nicht nur die SED, sondern jetzt auch die Demokratiebewegung in die Defensive gebracht.

Aber was konnte dieser Text einem DDR-Arbeiter, einem Lehrer oder Angestellten sagen, dessen Sehnsüchte nach Wohlstand nun nach den langen Jahren realsozialistischer Tristesse mit dem Aufruhr im Land plötzlich greifbar geworden schienen? »Heimat DDR«, was bedeutete das schon, wenn man im Leipziger Revier täglich den Smog und den Staub der Braunkohlenfeuerung einatmen musste oder in den verfallenen Häusern am Prenzlauer Berg in Berlin als Perspektive nur die Zuteilung einer Wohnung in den seelenlosen Trabantenstädten wie Marzahn, Hellersdorf oder Hohenschönhausen mit ihren Wohnsilos in Betonplattenbauweise hatte. »Demokratischer Sozialismus«, war das nicht Lug und Betrug, eine Ideologie, die immer wieder nur Versprechungen auf ein besseres Leben, Entbehrungen, staatliche Bevormundung, Bürokratie und Warteschlangen produziert hatte? Warum sollte, wer vierzig Jahre alt war, jetzt noch einmal zehn oder zwanzig Jahre auf bessere Zeiten warten? Hatte der nicht sogar ein Recht auf den »schnellen Wohlstand«, den Christa Wolf ihm nicht versprechen konnte?

Man kann einen Staat nicht aufrechterhalten oder gar reformieren, wenn ein nennenswerter Teil der Bevölkerung diesen Staat als solchen nicht mehr will. Die Ausreisenden bildeten eine Art Sperrminorität, nicht nur gegenüber der SED, sondern auch gegenüber den Reformern. Jede Reform musste scheitern, wenn die Menschen nicht für das Land zurückzugewinnen waren. Die Ausreisewelle hatte die DDR schon jetzt an den Rand ihrer ökonomischen und gesellschaftlichen Funktionsfähigkeit gebracht. Wir rechneten uns aus, dass spätestens in sechs Monaten der völlige Zusammenbruch erfolgen musste, wenn das derzeitige Tempo der Abwanderung anhielt.

Das spürte auch die Opposition in der DDR. Immerhin nahm sie jetzt den Kampf auf, nicht mehr nur *gegen* die SED, sondern *für* die Zukunft ihres Landes. Und sie versuchte, Vertrauen bei der Bevölkerung zu gewinnen. Dieser Appell »Für unser Land« war ein erster Anfang, aber noch waren es nur Worte. Wirkliches Vertrauen konnte nur entstehen, wenn die SED vollkommen entmachtet war und die Demokratiebewegung selbst die Spitze des Staates in der Übergangszeit bis zu demokratischen Wahlen stellte. Aus Protest musste irgendwann, und zwar sehr bald, auch Verantwortung erwachsen. Aber so weit waren die Schriftsteller und Künstler an diesem Tag noch nicht.

Für mich begann der 9. November 1989 um acht Uhr in der Otto-Wels-Grundschule in Kreuzberg. Einige Lehrer hatten mich gebeten, dort eine Unterrichtsstunde über den Namensgeber der Schule, den früheren SPD-Vorsitzenden Otto Wels, zu halten. Dieser hatte am 23. März 1933 in seiner mutigen Rede gegen das Ermächtigungsgesetz der Nazis im Reichstag gesagt: »Freiheit und Leben kann man uns nehmen, die Ehre nicht.«

Drei sechste Klassen saßen vor mir und hörten interessiert zu, was ich über Otto Wels, über Mut und Widerstand und über die Nazizeit zu sagen hatte. Und so kamen wir auch auf die demokratische Volksbewegung in der DDR zu sprechen. Nach dieser »Schulstunde« musste ich noch einige Interviews geben und fuhr dann um zwölf Uhr in das Reichstagsgebäude, wo ich die Sitzung der Sonderkommission »Arbeitsplätze für Berlin« zu leiten hatte.

Diesem Kreis gehörten Vertreter der Kammern, der Gewerkschaften, der Wirtschaftsverbände und mehrere Senatsverwaltungen an. Es war die konstituierende Sitzung, und ich war sehr zufrieden darüber, dass es gelungen war, alle wichtigen Institutionen des Berliner Wirtschaftslebens an einen Tisch zu bekommen. Wir wussten, dass wir in Berlin große Anstrengungen unternehmen mussten, um die schwache wirtschaftliche Struktur der Stadt zu stärken und die Dauerarbeitslosigkeit besser bekämpfen zu können. Die Veränderungen in der DDR ließen bei uns allen bereits die Hoffnung aufkommen, dass Berlin eines nicht sehr fernen Tages wieder ganz normale Austauschbeziehungen zu seinem Umland haben könnte.

Wir ahnten nicht, dass es heute schon damit losgehen würde.

Während der Sitzung wurde der Staatssekretär in der Senatswirtschaftsverwaltung, Jörg Rommerskirchen, ans Telefon herausgerufen. Er kam nach kurzer Zeit wieder in den Saal und flüsterte mir zu: »Ein befreundeter Journalist, von dem ich weiß, dass er exzellente Informationskanäle in die SED hinein hat, hat mir soeben gesagt, dass heute in der ZK-Sitzung noch eine wichtige Entscheidung zum Reisegesetz getroffen werden soll. Die ziehen das wegen der Proteste in der Bevölkerung jetzt vor und wollen Reisefreiheit geben.«

Ich fragte Rommerskirchen, wie sicher seine Quelle sei. »Ich bin mir sehr sicher. Die Information ist absolut zuverlässig.« Jörg Rommerskirchen sagte dazu im November 2009 in einem *Spiegel*-Interview: »Mit einem Gruß ließ mir der *Bild*-Journalist Peter Brinkmann aus Ostberlin ausrichten, dass dort erheblich etwas im Gange sei. Mir war sofort klar, was er meinte. Brinkmann war schon lange mein Freund und Informant. Ich habe ihm vertraut. Also ging ich zu Walter Momper, erzählte ihm von dem Anruf und sagte: ›Ich schließe daraus, dass heute Abend die Mauer aufgeht.‹ Momper fragte nach meiner Quelle. Ich habe mich für Brinkmann verbürgt.«

Ich überlegte einen Moment, dann sagte ich, dass ich unsere Verkehrsgesellschaft, die BVG, und die Polizei vorsichtig vorwarnen würde. Neben mir saß Horst Wagner, der Senator für Arbeit, Verkehr und Betriebe. Ich sagte zu ihm: »In der DDR braut sich was zusammen. Kann sein, dass wir ganz schnell Reisefreiheit bekommen. Informiere die BVG, so dass die auf überraschende Entwicklungen noch heute vorbereitet ist.«

Ich war ziemlich aufgeregt und nervös. Wieder und wieder ließ ich mir durch den Kopf gehen, was man noch tun könnte, um sich vorzubereiten. Aber da wir nicht wussten, wie und wann genau die Entscheidung kommen würde, war im Moment mehr nicht zu machen.

Dem ersten bei Staatssekretär Rommerskirchen eingegangenen Hinweis auf das bevorstehende Großereignis folgte ein zweiter, ganz ähnlicher, der am frühen Nachmittag den Sprecher des Senats erreichte, diesmal von einer westdeutschen Rundfunkkorrespondentin.

Wir waren also vorgewarnt und warteten gespannt darauf, was aus den ZK-Beratungen offiziell mitgeteilt werden würde. Am frühen Abend fuhr ich in das Hochhaus des Springer-Verlags an der Kochstraße, direkt an der Mauer. Ich war Ehrengast bei der Verleihung des »Goldenen Lenkrads« und einem anschließenden Empfang. Aber ich war nur mit halbem Herzen anwesend. Ich wartete gespannt auf Neuigkeiten aus Ostberlin.

Kurz nach neunzehn Uhr kam mein Fahrer, Axel Thimm, der im Auto neben dem Funktelefon sitzen geblieben war, in den Raum geeilt und sagte, Werner Kolhoff habe um einen sofortigen Rückruf im Rathaus gebeten. Da wusste ich, dass es losging. Praktisch im gleichen Augenblick kam der Chefredakteur der *Berliner Morgenpost*, Bruno Waltert, mit einer Eilmeldung von der Nachrichtenagentur *dpa* in der Hand zu uns in den achtzehnten Stock. Er gab mir das dünne Telexpapier. Es war eine knappe Zusammenfassung der Pressekonferenz von Günter Schabowski, die kurz zuvor im Internationalen Pressezentrums in der Mohrenstraße stattgefunden hatte. Die Nachricht war nicht eindeutig. Da stand nichts von Maueröffnung oder Reisefreiheit, sondern es war die Rede von »Anträgen« auf Privatreisen, die genehmigt werden sollten, und von der »Möglichkeit zur ständigen Ausreise« über alle Grenzübergangsstellen. Bürokratische SED-Sprache wie eh und je. Bruno Waltert fragte mich, was ich davon hielte. Meine Gegenfrage, ob er genauere Informationen habe, bejahte er, und wir gingen in sein Büro einige Etagen tiefer. Er hatte die Pressekonferenz auf Video aufgezeichnet, und wir schauten uns die Sequenz aufmerksam an.

Selbstsicher saß Schabowski auf dem Podium vor rund einhundert Journalisten. Er wirkte machtbewusst, als wäre nichts geschehen, und fühlte sich in seiner neuen Rolle als »Mediensekretär« des Politbüros sichtlich wohl. Ein Parteifunktionär an seinem Ziel, ganz oben. Lässig kommentierte Schabowski die aktuelle Lage und erläuterte die heutigen Ergebnisse der ZK-Beratung: die guten Absichten der Partei- und Staatsführung, den Willen zum Dialog, die Bereitschaft zur Reform. Wir da oben, ihr da unten – dieses Spiel galt nach wie vor.

Und dann sprach Schabowski über die Ausreisewelle. Er mache sich Sorgen über das Schicksal der Menschen, die im Westen in eine ungewisse, oft trübe Zukunft gingen. »Allerdings ist heute, soviel ich weiß, eine Entscheidung getroffen worden. Es ist eine Empfehlung des Politbüros aufgegriffen worden, dass man aus dem Entwurf des Reisegesetzes den Passus herausnimmt und in Kraft treten lässt, der ständig, wie man so schön sagt, die ständige Ausreise regelt, also das Verlassen der Republik. Weil wir es für einen unmöglichen Zustand halten, dass sich diese Bewegung über einen befreundeten Staat vollzieht, was ja auch für diesen Staat nicht ganz einfach ist.

Und deshalb haben wir uns dazu entschlossen, heute eine Regelung zu treffen, die es jedem Bürger der DDR möglich macht, über Grenzübergangspunkte der DDR auszureisen.« Stimmengewirr unter den Journalisten, der DDR-Korrespondent der *BILD*, Peter Brinkmann fragte: »Ab sofort? Nur mit Pass?«

Schabowski, das Papier in seiner Hand wendend: »Also, umgehend, sofort ... Genossen« – er redete die Journalisten tatsächlich, wie gewohnt, mit Genossen an –, »es ist uns mitgeteilt worden, dass eine solche Mitteilung heute schon verbreitet worden ist. Sie müsste eigentlich in Ihrem Besitz sein.«

Aber die Journalisten, ob Genossen oder nicht, hatten nichts vorliegen. »Also, Privatreisen nach dem Ausland können ohne Vorliegen von Voraussetzungen, Reiseanlässen und Verwandtschaftsverhältnissen beantragt werden. Die Genehmigungen werden kurzfristig erteilt. Die zuständigen Abteilungen Pass- und Meldewesen der VP, äh, der Volkspolizeikreisämter in der DDR, sind angewiesen, Visa zur ständigen Ausreise unverzüglich zu erteilen, ohne dass dafür noch geltende Voraussetzungen für eine ständige Ausreise vorliegen müssen. Ständige Ausreisen können über alle Grenzübergangsstellen der DDR zur BRD erfolgen. Damit entfällt die vorübergehend ermöglichte Erteilung von entsprechenden Genehmigungen in Auslandsvertretungen ...«

Wieder Stimmengewirr und Fragen: »Ab wann?«

Schabowski unbeeindruckt weiter: »... und die ständige Ausreise aus der DDR über Drittstaaten. Die Passfrage kann ich jetzt nicht beantworten. Das ist eine technische Frage. Ich weiß ja nicht, die Pässe. Pässe müssen ja, damit jeder in den Besitz eines Passes ... überhaupt erst einmal ausgegeben werden. Wir wollten aber erst einmal ...«

Frage: »Wann tritt das in Kraft?«

Schabowski: »Also, doch. Doch. Ständige Ausreisen können über alle Grenzübergangsstellen der DDR zur BRD beziehungsweise Berlin (West) erfolgen.«

Frage: »Heißt das, dass ab sofort die DDR-Bürger durch die Tschechoslowakei oder Polen nicht ausreisen dürfen?«

Schabowski: »Nein, das ist darin überhaupt nicht formuliert. Sondern wir hoffen, dass sich auf diese Weise diese Bewegung selbst reguliert. In dem Sinne, wie wir das erstreben.«

Wieder Stimmengewirr und Zurufe. Schabowski: »Ich habe nichts Gegenteiliges gehört.«

Wieder Zurufe. Schabowski: »Ich habe nichts Gegenteiliges gehört.« Stimmengewirr. Schabowski: »Ich, ja, ich habe nichts Gegenteiliges gehört. Ich drücke mich nur so vorsichtig aus, weil ich nun in dieser Frage nicht, also ständig auf dem Laufenden bin. Sondern kurz bevor ich hier rübergegangen bin, ich diese Information in die Hand gedrückt bekam.«

Selten ist ein großes historisches Ereignis von den Handelnden unwissender ausgelöst worden als die Öffnung der Mauer am 9. November 1989. Die neue SED-Führung hatte keinerlei Begriff von der Dynamik, die politische Ankündigungen in einer offenen Gesellschaft entfalten können. Schabowski hatte die eigentliche Dimension dessen, was er da vorlas, in keiner Weise begriffen. Die einzige Dimension, die er erkannte, war die Entlastung »eines befreundeten Staates« von einer »nicht ganz einfachen Situation«. Krenz und das Politbüro wollten den unwürdigen und das Verhältnis zur Tschechoslowakei belastenden Ausreisestrom über den Nachbarstaat beenden und ihn kanalisieren. Das war das auslösende Motiv für diese neue Reiseregelung. Jederzeit und ohne Voraussetzungen sollten die Visa zur ständigen Ausreise erteilt werden. Das würde, so dachte man in Ostberlin, den Strom über Prag und Warschau schlagartig zum Erliegen bringen, »in dem Sinne, wie wir das erstreben«.

Die SED-Führung wollte sich befreien von den ständigen Negativschlagzeilen und den diplomatischen Verwicklungen mit Prag. Und nach dem kläglichen Scheitern des ersten Entwurfs vom Montag wollte die neue Führung endlich einen Erfolg vorweisen und wieder politisch in die Offensive kommen. Aber gleichzeitig versuchte die SED mit diesem Reisegesetz weiterhin, die Bürger wie Marionetten zu behandeln. Privatreisen sollten zwar jederzeit ohne Anlässe und Voraussetzungen möglich sein, aber sie mussten nach wie vor »beantragt« werden: »Die Genehmigungen werden kurzfristig erteilt.«

Welch ein bürokratischer Unsinn! Wenn jeder DDR-Bürger in den Westen ausreisen konnte, wieso brauchte man dann überhaupt noch eine Regelung für Privatreisen? Der Ausreisende konnte doch einfach sein Visum missbrauchen und zum Beispiel noch am selben Tag wieder in die DDR zurückkehren. Das Aus- und Einreisespielchen, das wir uns an der tschechischen Grenze ausgedacht hatten, konnte in Berlin mit der S-Bahn absolviert werden. Einmal Friedrichstraße (Ost) zum Bahnhof Zoo (West) und zurück. Wer wollte die Ostberliner daran hindern? Die Reiseregelung vom 9. November war unausgegoren und widersprüchlich. Wo doch ein einfacher Satz genügt hätte: Jeder darf reisen, wann er will, wohin er will und so lange er will.

Ein Journalist hatte die wahre Dimension dieser neuen Reiseregelung richtig erkannt. Er fragte: »Herr Schabowski, was wird mit der Berliner Mauer jetzt geschehen?«

Schabowski: »Ich werde darauf aufmerksam gemacht, dass es schon neunzehn Uhr ist. Das ist die letzte Frage, haben Sie Verständnis dafür. Äh, was wird mit der Berliner Mauer? Es sind dazu schon Auskünfte gegeben worden im Zusammenhang mit der Reisetätigkeit. Die Frage, die Frage des Reisens, die Durchlässigkeit der Mauer von unserer Seite beantwortet noch nicht und ausschließlich die Frage nach dem Sinn, also dieser, ich sage es mal so, befestigten Staatsgrenze der DDR. Wir haben immer gesagt, dass dafür noch einige andere Faktoren mit in Betracht gezogen werden müssen. Und die betreffen den Komplex von Fragen, den Genosse Krenz in seinem Referat in Hinsicht auf die Beziehungen zwischen der DDR und der BRD geäußert hat, in Hinsicht auf die Notwendigkeit, den Friedenssicherungsprozess mit neuen Initiativen fortzusetzen. Und sicherlich wird die Debatte über diese Fragen positiv beeinflusst werden können, wenn sich auch die BRD, wenn sich die NATO zu Abrüstungsschritten entschließt und sie durchsetzt. So oder ähnlich, wie das die DDR und andere sozialistische Staaten schon mit bestimmten Vorleistungen getan haben. Herzlichen Dank.«

Schabowski hatte es wirklich nicht begriffen. Soeben hatte er die Mauer durch die Gewährung umfassender Reisefreiheit praktisch zu einer funktionslosen Betonwand degradiert, und nun pokerte er mit ihrem Abbau, als Gegenleistung für Abrüstungsschritte. Welche Verblendung! Schabowski und die SED ahnten nicht, welche Lawine die neue Reiseregelung lostreten würde, welche fundamentale Veränderung sie für das Staatssystem bedeuten musste. Das war noch nicht das Ende der DDR, aber faktisch das Ende des SED-Staats, den immer nur die Unterdrückung im Inneren zusammengehalten hatte.

Heute wissen wir, dass der vom Innenministerium stammende Entwurf der neuen Reiseregelung wie eine lästige Nebensache vom Politbüro während des Essens in der Mittagspause und danach ganz beiläufig vom Plenum des Zentralkomitees beschlossen wurde, jeweils in Momenten, in denen Schabowski gerade nicht dabei war. Am Abend wurde die Regelung, die förmlich eine Anordnung des Ministerrats war, dann vom Politbüro-Mitglied Schabowski ebenso beiläufig öffentlich gemacht.

Egon Krenz glaubte am nächsten Tag, aus der Maueröffnung für sein eigenes Image noch Kapital schlagen zu können, und tat so, als sei sie Absicht gewesen. Auch ihn verrät die Sprache, sein Herrschaftsstil: »Mit der Gewährung der Reisefreiheit für alle mündigen Bürger wollen wir zeigen, dass wir es mit der Politik der Erneuerung ernst meinen und allen die Hand ausstrecken.« Und er warnte westliche Politiker davor, die neuen Reiseregelungen »gegen die Menschen« zu missbrauchen.

Da spielte einer mit Muskeln, die er gar nicht mehr hatte. Der SED-Staat besiegelte seinen eigenen Untergang mit einem letzten Akt dumpfen Dogmatismus und gängelnder Bürokratie. Er endete im irrigen Glauben, Freiheit und staatliche Bevormundung der Bürger ließen sich vereinbaren. Er glaubte tatsächlich, die Berlinerinnen und Berliner würden sich am nächsten Tag artig bei der VP nach Reisegenehmigungen anstellen. In Teilen der DDR, dort wo das Westfernsehen nicht empfangen werden konnte, war das tatsächlich auch der Fall. Aber in Berlin hatten die Menschen keine Geduld mehr bis zum nächsten Morgen.

Mit Bruno Waltert tauschte ich mich kurz über die Lage aus. »Ja, das ist sie nun, die Reisefreiheit. Es geht los«, sagte der Chefredakteur. Ich blickte aus dem Fenster auf die Grenze. Unten sah alles aus wie immer. Es war dunstig. Fahles Licht hinter der Mauer. Dieser kahle Streifen, der unser deutsches Unglück war, den Astronauten selbst aus dem Weltraum erkennen konnten. Westberlin, die einzige Stadt der Welt, deren Umriss exakt ausgeleuchtet war. Lückenlos. Die Grenze lag da, still und tot, todbringend. So wie in all den 28 Jahren. Die Mauer stand noch wie für die Ewigkeit errichtet.

Auch jetzt noch, am 9. November 1989 um neunzehn Uhr fünfzehn, wäre ein Fluchtversuch Selbstmord gewesen. Wie oft war das hier geschehen: geducktes Warten, Kauern im Dunkeln, dann Losrennen, verzweifeltes Rennen, nur noch wenige Meter. Das Alarmgebrüll, Leuchtraketen, der trockene Knall von Schüssen. Aus. Peter Fechter verblutete am 17. August 1962 keine fünfhundert Meter von hier. Er hatte die Mauer schon fast überwunden, als ihn die Kugel traf. Er fiel zurück auf Ostberliner Gebiet und blieb stundenlang ohne Hilfe liegen. Und im Westen wurden die Menschen zu ohnmächtigen Zuschauern eines Mordes. Noch im Februar des Jahres 1989 war Chris Gueffroy in Neukölln an der Mauer erschossen worden, als er in den Westen wollte. Welche Wagnisse waren Menschen eingegangen, welche Ideen hatten sie entwickelt, nur um diese Mauer zu überwinden. Am 8. März 1989 war ein Flüchtling in seinem selbstgebauten Ballon erfroren und über Zehlendorf abgestürzt, weil er in den Westen wollte.

Die Mauer hatte sich uns Berlinern tief ins Herz geschnitten, auch wenn wir hatten lernen müssen, mit ihr zu leben und uns mit ihr zu arrangieren.

Das Telefon klingelte, Werner Kolhoff war am Draht. Er hatte schon eine genauere *dpa*-Meldung bekommen: »Das klingt nach Reisefreiheit, ich versuche aber, noch mehr rauszukriegen«, sagte er. Wir verständigten uns darüber, dass es sinnvoll und notwendig wäre, jetzt direkt zur Berliner Bevölkerung zu sprechen. Das Fernseh-Regionalmagazin *Abendschau* begann in wenigen Minuten. »Ich rufe dort sofort an. Ich bin sicher, dass die dich im Studio haben wollen«, sagte er.

Ich fuhr zum *SFB*, das Polizeifahrzeug mit Blaulicht voran. Werner Kolhoff rief mich im Auto noch einmal an. »Es gibt noch keine neuen *dpa*-Meldungen. An den Grenzen ist alles ruhig. Das mit der *Abendschau* geht klar. Die warten schon am Eingang auf dich.«

Mir wurde immer bewusster, welch historischen Einschnitt dieser ZK-Beschluss für Berlin bedeutete: »Informiert die Polizei und ruft für heute Abend 22 Uhr den Senat zusammen. Wir müssen alles vorbereiten. Staatssekretär Rommerskirchen muss berichten, was seine Arbeitsgruppe fertig hat«, bat ich den Chef der Senatskanzlei.

Während wir über die Bismarckstraße rasten, musste ich dafür sorgen, dass meine beiden Kinder am Abend betreut wurden. Meine Frau war am frühen Morgen nach London gereist, um dort im Namen Berlins eine Mendelssohn-Bartholdy-Büste an die City of London zu übergeben. Sie würde erst am nächsten Tag zurückkommen. Es war seit Wochen ausgemacht, dass ich heute Abend die Kinder hüten sollte. Ich rief Freunde an, die mit uns im Haus wohnten, und bat sie, diese Aufgabe für mich zu übernehmen. Dann telefonierte ich mit meinen Töchtern: »Ich komme heute Abend doch erst spät nach Hause. Schaltet die *Abendschau* ein, da bin ich gleich zu sehen.«

Der *SFB*-Fernsehdirektor, Horst Schättle, wartete vor dem Fernsehzentrum auf mich. »Die Sendung läuft schon. Wir haben noch nichts Neues. Verrückte Zeiten.« Schättle hatte instinktiv sofort begriffen, dass dies die Stunde seines Senders war. Er und sein Intendant, von Lojewski, würden an diesem Abend ein ruhmreiches Kapitel *SFB*-Geschichte schreiben. Sie mobilisierten an Reportern und Aufnahmeteams, was zu mobilisieren war.

Jochen Sprentzel, sonst mehr im Sport zu Hause, moderierte die *Abendschau*. Er hatte den Ausschnitt aus der Schabowski-Pressekonferenz eingespielt und die neue Reiseregelung als »spektakuläre Nachricht« bezeichnet. Genauere Interpretationen hatte kein Medium bisher gewagt. Das Ereignis lag erst dreißig Minuten zurück. Er bat mich in dem Interview um eine Bewertung. Ich zögerte einen Augenblick und sagte dann: »Dies ist der Tag, auf den wir 28 Jahre lang gewartet haben und den wir ersehnt haben. Alle DDR-Bürger können zu uns kommen und uns besuchen. Dies ist ein Tag der Freude für Berlin. Es werden auch viele Lasten auf uns zukommen, und viele Menschen in unserer Stadt diskutieren, was das für sie bedeuten wird. Aber wir sollten alle Besucher mit offenen Armen bei uns empfangen, denn wir verstehen, was es bedeutet, wenn die Menschen achtundzwanzig Jahre lang nicht zu uns kommen konnten. [...] Berlin wird wieder ganz normale Beziehungen zu seinem Umland haben. Auch die Berliner werden leichter reisen können. Das ganze Ost-West-Verhältnis wird sich noch viel mehr entspannen. Dies ist eine große Chance für uns. Berlin ist auf dem Weg zu einem wirklichen Zentrum in Europa.«

Als Jochen Sprentzel bemerkte, die Stadt werde jetzt sicher sehr voll werden, erwiderte ich: »Die BVG hat eine schwere Aufgabe vor sich. Ich bitte alle Bürgerinnen und Bürger der DDR, die uns besuchen wollen, die U- und S-Bahnen zu benutzen. Natürlich brauchen wir auch viele neue Übergänge. Denn sonst ist dies gar nicht zu bewältigen.«

Was ich da sagte, kommt mir im Nachhinein ziemlich trocken vor, fast unangemessen technisch für den historischen Anlass. Aber als Regierender Bürgermeister fühlte ich mich für das Geschehen draußen auf der Straße verantwortlich, und vor allem dafür, dass alles reibungslos ablief.

Ich muss gestehen, als ich nach dieser Ansprache im Studio neben Jochen Sprentzel saß und darüber nachdachte, was diese Nachricht für Millionen Deutsche bedeutete, stiegen mir die Tränen hoch. Aber dann war ich wieder viel zu sehr mit den Folgen befasst, als dass ich mich diesen Gefühlen länger hätte überlassen können. Ich hatte große Sorge, wie die Stadt auf den bevorstehenden Massenansturm reagieren würde. Die Berliner waren durch die Zuwanderung, die großen Feste und den Besucherandrang genervt. Wie die Reaktionen auf den »Polenmarkt« gezeigt hatten, war die Stimmung gereizt. Ich befürchtete ein Verkehrschaos und Zwischenfälle in und vor Übersiedlerlagern. So versuchte ich, auf die Reisewelle einzustimmen und die Verkehrsströme aus dem Osten gleichzeitig etwas zu ordnen.

Aber gerade deshalb wirkte diese Ansprache wohl wie eine Fackel im Heuhaufen. Denn während ich mich vor der Kamera intensiv mit den Problemen befasste, die nach der Maueröffnung und durch sie entstehen würden, war für die vielen Fernsehzuschauer in Ostberlin diese Mauer noch eine unüberwindliche Realität. Die Schabowski-Meldung hatte noch kaum die Runde gemacht und war auch nicht richtig verstanden worden. Und nun redete da auch noch einer so im Fernsehen, als gelte es, einen Stau zwischen Prenzlauer Berg in Ostberlin und Wedding in Westberlin aufzulösen. Das machte viele Zuschauer, wie mir später berichtet wurde, erst stutzig. Es wurde langsam unruhig in Ostberlin.

Die Zwanzig-Uhr-Nachrichten brachten die Schabowski-Erklärung als Spitzenmeldung, aber noch ohne Interpretation. Das DDR-Fernsehen verbreitete inzwischen eine *ADN*-Meldung von Regierungssprecher Wolfgang Meyer, die allerdings nichts Neues brachte. Immerhin war dies die zweite öffentliche Erklärung an diesem Abend; die Nachrichten verdichteten sich. Ich blieb im *SFB*-Gebäude und wurde dort von den Hörfunkjournalisten interviewt. Ich wiederholte meine Aufforderung an die DDR-Bürger, möglichst mit öffentlichen Verkehrsmitteln nach Westberlin zu kommen.

Einen erneuten Fernsehauftritt hatte ich gegen 21 Uhr in der Halbzeit der Übertragung des DFB-Fußballspiels Kaiserslautern gegen Köln. Dadurch saß ein großer Teil der Nation – im Osten wie im Westen – vor dem Fernsehschirm. Jetzt hatte sich die Information immerhin so weit verdichtet, dass klar war, dass die DDR umfassende Reisefreiheit gewährte. Jeder DDR-Bürger durfte nun nach Westberlin oder ins übrige Bundesgebiet reisen.

Im Bundestag wurde spontan die Nationalhymne angestimmt, als der CSU-Abgeordnete Karl-Heinz Spilker diese Nachricht verlas. Selbst die Parlamentarier der Grünen erhoben sich dabei von ihren Plätzen. Für die Politiker im Westen war es schon jetzt ein nationales Ereignis. Noch aber stand die Mauer, noch war niemand unkontrolliert nach Westberlin gekommen. Im Ostteil der Stadt, in den Bezirken Mitte, Prenzlauer Berg und Friedrichshain machten sich allerdings die ersten auf den Weg. Sie gingen nicht zur »VP-Dienststelle«, wie es Schabowski gesagt hatte, sondern direkt zur Mauer. Sie trauten sich nach 28 Jahren zum ersten Mal an dieses Monstrum heran. Zäune, Schilder, Sperrzone, das alles interessierte sie jetzt nicht mehr. Sie marschierten durch bis zur Absperrung und hielten den Grenzern ihren Pass oder Ausweis hin: »Wir woll'n mal rüber«, »Ich will nur mal uff'n Ku'damm«, »Lasst uns durch, wir kommen auch bestimmt wieder«.

Hunderte, ja, Tausende sammelten sich nach und nach an den Übergängen und drückten gegen die Gitter.

Ich fuhr zurück ins Rathaus Schöneberg, wo inzwischen die Telefone heißliefen. Dort hatte sich bei den »Stallwachen« inzwischen Ralf Hirsch eingefunden. Um zwanzig Uhr hatte er plötzlich in der Tür gestanden und gefragt, ob er helfen könne. Und ob er konnte!

Ralf Hirsch hatte als Ex-DDRler sogleich begriffen, welche

Bedeutung die ZK-Entscheidung hatte. Er war Mitbegründer der DDR-Oppositionsgruppe »Initiative für Frieden und Menschenrechte« und ein enger Freund des prominenten Dissidenten und späteren Ministers für Verteidigung und Abrüstung, Rainer Eppelmann. Anfang 1988 war er ausgebürgert worden – rausgeschmissen aus seinem Land. Über achtzig Mal hatten sie ihn verhaftet, vorläufig festgenommen oder verhört. Sein halbes, dreißig Jahre junges Leben war die »Stasi« hinter ihm her. In Westberlin fand er eine Stelle bei der Aussiedlerbetreuung und wurde West-Sprecher des »Neuen Forums«. Im Umgang mit Medien kannte er sich exzellent aus. Er arbeitete so effektiv gegen die DDR, dass ihn Mielke in seinen Berichten als eine der »Schaltstellen gegen die DDR gerichteter, subversiver Aktivitäten« bezeichnete.

Ralf Hirsch war wegen seiner Aufsässigkeit schon als Jugendlicher in Heime eingewiesen worden, hatte als Bausoldat gedient und eine Lehre als Schlosser absolviert. Welch ein Staat, der vor einem solchen Menschen so viel Angst hatte! Und umgekehrt, welch ein Mensch, der gegen diesen SED-Staat so viel Mut bewies. Ralf Hirsch blieb bis zum Morgengrauen an unserer Seite, als wir müde und erschöpft von den Grenzübergängen zurückkehrten. Erst auf der Rathaustreppe, um drei Uhr morgens am 10. November, verabschiedete er sich: »Ich mach rüber, nach'm Osten«, sagte er.

Er war nicht der Einzige, der im Chaos dieser Nacht unkontrolliert in die andere Richtung ging, um seine Mutter und seine Freunde nach zwei Jahren der strikten Trennung wiederzusehen. Erst nach einigen Tagen tauchte er wieder auf. Anfang Dezember holte ich ihn als persönlichen Referenten in die Senatskanzlei, wo er vor allem die Kontakte mit den Oppositionsgruppen in der DDR organisierte.

Gegen 21 Uhr waren die Senatorinnen und Senatoren, der Polizeipräsident, Georg Schertz, und die Geschäftsführer des Verkehrsbetriebs BVG zur Senatssitzung im Rathaus eingetroffen, das nun von Journalisten, Politikern und Beamten ganz belebt war. Im Senatssitzungssaal trug ich hinter verschlossenen Türen meine Befürchtung vor, dass es trotz der versprochenen Reisefreiheit zu Zwischenfällen kommen könnte: »Wir wissen nicht, was sich da zusammenbraut und wie die Grenzer reagieren werden. Wir müssen die Stimmung so weit wie möglich beruhigen.«

Intensiv diskutierten wir die Möglichkeit, dass viele die neue Reiseregelung nutzen könnten, um für immer zu bleiben. Ich warnte allerdings davor, darüber öffentlich zu reden. Das könnte eine solche Auswanderungswelle erst recht bestärken.

Die Sozialsenatorin, Ingrid Stahmer, teilte mit, sie könne genügend Notunterkünfte bereitstellen, aber sie müsse für die Notunterbringung wieder auf die Sporthallen der Schulen zurückgreifen. Die Schulsenatorin, Sybille Volkholz, gab sofort ihre Zustimmung. Sie kündigte an, dass sie am Freitag und Sonnabend schulfrei geben wollte. »Da können die Kinder Geschichte live erleben«, sagte sie.

Ich berichtete über die Gespräche mit den Alliierten und meinen Vorschlag, für den Fall einer Überlastung der Stadt die Flüchtlinge mit Flugzeugen nach Westdeutschland zu transportieren. Ich bat den Chef der Senatskanzlei, die Gespräche mit den Alliierten darüber gleich am nächsten Tag fortzuführen. Wir hofften, dass wir diese Luftbrücke nicht aktivieren müssten, aber sicher war sicher.

Die Mauer war zu jenem Zeitpunkt noch nicht gefallen. Polizeipräsident Schertz fasste in einem kurzen Lagebericht die Meldungen von den Grenzübergängen zusammen. »Folgende Nachrichten haben wir bisher von den Übergängen erhalten: 21 Uhr 18, Bornholmer Straße, viele Trabis. 22 Uhr 02, Sonnenallee, fünfzehn Personen im Übergang, hundert im Osten vor dem Übergang. Grenzabfertigung verstärkt. 22 Uhr 06, Bornholmer Straße, Rückstau vor dem Übergang. Fünfzehnhundert Personen auf der Ostseite. Übliches Visum. Das ist im Augenblick alles«, sagte Schertz.

Gerüchte, dass die DDR die Menschen frei ausreisen lasse, hätten sich noch nicht bestätigt. Die Lage sei unklar, die Polizei in erhöhter Alarmbereitschaft. Alles sah danach aus, als wollte die Menge an den Übergängen die Mauer stürmen. Die Frage war nur: Wie würden die Grenztruppen der DDR reagieren? Welche Befehle hatten sie für diesen Fall?

Ich verließ die Senatssitzung vorzeitig, um im *SFB* an einer kurzfristig angesetzten Live-Diskussion im Dritten Programm teilzunehmen, die Fernsehdirektor Horst Schättle moderierte.

Bürgermeisterin Ingrid Stahmer übernahm die Leitung und gab Jörg Rommerskirchen das Wort, der von der Arbeit der Projektgruppe mit dem betont harmlosen Namen »Vorbereitung auf einen verstärkten Besucher- und Reiseverkehr aus Ostberlin und aus der DDR« berichtete. Das war jetzt die Stunde, um die vorbereiteten Pläne für den »Tag X« in Gang zu setzen.

Die Fernsehdiskussion mit der Schauspielerin Steffi Spira aus der DDR, dem CDU-Vorsitzenden Eberhard Diepgen, Finanzsenator Norbert Meisner, der AL-Abgeordneten Renate Künast, Horst Schättle und mir schleppte sich eher träge dahin. Viel spannender war, was draußen vor sich ging. Der *SFB* hatte Reporter an den Grenzübergängen postiert und schaltete zwischen dem Studio und den Ü-Wagen hin und her. Noch berichteten die Journalisten, dass die Lage ruhig sei, es gebe aber Gerüchte, wonach einige Ostberliner ohne Visum in den Westen gelangt seien. Wir alle hatten das Gefühl, auf einem Vulkan zu sitzen, der unter Druck stand, von dem aber nicht klar war, ob und mit welcher Wucht er explodieren würde.

Meine Sicherheitsbeamten hatte ich gebeten, direkt mit den Polizeidienstposten an den Übergängen zu telefonieren, um sofort Informationen aus erster Hand zu erhalten. Nach und nach reichten die Beamten mir kleine Notizzettel in die Sendung. Kurz vor 23 Uhr kam der erste Zettel: »Mehrere hundert Personen überqueren an der Bornholmer Straße die Grenze. Viele Menschen an den anderen Übergängen.«

Auf dem nächsten Zettel stand: »Bornholmer Straße nach Erkenntnissen des Lagedienstes zurzeit ohne Grenzposten. Ausreise von DDR-Bürgern geht bereits in die Tausende.«

Ich zeigte diesen Zettel Steffi Spira und Norbert Meisner und flüsterte ihnen zu: »Wenn ich das hier jetzt laut vorlese, ist in ganz Berlin die Hölle los.«

Wir verständigten uns. »Warten wir ab, bis die *SFB*-Reporter im Westen die ersten DDRler vor der Kamera haben.«

Der *SFB*-Journalist Robin Lautenbach wurde kurz nach 23 Uhr aus der Invalidenstraße direkt zugeschaltet. Er sprach mit einigen Ostberlinern, die soeben ohne Kontrolle die Grenze passiert hatten. Jetzt war es soweit.

Ich bat nach dieser Einblendung um das Wort und sagte: »Um es allen Berlinern klar zu sagen: Überall sind die Übergänge offen, es wird nicht mehr kontrolliert, man kann ungehindert durch die Mauer. Ich bitte um Verständnis, aber mein Platz ist jetzt woanders.«

Ich stand auf und verließ die Livesendung vor laufender Kamera.

Die Öffnung der Grenze in jener Nacht war nicht geplant und nicht gesteuert, das belegt der filmisch festgehaltene Ablauf. Die Grenzorgane waren darauf in keiner Weise vorbereitet und hatten keine klaren Anweisungen. Deshalb gab es große zeitliche Unterschiede bei der Öffnung der einzelnen Übergänge; an einigen, wie zum Beispiel in Drewitz, wurden überhaupt keine DDR-Bürger ohne Visum durchgelassen. An den meisten Übergängen handelten die Offiziere in dieser gefährlichen Situation in eigener Verantwortung, und die meisten handelten instinktiv richtig. Sie begriffen: Dem Reisedruck konnten sie sich jetzt nicht mehr entgegenstellen, Schlagbäume konnten das Volk nicht mehr aufhalten.

Die überraschende Maueröffnung war das Ergebnis des Unvermögens von Krenz, Schabowski und des ganzen Politbüros, die gesellschaftliche Dynamik in einer offenen Informationsgesellschaft, die die DDR durch die Westmedien praktisch war, richtig einzuschätzen. Die neue Reiseregelung sollte ursprünglich erst vom 10. November an gelten. Alles sollte seinen geordneten Gang gehen, vom nächsten Tag an hätten die DDR-Bürger ihre Anträge stellen können.

Bei Schabowski war es der Versuch, seine Uninformiertheit zu verbergen, die ihn dazu verleitete, auf Brinkmanns Frage, ab wann das gelten solle, zu antworten: »Das tritt nach meiner Kenntnis … ist das sofort. Unverzüglich.«

Nein, für die Meldung gab es eine Sperrfrist.

Tatsächlich war dafür noch nichts vorbereitet. Ohne etwas zu veranlassen, fuhren die Mitglieder des ZK nach dem Ende ihrer Tagung zurück in ihre Wohnungen. Sie hatten eine Bombe geschärft und den Zeitzünder eingestellt und hatten das doch nicht einmal gemerkt.

Glückliches Volk

Ich fuhr zum Übergang Invalidenstraße und rief vom Autotelefon die Mitarbeiter im Rathaus an, es mir gleichzutun. Der große Ansturm auf die Grenze hatte auch von Westen her begonnen. Von Osten kamen die DDR-Bürger, die endlich raus wollten, und von Westen die Schaulustigen. Schon jetzt, kaum eine halbe Stunde nach der Öffnung, war der Übergang Invalidenstraße ein einziges Chaos von jubelnden Menschen und hupenden, total in der Menge eingekeilten Autos. Am Übergang empfing mich ein Hauptkommissar der Westberliner Polizei. Er erläuterte mir kurz die Lage und sagte, dass er zu wenig Beamte habe, um den Verkehr wenigstens einigermaßen flüssig zu halten. Was im Osten los sei, wisse auch er nicht.

Vorn rechts am Turm neben dem Durchlass stand ein Hauptmann der DDR-Grenztruppen und beobachtete verstört das Geschehen. Ich ging direkt auf ihn zu. Als ich ein Tor in dem Zaun öffnete, raunzte er mich an: »Halt, da dürfen Sie nicht durch.« In dieser Stunde, in der die Grenzen schon massenhaft überschritten wurden, versuchte er tatsächlich noch, seine Ordnung gegen die feindliche, westliche Amtsperson zu verteidigen. Das war absurd. »Ich will Ihren Schichtleiter oder den Wachhabenden sprechen«, sagte ich bestimmt, »bitte führen Sie mich zu ihm.« Ich wollte mit dem Verantwortlichen reden, denn ich hatte Angst, dass die Grenzer auf dieses Chaos in ihrem Herrschaftsbereich kopflos reagieren könnten. Schließlich waren sie mehr als andere in der DDR gewohnt, dass ihren Befehlen gefolgt wurde. »Vor Gott und den Grenzern sind wir alle gleich«, witzelten die Berliner nicht zu Unrecht.

Hier waren die Grauuniformierten achtundzwanzig Jahre lang die unumschränkten Herrscher gewesen. Nichts und niemand konnte einem helfen, wenn sie nicht wollten. Dann musste man warten, an die Seite fahren, umkehren, auspacken, Kofferräume öffnen. Jeder, der die Grenze überquerte, kannte das unbestimmte Gefühl der Beklemmung, weil man sich der Willkür der Grenzer und der Volkspolizei ausgeliefert fühlte. Hier herrschte ihre Ordnung, nur ihr Befehl. Ihre Gesichter zeigten sie nicht gern, verschanzten sich hinter den kleinen Fenstern ihrer Abfertigungsschalter und Wachtürme. Sie da drin, wehrhaft und wachsam, wir da draußen, undiszipliniert und widerspenstig. Das war ihr Weltbild. Und jetzt prosteten sich Ossis und Wessis mitten auf dieser Grenze mit Sekt zu, stiegen auf Autos und Absperrgitter, lagen sich vor den Unterkünften und Abfertigungsschaltern jubelnd in den Armen.

Für die Grenzer ging an diesem Abend eine Welt unter. Werner Kolhoff sagte: »28 Jahre lang aufgepasst, vorbildliche Leistung, keinen durchgelassen, und jetzt ist alles umsonst gewesen.« Auch der Hauptmann hatte seine Autorität schon verloren. Willig führte er mich in den Übergang hinein zu den Baracken, von denen aus seine Kollegen noch durchfahrende Autos kontrollierten, deren Insassen gültige Papiere hatten. Auch das gehörte zu den Absurditäten dieser Nacht, dass einige noch ihre Papiere vorzeigten, während Tausende an ihnen vorbei, ohne jede Kontrolle, in Richtung Westen oder in Richtung Osten fluteten.

Ich wartete an dem Tisch, an dem die Fußgänger beim Überqueren der Grenze gewöhnlich ihre Taschen abstellen und auspacken mussten. Dann sah ich, dass plötzlich alle Grenzer in den Abfertigungsbaracken verschwanden und keiner mehr, auch mein Hauptmann nicht, zu sehen war. Der Kontrollpunkt war schwarz von jubelnden Menschen.

Auch in den Osten hinein war die Invalidenstraße voller Menschen, die auf den Kontrollpunkt drängten und das Wunder der offenen Mauer sehen und erproben wollten. Die, die mich sehen konnten, jubelten mir zu, keilten mich ein, wollten mit mir Sekt aus Pappbechern und Flaschen trinken. Jemand brachte mir schließlich ein Megafon, das die Polizei auf der Westseite herangeschafft hatte. Ich stieg auf den Tisch und rief den Menschen mit dem Megafon zu: »Liebe Berlinerinnen und Berliner, wir alle freuen uns über die Öffnung der Grenze. Das ist eine sehr glückliche Stunde für uns. Aber ich bitte Sie, bei aller Freude, machen Sie doch den Kontrollpunkt frei. Lassen Sie die Trabis durch. Bitte machen Sie doch die Wege frei, damit alle ungehindert über die Grenze können.« Das war wohl die sinnloseste Ansprache, die in dieser Nacht gehalten wurde. Die,

die sie akustisch verstehen konnten, jubelten nach jedem Satz nur lauter und prosteten mir zu, und die, die weiter weg waren, verstanden nichts und jubelten auch.

Ich zwängte mich durch die Menge zurück in Richtung Westen und ging in das Wachhäuschen der Westberliner Polizei direkt an der Grenze. Als Erstes rief ich den Polizeipräsidenten an. Georg Schertz hatte schon alle verfügbaren Polizeikräfte mobilisiert. Von ihm hörte ich, dass die Lage am Brandenburger Tor brenzlig sei. Dort war kein Übergang, die Menge hatte von Westen her die Mauer gestürmt und war oben auf die dort sehr breite Mauerkrone geklettert. Auf östlicher Seite war viel Polizei zusammengezogen worden, und vom Pariser Platz aus drängten zahlreiche Menschen in Richtung des Tors.

Ich bat den Polizeipräsidenten, die verfügbaren Sicherheitskräfte an alle Übergänge zu schicken, um die Ordnung wenigstens auf der westlichen Seite einigermaßen aufrechtzuerhalten. Er wies sogleich daraufhin, dass die Beamten die weiße Grenzlinie nicht überqueren dürften und deshalb nicht nahe genug an die Übergänge herankämen. Die tatsächliche Grenze verlief auf Westseite fast überall einige Meter vor den Absperrungen. »Das regele ich mit den Alliierten«, sagte ich. Dann rief ich Harry Gilmore, den US-Gesandten und stellvertretenden Stadtkommandanten an, der zu jener Zeit den Vorsitz unter den drei Westalliierten innehatte. »Harry, wir müssen etwas tun. Hier ist das totale Chaos. Ihr müsst die weiße Linie für unsere Polizei freigeben.«

Harry Gilmore zögerte nicht eine Minute mit seiner Zustimmung. Als Nächstes telefonierte ich mit dem britischen Gesandten, Michael Burton: »Die Ordnung an der Grenze ist in Ihrem Sektor vollständig zusammengebrochen«, sagte ich. Ich empfahl ihm herzukommen: »Gucken Sie sich das an, das ist Geschichte live, das erleben Sie nie wieder. Wir können jederzeit rüber, Michael, wir könnten jetzt zum Alexanderplatz laufen und ein Bierchen zischen.« Ich bat ihn, Militärpolizei zu schicken, sowohl zur Invalidenstraße als auch zum Brandenburger Tor.

Inzwischen waren bei uns zwei Mannschaftswagen der Polizei aufgefahren, einer davon mit Lautsprecher. Der Einsatzleiter bat mich zu helfen, die Menge aus dem Übergang herauszulenken, denn im Moment ging nichts vor und nichts zurück. So kam es, dass ich in der Nacht vom 9. auf den 10. November 1989 in einem Polizei-Lkw saß und immer wieder über die Lautsprecher rief: »Liebe Berliner. Hier spricht Walter Momper. Wir alle freuen uns riesig über diesen Augenblick. Ich bitte Sie, gehen Sie zur Seite, machen Sie den Weg frei. Machen Sie Platz, damit die Ostberliner zu uns kommen können.«

Langsam wirkten die Appelle. Die Menschen bildeten eine Gasse, und die Trabis kamen durch das Nadelöhr. Jetzt begann das, was als »Trabiklatschen« in die Geschichte einging: das Klopfen auf die Autodächer und Motorhauben. Die Menschen waren außer sich vor Freude. Ich sah eine Frau, die die weiße Linie passierte, langsam und unsicher, und dann hemmungslos zu weinen anfing. Irgendjemand fiel ihr um den Hals. Wie viel Leid hat die Mauer verursacht, dachte ich in diesem Moment und: Heute Nacht sind wir Deutschen die glücklichsten Menschen auf der Welt.

Vor dem Hintergrund der Hochrüstung und der Blockkonfrontation in Europa war es das oberste Ziel der sozialdemokratischen Ost- und Deutschlandpolitik, entsprechend der Schlussakte von Helsinki, den Frieden zu sichern und gleichzeitig schrittweise Verbesserungen der Reise- und Informationsmöglichkeiten zu erreichen. Zu dieser Politik gab es keine vernünftige Alternative. Und sie war erfolgreich. Sie brachte viele konkrete Erleichterungen für die Menschen. Ein wesentliches Element dieses Ansatzes war die Garantie der Stabilität und des Gleichgewichts in Europa. Dabei wurde bewusst die spätestens seit Budapest 1956 als unrealistisch eingeschätzte Möglichkeit außer Betracht gelassen, dass die Destabilisierung des SED-Systems auch von innen, durch das Volk der DDR selbst, erfolgen könnte. Volkserhebungen und revolutionäre Umwälzungen waren in einer Deutschlandpolitik, die ganz zentral von den Begriffen Interessenausgleich und Balance der Kräfte ausging, nicht vorgesehen. Man konnte nicht auf den Umsturz setzen, wenn man als Verhandlungspartner im Osten glaubwürdig sein wollte. Die Erfolglosigkeit der Ostpolitik von Außenminister Gerhard Schröder (CDU) in den 60er Jahren hatte gelehrt, dass keiner etwas bewegen konnte, der kein Vertrauen bei den östlichen Machthabern gewann. Die Chance, dass sich die Menschen eines Tages mit Erfolg würden wehren können, erschien zu wirklichkeitsfern, um sie zur Grundlage einer praktischen Ostpolitik machen zu können.

Wir in Westberlin waren an stabilen Verhältnissen und am Gleichgewicht in Europa in besonderer Weise interessiert. Immer, wenn die Verhältnisse in Europa leicht aus der Balance gerieten, hatte sich das sofort zu Lasten der Stadt ausgewirkt. Das war so 1948/49 während der Währungsreform, der Blockade und der Gründung der beiden deutschen Staaten; das war so 1952/53 bei den Stalin-Noten zur Neutralisierung Deutschlands und 1953 während des Volksaufstands in der DDR, 1958 während des Chruschtschow-Ultimatums und erst recht 1961 beim Bau der Mauer. Erst das internationale Gleichgewicht zwischen Ost und West ab Ende der 60er Jahre hatte einer offensiven Politik des Ausgleichs in Deutschland und Europa eine Chance gegeben, die Willy Brandt, Egon Bahr und Walter Scheel zugunsten Berlins nutzten. Jede Stärkung der Position des Westens wurde aber von der Sowjetunion mit Nadelstichen gegen Berlin als der empfindlichsten Stelle des Westens beantwortet. Und auf eigene Schwächeperioden reagierte der Osten mit verschärfter Abgrenzung und Abriegelung in Berlin. Das militärische Eingreifen der Sowjetunion gegen die Volkserhebung 1953 in der DDR, 1956 in Ungarn und gegen die reformkommunistische Regierung Dubcek 1968 in Prag hatte bei den DDR-Deutschen, aber auch bei vielen Sozialdemokraten, ein tiefes Trauma hinterlassen: das Trauma, dass eine Volksbewegung im Osten Deutschlands mit der ihr innewohnenden Dynamik in Richtung auf die Einheit der Nation sofort die Sowjetunion auf den Plan rufen würde.

Erst die Anerkennung der Realitäten der Nachkriegszeit hat der »Solidarnosc« in Polen und der evangelischen Kirche in der DDR den Freiraum eingeräumt, innerhalb dessen sich eine Friedens- und Umweltbewegung und schließlich die ganze Breite der Demokratiebewegung entwickeln konnte. Man darf nie vergessen, mit welcher Schwarzmalerei die CDU/CSU den Helsinki-Prozess begleitet hat. Aber erst die im *Neuen Deutschland* abgedruckte – und schnell vergriffene – Schlussakte der Konferenz über Sicherheit und Zusammenarbeit in Europa gab den DDR-Oppositionellen den verbrieften Anspruch, Menschenrechte auch wirklich einfordern zu können. So entzog der Erfolg der sozialdemokratischen Deutschlandpolitik ihr selbst zugleich die Grundlage.

Die deutsche Rechte erhebt gern den Anspruch, schon immer auf der richtigen Seite der Geschichte gestanden zu haben. Seit Adenauer intonierte sie »Die Mauer muss weg« und hielt das schon für Deutschlandpolitik. Zu Zeiten, da in Ostberlin noch die SED fest im Sattel saß, posaunte sie in Sonntagsreden von der »Wiedervereinigung«. Das war ebenso billig wie folgenlos. Eine solche Politik bewegte nichts für die Menschen, im ungünstigsten Fall gefährdete sie sogar erreichbare Verbesserungen und heizte das Klima der Konfrontation an. Es gab ein regelrechtes Ritual von Sonntagsreden zum 17. Juni, zum 13. August und zum Jahreswechsel, deren Wert gleich null war. Man erinnere sich nur an die jahrelange Rhetorik von der »Hauptstadt Berlin« oder den »Brüdern und Schwestern im Osten« und vergleiche sie mit der tatsächlichen Bereitschaft rechter Politiker nach dem 9. November, den Deutschen Opfer für die Einheit und den Osten abzuverlangen. Von den Reden von gestern ist nicht viel übrig geblieben.

In jener Nacht war der elementare Wunsch der Menschen nach Freiheit so deutlich spürbar wie selten zuvor. Hier fand weder eine nationale Demonstration statt noch waren Aggressionen gegen das überwundene System spürbar. Nur das elementare Gefühl »Ich bin frei« brachte die Menschen zum Weinen und zu Freudentänzen. Viele Westberliner waren an die Mauer geeilt und freuten sich, dass die so lange eingesperrten Nachbarn nun plötzlich durch den Betonwall kommen konnten. Während die meisten Westdeutschen tatsächlich nur eine vage Vorstellung vom Leben der Deutschen in der DDR hatten, erlebten die Westberliner hautnah, was in der »Zone« los war. Auch ich fuhr gern in die DDR, mochte das Land und die Menschen. Sie meisterten ihr Leben in einer freudlosen Umgebung. Die Städte und die Häuser waren grau, es fehlte die Modernität und der Glanz des Westens. Die DDR war andererseits nicht so amerikanisch geprägt, nicht so westlich-uniform wie die Bundesrepublik. Alles wirkte viel deutscher, viel kleinkarierter und viel provisorischer als im Westen. Für mich waren Reisen in die DDR immer auch Reisen in die deutsche Geschichte. Die Kerne der Städte und Dörfer waren vielfach noch wie vor 1939; an den kopfsteingepflasterten Straßen und Alleen hatte sich wenig verändert. Die Bauerndörfer waren äußerlich kaum verändert. Die großen Landwirtschaftlichen Produktionsgenossenschaften (LPG) waren als uniforme, industrielle Komplexe außerhalb der Dörfer in den 60er Jahren neu angesiedelt worden.

Die DDR war für mich immer Teil der politischen Realität Berlins geblieben, mit der wir uns auseinandersetzen mussten, auch wenn wir in einer ganz anderen Welt lebten. Ich war oft privat im Umland der Stadt. Seit 1975 fuhr darüber hinaus die SPD-Fraktion des Abgeordnetenhauses einmal im Jahr in die DDR und besuchte immer eine andere Region. So hatte ich nach und nach den Spreewald, den Ostharz, Meißen und Dresden, Niederfinow und das Oderbruch, Frankfurt/Oder, Potsdam, Rheinsberg, Leipzig, Rostock, Stralsund, Greifswald und Rügen kennengelernt. Seit 1985 gehörte zum regelmäßigen Programm dieser Fraktionsreisen eine Diskussion mit der örtlichen SED-Parteileitung, ein Besuch in einem Betrieb und ein Treffen mit Gemeindevertretern und Pfarrern der evangelischen Kirche. Der erste Besuch dieser Art beim Bischof Stier in Schwerin und bei der Kirchenleitung in Greifswald 1986 musste noch gegen den Widerstand des Reiseleiters vom Reisebüro der DDR durchgesetzt werden.

Meine Frau und ich hatten auch eine Reihe von Freunden in der DDR, vor allem in Ostberlin, Güstrow und Dresden, die wir ab und zu besuchten. Was die Westberliner und auch mich neben der Sturheit der Grenzer am meisten ärgerte, war die Willkür der Volkspolizei an den Transitstrecken. Für die kleinsten Vergehen wurden hohe Strafen verhängt, um Westgeld in die Kassen zu bringen. Das alles forderte den Westberlinern ein so hohes Maß an Duldungs- und Leidensfähigkeit ab, dass ich Verständnis dafür hatte, dass damit für viele der »Bedarf an der DDR« gedeckt war. Ich habe die Wegelagerei auf den Transitwegen immer einigermaßen geduldig ertragen. Im Sommer 1988 allerdings rastete ich einmal aus, als die Volkspolizei mir sechzig D-Mark abknöpfen wollte, weil die Nebelscheinwerfer an meinem Auto versehentlich eingeschaltet waren, obwohl kein Nebel war. Ich hatte niemanden gefährdet oder auch nur beeinträchtigt und empfand diese Bestrafung als unverhältnismäßig. Ich verweigerte daher die Zahlung und machte gegen die »Ordnungsstrafverfügung« eine »Eingabe« bei der VP-Bezirksbehörde in Potsdam. Aber auch diese Beschwerde wurde mit Verweis auf die Rechtslage ohne inhaltliche Argumentation abgeschmettert.

Die kleinlichen Schikanen und die Unzulänglichkeiten und bürokratischen Prozeduren in der DDR waren der Grund dafür, dass viele jüngere Berliner gar nicht mehr nach Ostdeutschland fuhren. Sie passierten den anderen Teil Deutschlands nur schnell und routiniert auf den Transitstrecken. Ein immer gleicher, langweilig gewordener Weg. Die DDR, das war für viele ein reizloser, unfreundlicher und grauer Osten, in dem es nichts zu kaufen gab und wo man im Restaurant auf seine »Platzierung« warten musste. Einmal im Jahr die Tante im Osten besuchen, das reichte. So empfanden viele selbst in Berlin, wo die familiären Verbindungen noch viel zahlreicher und intensiver waren als im übrigen Deutschland. Und an die Mauer hatten sich die meisten längst gewöhnt. Man fuhr an ihr entlang, Tag für Tag, auf dem Weg zur Arbeit und sonntags beim Ausflug mit dem Fahrrad. Man richtete sich eine Nische im Schatten der Mauer ein.

Und jetzt plötzlich kamen die vierzig Jahre lang auseinandergelebten Kulturen wieder zusammen, mit einem einzigen Schritt über die weiße Linie. Für viele Westler war es die Wiederbegegnung mit den unbekannten, vergessenen Nachbarn. Das war der Tag des Wiedersehens und nicht der Wiedervereinigung. Ein Pulk junger Leute keilte mich ein, drückte mir einen Plastikbecher in die Hand. Ostdeutscher Sekt der berühmt-berüchtigten Marke »Rotkäppchen« wurde mir von links eingegossen, westdeutscher von rechts. Ich trank das Gemisch. Wiedersehen in Sektlaune: »Ist das nicht Wahnsinn, absoluter Wahnsinn!« Das Wort dieser Nacht. Wir prosteten uns zu.

Bevor ich morgens um drei Uhr zum Rathaus Schöneberg zurückfuhr, blickte ich noch einmal zum Grenzübergang Invalidenstraße zurück. Das Menschengewühl hatte sich etwas geordnet, der Verkehr kam vorwärts, wenn auch nur schrittweise. Auf der Mauer, vor dem verlassenen Ausguck der Grenzwächter, standen ein britischer Militärpolizist mit seiner leuchtendroten Mütze und ein Westberliner Polizist. Sie dirigierten von ihrem Aussichtspunkt aus einen ostdeutschen Grenzer, der unten versuchte, den Verkehr zu regeln. »Jetzt kommt einer aus dem Osten, noch einer. Jetzt einer aus dem Westen«, riefen sie sich zu. So wurden die Autos in vereinter Arbeit durch die Grenze geschleust. Vor ein paar Stunden noch wäre das undenkbar gewesen. Und hätte es mir jemand vorausgesagt, ich hätte ihn für verrückt gehalten. In Berlin war die Nacht zum Tag geworden. Tausende feierten auf dem Kurfürstendamm, die Wirte spendierten Freibier. »Wer jetzt noch schläft, der ist schon tot«, sagte jemand. Hupende Trabis und Wartburgs auf allen Straßen. Die U- und S-Bahnen fuhren die ganze Nacht.

Im Rathaus Schöneberg gab es unendlich viel zu organisieren. Mit dem Chef der Senatskanzlei besprach ich, dass er am Vormittag die DDR-Seite drängen sollte, die von uns vorgeschlagenen weiteren Übergänge noch vor dem Wochenende zu öffnen und die bestehenden Übergänge zu verbreitern. Sie waren so eng vermauert, dass jeweils nur ein Fahrzeug langsam in die eine oder andere Richtung fahren konnte. Wir wollten uns auch zu technischer Hilfe bereiterklären und vor allem durch die Öffnung weiterer U-Bahnhöfe den total überlasteten Bahnhof Friedrichstraße, den einzigen Zugang zu U- und S-Bahn im Ostteil der Stadt, entlasten.

Mit Werner Kolhoff machte ich mich daran, die schon vorbereitete Antrittsrede als Präsident des Bundesrats, die ich am

Noch am 10. November bestand die DDR auf Antrag und Visum-Eintrag im Personalausweis bei der Grenzpassage

Morgen in Bonn halten sollte, zu überarbeiten. Natürlich musste ich meine Ansprache mit dem historischen Ereignis dieser Nacht beginnen. Wir verabredeten außerdem, dass die Fraktionen der Regierungskoalition gebeten werden sollten, für den Nachmittag eine Sondersitzung des Abgeordnetenhauses zu beantragen. Das war diesem Tag angemessen. Währenddessen telefonierte mein persönlicher Referent, Reiner Nittka, noch in der Nacht mit der US-Mission und erreichte, dass mir ein Flugzeug für den Morgen zur Verfügung gestellt wurde. Ich wollte nicht länger als unbedingt nötig außerhalb der Stadt sein.

Da die Amerikaner gerade keinen Lear-Jet verfügbar hatten, erwartete mich am nächsten Tag ein großes Militärflugzeug für den Transport von Lastwagen und Panzern. Etwas groß für mich allein, aber ich nahm das Angebot dankbar an, denn so gewann ich Zeit. Vor dem Abflug konnte ich sogar noch für eine Stunde nach Hause fahren und mich umziehen. Um sieben Uhr starteten wir in Tempelhof.

In Bonn war von der fundamentalen Veränderung, die in der Nacht durch Deutschland gegangen war, nichts zu spüren. Keine Trabis, keine jubelnden Massen, normaler Alltag. Fast unwirklich. Das Regierungsviertel war so früh am Morgen ruhig und leer. Die Spitze der Regierung reiste durch Polen. Im Bundesrat wurde ich von den Kollegen aus den Ländern mit Fragen bestürmt. Vor allem war noch unklar, ob an den Grenzübergängen wieder kontrolliert wurde, wie *Radio DDR* es in der Nacht für die Zeit ab acht Uhr angekündigt hatte, oder ob die Reisenden weiterhin frei passieren konnten. Ich telefonierte gegen halb neun mit Berlin und erhielt eine beruhigende Auskunft: Die Grenzen waren weiterhin offen, es wurde nicht kontrolliert. DDR-Innenminister Dickel bestätigte im Laufe des Tages offiziell, dass man »auf Dauer« bei den Regelungen der Nacht bleiben werde. Zugleich hatte er die Öffnung des U-Bahnhofs Jannowitzbrücke im Bezirk Mitte und die Einrichtung der von uns gewünschten Busverbindungen angekündigt. Der normale DDR-Personalausweis reichte zur Ausreise, im Durcheinander der Tage tat es mitunter sogar der Führerschein oder ein anderes offizielles Dokument.

Allerdings begannen die Grenzer wieder mit Kontrollen bei

einreisenden Bürgern aus der Bundesrepublik. An den Übergängen Friedrichstraße und Heinrich-Heine-Straße verlangte man von den Westberlinern wieder einen Berechtigungsschein.

Um neun Uhr trat ich an das Rednerpult des Bundesrats. »Sehr geehrte Damen und Herren, ich möchte meine Antrittsrede mit einem ungewöhnlichen Geständnis beginnen: Ich habe heute Nacht nicht geschlafen. Und viele von Ihnen sicher auch nicht. Wer diese Nacht in Berlin erlebt hat oder diese Nacht am Fernsehschirm verfolgt hat, der wird den 9. November 1989 nie vergessen. Gestern Nacht war das deutsche Volk das glücklichste Volk auf der Welt. Es war der Tag des Wiedersehens zwischen Menschen aus beiden Teilen Berlins. Es war die Nacht, in der die Mauer ihren trennenden Charakter verloren hat. Das Volk der DDR hat sich diese Freiheit auf der Straße erkämpft – und es hat gestern zum ersten Mal diese Freiheit gefeiert. Zusammen mit den Westberlinern auf dem Kurfürstendamm und dem Alexanderplatz. 28 Jahre, seit dem 13. August 1961, haben wir diese Stunde ersehnt und erhofft. 28 Jahre lang sind Menschen an der Mauer erschossen worden oder elend gestorben, nur weil sie über die Grenze wollten. Jetzt, in der Stunde der Freude, wollen wir der Opfer gedenken.

Hohe Lasten und große Probleme werden auf alle Länder der Bundesrepublik Deutschland zukommen, das wissen wir wohl. Aber wenn wir nie vergessen, welches Leid diese Mauer verursacht hat, und wenn wir uns stets die glücklichen Gesichter und die Freude von gestern Abend in Erinnerung rufen, dann werden wir die Herausforderung gemeinsam meistern und unserer Verantwortung als Landesregierungen gerecht werden.«

Und ich fuhr fort: »Wenn wir den Veränderungen in Europa gerecht werden wollen, dann müssen wir in den Köpfen beweglich sein. Wir müssen die Mauer in unseren Köpfen beseitigen. Wir dürfen nicht verharren in alten Konfrontationen und Blockdenken. Nichts wird in Europa bleiben, wie es war.«

»Die Geschichte macht einen Sprung«

Vor meinem Rückflug nach Berlin erfuhr ich, dass nicht nur die Sondersitzung des Abgeordnetenhauses um dreizehn Uhr stattfinden würde, sondern anschließend auch eine Freiheitskundgebung auf dem John-F.-Kennedy-Platz vor dem Rathaus Schöneberg. Der Präsident des Abgeordnetenhauses, Jürgen Wohlrabe (CDU), wollte dazu als Veranstalter über die Radio- und Fernsehsender aufrufen. Mir wurde mitgeteilt, dass der Bundeskanzler seinen Besuch in Polen unterbrechen und mit dem halben Bundeskabinett nach Berlin kommen würde. Die Parteien in Berlin verständigten sich schnell auf die Reihenfolge der Redner.

Nach der Eröffnung der Kundgebung durch Jürgen Wohlrabe sollte der Bundeskanzler als Erster reden, wie es dem Amt gebührte. Dann ich, nach mir Außenminister Genscher und als letzter Willy Brandt. Wie musste ihn dieser Tag berühren! Abends zuvor im Bundestag, als die Nachricht von der Maueröffnung gekommen war, soll er Tränen in den Augen gehabt haben. Sofort war er nach Berlin geeilt, in die Stadt, die er neun Jahre lang regiert und in der er die bitterste politische Erfahrung seines Lebens gemacht hatte: den Bau der Mauer.

Wieder zurück in Berlin fuhr ich direkt zum Brandenburger Tor, wo sich Willy Brandt zusammen mit dem früheren Regierenden Bürgermeister Dietrich Stobbe aufhielt. Diese Fahrt am Freitag, dem 10. November 1990, war keine Autofahrt im eigentlichen Sinn, sondern ein Kampf durch total verstopfte Straßen. So voller Autos und Menschen habe ich die Stadt vorher und später nicht erlebt: Es war ein einziger Stau. Der Mehringdamm, die Uferstraßen, die Stresemannstraße, die Linkstraße, alles war zu. Es ging höchstens schrittweise voran. Ich stieg in den mich begleitenden Polizeiwagen um, und dann fuhren wir im Schritttempo mit Blaulicht über die Fahrrad- und

Gehwege, anders war nicht durchzukommen. Wir brauchten dennoch etwa eine Stunde. Wie wir über Funk hörten, erging es Willy Brandt nicht anders. Vom Lagedienst der Landespolizeidirektion vernahm ich, dass die Entwicklung am Brandenburger Tor beunruhigend sei. Auf der breiten Mauerkrone stünden dicht an dicht junge Menschen. Einzelne wären von der Mauer gestürzt und hätten sich verletzt. Die Grenztruppen wollten die Menschen von der Mauer herunterholen. Wir wussten nicht, was sie unternehmen würden, um dieses Ziel zu erreichen.

Am Brandenburger Tor fiel es nicht schwer, Willy Brandt in der Menge zu finden: Zahlreiche Kameras und Scheinwerfer waren auf ihn gerichtet. Hunderte von jungen Leuten saßen friedlich auf der Mauer, tranken Sekt und Wein und sangen: »So ein Tag, so wunderschön wie heute«. Einige bearbeiteten die Mauer mit Hammer und Meißel und steckten sich die herausgebrochenen Stücke als Souvenir ein: die ersten Mauerspechte. Willy Brandt stand in der Menge mit glänzenden Augen. Hier hatte er auch 1961 gestanden, genau an dieser Stelle, und keine Macht der Welt konnte und wollte den Berlinern damals helfen, als die Presslufthämmer den Boden aufrissen und der Stacheldraht ausgerollt wurde. Vergeblich hatte er die Westmächte damals zu energischen Schritten aufgefordert. Aber ihre Reaktion verhallte als hilfloser Protest.

Formal waren die Rechte der Westalliierten nicht berührt, ihre Sektoren nicht angegriffen worden. Sie behielten den freien Zugang nach Ostberlin sowie das Recht zur Nutzung der Luftkorridore und der Transitwege. Der amerikanische Vizepräsident Lyndon B. Johnson kam damals nach Berlin und erneuerte die Schutzmachtgarantien für den Westteil der Stadt. Er schickte fünfzehnhundert Mann zur Verstärkung der Garnison, die demonstrativ über die Transitwege einrückten. Das war alles, es blieb bei symbolischen Aktionen. Gegen die Mauer konnten und wollten die Alliierten nicht mit militärischer Gewalt vorgehen. Wir Berliner hatten damals die Einteilung Europas in Interessensphären zu akzeptieren. Durch die von Willy Brandt geprägte Deutschlandpolitik der 60er und 70er Jahre, vor allem mit dem Viermächteabkommen von 1971, wurden die Folgen der Teilung gemildert, aber sie blieb eine schwärende Wunde. Unvergessen und wohl auch unverziehen war für Willy Brandt die Tatsache, dass Bundeskanzler Adenauer damals erst neun Tage nach dem Mauerbau nach Berlin gereist war. Die Stadt fühlte sich im Stich gelassen. Millionen Menschen waren verzweifelt, abgetrennt von ihren Verwandten und Familienangehörigen. Viele Arbeiter aus dem Ostteil der Stadt fehlten plötzlich in den Betrieben im Westen. Wichtige Verkehrsverbindungen waren über Nacht abgeschnitten. Eine Millionenstadt musste sich von einem Tag zum anderen daran gewöhnen, ganz isoliert zu sein. Die Stadtverwaltung musste völlig umgestellt werden, die Wirtschaft sich auf die neue Situation einstellen, eine Herkulesarbeit für die Beamten und Politiker und eine psychologisch und organisatorisch schwierige Aufgabe. Es war die gleiche Arbeit, die jetzt, 1989, umgekehrt von uns zu leisten war. Wieder änderten sich die fundamentalen Bedingungen der Existenz Berlins über Nacht. Wieder musste alles komplett neu organisiert werden. Keine andere Stadt der Welt hat ähnlich existenzielle Ereignisse so häufig in diesem Jahrhundert erlebt wie die deutsche Hauptstadt. Das macht die Tragik, aber auch die Stärke Berlins aus. Am Rhein, wo alles Jahrzehnte so geblieben ist, wie es immer war, haben viele Politiker die Tragweite der Umwälzungen in und für Berlin bis heute nicht begriffen.

Das Gefühl tiefer Ohnmacht und Wut gegenüber der Mauer hatte Willy Brandt seit 1961 nie wieder ganz losgelassen und seinen Willen geprägt, diese bittere Stunde eines Tages zu überwinden. Freude und Genugtuung standen ihm nun ins Gesicht geschrieben. Am Nachmittag auf der Kundgebung damals drückte er dieses Gefühl so aus: »Berlin wird leben, und die Mauer wird fallen.« Kurz und bestimmt sagte er dies und ohne irgendeinen Zweifel. Ein vernichtender Satz für alle diejenigen, die in Berlin eine Mauer für die Ewigkeit hatten errichten wollen, ein Triumph über die widernatürliche Grenze.

»Na, Bürgermeister, das ist ein Tag«, begrüßte er mich. »Die Geschichte macht auch manchmal Sprünge nach vorn. Heute ist es soweit.«

Ich antwortete ihm, dass es doch so etwas wie eine historische Gerechtigkeit für die Berliner gäbe. Und welche Freude und welche Lust es sei, an diesem Tag Bürgermeister zu sein.

Wir hielten über Megafone kurze Ansprachen an die Menschen auf der Mauerkrone und vor der Mauer. Wir sagten, wie sehr wir uns über die Öffnung der Mauer freuten, und baten die Menge, dieses schöne Ereignis nicht durch unbedachte oder übermütige Handlungen zu gefährden. Wir waren umlagert von Journalisten. Die Menschen wollten vor allen Dingen zu Willy Brandt; sie drängten vor, um ihm die Hand zu schütteln, um ihm zu sagen, welch großen Anteil er persönlich an der Maueröffnung habe. Aber sie kamen kaum durch. Die Journalisten mit ihren Aufnahmegeräten und Kameras umlagerten Willy Brandt, wollten förmlich jedes Wort von ihm aufschnappen.

Ich sagte zu ihm: »An diesem Tag kann ich annähernd nachvollziehen, wie dir zumute gewesen sein muss, als die Mauer gebaut wurde.« Er lächelte fast versonnen in sich hinein. Jeder sah: Willy Brandt war glücklich.

Die Lage am Brandenburger Tor erfüllte uns mit Sorge. Keine dreihundert Meter jenseits des Tors befand sich der stalinistische Prunk- und Repräsentationsbau der sowjetischen Botschaft, an der Straße Unter den Linden. Dieses Botschaftsgebäude war das Symbol des Siegs der Sowjetunion über Hitlerdeutschland, aber auch das Symbol für das Vordringen und die Vorherrschaft des Sowjetkommunismus in der Mitte Europas und im Herzen Deutschlands. Vorgänge in diesem Gebiet berührten sehr unmittelbar sowjetische Interessen. Am 17. Juni 1953 waren hier die ersten Schüsse gefallen, als Demonstranten auf dem Tor die rote Fahne zunächst gegen die Berliner Fahne und dann gegen die schwarz-rot-goldene deutsche Fahne ausgetauscht hatten. Daran erinnerten wir uns jetzt.

In der zurückliegenden Nacht war der östlich vor dem Tor gelegene Pariser Platz von der Menge gestürmt worden. Von Osten und von Westen waren sie gleichzeitig gekommen, und die Bewacher des Tors waren für einige Stunden erschrocken abgezogen. Zum ersten Mal seit 28 Jahren konnten die Menschen wieder durch die Säulen des klassizistischen Bauwerks laufen und direkt unter der Quadriga stehen. Die, die den Platz in der Nacht gestürmt hatten, waren von beiden Seiten aber fast ausschließlich Westberliner gewesen. Sie hatten an der Invalidenstraße die Grenze passiert und waren dann von der Ostseite her direkt zum Brandenburger Tor gezogen. Ein Ostberliner Bürger wäre auch kaum auf die Idee gekommen, bei der Nachricht von der Grenzöffnung ausgerechnet dahin zu gehen, wo gar kein Übergang war. Die Westler aber zog es sofort zu diesem nationalen Symbol. So wurden die Unterschiede im Erleben schon in der Nacht des 9. November deutlich.

Die jungen Leute auf der Mauerkrone vor dem Brandenburger Tor waren sehr ausgelassen, einige schwenkten schwarzrot-goldene Fahnen, die meisten hatten Flaschen mitgebracht. In der Nacht waren leere Flaschen und Dosen in Richtung der Grenzsoldaten geworfen worden. Mich beunruhigte, dass die dort eingesetzten Grenzsoldaten offensichtlich sehr jung waren, wahrscheinlich zum Teil Wehrpflichtige, die in ihren oft zu weiten Arbeitsuniformen wie Kinder wirkten. Keiner wusste, wie sie in Bedrängnis reagieren würden. Da die Mauer dort, wie fast überall, aus Westsicht einige Meter hinter der Sektorgrenze verlief, konnte unsere Polizei nicht eingreifen, um einen friedlichen Verlauf zu sichern. Wir brauchten dringend Kontakte zur Volkspolizei und den Grenzern, um die für die nächsten Tage zu erwartenden Entwicklungen unter Kontrolle halten zu können.

Am Grenzübergang Invalidenstraße war es noch in der ersten Nacht gelungen, einen Kontakt zwischen unserer Polizei und dem dort verantwortlichen Offizier der Grenztruppen herzustellen. Über diesen Offizier war dann mit Oberst Leo, dem Chef der Grenztruppen im Bezirk Mitte, Verbindung aufgenommen worden. Dieser umständliche Weg reichte allerdings für Krisensituationen, die sich schnell ergeben konnten, nicht aus. Wir brauchten eine direkte Telefonverbindung und möglichst auch eine Fernschreibleitung zur Volkspolizei in Ostberlin. Nach Möglichkeit sollten ein oder zwei höhere Polizeibeamte von uns als Verbindungsleute hinübergehen, wie wir auch ein oder zwei Volkspolizeioffiziere zu uns einladen wollten. Damit könnten bei den für die nächsten Tage zu erwartenden riesigen Menschenmassen die Lagebeurteilungen auf beiden Seiten schnell abgestimmt und die notwendigen Maßnahmen gemeinsam geplant werden.

Wir mussten solche Initiativen und Kontaktabsichten natürlich mit den westlichen Stadtkommandanten absprechen. Sie beurteilten die Lage, insbesondere die am Brandenburger Tor, ähnlich ernst wie ich. Der Schaffung einer direkten Telefonverbindung stimmten sie sofort zu, so dass der Polizeipräsident noch am Freitag, über den Verbindungsmann in der Invalidenstraße, ein Gesprächsangebot unterbreiten konnte. Damit das Vorhaben auf der Ostseite nicht im Apparat steckenblieb, ließ ich durch den Chef der Senatskanzlei auch Schabowski telefonisch unterrichten.

Nach 41 Jahren Unterbrechung kam es tatsächlich umgehend zu einer dienstlichen Besprechung zwischen dem Polizeipräsidenten in Westberlin und leitenden Offizieren des Präsidiums der Volkspolizei in Ostberlin. Bereits am Sonntag ging die direkte Leitung zwischen beiden Präsidien in Betrieb, und Funkgeräte wurden ausgetauscht. Die Inbetriebnahme der Leitung war auch höchste Zeit, denn in der Nacht von Freitag zum Sonnabend begannen einige junge Männer am Brandenburger Tor damit, die Mauer mit Hammer und Meißel, aber auch mit Spitzhacken von der Westseite her einzureißen. Ein Mauersegment wurde mit einer Kette umwickelt und von einem vorgespannten Allradfahrzeug aus seiner Verankerung gerissen. Es drohte Gefahr für die Schaulustigen auf und vor der Mauer. Die DDR-Grenzer hatten die Menschen mit Wasser aus Feuerwehrschläuchen bespritzt und so von der Mauer verjagt.

Über den neuen Informationsweg benachrichtigten wir die andere Seite, dass wir zwei Dutzend Mannschaftswagen der Polizei, sogenannte Wannen, über die weiße Linie fahren lassen und direkt vor der Mauer als Absperrung aufstellen würden. Das funktionierte und brachte endlich etwas Ruhe in die Lage am Brandenburger Tor. Wir wollten nicht, dass diese glücklichen Stunden durch Hitzköpfe gefährdet wurden.

Die Entwicklung in Berlin war die Top-Nachricht in aller Welt. In Windeseile entstand auf der Straße des 17. Juni vor dem Brandenburger Tor ein wildes Mediendorf, das später eine geradezu beängstigende Größe annahm. Von Containern, Podesten, Satellitenschüsseln, Kränen und Flutlichtmasten war die Straße fast vollständig blockiert. Das Brandenburger Tor war schlagartig wieder als Symbol für die gemeinsame deutsche Nation ins Bewusstsein gerückt, als Schicksalsort der Deutschen: Siegesparaden des Kaisers, Aufmärsche der Nazis, Sperrung durch die Betriebskampfgruppen. Hier war die Stimmung eine ganz andere als an den geöffneten Übergängen, durch die fröhliche Menschenmassen zogen. Hier war alles politischer, emotionaler, nationaler.

Helmut Kohl: »Lenin spricht, Lenin spricht!«

Die Sondersitzung des Abgeordnetenhauses, die erst am frühen Nachmittag begann, wurde bestimmt von einer ärgerlichen und überflüssigen Diskussion über die Wiedervereinigung. Das Niveau war dem Ereignis in keiner Weise angemessen. Der CDU-Fraktionsvorsitzende, Eberhard Diepgen, sprach als Erster und begann seine Rede mit dem Satz: »Heute ist der Tag der nationalen Einheit.« Er forderte den sofortigen Abriss der Mauer und wandelte ein Zitat von Präsident Reagan ab: »Ich rufe Herrn Krenz zu: Öffnen Sie das Brandenburger Tor.«

Ich fragte mich, was solche plakativen Forderungen an einem Tag sollten, an dem es wahrlich schon genug zu feiern galt und die Mauer gerade an vielen Stellen geöffnet worden war. Zumal wir eher bemüht waren, die Lage am Brandenburger Tor zu beruhigen. Aber jeder profiliert sich, so gut er kann.

Während nach und nach die Ehrengäste, Bundeskanzler Kohl sowie die Minister Wilms, Genscher, Lehr, Töpfer, Riesenhuber, Seiters und Kiechle eintrafen und schweigend in der ersten Reihe neben Willy Brandt Platz nahmen, entspann sich am Rednerpult ein heftiger Streit um eine Resolution, die das Abgeordnetenhaus verabschieden sollte. Die CDU hatte vorgeschlagen, als Kernaussage eine abgewandelte Passage aus Willy Brandts »Brief zur deutschen Einheit« von 1972 zu übernehmen: »Das Abgeordnetenhaus von Berlin hält fest an dem Ziel, auf einen Zustand des Friedens und der Einheit Europas hinzuwirken, in dem auch das deutsche Volk in freier Selbstbestimmung seine Einheit erlangen kann.«

Die SPD hätte diesem Antrag zugestimmt, doch der Koalitionspartner Alternative Liste wollte ihn nicht mittragen, weil darin das Wort *Einheit* vorkam. In der ersten wichtigen Entscheidung nach der Öffnung der Mauer war die rot-grüne Koalition damit schon zerstritten – ein Menetekel für die ganze spätere Entwicklung des rot-grünen Regierungsbündnisses in Berlin, das, wie sich zeigte, nicht stabil und flexibel genug war, um der historischen Herausforderung letztlich gerecht werden zu können. Im Grunde hätte man es damals schon beenden müssen, doch eine andere Mehrheit war im Parlament nicht möglich – außer einer Großen Koalition, die damals weder ich noch irgendein anderer führender Sozialdemokrat, soweit mir bekannt war, wollte.

Mühsam wurde hinter den Kulissen um eine gemeinsame Formulierung der Koalitionspartner gerungen. Selbst der SPD-Vorsitzende, Hans-Jochen Vogel, hatte mit der AL gesprochen und versucht, sie für den Text des Briefs zur deutschen Einheit zu gewinnen, allerdings vergeblich. Der Antrag, den die Koalition schließlich einbrachte, lautete zu dieser Frage: »Das Abgeordnetenhaus von Berlin hält fest an dem Ziel, auf einen Zustand des Friedens und der Einheit Europas hinzuwirken, in dem auch das deutsche Volk in freier Selbstbestimmung zu der Gestaltung seines Zusammenlebens gelangen kann, für die es sich in Ausübung seines Selbstbestimmungsrechtes entscheidet.«

Das war ein verquer formulierter Kompromiss, der schließlich nach zwei Stunden heftiger Debatte gegen die Stimmen der CDU und der »Republikaner« beschlossen wurde.

Es machte die Sache nicht würdiger, dass Parlamentspräsident Wohlrabe wenig später auf der Freiheitskundgebung alle diese Feinheiten und das Abstimmungsergebnis im Parlament ignorierte und einfach den abgelehnten CDU-Text als beschlossenen Antrag vorlas. Die kleinliche Debatte um das richtige Bekenntnis zur deutschen Einheit missfiel nicht nur sichtlich dem Kanzler und seiner Gefolgschaft, sie missfiel vor allem den Tausenden, die draußen vor dem Rathaus auf den Beginn der Kundgebung warteten. Die Sitzung im Parlament wurde per Lautsprecher ins Freie übertragen. Ein gellendes Pfeifkonzert scholl zu uns in den Saal herauf.

Die Stimmung draußen erreichte ihren Tiefpunkt, als der fraktionslose Abgeordnete Andres, der früher den »Republikanern« angehört hatte, statt zu reden, am Mikrofon mit schräger Stimme das Deutschlandlied anstimmte.

Mit einer einstündigen Verspätung eröffnete Parlamentspräsident Wohlrabe vor dem Rathaus Schöneberg die Kundgebung.

Der Kanzler wirkte sehr nervös und mürrisch. Auf dem Weg durch das Rathaus zur Kundgebung fragte er mich nach der Rednerfolge, die ich ihm nannte (Wohlrabe – Kohl – Momper – Genscher – Brandt). Er fuhr mich an, er wolle als Letzter reden. Ich verwies ihn an Wohlrabe, der der offizielle Veranstalter sei. Ich hatte die Rednerfolge nicht bestimmt. Kohl setzte sich bei Wohlrabe durch. Ich empfand das Verhalten als kleinlich, aber mir war jede Reihenfolge recht.

Rund 50.000 Menschen hatten sich auf dem John-F.-Kennedy-Platz versammelt. Die Zusammensetzung des Publikums überraschte mich. Ich hatte eher ältere Berliner erwartet, Leute mit Kerzen in der Hand, die sich noch an den Mauerbau und John F. Kennedys legendären Auftritt 1963 erinnerten, und ich hatte auch mit Berlin- und Deutschlandfahnen gerechnet. Stattdessen waren hier vornehmlich junge Leute in Jeans und Lederjacke zusammengekommen. Etwa die Hälfte der Teilnehmer kam offensichtlich aus der DDR. Die Friedensbewegung der 80er Jahre, das war die Freiheitsbewegung der Jugend. Auf den Transparenten stand: »Gorbi, Gorbi« und »Im Westen nichts Neues?«

Die Stimmung war von Beginn an eher aggressiv gegenüber dem Kanzler, einige riefen »Annaberg« und »Bitburg, Bitburg«. Als ich die Teilnehmer begrüßte, zog ich absichtlich bei der Aufzählung der Namen den Kanzler und den Außenminister in einem Satz zusammen und machte erst danach eine Sprechpause. Das erschwerte es, Helmut Kohl schon bei der Begrüßung auszupfeifen. Ich sprach als Erster nach Parlamentspräsident Wohlrabe, der die Kundgebung eröffnet hatte.

Ich begrüßte unter großem Jubel alle Gäste aus der DDR: »Das freie Reisen ist ein Menschenrecht. Die DDR-Bürger haben es sich gestern genommen, dieses Menschenrecht. So wie sie sich in den letzten Wochen das Recht genommen haben, die Bevormundung abzuschütteln und ihr Land selbst zu gestalten. In der DDR wird jetzt ein faszinierendes Kapitel deutscher Geschichte geschrieben. Dieses Kapitel der Geschichte, das wird vom Volk der DDR selbst geschrieben. Wir beglückwünschen die Bürgerinnen und Bürger der DDR zu ihrer friedlichen und demokratischen Revolution.« Ich wollte den Menschen in der DDR mit diesen Worten Selbstvertrauen und Stolz vermitteln.

Gefühle, die ihnen vierzig Jahre lang systematisch ausgetrieben worden waren. Hinter mir, wo der Kanzler und die Kabinettsmitglieder standen, bemerkte ich heftigen Unmut. »Volk der DDR – unglaublich, unglaublich«, hörte ich.

Ich fuhr fort: »Wir im Westen, wir bewundern den Mut, und wir bewundern die Disziplin der demokratischen Bewegung in der DDR. Die demokratische Kultur der Bürger der DDR ist unverbraucht. Sie zeugt von sozialer Verantwortung und der Abneigung gegen die Ellenbogengesellschaft. Davon werden sich bei uns manche eine Scheibe abschneiden können.«

An dieser Stelle hielt es den Kanzler nicht mehr. »Lenin spricht, Lenin spricht«, zischte er empört hinter meinem Rücken. Für den Rest meiner Rede beruhigte er sich nicht mehr.

Ich erhielt starken Beifall.

Willy Brandt sprach als Nächster und erhielt ebenfalls begeisterten Jubel von der Menge. »Dies ist ein schöner Tag«, begann er leise und gefühlvoll, wie nur er es kann. Er erinnerte an die Zeit des Mauerbaus und die einzelnen Schritte der Entspannungspolitik, die mit der KSZE-Konferenz in Helsinki 1975 ihren Höhepunkt gefunden habe. »Dieses lange Hinbewegen auf Stabilität, auf Abbau statt weiteren Aufbau von Rüstungen macht sich nun bezahlt.« Er rief die DDR-Bürger auf, jetzt im Land zu bleiben und am Aufbau der Demokratie mitzuwirken. »Ich meine, dass es eine lohnende Aufgabe sein kann, am Werk der Erneuerung an Ort und Stelle mitzuwirken und es nicht denen zu überlassen, die übrigbleiben.«

Und er sprach in weiser Voraussicht eine Mahnung an die Menschen im Westen aus, die wir uns auch heute noch vor Augen führen sollten: »Nichts wird wieder so, wie es einmal war. Dazu gehört, dass auch wir im Westen nicht an mehr oder weniger schönen Parolen von gestern gemessen werden, sondern an dem, was wir heute und morgen zu tun, zu leisten bereit und in der Lage sind, geistig und materiell.«

Hans-Dietrich Genscher redete als Dritter. Ihm hatte ich einen Zettel zugesteckt, den mir während Brandts Ansprache ein Mitarbeiter gebracht hatte. Es war eine Liste der Grenzübergänge, die in den nächsten Stunden geöffnet werden sollten. Während der Kundgebung hatte der Chef der Senatskanzlei, Dieter Schröder, mit dem Besuchsbeauftragten der DDR,

Walter Müller, fast genau über den Rednern, in seinem Zimmer im ersten Stock, über diese Liste verhandelt. Neun neue Übergänge waren vereinbart worden, fast eine Verdopplung. Auf einmal ging in wenigen Minuten, wofür wir vorher in zähen Verhandlungen Jahre gebraucht hatten. Ich hatte überlegt, wem ich den Zettel geben sollte, und mich dann für Genscher entschieden, weil ich mich daran erinnerte, wie er am 30. September vom Balkon der Prager Botschaft die erlösenden Sätze an die Flüchtlinge gesprochen hatte.

Die Übergänge, die Genscher jetzt ankündigte, waren in der Tat sensationell, sofern diese Bezeichnung an jenem Tag überhaupt noch ein Maßstab war: Die »Glienicker Brücke« wurde geöffnet, der Weg nach Potsdam. Der Osten nannte sie »Brücke der Einheit«, obwohl sie zum traurigen Symbol der Teilung geworden war. Sie war für den Personenverkehr von den DDR-Behörden vollständig gesperrt worden. Hier durften nur die Diplomaten der vier Mächte durchfahren, und auf ihr tauschten die Sowjetunion und die USA ihre Agenten aus. Durch den Film »Der Spion, der aus der Kälte kam« wurde sie übrigens weltberühmt. Dann »Potsdamer Platz«, ein Name so klangvoll wie der Marienplatz für München, die Zeil für Frankfurt oder der Jungfernstieg für Hamburg: das alte Herz Berlins. Einst Europas verkehrsreichster Platz, war er seit nunmehr über vierzig Jahren eine Ödnis, unbebaut, planiert, von Zäunen durchzogen. »Falkenseer Chaussee« in Spandau gehörte dazu, die Verbindung zum Nachbarort im Westen und in anderer Weise Symbol für eine neue Zeit. Die Alternative Liste diskutierte schon länger den ökologischen Rückbau, also die Einengung dieser Straße, auf der es 28 Jahre lang keinen Durchgangsverkehr mehr gegeben hatte. Jetzt wurde sie wieder zu einer wichtigen Verbindung ins Umland, und an Rückbau war nicht mehr zu denken. »Kirchhainer Damm«, »Eberswalder Straße«, »Puschkinallee«, »Wollankstraße«, »Stubenrauchstraße«, »Philipp-Müller-Straße« waren die weiteren Namen.

Genscher zelebrierte die Liste, ließ jeden Namen lange ausklingen und genoss die Begeisterungsrufe.

Als Letzter sprach Bundeskanzler Kohl. Schon als er ans Mikrofon trat, ertönte ein gellendes Pfeifkonzert, das sich noch steigerte, als er zu reden begann. Ich versuchte, die Menge zu beruhigen, stellte mich neben Kohl und machte für alle deutlich sichtbar eine entsprechende Bewegung mit meinen Händen. Es nutzte nichts. Ich sagte zu Kohl: »Lassen Sie mich mal kurz«, und bat um das Mikrofon.

Doch der Kanzler war erregt. »Nein, ich mach' das allein«, sagte er wütend und stieß mich zur Seite.

Dann fuhr er mit seiner Rede fort, die in dem Lärm fast unterging. Was Kohl sagte, war keineswegs deutschnational oder pathetisch überzogen. Er formulierte eher vorsichtig und zurückhaltend: Jetzt gelte es, »mit Bedachtsamkeit, Schritt für Schritt den Weg in die gemeinsame Zukunft zu finden«, er forderte die SED auf, ihr Machtmonopol aufzugeben, und kündigte an, dass die Bundesregierung den Reformprozess in der DDR unterstützen wolle. Das Wort »Wiedervereinigung« kam in seiner Rede nicht vor, wohl aber sprach er von der »moralischen Verpflichtung, für die Einheit unserer deutschen Nation« zu arbeiten.

Die Pfiffe gegen Kohl waren ungerecht und unflätig. Dass der Kanzler aber, ganz anders als der Außenminister, in dieser Stunde von den Berlinern nicht gern gehört wurde, lag an den politischen Fehlern, die er auf deutschland- und außenpolitischem Feld in den Jahren und Tagen zuvor gemacht hatte. Seine unsensible Haltung zur polnischen Westgrenze, die falsche Symbolik auf dem Annaberg, der Vergleich Gorbatschows mit Goebbels, das alles wurde ihm angekreidet. Kohl vermittelte nicht den Eindruck, als hätte er die Größe und Weitsicht, das Verhältnis der Deutschen zueinander und zu deren Nachbarn in dieser bewegten Zeit ins Reine zu bringen.

Die Kundgebung endete mit einem peinlichen Missklang, für den der christdemokratische Parlamentspräsident Wohlrabe verantwortlich zeichnete. Ohne vorherige Absprache und ohne Vorbereitung fing er an, das Deutschlandlied zu singen. Nichts konnte nach dem Eklat während der Kanzlerrede provozierender sein als dieser krampfhafte Versuch, nationale Symbolik über diese betont antinationale Freiheitskundgebung zu stülpen. Wohlrabe liebte es, sich in Szene zu setzen. Er war dabei leider nicht sonderlich geschmackssicher und hatte uns als Präsident mit seiner politischen Tolpatschigkeit im Abgeordnetenhaus von Berlin immer wieder peinliche Momente beschert. Mir blieb nichts anderes übrig, als trotz der lauten Pfiffe und Buhrufe mitzusingen. Als »Schöneberger Sängerknaben, B-Mannschaft«, sollte dieser Chor in die Berliner Lokalgeschichte eingehen. A cappella: Kohl, Wohlrabe, Genscher, Brandt, Momper und einige Bonner Minister – schlechter wurde das Deutschlandlied selten intoniert.

Nach der Kundgebung ging ich zurück in die Eingangshalle des Rathauses. Ich stand dort mit einigen Mitarbeitern und wartete auf den Kanzler, fast eine Viertelstunde. Dann hörte ich zu meiner Überraschung, er sei schon zusammen mit Eberhard Diepgen zu einer CDU-Kundgebung am Breitscheidplatz an der Gedächtniskirche weggefahren. Die CDU hielt dort parallel zur Freiheitskundgebung am Rathaus Schöneberg eine Veranstaltung ab. Ich war enttäuscht und empört, denn wir wollten natürlich die Gelegenheit nutzen, um mit dem Kanzler und seinen Ministern zu reden. Berlin war in einer außergewöhnlichen Situation und in existenziellen Schwierigkeiten. Erst vor kurzem hatte ich in der Debatte zur Lage der Nation im Bundestag eindringlich an die Bundesregierung appelliert, Berlin angesichts des Zustroms von Aus- und Übersiedlern zu helfen. Und erst vor vier Tagen, am 6. November, hatte ich dem Kanzler einen eindringlichen Brief geschrieben: »Hiermit erlaube ich mir, Ihre besondere Aufmerksamkeit auf die Entwicklungen zu lenken, die der Veränderungsprozess in Ostberlin und der DDR noch im Laufe des Jahres in diesem Teil Berlins hervorrufen dürfte. Der Senat von Berlin hält es für dringend geboten, dass sich die Bundesregierung mit der neuen Lage befasst und dass gemeinsam die notwendigen Entscheidungen vorbereitet werden. In dieser Lage ist es besonders bedauerlich, dass seit Monaten ein Bundesbevollmächtigter in Berlin, der Sie beraten könnte, nicht im Amt ist. Ich habe daher den Wunsch, die Probleme sobald wie möglich mit Ihnen zu erörtern, und bitte um einen Terminvorschlag an jedem für Sie geeigneten Ort.«

Der Kanzler Helmut Kohl war im Rathaus Schöneberg gewesen und hatte es in einer für die Stadt entscheidenden Stunde nicht für nötig befunden, auch nur ein einziges Wort mit den Vertretern des Senats zu wechseln, sondern die Teilnahme an einer CDU-Kundgebung vorgezogen. Ich empfand das als instinktlos.

Die Probleme lagen auf der Hand und waren Bonn mehrfach aufgelistet worden. Bisher hatte es aus Bonn noch keine Reaktion gegeben. Wie sollte zum Beispiel die Auszahlung des Begrüßungsgelds an so viele Menschen bewältigt werden? Es gab nicht annähernd genug Zahlstellen. Unser Vorschlag, dass die Staatsbank der DDR im Land selbst die Auszahlung vornehmen und gleichzeitig dafür nach einem festzulegenden Kurs Mark der DDR eintauschen sollte, wurde nicht einmal beantwortet. Dabei hätte eine solche Lösung mehrere Fliegen mit einer Klappe geschlagen. Niemand hätte nach Westberlin fahren müssen, nur um sich die hundert D-Mark abzuholen, und das Chaos an den Schaltern wäre vermieden worden. Außerdem fiel der gönnerhafte Geschenkcharakter durch den Eintausch von DDR-Mark weg. Und indem die Staatsbank der DDR die eingetauschte Ostwährung an die Bundesbank abführte und diese das Geld dann in Frankfurt einfror, konnte ein erster Schritt zur Verringerung der Geldmenge und damit zur Bekämpfung der Inflation in der DDR getan werden.

Ein weiteres Problem bereitete der Verkehr. Wir brauchten schnell zusätzliche Verbindungen zwischen den beiden Teilen der Stadt. Dazu mussten aber U-Bahnhöfe, Straßen und Brücken kurzfristig repariert werden. Der Bund musste uns finanziell unter die Arme greifen.

Und schließlich gab es die Problematik des Übersiedlerzustroms, der uns finanziell völlig überforderte.

Alle diese Fragen waren dringend klärungsbedürftig. Aber den Kanzler der Bundesrepublik Deutschland interessierten unsere Probleme offenbar nicht. In diesem Moment begriff ich: Der Wahlkampf zur Bundestagswahl hatte heute begonnen. Und das Thema war die Einheit. Vom ersten Augenblick an ging es um Selbstdarstellung und darum, sich patriotisch in Szene zu setzen. Man wollte den Zipfel vom Mantel der Geschichte erwischen. Das bewegte den Kanzler an diesem Tag und sonst nichts. Kohl suchte die Scheinwerfer der Fernsehkameras statt das sachliche Gespräch mit den Verantwortlichen über die Probleme der Grenzöffnung. Er suchte den Applaus der DDR-Bürger auf dem Kurfürstendamm, statt mit uns über praktische Lösungen zu sprechen. Öffentliche Selbstdarstellung hatte Vorrang vor der Arbeit für die Menschen.

Die Spannungen mit Bonn erreichten mit den Ereignissen des 10. November ihren Höhepunkt. Am nächsten Tag griff mich der Bundeskanzler vor der Presse in Bonn frontal an. Er sprach von »Pöbelszenen« in Berlin und kritisierte meinen Satz vom »Volk der DDR«. Das sei nicht sein Verfassungsverständnis, sagte er. »Momper spricht eine andere Sprache als ich.«

Wohl wahr, ich hatte diese Formulierung bewusst gewählt. Denn ich hielt es für angebracht, vom Westen aus den Bürgerinnen und Bürgern der DDR, die sich gegen ihren Staat erhoben hatten, zu danken und ihr Selbstvertrauen zu stärken. »Wir sind das Volk«, mit dieser Losung hatten sie der »Stasi« und der SED getrotzt. Die Bonner CDU machte den Senat und mich für die peinlichen Teile der Freiheitskundgebung vor dem Rathaus Schöneberg verantwortlich. Von einem »organisierten Vorgehen gegen den Kanzler« war die Rede. Rot-Grün habe mobilisiert, hieß es. Das war absurd, denn Parlamentspräsident Wohlrabe (CDU) war der Veranstalter gewesen. Zur Kundgebung, die von der Union am Breitscheidplatz organisiert worden war, seien über 200.000 Teilnehmer gekommen, aber das Fernsehen habe sie ignoriert, hieß es vorwurfsvoll aus dem Bonner Konrad-Adenauer-Haus. Tatsächlich waren dort wirklich so viele oder sogar noch mehr Menschen gewesen, aber die waren an diesen Tagen zu jeder Zeit in der Berliner City. Hunderttausende, vor allem DDR-Bürger, waren auf den Straßen. Der Kurfürstendamm und die Tauentzienstraße waren die Hauptattraktion beim ersten Westbesuch.

Besonders ärgerte mich, dass Bonn so unflexibel und unpraktisch auf die neue Situation reagierte. Ministerin Wilms lehnte eine Auszahlung des Begrüßungsgelds durch die Staatsbank der DDR brüsk ab. Sie sagte, dies sei ein »Gastgeschenk für die Besucher und deshalb vom Gastgeber am Besuchsort zu überreichen«.

Diese Gönnerhaltung bescherte uns in Berlin das blanke Chaos. Der Andrang vor den Banken und Sparkassen war so groß, dass viele DDR-Bürger ihren ersten Tag im Westen mit Warten und Schlangestehen verbringen mussten. Das war unwürdig und beschämend. Obwohl die Berliner Geldinstitute und ihre Mitarbeiter sich auf Bitten des Senats hin spontan bereiterklärten, sogar an den Wochenenden die Schalter offenzuhalten, und wir außerdem öffentliche Zahlstellen in allen Rathäusern und Dienstgebäuden einrichteten, wurden die Schlangen nicht kleiner. Aber das konnten sich Frau Wilms und die Beamten fernab in Bonn, wo sich kaum ein DDR-Bürger in eine Bank verirrte, nur schwer vorstellen.

Am ersten Wochenende kamen wohl zwei Millionen Menschen nach Westberlin; so etwas hatte die Stadt noch nie erlebt und wird sie wahrscheinlich nie wieder erleben. Die U-Bahnhöfe zwischen Rudow und Spandau mussten zeitweilig geschlossen werden, weil die Bahnsteige überfüllt waren. Die Mitarbeiter des öffentlichen Dienstes, der Banken und der karitativen Organisationen leisteten Einmaliges. Noch an diesem Wochenende wurden Buslinien nach Potsdam, Nauen, Oranienburg und Schönefeld eingerichtet. Die großen gelben Doppeldecker, die als Symbole Westberlins bis dahin nicht einmal zu den Umsteigestellen an den Grenzübergängen fahren durften, tauchten jetzt mitten in der DDR auf. Wo sie in der Stadt fehlten, setzten die Alliierten ihre Militärbusse ein. Das Wochenende nach der Maueröffnung war ein großes Gemeinschaftswerk – und es war erfolgreich.

Eine Trabi- und Wartburginvasion in Richtung Bundesrepublik und Westberlin hatte inzwischen den Verkehr auf sämtlichen Transitstrecken zum Erliegen gebracht. Es gab riesige Staus an den Übergängen. Aber nicht die DDR war dafür verantwortlich, sie hatte sämtliche Kontrollen eingestellt.

Die Ursache lag im Westen. Dort mündete der stark angeschwollene Verkehr aus dem Osten nach wie vor in eine einzige Fahrspur, und es wurden auf westlicher Seite sogar noch Stichprobenkontrollen vorgenommen. Besonders genau nahm es die bayerische Grenzpolizei am Übergang Rudolphstein. Sie war den Berlinern schon immer wegen ihrer pingeligen und langsamen Art der Ausweiskontrolle aufgefallen. Jetzt mussten die Reisenden dort unverändert ihre Papiere vorlegen und wurden, wenn sie aus der DDR kamen, nach dem Woher und Wohin befragt, als hätte sich nichts geändert. Zudem behinderten in Rudolphstein Schaulustige aus dem Westen den Verkehr, ohne dass die Polizei dagegen irgendetwas unternahm.

Die Berliner fühlten sich wie im Gefängnis. Alle Flüge waren ausgebucht, in den Zügen gab es kaum mehr Stehplätze, und auch die letzten Wege in den Westen, die Transitautobahnen, waren verstopft. Das traf einen sensiblen Nerv der Westberliner, denn seit den Zeiten der Blockade reagierten die Menschen in der Stadt empfindlich auf jede Art von Behinderung auf den Transitwegen. In der Schlange vor den Grenzen warten, davon hatten die Westberliner in den letzten 45 Jahren mehr als genug gehabt.

Wir telegrafierten dem Bundesinnenminister mehrfach, sofort für eine flüssige Abfertigung an den Grenzübergängen zu sorgen, aber nichts geschah.

Am 16. November machte ich im Bundestag in der Debatte zur aktuellen deutschlandpolitischen Situation meinem Ärger Luft und störte damit die Harmonie, die sich nach den eher auf parteipolitischen Konsens angelegten Reden von Bundeskanzler Helmut Kohl und Willy Brandt über das Hohe Haus gelegt hatte. Ich sagte: »Die stundenlangen Verzögerungen auf den Transitstrecken dürfen nicht wieder vorkommen. Es müssen jetzt schnell leistungsfähigere Ost-West-Verbindungen geschaffen werden. Wo bleiben das Konzept, wo die Gespräche? Wir in Berlin können die Probleme nicht aussitzen. Wir müssen reagieren, weil über zwei Millionen DDR-Besucher vor unserer Haustür stehen. Die Behörden des Bundes aber waren auf den Besucherandrang unzureichend vorbereitet. Jetzt ist es an der Bundesregierung, uns zu unterstützen.«

Am 26. November, einem Sonntag, zog der Senat in einer ganztägigen Klausur Bilanz über die Probleme, die durch die Maueröffnung entstanden waren. Vieles war in der Hektik der ersten Tage nur provisorisch gelöst worden und musste nun dauerhaft geregelt werden. Mit einer langen Liste von Vorschlägen und Forderungen fuhren wir am 1. Dezember nach Bonn zu einem Gespräch mit dem Bundeskanzler und seinen wichtigsten Ministern. Endlich, nach sechs Wochen Bitten und Betteln, wurden wir Berliner direkt angehört.

Der Kanzler bemühte sich sichtlich, nicht den geringsten Anschein von Berlinfeindlichkeit aufkommen zu lassen, denn in der Presse waren sein Verhalten am Tag nach der Maueröffnung und seine Attacken gegen Berlin zunehmend kritisch kommentiert worden. Barsch gab er seinen Ministern Arbeitsaufträge und forderte Berichte innerhalb kürzester Zeit. Ich war erstaunt, mit welchem autoritären Gebaren er im Kreis seines Kabinetts regierte und wie selbstverständlich seine Minister den Befehlston und sogar Zurechtweisungen hinnahmen. Immerhin geschah das in Gegenwart der rot-grünen Regierung aus Berlin, die man in Bonn bisher wie den politischen Hauptfeind behandelt hatte. Allerdings hatte genau dieser Eindruck unsere Verhandlungsposition gegenüber dem Bund gestärkt. Der Kanzler musste einlenken. Er durfte in der Öffentlichkeit nicht den Verdacht aufkommen lassen, jetzt werde Berlin in einer historischen Stunde im Stich gelassen, nur weil ihm die politische Richtung des Senats nicht passte. Kohl wollte das leidige Thema Berlin wieder loswerden. So wurde das Kriegsbeil zwischen uns begraben, und ich lud Helmut Kohl, einen Freund guten Essens, für seinen nächsten Besuch in Berlin in ein italienisches Restaurant ein. Als »Einladung zur Pizza« wurde diese Geste der Höflichkeit nicht ganz korrekt in der Presse wiedergegeben.

Der Bund erklärte sich damit einverstanden, unsere finanziellen Mehrbelastungen, die durch die deutschlandpolitische Entwicklung entstanden waren, zu tragen. So brauchten wir allein hundertfünfzig bis zweihundert Millionen Mark im Jahr zusätzlich, um die über 25.000 Aus- und Übersiedler betreuen zu können, die in Lagern und Heimen lebten. Auch hatten wir große Einnahmeausfälle in den Kultureinrichtungen und bei der BVG, denn die DDR-Touristen konnten ja nichts bezahlen. Obwohl wir am 26. November als Generallinie beschlossen hatten, halbe Preise in Westmark für die Inanspruchnahme öffentlicher Einrichtungen zu nehmen, blieb ein großes Minus in unseren Kassen. Das größte Finanzloch aber verursachte der Verkehr. Die Straßenanbindungen kosteten viel Geld, ebenso die Inbetriebnahme von U-Bahnhöfen, die zusätzlichen Busse und Waggons und die Sanierung von Brücken in Grenznähe. Wir machten die Bundesregierung auch darauf aufmerksam, dass die DDR-Bürger missbräuchlich Leistungsgesetze in Anspruch nehmen konnten und hier Änderungen dringend nötig waren. Manche DDR-Bürger ließen sich in Westberlin als Bundesbürger registrieren und gaben ihren Ausweis ab, behielten aber ihren alten DDR-Pass. So konnten sie die Startgelder für Übersiedler kassieren und gleichzeitig weiterhin in der DDR leben. Bei offenen Grenzen war das besonders in und um Berlin überhaupt kein Problem und ermöglichte, wenn man das Geld dann auch noch schwarz umtauschte, in der DDR ein einträgliches Leben. Hier musste schnell ein Riegel vorgeschoben werden, denn dieser Missstand erzeugte Wut. Auch in der Westberliner Bevölkerung gab es viele Bedürftige. Die Frage: »Und wer gibt mir hundert Mark?« machte immer häufiger die Runde.

Auf unsere Anregung hin zog der Bund von den Übersiedlern fortan auch den Reisepass ein. Unsere praktischen Schilderungen über die Missbrauchsmöglichkeiten nötigten dem Kanzleramtsminister Rudolf Seiters Respekt ab: »Manchmal sind wir hier doch weit weg von den Dingen«, gab er offen zu.

Der erste Tag im Westen

Zur Ehrenrettung der DDR-Bürger muss gesagt werden, dass diejenigen, die die Leistungsgesetze missbrauchten, nur eine verschwindende Minderheit darstellten. Etliche DDR-Bürger, die – ob »versehentlich« oder nicht – das Begrüßungsgeld doppelt oder sogar mehrfach bezogen hatten, entschuldigten sich später sogar schriftlich bei mir. Ein Familienvater aus Görlitz schrieb mir: »Werter Herr Momper. Wir stammen aus einfachen, ehrlichen Verhältnissen, haben keine Verwandten außerhalb unseres Landes und können auch noch nicht das Fernsehen der BRD und Berlin (West) empfangen. So traf es uns freudig und mehr als überraschend, nach der BRD und Berlin (West) reisen zu dürfen. Leider können wir es nicht unter den derzeitigen Umständen (Verkehrschaos, übervolle Verkehrsmittel und auch unsere soziale Lage) als vollständige Familie. So fuhr ich allein nach Berlin (West). Mein Wunsch war es, etwas von Stadt und Leuten kennenzulernen. Ich wollte mein ›verordnetes Feindbild‹ auf Realität überprüfen, wenigstens einen Anfang dazu finden. Vor allem wollte ich einen Konsumartikel (Ölradiator) erwerben, der bei uns nicht erhältlich und auf dem ›schwarzen Markt‹ für uns nicht bezahlbar ist. Unser Sohn hat eine schwere Schädigung, und dieser Radiator ist eine Hilfe bei sämtlichen auftretenden Eventualitäten (Heizung).

Also fuhr ich nach Berlin. Ich schwamm unsicher, teilweise unwissend in dieser Woge mit, staunte und versuchte, auch hinter die Kulissen zu schauen. Mein Begrüßungsgeld erhielt ich in Steglitz. Vorher bat ich, unseren Sohn bitte zu berücksichtigen, da er derzeit keine Chance hat, das alles zu erleben, und das Geld hätte uns auch ehrlich gefehlt. Das geschah schnell, ja, überschnell (riesiges Gedränge) und unbürokratisch (auch das war für mich völlig neu). Ich war plötzlich wieder auf der Straße und völlig überrascht, freudig erregt, aber unsicher, unwissend. Nach kurzem Bummel ging ich in eine Bank, mit dem Ziel, Fragen zu stellen: Gibt es das Geld einmalig überhaupt, oder was, wie, wo, warum? Ehe ich mich versah, hatte ich es noch mal und ein freundliches Schulterklopfen dazu. Ich kaufte den Radiator und fuhr nach Hause. Es war sehr anstrengend für mich, von Ost nach West und wieder zurück und abends auf Nachtschicht.

Doch ich machte mir bald ernsthafte Sorgen. Ich habe mich umgehend an unsere Staatsbank in Görlitz gewandt, um mein Problem zu klären. Sie kannten so etwas noch nicht und gaben mir den Rat, mich direkt an Sie zu wenden. Ich erhielt bei Ihnen drei Stempel in den Ausweis, aber 600 DM ausgezahlt. Unwissenheit meinerseits und die Hektik auf den auszahlenden Stellen haben sich wohl zu diesem Fehler summiert. Meine Bitte ist es, mir eine Möglichkeit aufzuzeigen, wie ich diese Schuld (300 DM) tilgen kann, und ich bitte Sie, mich in keiner Form zur Verantwortung zu ziehen. Mir ist so etwas noch nie passiert, und ich habe daraus gelernt. Und ich habe es ohne Zwang und Angst vor Verfolgung getan, denn ich möchte als geachteter Bürger der DDR (deutscher Nationalität) weiterhin Ihre Stadt besuchen dürfen.«

Ehrliches schlechtes Gewissen und auch die Angst vor den Konsequenzen sprachen aus solchen Briefen. Die DDR-Bürger waren es gewohnt, dass ein übermächtiger Staat alles sah, und sie nahmen an, das sei auch bei uns so. Sie fürchteten nichts mehr als ein Einreiseverbot, eine Einschränkung der gerade gewonnenen Reisefreiheit. Andererseits spricht sehr viel Stolz aus diesen Zeilen – nichts anzunehmen, was einem nicht gehört – und das Empfinden für Gerechtigkeit: Keiner soll mehr haben, als ihm zusteht. Dreihundert Mark waren auf dem Schwarzmarkt dreitausend Ost-Mark, das entsprach drei Monatsgehältern. Kaum einer bei uns würde auf die Idee kommen, eine solche Summe freiwillig zurückzuzahlen.

Das gängigste Zahlungsmittel in Berlin war an diesem Wochenende der Hundertmarkschein. Die Konsumlust trieb die DDR-Bürger geradewegs von den Auszahlstellen des Begrüßungsgelds in die großen Einkaufszentren. Auf dem Kurfürstendamm schoben sich die Menschen, der Auto- und Busverkehr musste die ganze Zeit um die City herumgeleitet werden. Der Ku'damm als Fußgängerzone! Den größten Stau gab es auf der Straße des 17. Juni, die praktisch vollständig in einen Abstellplatz für Trabis umgewandelt war. Die Westberliner reagierten mit einer unglaublichen Solidarität und Hilfsbereitschaft auf den Ansturm. Kaum ein Verein, kaum ein Geschäft, kaum eine Institution, die sich nicht eine nette Begrüßungsgeste ausgedacht hatte. Ob es das Freibier in der Kneipe, die ehrenamtliche Kinderbetreuung oder die Gratiskarten zum Fußballspiel Hertha BSC gegen Wattenscheid im Olympiastadion waren: Die Berliner zeigten, dass sie sich freuten.

Freilich gab es auch die ersten peinlichen Szenen, etwa als Obsthändler den Besuchern an einem Grenzübergang vom Lastwagen aus Bananen zuwarfen. Geschäftemacher, Spekulanten und Schieber versuchten, ein Schnäppchen zu machen. Ein Berliner Grundstücksmakler kaufte schon am 10. November morgens ein großes Stück unbebautes Ackerland am Stadtrand in der nicht ganz abwegigen Kalkulation, dass das, was bisher noch als Grünfläche ausgewiesen war, bald doch mit Wohnungen oder Fabriken zugebaut werden würde. Hütchenspieler mischten sich unter die Ahnungslosen, und Versicherungsverkäufer versuchten, sinnlose Verträge loszuwerden. Elektronische Billigware aus Fernost füllte die Regale und die Tische der fliegenden Händler. Allerdings verhielten sich die meisten Besucher doch recht vorsichtig beim Kauf. »Wir wollen nur mal gucken«, war die Standardantwort an die Verkäufer. Die DDR-Bürger bestaunten eine Konsumwelt, die sie bisher nur aus dem Fernsehen kannten. Besonderer Andrang herrschte bei den Sex-Shops und in den Peep-Shows, vor denen sich lange Schlangen Neugieriger bildeten. So etwas hatte es in der DDR nicht einmal »unter dem Ladentisch« gegeben.

Das Begrüßungsgeld wurde meist sehr sorgsam zusammengehalten, vielleicht gezielt ein schon lange ersehntes Produkt gekauft, noch ein »Hamburger« gegessen und eine Dose Coca-Cola für den Rückweg eingepackt. Man wusste, man würde wiederkommen, und das Geld musste für weitere Besuche reichen.

Mit der Maueröffnung setzte sofort die Geldschieberei ein. Die Wechselstuben am Bahnhof Zoo machten Rekordumsätze und erhielten schnell Konkurrenz: Zahlreiche Schwarztauscher lockten auf den Straßen mit Bündeln von Geldscheinen in der Hand und günstigeren Kursen als in den Banken. Der Kurs der Ost-Mark sackte schnell auf eins zu zwanzig ab. Schuld daran waren nicht die Kleintauscher, die ihren Devisenvorrat am

Schwarzmarkt etwas aufbesserten, sondern die Leute, die mit braunen und schwarzen Koffern aus Ostberlin und der DDR herüberkamen und Beträge von mehreren hunderttausend, ja, sogar Millionen Ost-Mark versetzten. Es war offensichtlich: Der Ausverkauf der DDR durch die SED-Bonzen hatte schon begonnen, und ein jeder versilberte den Teil des Volksvermögens, über den er verfügen konnte.

Die Westberliner mieden die City in diesen Tagen, sie zog es zur Mauer. Die Mauerspechte hatten ihre Arbeit aufgenommen, überall wurde gehämmert, und findige Händler boten sogleich das nötige Werkzeug zur Ausleihe an. Schöner ist eine Festung nie geschleift worden. Steinchen für Steinchen, von Millionen Händen, Alten und Jungen, Ostlern und Westlern. Eine Aktion des ganzen Volkes und eine internationale Aktion für Touristen aus aller Welt. Als Ironie der Geschichte machten sie diejenigen, die am meisten unter der Mauer gelitten hatten, bei ihrer Beseitigung schnell noch zu gutem Geld: Einige DDR-Bürger verkauften am Brandenburger Tor Stücke aus dem Kofferraum ihrer Trabis an Touristen, und gemeinsam mit ihnen versuchten junge Türken aus Kreuzberg, die im Schatten der Mauer groß geworden waren, mit den Resten dieser Grenze ein Geschäft zu machen.

Heimkehr nach Potsdam

Abends schaute ich mir noch einmal die neuen Übergänge an, machte vor der Fahrt nach Hause eine kleine Rundfahrt zur Invalidenstraße, zum Brandenburger Tor und vor allem zum Potsdamer Platz, denn auf diesen Platz konzentrierte sich jetzt das Interesse der Medien aus aller Welt. Dort sollte die Mauer für einen neuen Übergang beseitigt werden. Ich stieg auf das Dach eines Mannschaftswagens der Polizei und sah hinüber auf die andere Seite. Die Szene war in gleißendes Licht getaucht. Pioniere der Volksarmee verlegten in hektischer Arbeit eine provisorische Straße, die direkt bis an die Mauer heranführte. Bagger schoben Erdreich zur Seite, und mehrere Presslufthämmer bearbeiteten die Mauer, um die einzelnen Segmente freizulegen. Auch auf unserer Seite waren bereits Bauarbeiten im Gange, die Bellevuestraße wurde bis zur Grenze geteert. Um ein Haar wäre hier noch ein Fehler passiert. Als der Innensenator Erich Pätzold zusammen mit dem Chef der Senatskanzlei kurz zuvor die Stelle inspizierte und auf das Dach einer »Polizei-Wanne« stieg, um über die Mauer hinwegzuschauen, bemerkte er, dass drüben, offenbar aufgrund eines Versehens, auf die alte, für den Verkehr längst geschlossene Potsdamer Straße hingearbeitet wurde statt auf die Bellevuestraße. Sie alarmierten die Bauverwaltung. Ost und West hatten eben noch ganz praktische Anpassungsschwierigkeiten.

Am 11. November, spätabends, nahm ein Kran der DDR-Grenztruppen das erste Stück des Betonwalls an den Haken. Die Fotografen entfachten ein wahres Blitzlichtgewitter. Das Stück war verkeilt in die Nachbarteile, der Bagger zog und rüttelte, aber das Ding hing noch eine Weile fest. Schließlich gab es einen Knall, und das Segment war frei: nach 28 Jahren das erste Loch in der Mauer mitten im Zentrum Berlins. Am Sonntagmorgen, dem 12. November, gegen acht Uhr, kaum zehn Stunden nach dieser Szene, sollte die feierliche Eröffnung des neuen Übergangs Potsdamer Platz stattfinden, die ich zusammen mit meinem

Ostberliner Amtskollegen, Erhard Krack, vornehmen sollte. Als ich eine Viertelstunde vor acht Uhr eintraf, war das Loch in der Mauer schon fast zehn Meter breit. Tausende von Schaulustigen bevölkerten die Szene. Das Podest, das 1961 für die Touristen für einen Blick ins ferne Land aufgestellt worden war, hatte sich beängstigend gefüllt. Der Potsdamer Platz und der Leipziger Platz – sie bildeten die größte Wunde, die Krieg und Teilung in der Berliner Stadtlandschaft hinterlassen hatten. Früher befand sich hier das Stadtzentrum, pulsierte das Leben wie sonst nur noch am Picadilly in London. Fünf Straßen mündeten auf das Areal, ringsum lagen die Geschäfte und Hotels mit den besten Namen. Das »Grand Hotel Bellevue«, das »Esplanade«, das »Pschorrhaus«, das »Haus Vaterland« und das legendäre »Kaufhaus Wertheim«. Am Potsdamer Platz wurde die erste Verkehrsampel Europas aufgestellt, von hier aus starteten U- und S-Bahnen. Auch die Fernbahn hielt gleich nebenan im Potsdamer Bahnhof. So war es vor dem Krieg.

Im November 1989 ähnelte das Gelände einer öden Sandwüste. Die Bomben des Krieges hatten diesen Stadtteil fast völlig zerstört. Was übrig blieb, sprengten DDR-Grenztruppen nach dem Mauerbau, um freies Feld zu schaffen. Auf westlicher Seite konnte das Gelände lange nicht neu gestaltet werden, weil die Eigentumsverhältnisse verworren waren. Erst 1972 war das auf westlicher Seite liegende zerbombte Grundstück des Potsdamer Personenbahnhofs von der DDR zurückgekauft worden, ebenso wie 1987 das Lennésche Dreieck, das bis dahin als DDR-Zipfel nach Westberlin hineingeragt hatte. Beide Grundstücke lagen noch brach. Das ehemalige Hotel »Esplanade« stand noch als Halbruine, gut erhalten war das frühere Weinhaus Huth. Das war alles, was hier noch aus der alten Zeit stand. Direkt an der Mauer waren Barackenbauten und Souvenirläden entstanden, an denen die Reisebusse hielten, damit die Besucher von einem Podest aus einen Blick in den Ostsektor werfen konnten und wo die Stadtrundfahrtbegleiter eine Kaffeepause machten. Nach Osten öffnete sich ein weiter Blick über das ehemalige Regierungsviertel und über die früheren Ministergärten hinweg bis zu den Wohnungsneubauten, die unter Honecker ab der Otto-Grotewohl-Straße, der früheren Wilhelmstraße, errichtet worden waren. Dazwischen war eine kleine Anhöhe erkennbar, die

Reste des Bunkers der Reichskanzlei. Dort hatte sich Hitler in den letzten Kriegstagen verschanzt. (Im Sommer 1990 sollte der Bunker auf Veranlassung des Ostberliner Magistrats endgültig zugeschüttet werden. Vorher erlaubte man der Presse noch einen Blick ins Innere. Kahle, gekachelte Räume erstreckten sich weit unter der Erde, eine riesige Anlage. Wasser war eingedrungen und tropfte von den Decken. Eisentüren, aufgebrochene Panzerschränke, herausgerissene Telefonleitungen und Kabel wiesen auf die frühere Funktion hin.)

Der Potsdamer Platz war (und ist) ein Symbol für die Geschichte Berlins und Deutschlands. Dort brannte das Columbus-Haus am 17. Juni 1953, schoss die Volkspolizei auf die Aufständischen, die in Panik nach Westen flohen, fuhren die sowjetischen Panzer auf – Bilder, die untrennbar mit dem Platz verbunden sind. Am 12. November 1989 aber wurde dort eine der schönsten Seiten der deutschen Geschichte aufgeschlagen. Kein Filmregisseur hätte die Öffnung dieses Übergangs besser in Szene setzen können.

Früher kalter Nebel lag über dem Areal. Fernsehscheinwerfer tauchten die Szene in ein gespenstisches Licht. Hunderte junger Soldaten arbeiteten mit großer Hast an den letzten Metern, schaufelten Schutt und Steine beiseite, fegten den Sand weg, den der Wind in fast drei Jahrzehnten an der Mauer abgelagert hatte, und holten das alte historische Pflaster wieder hervor. Fünf Minuten vor acht Uhr, noch immer war nicht alles fertig. Der Druck der Schaulustigen wurde immer stärker, die Polizeikette auf westlicher Seite drohte auseinanderzubrechen. Ein DDR-Offizier gab kurz einen Befehl, und zwanzig Soldaten überquerten die Grenzlinie. Sie hakten sich mit den Westberliner Beamten unter und hielten die Menge zurück.

Kurz nach acht Uhr war der Übergang passierbar.

Oberbürgermeister Erhard Krack kam mit einem Pulk von Journalisten langsam aus dem Osten heran. Genau dort, wo vor wenigen Stunden noch die Mauer gestanden hatte, gaben wir uns die Hand. Ich sagte: »Hier am Potsdamer Platz war das alte Herz Berlins. Dieses Herz wird jetzt wieder schlagen.«

»Und wir werden in guter Nachbarschaft und Freundschaft leben«, erwiderte Krack. Wir wurden fast erschlagen von den Kameras und Stativen der Fotografen. Das war das härteste Pressegedrängel, das ich bis dahin erlebt hatte. Es ging für uns, wie oft in diesen Tagen, nicht ohne blaue Flecken ab. Dann ging ein Jubelschrei durch die Menge. Im Osten hatten sie die Polizeikette geöffnet. Hunderte Ostberliner rannten auf den Übergang zu. Jetzt gab es auch auf westlicher Seite kein Halten mehr.

Ich hatte mir für die erste offizielle Begegnung mit Erhard Krack etwas Besonderes einfallen lassen und in einem nahen Hotel einen kleinen Raum mit einem Frühstücksbuffet reserviert. Krack war darüber vorab fernmündlich informiert worden und hatte eine Zusage in Aussicht gestellt.

»Ich lade Sie herzlich zum Frühstück mit meiner Frau und mir ein, Herr Krack«, sagte ich jetzt zu ihm. Es sei das erste Mal, dass ein Ostberliner Oberbürgermeister Westberliner Boden betrete. Doch Krack lehnte dankend ab. Er habe eine andere Verabredung, sagte er und wandte sich Richtung Ostberlin ab. Offenbar hatte ihn die massive Präsenz der Presse und der Ansturm der Tausenden aus Ost und West doch unsicher gemacht. Es war auch wirklich furchteinflößend.

Meine Sicherheitsbeamten, einige uniformierte Polizisten und ein Oberstleutnant der Grenztruppen bildeten einen stabilen Ring um meine Frau und mich und um Dieter Schröder und seine Frau, damit wir heil aus diesem Gewühl herauskamen. Je weiter wir uns in Richtung Westen von der weißen Linie entfernten, umso unwohler wurde es dem DDR-Oberstleutnant, eingekeilt zwischen den Menschen, mit seiner Uniform in Westberlin zu sein. Er müsse jetzt zurück, sagte er, aber meine Sicherheitsbeamten meinten, es ginge nicht, dann breche der stabile Ring zusammen.

Schließlich waren wir an der Bellevuestraße aus den Massen heraus, so dass wir ohne die Beamten weitergehen konnten. Ich bedankte mich bei dem Oberstleutnant, und obwohl überhaupt keine Sorge bestand, bat ich die uniformierten Polizisten, ihn bis über die Sektorengrenze zurückzugeleiten.

Nachdem wir gemeinsam an einem Gottesdienst in der Gedächtniskirche teilgenommen hatten, kehrte ich am frühen Nachmittag zusammen mit Bundespräsident Richard von Weizsäcker noch einmal an diesen Übergang zurück. Richard von Weizsäcker wurde von der Menge mit stürmischem Beifall begrüßt. Wir gingen durch die Maueröffnung auf die DDR-

Grenzoffiziere zu. Sie salutierten ordentlich vor uns: »Guten Tag, Herr Bundespräsident, Guten Tag, Herr Regierender Bürgermeister.«

Noch nie hatte ein Staatsoberhaupt der Bundesrepublik offiziell Ostberlin oder die DDR besucht. Aber hier bei den Soldaten war Richard von Weizsäcker als Integrationsfigur der Deutschen und als politische Autorität akzeptiert. Die Grenzer wollten den Bundespräsidenten dazu bewegen, weiter nach Ostberlin über den Potsdamer Platz hinweg in die Wilhelmstraße zu kommen. Ich sah es Richard von Weizsäcker an, wie gerne er auf die Straßen und Plätze seiner Jugend gegangen wäre, dort, wo sein Vater im Auswärtigen Amt gearbeitet hatte, wo er oft als junger Offizier gewesen war. Aber er war sich aller Gebote des Status von Berlin bewusst und widerstand der Versuchung. Während er sich mit den Offizieren unterhielt, kam einer der Oberstleutnante zu mir und sagte: »Na, Herr Regierender Bürgermeister, sind Sie mit unserer Arbeit heute Morgen zufrieden gewesen?«

Ich verstand, wie sehr die Offiziere der Grenztruppen gerade jetzt auf Anerkennung angewiesen waren. »Gewiss, Herr Oberstleutnant. Das war deutsche Wertarbeit. Pünktlich und zuverlässig. Vielen Dank.«

Richard von Weizsäcker äußerte noch den Wunsch, zur Glienicker Brücke zu fahren. Dort habe er früher als junger Mann oft gestanden. Kaum angekommen, schilderte er uns, wie er 1938 zum Infanterieregiment 9 in Potsdam gekommen war. Diese alte Eliteeinheit fühlte sich weniger dem NS-Staat als vielmehr den preußischen Traditionen verpflichtet. Allein aus diesem Regiment kamen neunzehn Offiziere, die 1944 bei dem Aufstand des 20. Juli vom Volksgerichtshof verurteilt wurden. Sein Bruder Heinrich, drei Jahre älter als er, hatte ihn dazu bewegt, sich dieser Einheit anzuschließen. Das Regiment, von den Nazis misstrauisch beäugt, wurde stets ganz vorn an der Front eingesetzt. Richard von Weizsäckers Bruder war der erste gefallene Offizier der Truppe, er starb am zweiten Kriegstag beim Einmarsch in Polen.

In den letzten Kriegstagen schlug sich Richard von Weizsäcker verletzt nach Potsdam zum Sitz seiner Garnison durch. Für ihn ist der Name »Potsdam« mit einschneidenden Erfahrungen seines Lebens verbunden. Und immer wieder hatte die Glienicker Brücke dabei eine zentrale Rolle gespielt.

Zielbewusst steuerte der Bundespräsident auf die Brücke zu. »Da ist das Ortsschild von Potsdam«, sagte Richard von Weizsäcker mit freudiger Miene, »ich möchte es anfassen.« Die Offiziere der Grenztruppen begrüßten uns, der Westberliner Kontaktbereichsbeamte begleitete uns. Wir gingen langsam voran, an der freundlich klatschenden Menge vorbei. »Ich gehe nur die paar Meter bis zu dem Schild«, sagte der Bundespräsident. Dann sprang er hoch und berührte kurz das Schild mit der Aufschrift »Potsdam«. Er kam zurück und sagte sichtlich bewegt zu mir: »Ich habe das Ortsschild von Potsdam angefasst.«

Ich begriff: Richard von Weizsäcker freute sich nicht nur über die Öffnung der Mauer, sondern er fand auch seine eigene Geschichte wieder. Potsdam war Teil seiner Jugend, Teil seines Lebens gewesen – und nun war es wieder zugänglich, für ihn, für uns alle. Deutschland als einige Nation, in Richard von Weizsäcker war das Gefühl dafür lebendig. Wie gut, dass wir diesen Präsidenten in dieser Zeit hatten.

Am späten Nachmittag fuhr ich in die Deutschlandhalle. Der *SFB* hatte aus dem Stand ein Rockkonzert für DDR-Jugendliche organisiert. Die Halle war mit über 15.000 Menschen zum Bersten voll, die Stimmung kann auch in Woodstock nicht besser gewesen sein. Joe Cocker sang sein legendäres »With a little help from my friends«, und die Gäste aus der DDR zündeten Feuerzeuge und Wunderkerzen an. Star des Abends war Udo Lindenberg, dessen »Sonderzug nach Pankow« und »Mädchen aus Ostberlin« eine ganz neue Bedeutung erhielten. Er wandelte den Text ab und sang »Sonderzug aus Pankow«. Ein unbeschreiblicher Jubel brach aus. Udo Lindenberg war einer der wenigen westdeutschen Rockmusiker, der sich kontinuierlich mit dem anderen deutschen Staat befasst und sich auf seine Weise das Gefühl für die Einheit der Nation bewahrt hatte. Für ihn waren die Fans aus Leipzig, Rostock oder Plauen immer genauso wichtig gewesen wie die aus Hamburg oder Duisburg, und dafür liebten sie ihn. Ich sprach kurz zu den jungen Leuten. Nach jedem Satz gab es riesigen Beifall und Jubel.

In einem Nebenraum der Deutschlandhalle traf ich Björn Engholm. Er wollte noch am selben Tag nach Ostberlin fahren und hoffte auf ein Gespräch mit Hans Modrow, der vom Politbüro als Ministerpräsident vorgeschlagen worden war und am nächsten Tag von der Volkskammer gewählt und mit der Regierungsbildung beauftragt werden sollte. Engholm hatte allerdings seinen Reisepass in Kiel liegen lassen und fürchtete nun, beim Grenzübertritt Schwierigkeiten zu bekommen. Ich glaubte, dass Björn Engholm als offizieller Besucher kaum mit Schwierigkeiten rechnen musste, schrieb ihm aber, mehr aus Gaudi, einen kleinen »Passierschein« auf die Rückseite eines Flugplanes: »Bitte Ministerpräsident Björn Engholm, der seinen Pass vergessen hat, einen kurzen Besuch nach Berlin (Ost) zu ermöglichen. Walter Momper.«

Engholm konnte die Grenze dann auch problemlos passieren. Als er zurückkehrte, fragte der Grenzbeamte: »Na, hat alles geklappt?«

Besonders froh waren wir darüber, dass die Zahl der Übersiedler wider Erwarten nicht explodierte. Zwar meldeten sich in den ersten vier Tagen seit der Maueröffnung rund 8.000 Menschen im Durchgangslager Marienfelde. Gleichzeitig aber packten viele andere Übersiedler ihre Sachen, um zurückzukehren. Bei offenen Grenzen konnten sie genauso gut zu Hause in ihrer alten Wohnung bleiben, anstatt in einer Turnhalle zu übernachten. Die Registrierung als Bundesbürger behielten die Rückkehrer allerdings bei. Manche Besucher meldeten sich in Marienfelde, offenbar weil sie keine Übernachtungsmöglichkeit gefunden oder den letzten Zug in Richtung Heimat verpasst hatten. In der Hektik des Geschäfts konnte es passieren, dass sie schon als Übersiedler registriert waren, noch bevor sie ihren eigentlichen Anmeldungsgrund genannt hatten. Die Öffnung der Grenzen hatte offensichtlich Dampf aus dem Druckkessel genommen. Die Bürger vertrauten der neuen Reisefreiheit, und wer noch übersiedeln wollte, wusste, dass er dies jetzt in aller Ruhe von der heimischen Wohnung aus vorbereiten konnte.

Aus aller Welt erreichten uns im Rathaus Schöneberg Glückwunschtelegramme. Eines der ersten Schreiben kam vom Präsidenten der Republik Zypern, Georges Vassiliou. Er bat uns um Hilfe und Unterstützung, auch die Teilung der zypriotischen Hauptstadt Nikosia zu überwinden, und schrieb, er hoffe, dass der neue Geist, der jetzt in Berlin zu spüren sei, ein Zeichen setze, alle trennenden Barrieren in der Welt abzuschaffen.

Ähnlich formulierte auch Jerusalems Bürgermeister Teddy Kollek: »Wer kann die historische Bedeutung des Mauerbruchs in der geteilten Stadt trotz aller Unterschiede besser verstehen als wir in der geteilten Stadt Jerusalem.«

Und der Verein zur Pflege unserer Städtepartnerschaft mit Los Angeles telegrafierte aus der Pazifikmetropole: »Hacken Sie ein Stück Mauer für uns heraus.«

Die Tage und Nächte der Maueröffnung waren ein Fest der spontanen und menschlichen Begegnung, ein Fest des Wiedersehens. Jubel und Freude waren ehrlich. Der Wert der Freiheit war für alle konkret erfahrbar, und er wurde von allen gefühlt. Politische Ideologien und Interessen blieben außen vor. Nachbarn kamen wieder zu Nachbarn, Berliner zu Berlinern, Deutsche zu Deutschen. Es waren heitere, beschwingte, menschliche Tage. Aber es war klar, dass es so nicht bleiben würde. Abends kehrten alle wieder heim, dorthin, woher sie gekommen waren: die DDR-Bürger zurück in ihren Staat, der vor dem Zusammenbrechen stand, und die Westberliner zurück in ihre Welt des Wohlstands, viele aber auch zurück mit Sorgen um die Zukunft, in der die Konkurrenz nun noch härter sein würde.

Der erste Akt des deutschen Wiedervereinigungsstückes war beendet. Im nächsten sollte die Geschichte eine Wendung nehmen.

Letzte Hoffnung der SED

Die letzte Hoffnung der SED hieß Hans Modrow. Am 8. November nominierte ihn das Zentralkomitee der Partei zum Kandidaten für das Amt des Ministerpräsidenten, am 13. November wurde er in der Volkskammer einstimmig gewählt. Der drahtige Dresdener Parteichef, der auch mit seinen 61 Jahren regelmäßig lange Waldläufe machte, galt seit langem innerhalb der SED als Reformer. Seine Sympathien für Gorbatschow hatten ihm einigen Ärger eingetragen. Noch im Frühjahr 1989 war eine Untersuchungskommission unter Führung von ZK-Sekretär Günter Mittag nach Dresden gereist und hatte die örtliche Parteiführung wegen »Mängeln in der politischen Massenarbeit« in einem ganzseitig im *Neuen Deutschland* abgedruckten Revisionsbericht öffentlich gerügt. Tatsächlich ballten sich im Dresdener Raum die strukturellen Probleme der DDR-Misswirtschaft. Die Unzufriedenheit der Menschen war dort am größten. Die Region war im Vergleich zu anderen Gebieten der DDR von der Regierung vernachlässigt worden. Zudem konnte im Dresdner Raum kein West-Fernsehen empfangen werden, man nannte die Region deshalb das »Tal der Ahnungslosen«. Dort entwickelte Modrow seine ersten Reformideen und fand in Wolfgang Berghofer, der seit 1986 Oberbürgermeister in Dresden war, einen aufgeschlossenen Gesprächspartner. Die Distanz zur Parteizentrale in Berlin war spürbar.

Modrow pflegte ein bürgernahes Image. Im Gegensatz zu den anderen Mitgliedern der Nomenklatura nutzte er die Privilegien als 1. Sekretär der Bezirksleitung nicht. So bewohnte er mit seiner Frau eine normale Drei-Zimmer-Wohnung in einer Neubausiedlung. Die Zeitungen berichteten, dass er in ganz normalen Geschäften einkaufte und, wo nötig, auch Schlange stand. Dieses Verhalten rechnete ihm die Bevölkerung hoch an. Der Beiname »Wendehals«, den Krenz schon am ersten Tag seiner Amtszeit erhalten hatte, blieb ihm erspart. Wenn Hans Modrow von »Erneuerung« sprach oder von einer »realitätsnahen Politik«, klang das für die Menschen aufrichtig und glaubhaft. Er hatte zusammen mit Wolfgang Berghofer gegen den Willen Honeckers auf eigene Faust Anfang Oktober 1989 den Dialog mit den Demonstranten aufgenommen und als einer der Ersten aus der Parteiführung mit nachdenklichen Äußerungen auf die Ausreisewelle reagiert.

Vor allem für die jüngeren SED-Mitglieder war Hans Modrow ein Idol, eine Art Gorbatschow der DDR. Das zeigte sich sehr deutlich auf einer Großkundgebung der SED im Ostberliner Lustgarten am 12. November mit rund 60.000 Teilnehmern. Viele riefen immer wieder den Namen des designierten Ministerpräsidenten. Egon Krenz dagegen hatte einen immer schwereren Stand in der Bevölkerung und in der eigenen Partei. Er gab nicht nur gegenüber den demonstrierenden Bürgern, sondern auch gegenüber der eigenen Basis die Macht nur scheibchenweise ab – immer genau so viel, wie gerade nötig war, um den Kopf aus der Schlinge zu ziehen. Viele Demonstranten forderten an jenem 12. November die Einberufung eines Sonderparteitags der SED, um bei der Reform der Partei mitreden zu können.

Doch Krenz ging in seiner Ansprache auf der Kundgebung darauf nicht ein: »Machen wir das, was am besten und am schnellsten geht, und das ist eine Parteikonferenz.« Wieder versuchte er zu bremsen, wieder die Basis von der Mitsprache auszuschließen. Wie so viele seiner Entscheidungen hielt auch diese nicht lange: Schon am nächsten Tag gab das Politbüro dem Druck nach und setzte einen Sonderparteitag im Dezember an.

Während Krenz herumlavierte und nur reagierte, agierte Modrow. Am 17. November gab er vor der Volkskammer seine Regierungserklärung ab, in der er der Bundesrepublik Deutschland eine »Vertragsgemeinschaft« anbot. Das war eine Sensation. Zum ersten Mal gestand ein Staatschef der DDR ein, dass es ein besonderes Verhältnis zwischen den beiden deutschen Staaten gab, und zwar nicht ein besonders distanziertes, sondern ein besonders nahes. Modrow glaubte mit einer »Vertragsgemeinschaft« eine Form der Kooperation zwischen den beiden Staaten gefunden zu haben, die sowohl die Souveränität der DDR bewahrte als auch den besonderen Verhältnissen zwischen den beiden Teilstaaten Rechnung trug.

Modrow hatte begriffen, dass die »deutsche Frage« jetzt wieder auf der Tagesordnung der Weltpolitik stand und nach einer Antwort verlangte. Der Sog, den die Bundesrepublik auf die DDR-Bevölkerung ausübte, war unübersehbar, und niemand konnte das Gefühl der Zusammengehörigkeit, das sich in den Tagen der Maueröffnung besonders in Berlin gezeigt hatte, übersehen. Innenpolitisch kündigte Modrow eine Vielzahl längst überfälliger Reformen an: Recht auf Wohnungseigentum, mehr Autonomie für die Bauern, Joint-ventures mit westlichen Unternehmen, Liberalisierung des Strafrechts, Vorbereitung eines neuen Wahlgesetzes, Umgestaltung des Ministeriums für Staatssicherheit in ein »Amt für Nationale Sicherheit« …

Modrows Vorschläge für eine Reform des politischen Systems dagegen waren noch ziemlich vage. Weder sagte er etwas darüber, ob und wann es Wahlen geben, noch, ob das Machtmonopol der SED aufgegeben werde. Immerhin zeugte der Tenor seiner Ansprache von einem grundlegend anderen Demokratieverständnis, als man es bisher von der Staatspartei gewohnt war: »Wir alle erleben in diesen Tagen einen faszinierenden, wahrhaft bewegenden Vorgang. Die Mehrheit der Bürger ist im besten Sinne politisiert, beweist ein waches oder erwachendes Bewusstsein und Selbstbewusstsein. Wir wollen in Übereinstimmung mit allen politischen Kräften des Landes schrittweise vorgehen, zügig, aber nicht überhastet, nach ordentlichen Analysen und Diskussionen, und zwar öffentlichen Diskussionen«, hieß es in seiner Regierungserklärung. Die Staatsführung in Ostberlin nahm das Volk wieder wahr.

Modrow berücksichtigte bei der Kabinettsbildung sorgsam das gewachsene Selbstbewusstsein der Blockparteien und formte eine Koalitionsregierung. Von den 28 Regierungsmitgliedern kamen siebzehn aus der SED und elf aus den Blockparteien. Dennoch betonten die Redner der Blockparteien in der Debatte über die Regierungserklärung ihre Distanz zur SED und erhoben in der Volkskammer weitergehende Forderungen. So kritisierte der Vorsitzende der LDPD, Manfred Gerlach, den Führungsanspruch der SED und forderte freie Wahlen noch im Jahr 1990. Der am 10. November zum neuen CDU-Vorsitzenden gewählte Rechtsanwalt Lothar de Maizière schlug die Wiedereinführung der Länder in der DDR vor, die von Ulbricht zerschlagen und in Bezirke aufgeteilt worden waren. Nie zuvor hatte es in der Volkskammer eine derart offene Debatte gegeben. Die Volkskammer emanzipierte sich von der Regierung, und die Regierung emanzipierte sich vom Politbüro der SED. So kam die klassische Gewaltenteilung langsam auch in der DDR zur Geltung.

Aus meiner Sicht war die zupackende Art, in der Modrow sein Amt begann, genau das Signal, das die DDR-Bevölkerung jetzt brauchte. Endlich krempelte jemand die Ärmel hoch und fing an, das marode Wirtschaftssystem umzugestalten. In einer Stellungnahme lobte ich die Regierungserklärung des neuen Ministerpräsidenten, mahnte aber gleichzeitig: »Trotz alledem wird die neu gewählte Regierung nur eine Übergangsregierung bis zur Abhaltung freier Wahlen sein können. Die SED muss sich der freien Konkurrenz der politischen Kräfte stellen und die Formierung neuer Parteien zulassen.«

Nach meiner Einschätzung war Modrow weitsichtig genug, um zu erkennen, dass die SED ihr Machtmonopol bald aufgeben musste.

Bonn wartete ab. Helmut Kohl erklärte am 16. November im Bundestag, dass die Bundesregierung nicht gewillt sei, der DDR zu helfen, solange dort nicht grundlegende Reformen verwirklicht würden: »Wir wollen nicht unhaltbar gewordene Zustände stabilisieren. Ohne eine grundlegende Reform des Wirtschaftssystems, ohne den Abbau bürokratischer Planwirtschaft und den Aufbau einer marktwirtschaftlichen Ordnung wird wirtschaftliche Hilfe letztlich vergeblich bleiben. Wenn ein solcher Wandel jetzt verbindlich und unumkehrbar in Gang gesetzt wird, dann sind wir auch zu einer völlig neuen Dimension der Hilfe und der Zusammenarbeit bereit.«

Damit formulierte Helmut Kohl schon in der ersten Woche nach der Maueröffnung die Strategie, der er in Varianten bis zu den gesamtdeutschen Wahlen am 2. Dezember 1990 folgen würde: Er hielt die DDR-Regierung hin, lockte die Bürger mit Versprechungen und kalkulierte mit ihrer Sehnsucht nach schnellem Wohlstand und Autorität.

Worauf diese Strategie hinauslief, sagte er an jenem 16. November klar: »Wir sind noch lange nicht am Ziel: Das Recht aller Deutschen auf Selbstbestimmung ist noch nicht verwirklicht; der Auftrag des Grundgesetzes, die Einheit und Freiheit Deutschlands zu vollenden, ist noch nicht erfüllt.«

CDU-Generalsekretär Volker Rühe erwiderte auf Modrows Angebot zur Bildung einer Vertragsgemeinschaft kühl, die CDU werde nicht zulassen, »dass die Vertragsgemeinschaft die Teilung Deutschlands fortschreibt«.

Die Regierung Modrow wurde von der Bundesregierung vom ersten Tag an systematisch gebremst.

Am 22. November reiste Kanzleramtsminister Rudolf Seiters nach Ostberlin, um mit der neuen DDR-Führung offizielle Gespräche aufzunehmen. Seiters reiste ohne Gepäck. Er hatte in Ostberlin nichts anzubieten, sondern stellte nur Forderungen. Das Klima bei diesem ersten deutsch-deutschen Spitzentreffen nach der Wende war eiskalt. Erich Honecker war von den Christdemokraten seinerzeit wesentlich besser behandelt worden als nun Hans Modrow. Seiters erneuerte den Bonner Standpunkt, dass sich die DDR erst grundlegend reformieren müsse, bevor eine »umfassende Hilfe« beginnen könne. Konkret wurde nur über einen Devisenfonds gesprochen, den beide Staaten finanzieren und der das Begrüßungsgeld ab 1990 ablösen sollte. Eine Einigung darüber wurde aber nicht erzielt.

Dabei wusste Bonn sehr genau, dass die DDR immer mehr ausblutete und an Substanz verlor. Die Übersiedlung in den Westen setzte sich auch nach dem Machtwechsel an der Regierungsspitze ungebremst fort. Der steigende Mangel an Arbeitskräften führte volkswirtschaftlich zu immer größeren Ausfällen und gefährdete die Versorgung der Bevölkerung vor allem im Gesundheitswesen. Allein im November verließen über hunderttausend Bürger die DDR. Zudem war die Wirtschaft der DDR plötzlich Einflüssen ausgesetzt, die sie nicht verkraftete. Westdeutsche Besucher kauften in großen Mengen subventionierte DDR-Waren, oft mit schwarz getauschter DDR-Währung, zu Spottpreisen auf. DDR-Bürger wiederum versuchten, Antiquitäten und andere Wertgegenstände über die Grenze zu bringen, um an Devisen zu kommen. Der bescheidene relative Wohlstand der DDR zerrann durch die Löcher in der Mauer.

Durch die volkswirtschaftlichen Verluste sanken auch die Abgaben der volkseigenen Industrie und damit die Staatseinnahmen. Es tauchten die ersten Spekulationen über die Auslandsschulden und die Zahlungsunfähigkeit der DDR auf. Die Auslandsverschuldung der DDR betrug nach westlicher Einschätzung rund zwanzig Milliarden Dollar. Was aber als weit dramatischer galt, waren die sinkenden Exporterlöse, die für 1988 auf nur noch 250 Millionen sogenannter Valutamark (entspricht D-Mark) geschätzt wurden und die 1989 vermutlich noch rapider zurückgegangen waren, so dass eine Zinsbedienung der Auslandsschulden kaum noch möglich war, geschweige denn eine Tilgung. Außenwirtschaftlich war die DDR in einer denkbar schwierigen Situation, offen gesagt: am Ende.

Hinzu kam, dass der Verfall der Staatsautorität auch unter der Regierung Modrow weiterging. Wir hörten zunehmend von Fällen, in denen Bargeldbestände in Millionenhöhe aus den Kassen volkseigener Betriebe entnommen und verschoben wurden. Allein im November wurden über drei Milliarden DDR-Mark im Westen eingetauscht und flossen als sofort wirksame Kaufkraft wieder in die DDR zurück. Der Verkauf von Volkseigentum zu Schleuderpreisen begann und steigerte sich von Monat zu Monat. Es begann der große Ausverkauf von Grundstücken zu Billigpreisen vor allem an »Bonzen«, die in den darauf befindlichen Häusern wohnten. Unter der Hand wurden sogar schon Ausrüstungsgegenstände der Armee verkauft, von Orden über Uniformen bis hin zu Fahrzeugen. Erich Pätzold, unser Innensenator, berichtete von den ersten Fällen von Waffenschiebereien aus Armeebeständen nach Westberlin.

Am 23. November erließ der Ministerrat der DDR ein Paket von Zoll- und Transitbestimmungen, um den Waren- und Geldtransfer in den Griff zu bekommen. So wurde festgelegt, dass bestimmte Industriewaren, vor allem Bekleidungsgegenstände und Lebensmittel, nur an DDR-Bürger gegen Vorlage eines Ausweises verkauft werden durften. Die Zollkontrollen wurden verstärkt. Durchreisenden Polen wurde das Verlassen der Transitstrecken untersagt. Diese Vorschriften erschwerten den Schmuggel zwar für einige Zeit, doch taten sich immer neue Schlupflöcher auf. Zugleich hob die DDR die bisherige Visumpflicht für Auslandsreisen auf: »Jeder Bürger der DDR erhält das Recht, jederzeit in das Ausland zu reisen und zu diesem Zweck einen Reisepass zu erwerben.« Mit diesem Beschluss wurde die DDR zu einem Land mit umfassender Reisefreiheit.

In Reden vor dem Berliner Abgeordnetenhaus und dem Bundestag kritisierte ich die politische Strategie der Bundesregierung, die aus meiner Sicht darauf hinauslief, die Revolution auf den Straßen durch ein, wie ich es nannte, »Bonner Patronat« zu ersetzen. »Ich wünsche, dass die friedliche, demokratische Revolution eine faire Chance bekommt und nicht von der übermächtigen Wirtschaftskraft der Bundesrepublik erdrückt wird. Die Frage ist allerdings, ob maßgebliche Kreise bei uns der demokratischen Revolution in der DDR überhaupt eine Chance zur Selbstbestimmung geben wollen oder ob sich die heimliche Absicht durchsetzt, die DDR einfach an ihren wirtschaftlichen Schwierigkeiten zugrunde gehen zu lassen. Spekuliert man auf den Ausverkauf der DDR?«, fragte ich und nannte eine auf diesem Weg erreichte Wiedervereinigung einen »Anschluss aus Armut«.

»Die Beschwörungsformel von der Wiedervereinigung engt das Selbstbestimmungsrecht des Volkes der DDR von vornherein ein. Am ehesten stabilisieren Wirtschaftsreformen in der DDR und ihre Unterstützung durch die Bundesregierung die Demokratie in der DDR. Dies würde zugleich die Einheit der deutschen Nation in der Praxis stärken.«

Ich stellte der Bonner Hinhaltetaktik ein eigenes Kooperationsmodell gegenüber, das ich am 22. November im Gästehaus des Senats in Grunewald mit Vertretern der Berliner Wirtschaft, der Kammern, des Handels und der Gewerkschaften erörterte. Wir waren uns grundsätzlich einig, dass alles getan werden musste, um die wirtschaftliche Lage in der DDR zu stabilisieren und die Abwanderung zu stoppen, und dass an die wirtschaftliche Hilfe aus der Bundesrepublik keine Vorbedingungen geknüpft sein sollten. Faktisch hatte das Volk ohnehin schon die Macht im zweiten deutschen Staat übernommen. Die weitere Entwicklung zur Demokratie war nur eine Frage der Zeit. Der Prozess der Umgestaltung war bereits jetzt unumkehrbar.

Andererseits galt, dass die Verweigerung konkreter Hilfe den Fortgang von Reformen stoppen und die Gefahr chaotischer Entwicklungen wie Massenstreiks und Ausschreitungen heraufbeschwören könnte. Wir wandten uns auch gegen das Gerede von einer Währungsreform, das die wirtschaftliche Lage in der DDR weiter destabilisierte, indem es eine Flucht in Sachwerte auslöste. Nicht eine neue Währung war das größte Problem der DDR, sondern die Tatsache, dass ihre Produkte nicht konkurrenzfähig waren.

Das Ziel musste die Konvertierbarkeit der DDR-Mark sein, auch damit die DDR-Bürger ihr Geld in D-Mark und andere Devisen eintauschen konnten. Angesichts der geringen Produktivität war dieses Ziel aber nicht einfach zu erreichen. Die erste Voraussetzung dafür war, dass die DDR ihre völlig verzerrten Preisstrukturen korrigierte und ihre teilweise aberwitzigen Verbrauchssubventionen schnell abbaute. Der ostdeutsche Staat hielt nicht nur die Preise für Wohnungen, Energie und Brot künstlich auf Nachkriegsniveau, er subventionierte unsinnigerweise auch zum Beispiel Schnittblumen. Die Folge dieses unökonomischen Systems war mangelnder Leistungswille der Produzenten auf der einen Seite und ein oft verschwenderischer Umgang mit diesen Gütern auf der anderen Seite. Jeder kannte die sprichwörtlichen Hauskaninchen, die mit hochsubventioniertem Brot gefüttert wurden, um dann zu einem hohen staatlichen Abnahmepreis verkauft zu werden. Anschließend gab es sie in der Kaufhalle zu einem heruntersubventionierten Preis wieder zu kaufen. Hans Modrow traute sich in der Folgezeit bis zu den Wahlen am 18. März jedoch nicht, die Subventionen abzubauen. Nur für Kinderkleidung wurden sie im Gegenzug zur Erhöhung des Kindergelds gestrichen.

Der Berliner Senat schlug außerdem vor, dass im Vorgriff auf die Konvertierbarkeit der Währungen ein Devisenfonds geschaffen werden sollte, aus dem DDR-Bürger für Reisen in den Westen eine begrenzte Menge D-Mark eintauschen konnten. Wir empfahlen hierfür einen Wechselkurs von eins zu vier, der dem realen Austauschverhältnis zwischen den beiden Währungen halbwegs entsprach. Die Bundesbank sollte, so unser Vorschlag, die eingenommenen DDR-Gelder aus dem Geldkreislauf herausnehmen. Dies hätte zu einer weiteren Kursstabilisierung geführt, vorausgesetzt, die DDR druckte kein Geld mehr nach und hielt die Geldmenge stabil. Dieser Währungsplan hätte zwar erhebliche Einschränkungen beim privaten und öffentlichen Verbrauch zur Folge gehabt, aber die Nachfrage nach Produkten »Made in DDR« wäre sowohl im Inland als auch im Ausland erhalten geblieben.

Ein weiterer Bestandteil einer solchen Politik der langsamen wirtschaftlichen Anpassung war die gezielte Anhebung der Wettbewerbsfähigkeit der DDR-Wirtschaft durch die Schaffung selbständigerer Betriebseinheiten, die Aufhebung des Außenhandelsmonopols des Staates, die Sicherheit für westliche Investitionen und freien Gewinntransfer. Der Senat schlug vor, dass die DDR Kooperationsunternehmen mit Mehrheitsbeteiligungen westlicher Firmen, sogenannte Joint-ventures, zulassen und im Bereich des Handwerks und der Klein- und Mittelbetriebe selbständige Existenzgründungen fördern solle. Ihre Außenhandelsbilanz konnte die DDR verbessern, wenn sie das Umland Berlins und andere reizvolle Landschaften für die Naherholung und den Tourismus erschloss. Berliner Banken waren bereit, solche Projekte mitzufinanzieren. Dafür mussten aber sämtliche noch geltenden bürokratischen Reisehemmnisse für westliche Besucher abgeschafft werden, insbesondere auch der Mindestumtausch.

Wir schlugen der DDR außerdem erneut vor, Flächen vor den Toren Berlins zu pachten, um dort Lager, Speditionen und Gewerbe aus Westberlin anzusiedeln. Stadt und Umland konnten so zum gegenseitigen Vorteil miteinander kooperieren. Techniker und Manager aus DDR-Betrieben sollten Westberliner Einrichtungen für Umschulungs- und Qualifikationsmaßnahmen nutzen können. Unser Modell zielte eindeutig auf eine Stabilisierung der DDR-Wirtschaft ab. Wir wollten kein ökonomisches Chaos um uns herum haben. Es war ein Modell, das die Wirtschaft der DDR rechtzeitig auffangen wollte, und nicht die Schocktherapie, die die Bundesregierung ein halbes Jahr später mit der Währungsunion anwandte. Eines allerdings konnten wir mit unserem Vorschlag nicht leisten: den DDR-Bürgern einen sehr schnellen Wohlstand versprechen.

Der Senat offerierte der Modrow-Regierung eine Reihe konkreter Kooperationsvorhaben, allen voran die Bildung eines Regionalausschusses. Dieser Ausschuss sollte grenzüberschreitend alle Fragen im Großraum Berlin, von Brandenburg bis Frankfurt/Oder und von Oranienburg bis Cottbus, beraten und den Regierungen gemeinsame Lösungen vorschlagen. Die Mitglieder des Senats nahmen Kontakte sowohl zu den Ressortkollegen im DDR-Ministerrat als auch zum Magistrat von Ostberlin auf. Ich selbst erklärte meinen Wunsch, so schnell wie möglich mit Ministerpräsident Modrow zusammenzutreffen.

Am 28. November stellte Helmut Kohl im Deutschen Bundestag seinen »Zehn-Punkte-Plan zur Deutschlandpolitik« vor, der zu meiner Überraschung – jedenfalls den Worten nach – unserer Politik sehr nahekam. Kohl wandte sich in seiner Ansprache direkt an die Bürgerbewegungen in der DDR und versprach: »Wir halten es für geboten, bei allem, was wir jetzt tun und entscheiden, die Auffassungen, Meinungen und Empfehlungen der Opposition in der DDR zu berücksichtigen. Auf diese Kontakte legen wir weiterhin großen Wert.«

Kohl ordnete die Vorgänge in der DDR der Reformpolitik Gorbatschows und den Umwälzungen in Polen und der Tschechoslowakei zu und betonte die Rolle und die Verantwortung Deutschlands in Europa. Ausdrücklich knüpfte er an Gorbatschows Ideen an: »Die künftige Architektur Deutschlands muss sich einfügen in die künftige Architektur Gesamteuropas.« Das Fehlen einer klaren Aussage zur polnischen Westgrenze war allerdings eine gravierende Schwäche dieser Rede. Kohl versprach eine Reihe von sofortigen Hilfen für die DDR »im humanitären Bereich und bei der medizinischen Versorgung«. Der Kanzler sagte auch zu, sich an einem Devisenfonds für Westreisen von DDR-Bürgern zu beteiligen. Er nahm das Angebot Modrows zur Bildung einer Vertragsgemeinschaft auf, erweiterte dieses Modell allerdings um einen wichtigen Aspekt: »Wir sind bereit, noch einen entscheidenden Schritt weiterzugehen, nämlich konföderative Strukturen zwischen beiden Staaten in Deutschland zu entwickeln, mit dem Ziel, danach eine Föderation, das heißt eine bundesstaatliche Ordnung in Deutschland zu schaffen.«

Kohl formulierte zwar klar, was sein politisches Ziel war: »Die Wiedervereinigung, das heißt die Wiedergewinnung der staatlichen Einheit Deutschlands, bleibt das politische Ziel der Bundesregierung.« Doch er betonte ausdrücklich das Selbstbestimmungsrecht der DDR-Bevölkerung. »Wir werden jede Entscheidung, die die Menschen in der DDR in freier Selbstbestimmung treffen, selbstverständlich respektieren.«

Kohl schlug vor, nach freien Wahlen in der DDR einen gemeinsamen Regierungsausschuss zu bilden und dort alle deutsch-deutschen Fragen zu besprechen. Er sprach sich außerdem für gemeinsame Fachausschüsse und ein parlamentarisches Gremium aus. »Wenn uns künftig eine demokratisch legitimierte, das heißt frei gewählte Regierung als Partner gegenübersteht, dann eröffnen sich völlig neue Perspektiven.« Als Vorbedingungen für eine umfassende Wirtschaftshilfe nannte der Kanzler die Vorbereitung freier, gleicher und geheimer Wahlen, die Aufhebung des Machtmonopols der SED und die Verabschiedung eines Wahlgesetzes unter Einbeziehung der Opposition. Das war nicht zu viel verlangt.

Kohls »Zehn-Punkte-Plan« entsprach, abgesehen von der darin enthaltenen Einheitsrhetorik, in seinen politischen Schritten der Linie des Berliner Senats und war eine Mischung aus rascher konkreter Hilfe, gleichberechtigter Kooperation mit der DDR-Regierung und konsequenter Unterstützung der Forderungen der DDR-Opposition. Gleichzeitig wurde mit diesem Plan auch deutlich gemacht, dass man die Ostdeutschen nicht im Stich lassen, sondern ihnen wirtschaftlich auf die Beine helfen wolle. Wenn überhaupt, dann konnten nur solche Signale der Solidarität die Ausreisewelle noch stoppen.

So war es aus meiner Sicht auch folgerichtig und konsequent, dass Karsten Voigt für die SPD im Bundestag in seiner Antwortrede die Unterstützung der SPD für alle zehn Punkte des Plans anbot. Dass er nicht das Fehlen einer klaren Anerkennung der polnischen Westgrenze anmahnte, war ein Mangel seiner Ausführungen, der wenig später von der SPD korrigiert wurde.

Leider hat die Bundes-SPD es nicht geschafft, diese zu Anfang eingenommene Haltung als einheitliche Linie beizubehalten. Es gab auch in der SPD Stimmen, die ähnlich wie die Grünen und die Alternative Liste in Berlin eine konsequente Politik der Zweistaatlichkeit gegenüber der DDR verlangten. Oskar Lafontaine spielte immer noch mit dem Gedanken, die DDR-Staatsbürgerschaft formell anzuerkennen und demnach Übersiedler nicht mehr als Bundesbürger zu behandeln. Eine solche Politik löste gar nichts. Die DDR-Bürger blieben um nichts lieber in ihrem Land, wenn die Bundesrepublik sie als Ausländer behandelte, und die Lage in Ostdeutschland wurde dadurch um nichts stabiler. Es wäre nur mehr Verzweiflung verursacht worden. Wie konnten wir vom warmen Sessel im Westen aus den

Menschen drüben eine Staatsbürgerschaft aufzwingen, die sie selbst nicht wollten! Es war nicht Verdienst, sondern Glück, in Saarbrücken und nicht in Cottbus geboren zu sein. Die Ostdeutschen hatten das schlechtere Nachkriegslos gezogen, aber diesen Krieg hatte ganz Deutschland verursacht. Der Vorschlag missachtete die tiefe kulturelle und geschichtliche Gemeinschaft der Deutschen, die weder durch Mauern zu trennen war noch durch bürokratische Hürden.

Die Deutschen konnten sich dauerhaft in zwei Staaten nur dann trennen, wenn die Menschen selbst es wirklich wollten. Die eigenständige Bürgerbewegung in der DDR war dafür ein erster Ansatz, ein erster Schimmer von eigener DDR-Identität, der dort in vierzig Jahren entstanden war.

Aber wie repräsentativ war diese Bewegung?

Ich war dagegen, den DDR-Bürgern die Zweistaatlichkeit zu oktroyieren, ebenso wie ich dagegen war, ihnen die Wiedervereinigung aufzudrücken. Kohls Plan ließ beide Entscheidungswege offen. Nur wenn man Kohls Ankündigungen beim Wort nahm, wenn man die Hilfestellungen und Kooperationsvorhaben von der Bundesregierung mit allem Nachdruck einforderte, hatte die DDR überhaupt eine Chance, ihre Krise zu überstehen.

Darin hätte die Aufgabe der SPD in dieser Zeit gelegen.

Wandlitz

Tatsächlich wurde aber Kohls »Zehn-Punkte-Plan« nie in die Realität umgesetzt. Denn gerade in den Tagen, als der Kanzler ihn verkündete, schlug die Stimmung in der DDR um. Die folgenden Entwicklungen destabilisierten die DDR erheblich und schwächten die Verhandlungsposition der DDR-Regierung gegenüber der Bundesregierung. Bundeskanzler Kohl nutzte, ohne zu zögern, den neuen Spielraum, den die Krise in Ostberlin ihm bot. Ein massiver Druck in Richtung Wiedervereinigung setzte ein.

Die Kette der Ereignisse begann mit Zeitungsveröffentlichungen über das Ausmaß der Übergriffe der Polizei und der Staatssicherheit während der Proteste vom 7. und 8. Oktober. Die (Ost-)Berliner Stadtverordnetenversammlung hatte auf Druck der Öffentlichkeit dazu einen Untersuchungsausschuss eingesetzt, der die verantwortlichen Einsatzleiter befragte und die verwirrenden Befehlsstränge dieses Einsatzes zu rekonstruieren versuchte. Wie immer bei solchen Untersuchungen schob jeder der Befragten die Verantwortung auf den anderen oder behauptete im Zweifelsfall, sich nicht erinnern zu können.

Das Protokoll der Sitzung des Untersuchungsausschusses vom 29. November las sich in der *Berliner Zeitung* so: »Zentraler VP-Zuführungspunkt Rummelsburg. 150 Personen können dort maximal in Gewahrsam gehalten werden, in der Nacht zum 8. 10. wurden aber innerhalb weniger Stunden mehr als 400 Personen zugeführt. Die Folge: vollgestopfte Zellen, stundenlange ›Unterbringung‹ in Garagen und auf dem Hof. Die verantwortlichen Offiziere an beiden Tagen, Major Zemmrich und Major Kutzke, erklärten, dass sie erst durch spätere Anzeigen von Misshandlungen und Erniedrigungen in ihrer Einrichtung erfuhren. Auf Kontrollgängen während ihres Dienstes sei ihnen nichts aufgefallen. Beschwerden von Inhaftierten gab es auch nicht. Hinzu kommt, dass sie sich die meiste Zeit in ihren Büroräumen aufhielten. Von der Tätigkeit der Untersuchungsbeamten und Staatsanwälte ist ihnen nichts bekannt, das gehöre nicht zu ihrem Verantwortungsbereich. Abgesehen von kleinen Hautabschürfungen und einer Prellung wurden ihnen damals keine Verletzungen, die in Rummelsburg entstanden sind, gemeldet.

Provisorischer Zuführungspunkt am Blankenburger Pflasterweg. In einem Gebäude dieser Reserve-Kaserne der VP waren vom 8. 10., 16 Uhr, bis 9. 10., 4.30 Uhr, 76 Zugeführte arretiert. Zum Kommandanten dieser Einrichtung wurde am 8. Oktober Hauptmann Oelschläger – ein Mitarbeiter der Kriminalpolizei ohne jegliche Erfahrung mit solchen Dingen – befohlen. Konfrontiert mit übereinstimmenden Aussagen aus 20 Gedächtnisprotokollen – die Rede war von Spießrutenlauf, Rede- und Schlafverbot, Entkleidungen –, erklärte der Hauptmann, dass er von diesen Vorgängen nichts wisse. Auch er habe einige Kontrollgänge gemacht, sonst aber die meiste Zeit in seinem Dienstzimmer verbracht. Beschwerden von Zugeführten hätte es nicht gegeben.«

Die Menschen waren empört. Solche Berichte zeigten, mit welcher Kaltschnäuzigkeit und Arroganz sich die alten »Kader« ihrer Verantwortung zu entziehen suchten.

Noch verheerender aber wirkten die Enthüllungen über das luxuriöse Leben der Parteioberen in ihrer Wohnsiedlung in Wandlitz, nördlich von Berlin. In einem streng abgeschirmten Waldgebiet wohnten die Mitglieder des Politbüros. Ein Kamerateam des DDR-Jugendfernsehens *elf99* bekam am 23. November Zugang und filmte die fein ausgestatteten Häuser und ein gut gefülltes Kaufhaus. Hier gab es alles zu kaufen, wofür die Normalbürger stundenlang Schlange stehen mussten – oder es überhaupt nicht kaufen konnten. Wandlitz hieß im DDR-Volksmund »Bonzenhausen«. Auf Landkarten war die Siedlung, die mit einem hohen Zaun, einer dahinterliegenden Mauer und Videokameras abgesichert war, als »Wildforschungsgebiet« eingezeichnet. »Zutritt streng verboten«, stand auf den Tafeln am Straßenrand. Rund fünfhundert Bedienstete sollen hier für die zwei Dutzend Bewohner gearbeitet haben: Handwerker, Gärtner, Verkaufspersonal und Wachleute.

Das Kamerateam von *elf99* traf auf einem Weg innerhalb der Siedlung auf den früheren SED-Ideologiechef Kurt Hager, der gerade spazieren ging. Hager beklagte sich bitter: »Angesichts der Hetze, die überall betrieben wird, wünsche ich mir, dass das hier zum Internierungslager erklärt wird.« Das war böse Polemik, mit der Hager an seine Zeit im KZ erinnern wollte; denn einerseits war er hier nicht eingesperrt, und andererseits hatte er das Wohnen in Wandlitz selbst gewählt. Das Team von *elf99*, ein Lichtblick in der deutschen Medienszene, tat in dieser Situation das einzig Richtige: Langsam entfernte sich die Kamera von dem verbitterten alten Mann und ließ ihn schließlich als kleinen Punkt in der winterlichen Landschaft stehen.

Hatten die Zuschauer in der DDR solche Szenen noch eher mit Staunen betrachtet, so schlug die Stimmung in Aggression um, als wenige Tage später bekannt wurde, dass man den Journalisten nicht alles gezeigt hatte: Zahlreiche Westwaren, darunter modernste Unterhaltungselektronik aus Japan, noch originalverpackt, waren kurz vor dem Pressetermin mit vier Lastzügen in aller Eile abtransportiert und in einem Lager im Süden Berlins versteckt worden. Das Lager gehörte der »forum«-Handelsgesellschaft, die vom Staatssekretär im Außenhandelsministerium, Alexander Schalck-Golodkowski, dem Devisenbeschaffer der SED, kontrolliert wurde. Egon Krenz, der kurz nach seiner Ernennung zum SED-Generalsekretär seinen Wohnsitz von Wandlitz nach Pankow verlegt und sich gerade im Fernsehen als Familienvater in seinem Einfamilienhäuschen hatte abfilmen lassen, wurde von der Bevölkerung für diese Vertuschungsaktion mitverantwortlich gemacht. Die Bilder aus Wandlitz, Krenz im Einfamilienhaus, die Lkw mit Westwaren: Alles im DDR-Staat schien Täuschung, alles Lüge, alles Betrug.

Weitere Enthüllungen über Korruption, Bereicherung und Amtsmissbrauch folgten. So berichtete das *Neue Deutschland* über die Wochenendresidenz des abgelösten Ministerpräsidenten Willi Stoph in Waren bei Neubrandenburg, die kurz vor der Veröffentlichung offenbar fluchtartig verlassen worden war. Auch dort wurden teure Möbel gefunden und Vorräte an Genussmitteln westlicher Herkunft. Die Behörden gaben das Haus den Bürgern von Waren für einen Tag zur Besichtigung frei, um einer Erstürmung zuvorzukommen. Über FDGB-Chef Harry Tisch wurde bekannt, dass er ein großes Jagdrevier mit aufwendig ausgestatteten Jagdhäusern genutzt hatte.

Die Berichte wirkten in der Bevölkerung und noch mehr an der Basis der SED wie eine Bombe. Die Parteiführung hatte jahrelang öffentlich Wasser gepredigt und heimlich Wein getrunken. Viele ehrliche Parteimitglieder, die an die Sache des Sozialismus geglaubt hatten, fühlten sich belogen und betrogen. Die Gleichheit der Lebensbedingungen für alle Menschen war ein Grundpfeiler der sozialistischen Ideologie. Nun mussten viele feststellen, dass diese Ideologie nur die Bemäntelung für die private Bereicherung einer kleinen Kaste gewesen war. In Wandlitz hatte man wie auf einer Insel des Wohlstands gelebt und die Menschen zugleich mit Mauer und Schießbefehl von diesem Wohlstand ferngehalten: Sozialismus als Massenbetrug. Die Affären führten zum Zusammenbruch der letzten ideellen Werte des zweiten deutschen Staates.

Der Höhepunkt dieser Skandale wurde erreicht, als der frühere Chef des Obersten Gerichts der DDR, der CDU-Volkskammerabgeordnete Heinrich Toeplitz, am 1. Dezember vor dem Parlament der DDR eine Zwischenbilanz seiner Ermittlungen über Korruption, Patronage, Vetternwirtschaft und Amtsmissbrauch innerhalb der SED-Prominenz präsentierte. Viele SED-Abgeordnete schüttelten fassungslos den Kopf, manche weinten. Toeplitz sagte: »Im Bereich des Ministerrats wurden Häuser für die Söhne der früheren Mitglieder des Politbüros Stoph, Kleiber und Krolikowski gebaut. Die Bauten erfolgten auf Antrag der Väter und wurden vom früheren Staatssekretär des Ministerrates, Dr. Kleinert, angewiesen. Der kommissarische Leiter des Bereiches hat uns bestätigt, dass durch diese Bauten Baukapazitäten blockiert wurden, die zur Werterhaltung für die in Rechtsträgerschaft der Versorgungseinrichtung befindlichen Wohnhäuser und Delegationsgästehäuser bestimmt waren. Einige auf diese Weise begünstigte Familienangehörige sind inzwischen ausgezogen. Das gilt nicht für Frank Krolikowski, den Sohn von Werner Krolikowski. Für ihn wurde in Üdersee ein Haus gebaut, das nach Angaben eines Architekten [...] mindestens 400.000 Mark gekostet hat. Dieses Haus wurde auf Weisung des früheren stellvertretenden Leiters des Sekretariats des Ministerrates, Günter Schilling, im Herbst 1989 an Frank Krolikowski für 125.000 Mark verkauft. Die zuständigen Organe werden sich sowohl mit der strafrechtlichen Seite dieser Manipulation als auch mit diesem Kaufvertrag zu beschäftigen haben.«

Dem Untersuchungsausschuss lägen die Unterlagen von 32 Einfamilienhäusern vor, die der Bereich »Kommerzielle Koordinierung« gebaut habe, berichtete Toeplitz weiter, darunter »die Häuser der beiden Töchter Günter Mittags«. Alle Häuser seien an Mitarbeiter dieses Bereichs, andere an Außenhandelsmitarbeiter, Wissenschaftler und weitere Personen vermietet worden.

Eine große Rolle hätten in den Untersuchungen Sonderjagdgebiete und damit zusammenhängende Privilegien gespielt. »Schon jetzt steht fest, dass diese Gebiete, die als NVA-Gebiete abgeschirmt wurden, große Waldflächen einnahmen, zum Beispiel im Bezirk Neubrandenburg 20 Prozent, dass sie über große Fuhrparks an Pkw und Spezialfahrzeugen verfügten und eine beträchtliche Anzahl von Arbeitern und Angestellten dort beschäftigt war, dass für ihre Bewirtschaftung erhebliche staatliche Mittel in Anspruch genommen wurden. Zum Beispiel im Bezirk Neubrandenburg wurden Mittel in Höhe von 5,7 Millionen Mark im Jahre 1988 aus dem Fonds Rohholzerzeugung, Landeskultur und Forstschutz entnommen, was 9,3 Prozent dieses Fonds ausmacht.«

Darüber hinaus gebe es Einzelfeststellungen der Finanzrevision, erklärte Toeplitz, von denen er zwei mit unterschiedlichem Gewicht anführen wolle. »Eine: Aufgrund einer Anordnung des früheren Bauministers vom 15. 12. 1978 wurde die Möglichkeit geschaffen, Ehrenmitglieder der Bauakademie mit einer jährlichen Dotation von 20.000 Mark zu ernennen. Die Ernennung erfolgte durch den Minister für Bauwesen auf Vorschlag der Bauakademie. Bereits 1978 wurden Erich Honecker und Günter Mittag zu Ehrenmitgliedern der Bauakademie ernannt. Aus diesem Anlass erhielten sie seitdem die jährliche Dotation von 20.000 Mark, insgesamt je 240.000 Mark. Die andere Information: Von 1985 bis 1989 erhielt Thomas Kleiber, der Sohn von Günther Kleiber, Mitglied des Politbüros, Testfahrzeuge des Typs Wartburg und Skoda zur persönlichen Nutzung. Den Skoda nutzte er noch am 27. November dieses Jahres.«

Tags darauf stürmten aufgebrachte Bürger in einem Dorf bei Rostock ein Lager der Firma »Imes GmbH«, die ebenfalls zum

Imperium von Schalck-Golodkowski gehörte. Dort fanden sie neben hochwertigen Handelsgütern auch ein großes Waffenlager. Der Leiter des Objekts wurde festgenommen, das Gebäude verplombt und versiegelt. Gegen Alexander Schalck-Golodkowski wurde Haftbefehl erlassen. Der Staatssekretär, der sich am Vortag noch ganz offiziell in Bonn aufgehalten hatte, um dort die wirtschaftlichen Aspekte der Gespräche zwischen der Bundesregierung und der Regierung der DDR vorzubereiten, tauchte sofort unter.

Am Nachmittag des 2. Dezember, einem Sonntag, erfuhr ich aus den Nachrichten von seiner Flucht. Der Mann, der über den Zugang zu den Auslandskonten mit Einlagen von vielen hundert Millionen D-Mark und Dollar verfügte, hatte sich aus dem Staub gemacht. Das musste die Wut der von der SED betrogenen Menschen noch weiter steigern. Die Vermutung lag nahe, dass Schalck-Golodkowski sich auf dem schnellsten und direktesten Weg aus der DDR abgesetzt hatte, also über Westberlin. Die Polizei stellte auch tatsächlich fest, dass er am 3. Dezember um sieben Uhr dreißig zusammen mit seiner Frau nach Stuttgart geflogen war. Über Stuttgart hatte er den Genex-Geschenkdienst organisiert, jene Firma, die den Menschen in der DDR gegen D-Mark oder Bezahlung durch ihre Westverwandten Westwaren lieferte. In Stuttgart konnte er also auf Hilfe rechnen. Verblüfft waren wir allerdings, als wir am selben Tag noch von der Polizei erfuhren, dass das Paar um fünfzehn Uhr zwanzig wieder nach Berlin zurückgeflogen war. Die Tickets waren unter dem Namen Dimitroff gebucht worden. Schalck-Golodkowski war schon immer für seinen Hang zum Agentenspiel bekannt gewesen. Wenn er nach Bonn flog, bat das Kanzleramt jedes Mal die Senatskanzlei sicherzustellen, dass er diskret und unerkannt an der Polizeikontrolle vorbeigeschleust wurde.

Wir wussten also, dass Schalck-Golodkowski sich seit dem Nachmittag des 2. Dezember irgendwo in Westberlin versteckt hielt. Die Alliierten waren unterrichtet. Sie waren sehr daran interessiert, diese Schlüsselfigur des internationalen Waffenhandels näher in Augenschein zu nehmen. Aus Berlin konnte Schalck-Golodkowski jetzt nicht mehr weg. Auf dem Landweg musste er die Grenzorgane der DDR fürchten, am Flughafen warteten die Alliierten. Er saß in der Falle. Nach vier Tagen, am

Mittwoch in aller Frühe, meldete sich eine Person aus dem Umfeld der Evangelischen Landeskirche bei Dieter Schröder und sagte, sie sei über Dritte gebeten worden zu vermitteln; Schalck-Golodkowski halte sich versteckt, er habe Angst um sein Leben, ob der Senat helfen könne. Er deutete die Möglichkeit an, daraus ein Geschäft zu machen.

Dieter Schröder antwortete kühl, es gebe für solche Fälle eine erstklassige Adresse: Alt-Moabit 12a, die Untersuchungshaftanstalt, durchgehend geöffnet. Der Senat wollte Schalck-Golodkowski nicht vor der Justiz schützen, im Gegenteil.

Am Abend meldete sich der Devisenjongleur dann tatsächlich in der Untersuchungshaftanstalt in Begleitung eines Rechtsanwalts. Zwei Staatsanwälte aus Ostberlin bemühten sich in den nächsten Tagen zusammen mit dem Generalstaatsanwalt beim Kammergericht darum, die Vorwürfe so aufzubereiten, dass eine Zulieferung an die DDR-Behörden möglich war. Die DDR-Seite konnte aber nur längst verjährtes Material vorlegen.

Auch Ministerpräsident Modrow, den ich am Rande unseres Gesprächs in der folgenden Woche auf den Fall ansprach, äußerte sich zweifelnd, ob ausreichend Material für eine Zulieferung überreicht werden könne. Und tatsächlich kamen die entscheidenden Akten aus der DDR nicht. Nach zwei Wochen Untersuchungshaft musste der Mann wieder auf freien Fuß gesetzt werden.

Damals bekam ich die ersten Zweifel, ob unser Strafrecht wirklich geeignet ist, organisierten Amtsmissbrauch aufzuarbeiten und die Verantwortlichen zu bestrafen.

Auch gegen Günter Mittag, Harry Tisch und den Erfurter Bezirkssekretär Gerhard Müller sowie weitere hohe Funktionäre wurden am 1. Dezember Haftbefehle wegen Korruption und Schädigung der Volkswirtschaft erlassen und vollstreckt.

Staatspartei vor dem Ende

Diese Skandale beschleunigten die politische Entwicklung enorm. Just an dem Wochenende, als die Affären bekannt wurden, tagten zahlreiche Kreisdelegiertenkonferenzen der SED, die den Sonderparteitag vorbereiten sollten. Die Basis war über die skandalösen Vorgänge hell empört, ebenso über die schleppende, halbherzige Art der Ermittlungen durch Staatsanwaltschaft und Polizei. Die Parteimitglieder fühlten sich isoliert; sie waren dem täglich wachsenden Zorn der Bevölkerung ausgesetzt. Und die Führung der SED lief der Entwicklung immer einige Schritte hinterher. Erst am 24. November kündigte Egon Krenz an, dass aus dem Artikel 1 der DDR-Verfassung der Führungsanspruch der SED gestrichen werden sollte, eine Frage, die für die Menschen im Lande und selbst für die Parteimitglieder längst entschieden war. Die Stimmung gegenüber der SED war überall sehr aggressiv geworden und konnte jederzeit in Gewalt umschlagen.

Die SED-Mitglieder gaben diesen Druck an ihre neue Führung unter Egon Krenz weiter. Sie forderten personelle Konsequenzen und ein glaubhaftes Signal für eine wirkliche Wende. Sie verlangten den Rücktritt des »Wendehalses« Krenz. Am Sonntag, dem 3. Dezember 1989, trat das ZK der SED in Ostberlin zu einer außerordentlichen Sitzung zusammen. Dort übte das Politbüro Selbstkritik und erkannte an, »dass wir den Auftrag, das ganze Ausmaß von Korruption und angemaßter Bevorrechtigung rückhaltlos aufzuklären, nur unvollkommen erfüllt haben«.

Der Beschluss, den das ZK veröffentlichte, liest sich, als sei er von der Basis regelrecht diktiert worden: »Das Zentralkomitee der SED stellt fest, dass der Prozess der radikalen Erneuerung der Partei von der Basis her rasch voranschreitet. Davon legen in eindrucksvoller Weise die Kreisdelegiertenkonferenzen in Vorbereitung des außerordentlichen Parteitages Zeugnis ab. Alle Konferenzen gestalteten sich zu Foren prinzipieller und sachlicher Auseinandersetzung mit den Hemmnissen und Erfordernissen des Prozesses der Erneuerung der Partei und des Sozialismus in der Deutschen Demokratischen Republik. [...] Untrennbar damit verbunden ist die rückhaltlose Auseinandersetzung über den Amts- und Machtmissbrauch ehemaliger Mitglieder der Partei- und Staatsführung. Einhellig brachten die Delegiertenkonferenzen ihre Empörung und Verurteilung der kriminellen Handlungen und Vergehen zum Ausdruck, durch die unserer Partei und der Deutschen Demokratischen Republik schwerer Schaden zugefügt wurde.«

Das Zentralkomitee schloss zwölf der beschuldigten Altgenossen, darunter Honecker, Mielke, Sindermann, Stoph und Tisch, aus der Partei aus und erklärte zugleich selbst seinen Rücktritt, ebenso das Politbüro. Die Reformkommunisten um Krenz und Schabowski waren nach nur sechsundvierzig Tagen im Amt kläglich gescheitert. Die Staatspartei der DDR, die formal und tatsächlich noch immer das Machtmonopol im Lande besaß, hatte keine Führung mehr. Das *Neue Deutschland* kommentierte: »Der Verrat der alten Parteiführung und die Halbherzigkeiten der neuen haben der SED riesigen Schaden zugefügt. Die Erkenntnis der Parteiführung, dass sie nicht mehr das Vertrauen der Genossen hat, kam spät und erst nach massiven Protesten der Parteibasis zustande. Die Potsdamer Genossen zum Beispiel brachten in einem Beschluss zum Ausdruck, dass sie sich verraten und missbraucht fühlen und ihnen durch das Verschulden des Politbüros täglich neue politische Lasten aufgebürdet werden.«

Das ZK setzte als provisorische Führung einen Arbeitsausschuss ein, dem nur noch Reformer aus der Basis angehörten, darunter der Rechtsanwalt Gregor Gysi, der neue Erfurter Parteichef Herbert Kroker, die Journalistin Brigitte Zimmermann, der Dresdener Oberbürgermeister Wolfgang Berghofer und der frühere DDR-Spionagechef Markus Wolf. Der Arbeitsausschuss ernannte Herbert Kroker zu seinem Vorsitzenden und beschloss, den geplanten Sonderparteitag vorzuziehen. Das Gremium veröffentlichte einen dramatischen Aufruf, in dem es hieß: »Mit großer Sorge nehmen die Mitglieder des Ausschusses zur Kenntnis, dass es Anzeichen von Selbstjustiz und von gewaltsamem

Eindringen in öffentliche Gebäude gibt. Der Ausschuss ruft alle Bürgerinnen und Bürger zu Besonnenheit und Verantwortung, vor allem zur Gewaltlosigkeit auf. Ungesetzlichkeiten, von wem sie auch begangen werden, dürfen ebenso wenig geduldet werden wie Anarchie und Chaos.«

Die Ereignisse überschlugen sich: Volkspolizei und empörte Bürger riegelten parteieigene Lager und Gästehäuser bei Berlin und Potsdam ab, um das Verschieben von Akten und Wertgegenständen zu verhindern. Der Chef des Amts für Nationale Sicherheit, Generalleutnant Wolfgang Schwanitz, ließ alle Flüge nach Rumänien stoppen, nachdem Berichte aufgetaucht waren, dass Akten aus dem Gebäude des SED-Zentralkomitees zum Flughafen Schönefeld gebracht worden seien. Die Führung der DDR-CDU erklärte ihren Austritt aus dem »Demokratischen Block« und verlangte, dass Krenz auch als Vorsitzender des Staatsrats abgewählt werden müsse. In Ostberlin demonstrierten Angehörige der Volkspolizei gegen Amtsmissbrauch und Korruption. In Leipzig gingen am Montagabend 150.000 Men-

Die DDR akkredierte im Herbst 1989 einen Korrespondenten der in Hamburg ansässigen Bild. *Peter Brinkmann bezog ein Büro in Ostberlin, wo er auch Walter Momper begrüßte*

schen auf die Straße. Mitglieder der Oppositionsgruppen und Kirchenvertreter konnten nur mit Mühe verhindern, dass das Gebäude der Staatssicherheit am Leipziger Ring gestürmt wurde. Vertreter der Bürgerbewegung gingen in das Gebäude hinein, um sich davon zu überzeugen, dass keine Akten vernichtet wurden. Zum ersten Mal waren bei dieser Demonstration diejenigen in der Mehrheit, die eine schnelle Wiedervereinigung forderten. »Deutschland, einig Vaterland«, lautete die Parole. Massendemonstrationen gegen die SED und die Staatssicherheit gab es auch in Karl-Marx-Stadt, Schwerin, Dresden, Neubrandenburg, Cottbus und Halle.

Mit diesem Wochenende war die SED als führende Partei erledigt. Fraglich war zu jenem Zeitpunkt sogar, ob sie als Partei überhaupt noch weiterexistieren könne. Viele Mitglieder diskutierten bereits die Auflösung. Der schnelle und totale Zusammenbruch der SED war der eigentlich entscheidende Faktor für das schnelle Tempo der Umwälzungen. Die Stabilität der regierenden Partei war weit überschätzt worden. Auch ich hatte lange geglaubt, Reformen in der DDR könnten nur mit und niemals gegen die SED durchgeführt werden. Bis zur Maueröffnung hatte das auch gestimmt. Nun fiel die SED wie ein Kartenhaus in sich zusammen. Zu divergierend waren die Auffassungen zwischen Basis und Führung. Die Autokratie Erich Honeckers, gestützt auf Mielke und Mittag, hatte die Parteiführung letztlich auf eine ganz kleine Zahl von Personen reduziert, die in Wandlitz in einer Scheinwelt lebten. Aus dieser Isolation heraus wurde eine Politik gemacht, die der Realität eines modernen Industriestaats nicht gerecht wurde. Alles andere war Staffage. Die Direktoren in den Betrieben und Kombinaten, die Offiziere bei Armee und »Stasi«, die Leiter der örtlichen Parteiorganisationen waren von diesem kleinen Führungskreis zu Befehlsempfängern degradiert worden. Eine stabile Parteistruktur im Mittelbau konnte so nicht entstehen. Der demokratische Zentralismus hatte sich sein eigenes Grab geschaufelt. Die hohe Zahl von zwei Millionen Mitgliedern und die Durchdringung aller gesellschaftlichen Bereiche durch die Partei täuschte: Kippte die Spitze, dann kippte das Ganze. Die Partei war wie eine auf dem Kopf stehende Pyramide. Es reichte, ganz wenige Steine herauszuziehen, um sie zum Einsturz zu bringen.

Die SED konnte deswegen auch nicht die Rolle spielen, die die kommunistischen Parteien in Ungarn oder Polen für sich in Anspruch genommen hatten. Diese hatten sich, zumeist unter dem Druck der Bevölkerung, selbst reformiert und den Prozess der Umgestaltung der Gesellschaft gesteuert, ihn zumindest mit geprägt – was sie letztlich aber auch nicht davor geschützt hat, vom Volk in freien Wahlen zu Drei- und Fünf-Prozent-Parteien degradiert zu werden. Da die SED alle gesellschaftlichen, ökonomischen und politischen Bereiche beherrschte, bedeutete ihr Zusammenbruch, dass in der DDR sofort ein Machtvakuum größten Ausmaßes entstand. Der Staat, das war die Partei, und der Zusammenbruch der Partei war automatisch auch der Zusammenbruch des Staates. Ministerpräsident Modrow genoss in der Bevölkerung zwar persönlichen Respekt, aber seine Herrschaft war lediglich auf die Macht der SED gestützt. Die Autorität seiner Regierung hing urplötzlich in der Luft.

Es war überhaupt die Erfahrung dieser Zeit, seit Erich Honecker im Sommer ins Krankenhaus gegangen war, dass alle Prozesse des Verfalls und der Veränderung sich immer noch beschleunigten und selbst die gewagtesten Prognosen übertrafen. Die einzelnen Weichenstellungen stabilisierten die Lage zwar jeweils für eine kurze Zeit, aber die Sprünge zur nächsten Stufe folgten in immer kürzeren Abständen. Der Staatsfeiertag am 7. Oktober zögerte den Verfall der Herrschaft Honeckers hinaus, danach aber ging es Schlag auf Schlag. Die Maueröffnung am 9. November schob den Machtverfall der SED etwas auf, kurze Zeit später brach sie in Windeseile zusammen. Auch die Bildung des ersten Kabinetts Modrow hatte nur zu einer vorübergehenden Stabilisierung geführt. Die Beschleunigung der gesellschaftlichen Prozesse, sobald sie in Gang gekommen waren, war eine Grunderfahrung dieser revolutionären Monate.

Protest ohne Perspektive

Aufgrund der Entwicklung in der letzten Zeit befürchtete ich, dass die DDR innerhalb weniger Tage in Chaos, Gewalt und Anarchie abgleiten könnte. Die ersten Beschimpfungen und Angriffe auf Angestellte der Staatssicherheit wurden gemeldet, Kindern von Volkspolizisten wurde die Aufnahme in den Kindergarten verweigert. Es wurden die ersten Selbsttötungen von mittleren SED-Funktionären gemeldet. In dieser Situation konnten nur noch diejenigen die Lage stabilisieren, welche die Wende an der Spitze herbeigeführt hatten: die Vertreter der Bürgerbewegung selbst. Sie waren durch den Prozess der Wende einzig und allein als Interessenvertreter des Volkes legitimiert. Wenn es ihnen jetzt nicht gelang, die Macht im Lande mit zu übernehmen, war eine chaotische Entwicklung nicht mehr auszuschließen, und die DDR würde sich als Staat selbst aufgeben. Das hätte dann auch unabsehbare Folgen für die Lage der sowjetischen Soldaten und ihrer Angehörigen auf deutschem Boden gehabt. Wie hätte die Westgruppe der sowjetischen Armee unter möglicherweise unkontrollierbaren Bedingungen ihren Nachschub herbeischaffen und sichern können? Und was wäre aus den Transitwegen nach Westberlin geworden? Wer hätte dort die Ordnung und die Sicherheit aufrechterhalten? Berlin wäre nicht unberührt geblieben, wenn die Entwicklung ringsum außer Kontrolle geraten wäre, denn durch das Gebiet der DDR führte der Berlinverkehr. Ein Zusammenbruch der Reichsbahn hätte der Stadt schwer geschadet, von den psychologischen Folgen einer solchen Abschnürung nicht zu reden.

Daher gab ich meine bisherige Linie der Nichteinmischung in die inneren Entwicklungen der DDR auf. Ich forderte in einer Pressekonferenz die Oppositionsgruppen in der DDR auf, sich jetzt ihrer Verantwortung zu stellen, und schlug vor, nach dem polnischen Vorbild einen »Runden Tisch« zu bilden, der als eine Art Notparlament die Regierung kontrollieren sollte. Diesem »Runden Tisch« sollten alle Oppositionsgruppen und eine Reihe integrer Persönlichkeiten wie Kurt Masur, Christa Wolf, Manfred Stolpe, Ibrahim Böhme, Bärbel Bohley und Rainer Eppelmann sowie Markus Wolf angehören, nicht aber die Vertreter der alten Blockparteien und der SED. Die Regierung sollte verpflichtet werden, alle ihre Entscheidungen mit dem »Runden Tisch« abzustimmen. Die Volkskammer, die ohnehin nicht demokratisch gewählt war, konnte ihre Tätigkeit einstellen. Gleichzeitig unterstützte ich die Forderung zahlreicher Oppositioneller, früher als bisher diskutiert demokratische Wahlen durchzuführen. Ich schlug den 6. Mai 1990 vor. Es war höchste Zeit, dass eine demokratisch legitimierte Regierung die politische Lage wieder stabilisierte. Der Vorschlag lief praktisch auf eine Übernahme der politischen Macht durch die Bürgerbewegung hinaus. Ich war mir bewusst, dass es gewagt war, sich vom Westen her einzumischen. Aber »Westen« und »Osten«, das hatte in einem Berlin mit offenen Grenzen nicht mehr dieselbe Bedeutung wie früher.

Ich lud die wichtigsten Oppositionsführer kurzfristig für den Abend des 4. Dezember, einem Montag, zu einem Gespräch ins Rathaus Schöneberg ein. An dem Treffen nahmen Bärbel Bohley und Reinhard Schult vom »Neuen Forum«, Ibrahim Böhme und Frank Helzig von der SDP, Rainer Eppelmann und Volker Schleicher vom »Demokratischen Aufbruch« und Michael Bartoszek von der Gruppe »Demokratie jetzt!« teil. Damit waren die größten und wichtigsten Strömungen der Oppositionsbewegung vertreten. Eindringlich appellierte ich an die Versammelten, jetzt Verantwortung zu übernehmen: »Wenn Sie den Leuten nicht sagen, wie es weitergeht, wird Helmut Kohl es tun. Die Leipziger Demonstrationen haben doch gezeigt, dass die Menschen jetzt schon anfangen, als einzige Perspektive die Wiedervereinigung zu sehen.«

Ich holte den Text des Aufrufs »Für unser Land« aus der Tasche, den zahlreiche DDR-Intellektuelle Ende November veröffentlicht hatten, und las die entscheidende Passage vor: »Entweder können wir auf der Eigenständigkeit der DDR bestehen und versuchen, mit allen unseren Kräften in unserem Land eine solidarische Gesellschaft zu entwickeln, in der Frieden und soziale Gerechtigkeit, Freiheit des Einzelnen, Freizügigkeit aller und die Bewahrung der Umwelt gewährleistet sind. Oder wir müssen dulden, dass, veranlasst durch starke ökonomische Zwänge und durch unzumutbare Bedingungen, an die einflussreiche Kreise aus Wirtschaft und Politik in der Bundesrepublik ihre Hilfe für die DDR knüpfen, ein Ausverkauf unserer materiellen und moralischen Werte beginnt und über kurz oder lang die Deutsche Demokratische Republik durch die Bundesrepublik vereinnahmt wird.«

Ich sagte den Oppositionsvertretern: »Diese Alternative steht jetzt an. Wenn Sie Ihre Eigenständigkeit bewahren wollen, müssen Sie jetzt handeln.«

Die Reaktionen der Teilnehmer waren sehr unterschiedlich. Rainer Eppelmann sagte: »Ich begreife, dass die Kehrseite von Vertrauen Verantwortung heißt. Ich glaube, wir haben gar keine Alternative. Wir werden einfach in die Regierungsverantwortung hineingeworfen. Wir müssen etwas tun!«

Auch Ibrahim Böhme befürwortete meinen Plan: »Die SDP ist gegründet worden, um politische Verantwortung zu übernehmen. Wir sind bereit, einen ›Runden Tisch‹ zu bilden, und wir wollen Wahlen so schnell wie möglich.«

Äußerst reserviert bis ablehnend äußerten sich dagegen die Vertreter der anderen Gruppen, allen voran Bärbel Bohley: »Ich will nicht Regierung sein. Ich will nicht Macht über Menschen ausüben. Wir sind und bleiben Opposition. Die SED hat die Verantwortung für die Probleme in der DDR. Sie muss die Probleme selbst lösen. Das können wir ihr nicht abnehmen.«

Reinhard Schult sagte, es müssten Kontrollausschüsse für die Betriebe, die Banken und die Institutionen eingerichtet werden: »Die Demokratie kann nicht von oben kommen. Sie muss von der Basis her kommen. Wir brauchen viele Bürgerkomitees, überall im Lande.« Michael Bartoszek befürwortete zwar einen »Runden Tisch«, wollte dem Gremium aber keine volle Mitsprache, sondern lediglich ein Vetorecht einräumen. Alle drei sprachen sich gegen schnelle Wahlen aus. »Wir sind noch nicht soweit. Wir brauchen mehr Zeit, um uns besser organisieren zu können. Schnelle Wahlen bevorzugen nur die SED und die Parteien, die vom Westen unterstützt werden, wie die SDP.«

Mich entsetzten besonders die Antworten von Bärbel Bohley. Faktisch akzeptierte sie das Machtmonopol der Kommunisten und sah ihre Rolle lediglich darin, gegen diese Macht Bürgerrechte durchzusetzen. Das war ein sehr passives Politikverständnis. Die Möglichkeit, die Gesellschaft selbst aktiv zu gestalten, kam in diesem Denken noch nicht vor. Die Bürgerrechtler hatten am Gebäude der Staatsmacht nur kratzen wollen und waren nun überrascht, dass es so plötzlich zusammengefallen war. Darauf hatten sie sich nicht vorbereitet. Die Revolutionäre kamen mit dem Tempo der Revolution nicht mehr mit. Schon auf die Öffnung der Mauer hatte das »Neue Forum« äußerst reserviert reagiert: »Lasst euch nicht von der Forderung nach einem politischen Neuaufbau der Gesellschaft ablenken. Ihr seid die Helden einer politischen Revolution. Lasst euch jetzt nicht ruhigstellen durch Reisen und schuldenerhöhende Konsumspritzen«, hatte es seinerzeit in einem Appell an die Bürger geheißen.

Von Freude über die langersehnte Freiheit war in diesen Sätzen wenig zu spüren.

In ihrem Umgang mit der Macht unterschied sich die Opposition der DDR grundlegend von der »Charta 77« in der Tschechoslowakei, die sofort die gescheiterte KP ablöste. Gleichzeitig sprach aus den Antworten von Bärbel Bohley und Reinhard Schult ein klassischer linker Idealismus, der sich noch mit Räten und basisdemokratischen Strukturen befasste, wo es längst um die Existenz des ganzen Staatsgebildes ging. Ich möchte die Leistungen der Bürgerrechtler in der DDR nicht schmälern. Sie haben den Mut aufgebracht, ein starres, nahezu perfekt organisiertes System zu unterminieren und ins Wanken zu bringen. Sie haben dabei große persönliche Risiken auf sich genommen und sind zu Vorbildern an Mut und Bürgercourage für eine neue demokratische Kultur geworden. Sie haben der Demokratie ihre Spielräume eröffnet. Aber sie haben es nicht geschafft, diese Spielräume für neue politische Perspektiven und für eigenes, verantwortliches politisches Handeln zu nutzen.

Anfang Dezember verpassten das »Neue Forum« und die übrigen Teile der Bürgerbewegung die letzte Chance, mit der DDR einen eigenständigen, einen »dritten Weg« zu gehen. Vielleicht konnten die handelnden Personen gar nicht anders entscheiden? Ihre ganze Geschichte war geprägt von persönlicher Verfolgung, der Behauptung eigener Spielräume und der Abwehr staatlicher Repression. Das war der Horizont ihrer politischen Erfahrungen.

Am 5. Dezember mittags traf ich im Ostberliner Hotel »Stadt Berlin« mit Oberbürgermeister Erhard Krack zusammen. Wir legten den Plan für die Einrichtung eines Regionalausschusses für Berlin und die angrenzenden Gebiete der Bezirke Frankfurt/Oder und Potsdam vor. Außerdem besprachen wir Fragen der Verwaltungszusammenarbeit, und ich erläuterte ihm unsere Planung für Olympische Spiele in Berlin im Jahr 2004.

Er war offen für die Vorschläge und die Anbahnung einer engeren Kooperation zwischen beiden Teilen der Stadt. Beim anschließenden Essen unterhielten wir uns über die Lage in der DDR. Seine Schilderung war ungeschminkt und sehr pessimistisch.

Am Abend führten Dieter Schröder und ich im Rathaus Schöneberg ein langes Gespräch mit Igor Maximytschew, dem Gesandten an der sowjetischen Botschaft in Ostberlin, um die Lage in der DDR zu erörtern, die wir ziemlich übereinstimmend beurteilten. Die Konfrontation spitzte sich immer mehr zu. In allen Teilen der DDR hatten Hunderttausende an den Montagsdemonstrationen teilgenommen, deren Stimmung zunehmend aggressiv wurde. Ein »Stasi«-Gebäude nach dem anderen wurde von den Bürgerkomitees besetzt oder gestürmt. Die ständigen Enthüllungen, der Toeplitz-Bericht, das Verschwinden Schalck-Golodkowskis und die Unbeweglichkeit der SED-Führung erregten das Land. Enttäuschung, Wut und Aggression bestimmten das Bild. Wir befürchteten das Schlimmste, zumal große Teile der Bürgerbewegung sich über den Ernst der Lage und die Anforderungen, die in solchen Situationen an verantwortliche Politiker gestellt werden, nicht im Klaren waren. Ich gab gegenüber Maximytschew meiner Sorge Ausdruck, dass sich die »Stasi«-Leute in dieser Situation Waffen verschaffen könnten. Wo waren insbesondere die Waffen der Betriebskampfgruppen? Wie würde sich die Westgruppe der sowjetischen Armee bei Zuspitzungen verhalten?

Maximytschew erklärte uns, dass die Sowjetunion unsere Bemühungen um Kooperation und die Bildung des Regionalausschusses unterstütze. Das DDR-Außenministerium sei von unseren Kontakten mit Erhard Krack zwar nicht sehr erbaut, weil es nicht mehr beteiligt sei, aber das mache nichts. Die enge Kooperation werte zwar den Bund in Berlin auf, was die Sowjetunion nicht gern sehe, aber diese Kooperation sei wichtig, um die Lage in der DDR zu stabilisieren. Er verabschiedete sich nach dem Gespräch mit dem undiplomatischen Kommentar: »Die Lage ist beschissen.«

Als ich ihn hinausgeleitete, kam Bundesminister Seiters herein, um mir über die mit Ostberlin gerade abgeschlossenen Verhandlungen über den Devisenfonds für Westreisen von DDR-Bürgern und den Fortfall des Mindestumtauschs für Reisende in die DDR zu berichten. Wenigstens ein Fortschritt, aber sonst hatte es mit der Modrow-Regierung keine weiteren Vereinbarungen gegeben.

Ich wies Seiters auf den Ernst der Lage und die möglichen Folgen für Westberlin hin und ließ keinen Zweifel daran, dass ich wirtschaftliche Hilfen und verstärkte Kooperation mit dem zweiten deutschen Staat für erforderlich hielt. Minister Seiters hatte für Berliner Belange immer ein offenes Ohr gehabt und immerhin den ursprünglich vom Senat vorgeschlagenen Devisenfonds realisiert. Aber eine Stabilisierung der Lage in der DDR, das ließ jetzt auch Seiters durchblicken, passte nicht in das Konzept des Kanzlers.

Am Abend war das Jahresessen der Berliner Pressekonferenz mit Edzard Reuter als Ehrengast und Redner. Nach der Ansprache zogen Dieter Schröder und ich uns mit den alliierten Stadtkommandanten und Gesandten in ein Zimmer im Hotel »Steigenberger« zurück, um die Situation zu erörtern.

Unsere negative Beurteilung der Lage war, aus verschiedenen Quellen gespeist, ziemlich deckungsgleich. Wir erörterten, was zu tun wäre, wenn chaotische Situationen auf den Transitwegen eintreten und gewalttätige Zuspitzungen in der DDR zu einer Massenfluchtbewegung nach Westberlin führen würden. Die Alliierten sagten zu, für diesen Fall genügend Lufttransportkapazitäten bereitzuhalten. Bei aller Unübersichtlichkeit der Situation war es ein beruhigendes Gefühl für mich, direkt mit den westalliierten Freunden über die erforderlichen Maßnahmen beraten zu können. Zum einen stand man mit der eigenen Lagebeurteilung nicht allein da, und selbst für den schlimmsten Fall konnten wir uns der Hilfe und der Unterstützung der amerikanischen, britischen und französischen Diplomatie und der hier stationierten Militärs gewiss sein.

Egon Krenz trat am 6. Dezember auch vom Amt des Staatsratsvorsitzenden zurück. Sein Nachfolger wurde der LDPD-Chef Manfred Gerlach. Am 7. Dezember stürmten aufgebrachte Bürger die Häuser der Staatssicherheit in Dresden, Cottbus, Rostock und Suhl und besetzten die ehemaligen Bezirksverwaltungen. Dabei kam es zu Rangeleien mit Mitarbeitern und zu Verletzungen. Eindringlich rief Hans Modrow im Fernsehen zu Besonnenheit und Gewaltlosigkeit auf: »Es gilt überall da, wo Waffen sind, die Notwendigkeit auch zu begreifen, dass hier eine Grenze ist.« Nur mit Mühe gelang es, diese gefährliche Situation wieder zu deeskalieren. Es wurden örtliche Bürgerkomitees gebildet, die die Gebäude versiegelten und den Zugang kontrollierten. Gleichzeitig beschloss die Regierung, das Amt für Nationale Sicherheit, die Nachfolgeorganisation des MfS, schrittweise aufzulösen. Die Staatssicherheit und die Betriebskampfgruppen mussten ihre Waffen bei der Volkspolizei und der NVA abliefern, so dass dieses Potenzial für drohende Auseinandersetzungen in der Gesellschaft nicht zur Verfügung stand. Und am gleichen Tag wurde ein »Runder Tisch« gebildet, doch blieb die Volkskammer weiter im Amt.

Die Kompetenzen des »Runden Tischs« waren unklar. Der Kreis der Teilnehmer wurde immer mehr erweitert und umfasste neben den Oppositionsgruppen auch die SED und ihre Massenorganisationen sowie die Blockparteien. Immerhin sprach sich der »Runde Tisch« für den 6. Mai als Termin der Volkskammerwahl aus und brachte damit etwas Klarheit in die unübersichtliche Entwicklung. Das Gremium begann damit, ein Wahlgesetz zu beraten sowie den Entwurf einer neuen Verfassung zu erarbeiten. Die Sitzungen des »Runden Tischs« wurden im DDR-Fernsehen übertragen. Durch die Vielzahl der vertretenen Gruppen kam es zu endlosen Geschäftsordnungsdebatten. Die Bürger konnten in diesem Gremium bald nicht mehr ihre legitime Vertretung sehen. Auch die Regierung Modrow schien die Sitzungen nicht besonders ernst zu nehmen und schickte nur zweitrangige Staatsvertreter dorthin.

Der »Runde Tisch« blieb ein Behelfsparlament ohne Autorität. Er füllte das Machtvakuum nicht aus.

Die nächste Demonstration in Leipzig am 11. Dezember mit hunderttausend Teilnehmern war so aggressiv wie nie zuvor.

Einzelne Demonstrantengruppen brüllten sich gegenseitig nieder. »Wir sind Deutsche«, »Deutschland, einig Vaterland« und »Rote aus der Demo raus« wurde skandiert. Zum ersten Mal schlug auch den Vertretern des »Neuen Forums« und anderer Oppositionsgruppen offener Hass entgegen. Die westdeutsche CDU ließ stapelweise Aufkleber mit dem Spruch »Wir sind ein Volk« verteilen.

Die SED hatte sich am 8. und 9. Dezember auf einem Sonderparteitag in der Dynamo-Sporthalle in Ostberlin an die Aufarbeitung des Desasters gemacht. Große Teile der Partei, vor allem jüngere Mitglieder, verlangten die Auflösung der Organisation und die Neugründung einer Partei des demokratischen Sozialismus. Doch die Mehrheit der Delegierten wagte diesen radikalen Schritt nicht. Lediglich eine Umbenennung in »Sozialistische Einheitspartei Deutschlands – Partei des demokratischen Sozialismus« wurde beschlossen. Gregor Gysi wurde zum Vorsitzenden gewählt, Hans Modrow und Wolfgang Berghofer zu seinen Stellvertretern. Hintergrund für die Entscheidung, die Partei nicht aufzulösen, war, dass die SED/PDS ihr dem Volk geraubtes Vermögen, dessen Wert in die Milliarden ging, nicht zurückgeben wollte. Diese Entscheidung war der Geburtsfehler der PDS. So sehr Gysi, Modrow und Berghofer auch überzeugte und überzeugende Reformer sein mochten, sie hatten den endgültigen Schnitt mit der Vergangenheit der SED nicht gewagt; sie bauten ihre »neue« Partei auf einem Vermögen auf, das die SED sich zu Unrecht angeeignet hatte. Das war ein Makel, den die Partei später noch oft schmerzhaft zu spüren bekommen sollte.

Die Siegermächte melden sich zurück

Die rasante Entwicklung in der ersten Dezemberwoche hatte schlagartig aller Welt deutlich gemacht, wie zerbrechlich das Kunstgebilde DDR war. Die internationale Politik war alarmiert. Anfang Dezember wurde ich von den Alliierten in Berlin darüber informiert, dass am 11. Dezember ein Treffen der Botschafter der vier Siegermächte des Zweiten Weltkriegs im Alliierten Kontrollratsgebäude in Schöneberg stattfinden sollte. Die Sowjetunion habe schon lange darum gebeten, jetzt habe man eingewilligt. Man wolle auch die eigene Verantwortung für Berlin deutlich machen. Im Übrigen wolle man von den Sowjets hören, was sie im Einzelnen zur »Berlin-Initiative« der Westalliierten zu sagen hätten. Diese Initiative aus dem Jahr 1987 beinhaltete den Vorschlag, die Flugverbindungen von und nach Berlin auszuweiten und auch über die Luftkorridore hinaus Flugverkehr zuzulassen, internationale Konferenzen in Berlin abzuhalten und Olympische Spiele in Berlin durchzuführen. In allen diesen Fragen gab es einen statusrechtlichen Streit zwischen den Westmächten und der Sowjetunion. Bisher hatten die Sowjets auf diese Vorschläge, die auf eine Normalisierung der Stadt und die Beendigung kleinkrämerischer Statusauseinandersetzungen hinausliefen, ausweichend oder sogar ablehnend reagiert.

Seit 1972, als der Beitritt der beiden deutschen Staaten zu den Vereinten Nationen gebilligt wurde, waren die vier Siegermächte des Zweiten Weltkriegs nicht mehr im Kontrollratsgebäude zusammengekommen. Das angekündigte Treffen war eine Sensation. Über Nacht mussten die verstaubten Räume des Kontrollratsgebäudes auf Hochglanz gebracht werden. Das Haus lag seit dem 20. März 1948, als die Sowjets den Alliierten Kontrollrat verlassen hatten, im Dornröschenschlaf. Nur die vier Fahnen am Portal erinnerten noch an seine ursprüngliche

Bedeutung. Im Inneren wurden nur wenige Räume für die alliierte Luftsicherheitszentrale genutzt. In deren »operations room« stand ein H-förmiger Tisch, an dem jede der vier Siegermächte einen Computerarbeitsplatz eingerichtet hatte, durch kleine Nationalfahnen markiert. Dieser Raum war die letzte Viermächteinstitution, die praktisch von der Viermächteverantwortung der Alliierten für Berlin und Deutschland als Ganzes übrig geblieben war.

Die »Berlin-Initiative« spielte, wie sich herausstellte, aber nur eine nebensächliche Rolle bei diesem denkwürdigen Treffen. Die westlichen Botschafter, Vernon Walters für die USA, Christopher Mallaby für das Vereinigte Königreich und Serge Boidevaix für die Französische Republik, erläuterten ihrem sowjetischen Kollegen Wjatscheslaw Kotschemassow noch einmal ihre Vorschläge, und dieser war ein aufmerksamer Zuhörer. Der Vertreter Moskaus habe die Anregungen mit »wohlwollendem Interesse« zur Kenntnis genommen, hieß es später. Die Lage in der DDR spielte keine große Rolle bei der Zusammenkunft. Man tauschte sich kurz über die Entwicklung aus und bekundete sich gegenseitiges Interesse an einer stabilen Entwicklung. Dann ging man auseinander. Gegenüber den wartenden Journalisten blieben alle vier äußerst wortkarg.

Der einzige Sinn dieses Treffens war in Wirklichkeit, dass es überhaupt stattfand. Die vier Siegermächte wollten damit ihre Zuständigkeit für Berlin und Deutschland unterstreichen und noch einmal nachdrücklich auf ihre Siegerrechte hinweisen. Die Botschaft hieß: »Ohne uns läuft hier nichts.« Die Sowjets hatten daran das größte Interesse, denn es war ihr ehemaliges Besatzungsgebiet, in dem das System jetzt zusammenbrach. Die USA, Großbritannien und Frankreich spielten mit, weil sie so die Sowjetunion sichtbar zwingen konnten, sich zu der gemeinsamen Verantwortung der vier zu bekennen, die die Sowjetunion so oft geleugnet hatte. Alle vier Mächte machten zugleich gegenüber der Bundesregierung ihr Recht auf Mitsprache für den Fall einer Vereinigung der beiden deutschen Staaten geltend.

Helmut Kohl hatte bei den Westalliierten erhebliche Verstimmungen ausgelöst, weil er seinen »Zehn-Punkte-Plan« vom 28. November mit ihnen vorher nicht abgestimmt, sie nicht einmal informiert hatte.

Ich fand es richtig, dass die Siegermächte ihre Ansprüche anmeldeten. Grundsätzlich konnte es keine Neuordnung in Mitteleuropa ohne die Zustimmung der Siegermächte des Zweiten Weltkriegs und der Nachbarn Deutschlands geben. Die Teilung Deutschlands war eine direkte Folge des Krieges und eine Konsequenz aus der Bedrohung, die Deutschland für seine Nachbarn dargestellt hatte. Aber die Regelung der deutschen Frage konnte nicht auf der Basis von Besatzungs- und Siegerrechten erfolgen, sondern sie musste gleichberechtigt mit den Deutschen geschehen. Es durfte nicht der Eindruck entstehen, dass Deutschland fast 45 Jahre nach Kriegsende noch immer unter der Kuratel der Sieger stand. Das konnte nur zu negativen, nationalistischen Reaktionen in Deutschland führen. In der DDR hatte es schon die ersten Aggressionen gegen sowjetische Soldaten und Militäreinrichtungen gegeben. Deshalb bat ich meine Gesprächspartner aus den betreffenden Ländern, eine solche Demonstration ihrer Siegermacht nicht zu wiederholen: »Ein Treffen im Kontrollrat reicht. Es ist klar geworden, was die Alliierten wollen.«

Nach der Maueröffnung kamen viele ausländische Politiker nach Berlin zu Besuch. Besonders intensiv informierten sich die Briten und die Amerikaner über die aktuelle Entwicklung. Der britische Außenminister Douglas Hurd kam am 16. November als erster hochrangiger ausländischer Gast seit der Maueröffnung nach Berlin. Er sah sich den neuen Grenzübergang am Potsdamer Platz an und besuchte das Brandenburger Tor. Der britische Oppositionsführer Neil Kinnock reiste am 7. Dezember an die Spree. Beim Frühstück diskutierten wir über die aktuelle Lage in der DDR.

Der erste hochrangige Gast aus den USA war Senator Edward Kennedy, der in Begleitung von Willy Brandt die Stadt am 28. November besuchte. Beide legten an der Gedenktafel für den 1963 ermordeten US-Präsidenten John F. Kennedy am Rathaus Schöneberg sowie an den Mahnmalen für die erschossenen Flüchtlinge am Reichstagsgebäude Blumen nieder. Sie besuchten Ostberlin, wo sie mit Bischof Forck zusammentrafen, und gingen anschließend über den Weihnachtsmarkt am Alexanderplatz. Dort wurden sie von den Menschen begeistert begrüßt. Seit John F. Kennedy am 26. Juni 1963 vor dem Rathaus Schöneberg gesagt hatte: »Ich bin ein Berliner«, hatten die Berliner aus Ost und West eine besondere Sympathie für diese amerikanische Politikerfamilie.

Edward Kennedy sagte: »Ich wünschte mir, mein Bruder hätte das Leuchten auf den Gesichtern der Menschen sehen können.« Er schenkte mir ein 1961 aufgenommenes Foto, das die drei legendären Brüder John, Robert und Edward Kennedy bei einem gemeinsamen Sommerurlaub zeigte. Es bekam einen Ehrenplatz in meinem Dienstzimmer. Ich lud Kennedy und Brandt zu einem Mittagessen mit Vertretern der DDR-Bürgerbewegung in ein Berliner Hotel ein. Daran nahmen Bärbel Bohley, Ibrahim Böhme und Rainer Eppelmann teil. Kennedy ließ sich ausführlich über die Situation in der DDR informieren. Viele seiner Fragen zielten auf militärische Aspekte: »Wie ist das Verhältnis zu den sowjetischen Truppen? Was, glauben Sie, werden die Sowjets machen?« Als Weltpolitiker wusste er, dass die Anwesenheit der sowjetischen Soldaten das entscheidende Problem bei einer Veränderung des Gesellschaftssystems in der DDR und erst recht bei einer möglichen Vereinigung der beiden deutschen Staaten sein könnte.

Ibrahim Böhme begann und redete um das Thema herum, ebenso Rainer Eppelmann. Mit vielen Worten sagten sie nichts, jedenfalls nichts, was eine Antwort auf die Frage gewesen wäre. Bärbel Bohley schließlich antwortete: »Wir sehen die Russen nicht als Gefahr. Eher haben wir das Gefühl, sie würden uns beschützen, wenn es hart auf hart geht.«

Kennedy war über diese Äußerung sehr erstaunt. Ihm war diese Position schlicht unverständlich, und mir taten die drei leid, die sich hier vor einem fremden Politiker zu einem DDR-Tabu äußern sollten, zu dem stärksten Tabu überhaupt, das es in der DDR gab, nachdem 1953 der Volksaufstand durch die sowjetischen Panzer niedergewalzt worden war und nachdem 1956 die Ungarn und 1968 die Tschechen die gleiche Erfahrung gemacht hatten. Nein, von ihnen eine nüchterne Bestimmung ihrer Position zu den sowjetischen Truppen in der DDR zu erwarten, das war zu viel verlangt.

Im Allgemeinen wurden die Sowjets in der DDR als »die Freunde« bezeichnet, so war es der phrasenhafte Sprachgebrauch in den offiziellen Reden, so war es auch der spöttisch-ironische

Sprachgebrauch der Bürger. Tatsächlich stellte und stellt die Westgruppe der sowjetischen Armee eine enorme ökonomische Belastung des kleinen Landes dar. Dieses Land hatte auf seinem Territorium, das nicht größer war als Nordrhein-Westfalen, nicht nur die Sowjets, sondern auch die Nationale Volksarmee mit ihren etwa 200.000 Soldaten zu verkraften. In einzelnen Standorten war die Zahl der Sowjetsoldaten unerträglich hoch, das galt für Potsdam mit seinen unzähligen Kasernenkomplexen, aber auch für Jüterbog, Eberswalde, Bernau, Neubrandenburg, Prenzlau und für viele andere Standorte. Das extremste Beispiel, von dem ich hörte, war der Kreis Neustrelitz mit sechzigtausend Einwohnern und sechzigtausend Sowjets. Aber auch in der Gegend der Flugplätze wie Halle, Cottbus und Werneuchen war die Belastung groß, weil das Militär übte, wann immer es ihm in den Sinn kam. Oft genug wurden Nachtstart- und -landeübungen zwischen dreiundzwanzig und drei Uhr absolviert.

Im Übrigen führte sich das sowjetische Militär durchweg wie eine Besatzungsmacht auf. Die Abneigung des DDR-Durchschnittsbürgers gegenüber den »Freunden« war also jenseits aller offiziellen Freundschaftsrhetorik groß und kam Anfang Dezember erstmals offen zum Vorschein. Zum ersten Mal seit 1953 demonstrierten in Prenzlau DDR-Bürger gegen die beabsichtigte Stationierung sowjetischer Hubschrauber auf dem Militärflugplatz des Orts, die das sowjetische Oberkommando dann auch klugerweise sein ließ.

Ich erläuterte Edward Kennedy die Erfahrung in der DDR von 1953, in Ungarn von 1956 und in der Tschechoslowakei von 1968, dass ein Infragestellen der Stationierung sowjetischer Truppen auf deutschem Boden böse Folgen nach sich ziehen würde. Nur im Zuge einer allgemeinen Truppenverminderung auf beiden Seiten in Europa könne man das Problem entschärfen.

Am 12. Dezember kam der amerikanische Außenminister James Baker in Begleitung von Hans-Dietrich Genscher nach Berlin. Er erzählte mir, dass ihn sein »Freund Genscher« am 9. November angerufen und über die Öffnung der Mauer unterrichtet habe. Freude und Dankbarkeit habe er empfunden, sagte Baker, dass diese unmenschliche Grenze endlich gefallen sei. Viele Amerikaner würden das Geschehen in Deutschland mit großer Anteilnahme verfolgen. »Manchen Politikern standen bei Interviews die Tränen in den Augen«, berichtete der amerikanische Außenminister. Er fragte mich nach der Stimmung in der DDR, nach den Übersiedlerzahlen, nach meiner Meinung über die Rolle des »Runden Tischs« und, genau wie Kennedy, nach der Rolle der sowjetischen Truppen.

In einer Rede vor der Berliner Pressekonferenz skizzierte Baker dann in einem Westberliner Hotel die »Architektur für eine neue Ära in Europa«. Aufmerksamer Zuhörer war der sowjetische Botschafter in Ostberlin, Kotschemassow, der mit Genscher und mir an einem Tisch saß. Wochen zuvor wäre das noch aus Statusgründen von der Sowjetunion strikt vermieden worden. Baker sagte: »Erstens: Mit der Überwindung der Teilung Europas muss es eine Möglichkeit geben, durch Frieden und Freiheit die Teilung Berlins und Deutschlands zu überwinden. Die Vereinigten Staaten und die NATO sind vierzig Jahre lang für die Vereinigung eingetreten, und von diesem Ziel werden wir jetzt nicht abweichen. Zweitens sollte diese Architektur zum Ausdruck bringen, dass die Sicherheit Amerikas – politisch, militärisch und ökonomisch – weiterhin mit der Sicherheit Europas verbunden bleibt. Die Vereinigten Staaten und Kanada sind Nachbarn Europas.«

Baker war von allen Weltpolitikern derjenige, der sich schon Gedanken über die Rahmenbedingungen für die Wiedervereinigung gemacht hatte. Bei seiner Rede legte er die amerikanischen Grundpositionen fest. Die USA, so lautete seine Botschaft, würden entsprechend dem Selbstbestimmungsrecht der Deutschen jede Entscheidung, wie auch immer sie ausfalle, unterstützen. Eine Vereinigung komme aber nur mit der weiteren Mitgliedschaft Deutschlands in der NATO in Betracht. Die Vereinigung müsse zudem schrittweise erfolgen, um die Stabilität in Europa zu wahren, und bezüglich der Grenzen in Europa – er meinte die polnische Westgrenze – müsse die Schlussakte von Helsinki gelten, in der die Unverletzlichkeit aller Grenzen festgelegt sei. Die NATO werde in einem solchen System mehr und mehr eine politische Rolle spielen.

Bakers bewusst gewählte Formulierungen von der »Überwindung der Teilung Europas« und von einer »Architektur für eine neue Ära in Europa« zeigten, dass die USA längst begriffen hatten, dass der Kalte Krieg zu Ende war. Die USA begannen, Europa wieder als einen geeinten Kontinent wahrzunehmen und sich selbst vom Blockdenken zu lösen. Explizit sprach Baker vom »Schwinden der Konfrontation zwischen Ost und West und den wachsenden Aussichten auf ost-westliche Zusammenarbeit«. Auch in der praktischen Politik förderten die Amerikaner diesen Weg. Ohne ihre nachhaltige Unterstützung und Hilfe wäre der Weg zur deutschen Einheit sehr viel schwieriger und langwieriger geworden.

Zwei Tage vor dieser Rede hatte auch die Europäische Gemeinschaft auf einem Gipfeltreffen in Straßburg das Recht der Deutschen auf »Einheit durch freie Selbstbestimmung« anerkannt. Dieser Prozess müsse sich »auf demokratische und friedliche Weise unter Wahrung der Abkommen und Verträge, auf Grundlage sämtlicher in der Schlussakte von Helsinki niedergelegten Grundsätze und im Zusammenhang von Dialog und Ost-West-Kooperation vollziehen. Er muss sich in der Perspektive der europäischen Integration einfügen.«

Bis auf einige Querschüsse aus der Umgebung der britischen Premierministerin Thatcher war das Recht der Deutschen auf Einheit im ganzen Westen damit noch einmal ausdrücklich anerkannt worden.

Anschließend traf sich US-Außenminister James Baker in Potsdam mit DDR-Ministerpräsident Hans Modrow

Ministerpräsident ohne Basis

Am Abend des 12. Dezember traf ich im Johannishof, dem Gästehaus des DDR-Ministerrats in Berlin-Mitte, zum ersten Mal mit Hans Modrow zusammen. Anders als sechs Monate zuvor beim Treffen mit Erich Honecker spielten die vielen protokollarischen Feinheiten, die bei der Begegnung eines Regierenden Bürgermeisters von Berlin mit einem DDR-Regierungsvertreter stets zu beachten waren, kaum noch eine Rolle. Als sei es das Selbstverständlichste von der Welt, konnte der Leiter der Ständigen Vertretung der Bundesrepublik bei der DDR, Staatssekretär Franz Bertele, an der Unterredung teilnehmen. Das wäre früher, als die DDR die Zugehörigkeit Westberlins zum Bund bestritt, undenkbar gewesen. Umgekehrt akzeptierten wir den neuen Tagungsort im Herzen der »Hauptstadt der DDR«, denn wenn Modrow die besondere Gemeinschaft der Deutschen nicht mehr bestritt, hatten wir keinen Grund mehr, die Ausübung von Regierungsfunktionen der DDR in Ostberlin auszuschließen. Auf DDR-Seite nahm, auch das ein Novum, der Ostberliner Oberbürgermeister Erhard Krack an der Besprechung teil, des weiteren Modrows persönlicher Referent Karl-Heinz Arnold und der uns als Besuchsbeauftragter seit vielen Jahren bekannte Walter Müller. Auf unserer Seite saßen der Chef der Senatskanzlei, Dieter Schröder, Senatssprecher Werner Kolhoff und Senatsdirigent Gerhard Kunze mit am Tisch.

Unsere Unterredung begann pünktlich um zwanzig Uhr. Ich hatte für den DDR-Ministerpräsidenten ein kleines Geschenk mitgebracht: die Kopie des »Amtsblatts Nr. 58« vom 28. November 1958 mit den Wahlvorschlägen für die damaligen Abgeordnetenhauswahlen. Auf der Seite 1327 des Amtsblatts war der Name des Maschinenschlossers und Sekretärs der FDJ-Bezirksleitung, Hans Modrow, eingetragen, der im Bezirk Tiergarten für die SED kandidiert hatte. Die Kommunisten hatten damals in Westberlin 1,9 Prozent der Stimmen erzielt. Hans Modrow war sehr erfreut über dieses Dokument: »Ich habe sehr wenige

Erinnerungen an diese Zeit. Es ist für mich ein Stück Jugenderinnerung«, sagte er. Ich entgegnete, jetzt habe er wieder die Möglichkeit, seinen alten Bezirk zu besuchen, und er antwortete, dass er seit dem Mauerbau nur ein einziges Mal, nämlich 1972, in Westberlin gewesen sei.

Hans Modrow erteilte mir als Gast das Wort, und ich nutzte die Gelegenheit, vor ihm meine Sorgen über die instabile Entwicklung in der DDR auszubreiten. »Wir verfolgen den Prozess der Erneuerung mit großer Aufmerksamkeit und Sympathie. Gerade in Sie persönlich sind jetzt große Hoffnungen und Erwartungen gesetzt, dass diese Entwicklung rascher als bisher vorankommt. Im Interesse der Stabilität sind schnelle und für die Bevölkerung fassbare Ergebnisse erforderlich. Die Tatsache, dass nunmehr bereits am 6. Mai Wahlen stattfinden sollen, ist in dieser Hinsicht ein sehr positiver Schritt. Wir haben kein Interesse an instabilen Verhältnissen in der DDR, weil wir davon unmittelbar betroffen sind. Wir haben kein Interesse daran, dass immer mehr Menschen das Land verlassen und bei uns als Übersiedler versorgt werden müssen. Unsererseits werden wir alles tun, damit die wirtschaftliche Kooperation schnell vorankommt. Wir wollen auch Zeichen für aktuelle Hilfe und Solidarität setzen. Wir sind bereit, der DDR für zwei Millionen D-Mark Güter des medizinischen Bedarfs zu überlassen.

Ich sehe im Augenblick große Gefährdungen und Risiken für die weitere Entwicklung. Das Hauptproblem ist, dass es irgendwo zu einer Gewalttat kommen kann und sich die Gewalt dann hochschaukelt. Ich persönlich biete an, wo immer mir das möglich ist, auf die Bevölkerung beruhigend einzuwirken. Ich sehe, dass Sie als Person über eine hohe Autorität bei den Menschen verfügen, ebenso Herr Berghofer und Herr Gysi. Jedoch sind die Vorgänge in der SED eine schwere Belastung für das innere Klima. Ich halte es daher für richtig, dass Sie Gespräche mit dem ›Runden Tisch‹ aufgenommen haben und diesen so weit wie möglich in die Entscheidungsprozesse einbeziehen. Die Oppositionsgruppen sind unbelastet und genießen Vertrauen.«

Hans Modrow erwiderte: »Ich weiß, dass die Bevölkerung auf schnelle Ergebnisse drängt. Aber niemand kann erwarten, dass sich alles von heute auf morgen ändert. Die Ursachen für die jetzigen Zustände liegen in der Ökonomie. Als wir die Regierung übernommen haben, haben wir nur Schuldscheine vorgefunden. Jetzt müssen wir vor allen Dingen erst einmal den Staat und die Gesellschaft wieder stabilisieren. Das ist sehr, sehr schwierig, denn der Hass in der Bevölkerung ist groß. Es ist schon zu bedenklichen Übergriffen gekommen. Ich habe jetzt persönliche Bevollmächtigte in die Bezirke entsandt, die sowohl mit den örtlichen Sicherheitskräften als auch mit den Oppositionsgruppen zusammenarbeiten sollen. Aber wir müssen dieses Problem noch grundlegender lösen. Ich bitte Sie, die folgende Information noch strikt vertraulich zu behandeln, bis ich die Öffentlichkeit unterrichtet habe: Wir beabsichtigen die Gründung eines Verfassungsschutzes sowie eines Komitees für die nationale Sicherheit.«

Diese Mitteilung des Ministerpräsidenten, die ich seiner Bitte gemäß für mich behielt, sollte später noch eine große Sprengkraft entfalten. Sein Plan, das AfNS durch einen Verfassungsschutz zu ersetzen, sollte wenige Wochen nach diesem Treffen zur größten Krise der Regierung Modrow führen.

Der Ministerpräsident fuhr fort: »Wir arbeiten gut mit dem ›Runden Tisch‹ zusammen. Aber dort sind vorzugsweise Pastoren und Rechtsanwälte anzutreffen, die miteinander die Lage diskutieren. Es wäre wünschenswert, wenn noch weitere Berufsgruppen dazukommen.«

Modrow hatte offenbar keine große Achtung vor den Gremien der Opposition. Ich empfand das als einen schweren Fehler. »Im Moment haben wir es mit drei politisch-gesellschaftlichen Ebenen zu tun. Einmal sind da die herkömmlichen Strukturen, also der Regierungsapparat und die SED. Meine Partei ist in der Tat in einer schwierigen Situation, und sie ist eine Last. Aber diese Last muss ich mittragen. Ich kann mich nicht einfach davon loslösen. Ich bin auf dem außerordentlichen Parteitag zweimal aufgetreten, einmal in der öffentlichen und ein weiteres Mal in der nichtöffentlichen Sitzung, weil die Gefahr bestand, dass man überhaupt nicht mehr zu Entscheidungen gekommen wäre. Nur zwanzig Prozent der Parteitagsdelegierten sind Arbeiter. Die große Mehrheit kommt aus den Behörden und aus der Intelligenz und neigt dazu, alles zu zerreden. Die zweite Ebene sind die neuen Bewegungen, die den ›Runden Tisch‹ gebildet haben. Darüber sprach ich schon. Die dritte Ebene ist die Straße. Darunter sind immer mehr Kräfte, die zur Unsicherheit beitragen. Gestern Abend in Leipzig ist es zu einer gefährlichen Polarisierung gekommen. Unter den Demonstranten haben sich zwei Gruppen gebildet, und es besteht die Gefahr, dass diese Gruppen Gewalt gegeneinander anwenden, nämlich die einen, die *für*, und die anderen, die *gegen* die Einheit sind.«

Ich fragte: »Wie viele, schätzen Sie, sind für die Wiedervereinigung?«

Modrow antwortete, ohne zu zögern: »Es sind gut zwei Drittel. Und das nicht nur in Leipzig, sondern auch in Dresden und in Plauen besteht die Gefahr, dass es umkippt.«

Modrow hatte seine eigene Lage und die der DDR nüchtern analysiert. Es gab keine starke gesellschaftliche Kraft, die seine Regierung unterstützte, und der Druck der Straße nahm zu. Seine persönliche Integrität und moralische Autorität waren zu wenig, um die Autorität von Regierung und Staat in der DDR wieder festigen zu können. Im Übrigen wurde auch Modrow zunehmend persönlich kritisiert und nach seiner Rolle in Dresden, etwa bei den Zusammenstößen zwischen Polizei und Ausreisewilligen am 4. Oktober, gefragt. Gleichzeitig wuchsen die ökonomischen Probleme enorm an, wie Modrow schilderte: »Die Reiseerleichterungen, die wir mit Minister Seiters ab Januar vereinbart haben, werden viele Bundesbürger zu uns führen. Ich habe Sorge, dass, wie in den 50er Jahren vor dem Mauerbau, der Ausverkauf der DDR dann ganz massiv beginnt. Wir haben schon jetzt solche Erscheinungen. Unsere subventionierten Waren werden von Ihren Bürgern weggekauft und fehlen unserer Bevölkerung. Natürlich werden wir die Subventionen abbauen müssen, aber das wird nicht so schnell gehen. Bei uns kann man sich für 1,10 Mark beim Friseur die Haare schneiden lassen. Im Westen schneidet man Ihnen dafür allerhöchstens die Ohren ab.«

Ich warf, auf meine Glatze deutend, ein: »Bei mir reicht es für 1,10.«

»Ja. Sie sind eine Ausnahme. Aber viele werden bei uns zum Friseur gehen. Und so ist es überall, im Handwerk und im Handel. Diese verfluchte alte Politik, diese Gleichmacherei. Jetzt sehen wir die Folgen. Die Preise sind völlig verzerrt. Die Unzufriedenheit hier wird sich drastisch erhöhen, wenn so ein Ausverkauf beginnt. Die Öffnung der Mauer, auf die vor allen Dingen Mielke gedrungen hat, weil er Druck ablassen wollte, hat eine komplizierte ökonomische Situation geschaffen. Ich weiß noch nicht, wie wir das bewältigen können. Mielke und Innenminister Dickel und die anderen haben damals übersehen, was passieren würde.

Wir erwarten zur Bewältigung dieser Situation Hilfe von der Bundesregierung und vom Senat. Denn es kann ja wohl nicht sein, dass die arme DDR der reichen Bundesrepublik noch als Lieferant von Billigwaren dient. Leider haben die Verhandlungen mit Herrn Seiters ökonomisch nichts gebracht. Eine wirkliche ökonomische Hilfe der Bundesrepublik steht noch aus.

Lassen Sie uns doch erst eine Vertragsgemeinschaft bilden und in eine Konföderation dann allmählich wachsen. Das muss ja auch im Einklang mit unseren Nachbarn geschehen; man muss auch Rücksicht auf die Sowjetunion nehmen. Was daraus dann einmal entstehen kann, mag jeder für sich denken, wie er will. Ich verstehe nicht, dass man dazu jetzt schon Festlegungen in Richtung Einheit haben will. Auch die Bundesrepublik würde es nicht vertragen, wenn zwei so unterschiedliche Systeme schlagartig zusammenkommen.«

Modrow spürte offenbar sehr deutlich den Druck aus Bonn und wohl ebenso klar, dass er sich dagegen nur schwer wehren konnte. Er war Realist. Das Wort Sozialismus kam in seinen Ausführungen nicht vor. Er hatte jede ideologische Zielsetzung abgelegt. Modrow wusste, dass dies nicht die Zeit für neue Gesellschaftsmodelle war, und für die alten schon gar nicht. Er war der Krisenmanager der DDR und gleichzeitig auch der Krisenmanager der sterbenden Staatspartei SED. Heute wissen wir, dass er dafür gesorgt hat, dass SED-Funktionäre und MfS-Offiziere, die ihren Job verloren, materiell nicht ins Leere fielen. Seine Amtszeit verschaffte vielen die Möglichkeit, sich als Gesellschafter und Geschäftsführer schnell umgegründeter VEB mit oft stattlichem Grundvermögen einen Vorsprung auf dem Weg in die Marktwirtschaft zu sichern. Die Masse der Bürger hatte wieder das Nachsehen. Wie sehr man Modrow deswegen auch kritisieren mag, es bleibt sein Verdienst, dass die Staatssicherheit und die Betriebskampfgruppen entwaffnet wurden und er den

Treffen mit Modrow am Abend des 12. Dezember 1989

schrittweisen Weg des Übergangs zu einer demokratischen Gesellschaft unter schwierigen Bedingungen und mit großem persönlichen Einsatz administriert hat.

In Berlin konnten wir die Zusammenarbeit mit der DDR nicht so hinauszögern, wie es die Bundesregierung tat. Wir mussten die Kooperation aufnehmen, nach der Maueröffnung mehr denn je. Die Möglichkeit einer reformierten, demokratisierten DDR musste aus meiner Sicht offengehalten werden. Die Revolution durfte nicht in Chaos und Perspektivlosigkeit versinken. Die Frage der Wiedervereinigung war für mich nicht vorrangig. Wir mussten erst einmal die Probleme der Übergangszeit meistern. Dazu gehörten offene Grenzen, freier Verkehr von Menschen, Gütern und Ideen bei innerer und äußerer Freiheit. Dann würden die Menschen weiter entscheiden, auch darüber, ob sie in einem Staat oder in zwei Staaten leben wollten. Eine Entscheidung für zwei Staaten, die besonders von der Bürgerbewegung favorisiert wurde, wäre legitim. Sie konnte auch auf Dauer funktionieren. Entscheidend musste allein sein, was die Bevölkerung wollte. Ihr mussten alle Möglichkeiten offengehalten werden.

Das war meine Position, die ich auch gegen wütende Proteste der CDU-Opposition in Berlin beibehielt. Darin unterschied ich mich fundamental von der nur auf Vereinigung gerichteten Politik der Bundesregierung. Sie nutzte die Schwäche der DDR aus und ließ den zweiten deutschen Staat so lange am ausgestreckten Arm zappeln, bis die Einheit die einzige realistische Perspektive für die Menschen war.

Mit Modrow verabredeten wir die Bildung eines provisorischen Regionalausschusses, der die Koordination aller grenzüberschreitenden Fragen im Großraum Berlin vornehmen sollte. Zum ersten Mal gab es damit ein deutsch-deutsches Gremium, das im Sinne der von Kohl angekündigten konföderativen Strukturen gemeinsame Verantwortung wahrnahm. Dem Regionalausschuss gehörten Vertreter beider Teile Berlins, der Bezirke Frankfurt, Potsdam und Cottbus sowie je ein Repräsentant der DDR-Regierung und der Bundesregierung an. Das Gremium sollte Empfehlungen für die beteiligten Regierungen und Verwaltungen erarbeiten. Ein Beirat aus Vertretern von Verbänden, Bürgerinitiativen und Kammern sollte die Arbeit begleiten.

Wir nannten den Ausschuss noch »provisorisch«, weil ein entsprechender Staatsvertrag zwischen der Bundesrepublik und der DDR fehlte. Zwar hatten wir der Bundesregierung schon unmittelbar nach der Maueröffnung ein solches Modell der Zusammenarbeit auch für das sogenannte Zonenrandgebiet empfohlen, doch hatte Bonn darauf bisher nicht reagiert. Während der Bundeskanzler zwar von »konföderativen Strukturen« sprach, eine solche partnerschaftliche Zusammenarbeit in Wirklichkeit aber nicht aufnahm, setzten wir sie in die Realität um. Wir hatten in der Region Berlin durch die neue Situation unendlich viele praktische Fragen mit der DDR zu regeln: Verkehrsverbindungen, Wasserwege, Müllbeseitigung, die Smogverordnung, Nahverkehrstarife, Ausbau der touristischen Infrastruktur im Umland, Gewerbeansiedlung, Sicherheitsfragen, gemeinsame Flächenplanung und vieles mehr. Berlin war wieder eingebettet in sein natürliches Umland.

Die konstituierende Sitzung des provisorischen Regionalausschusses fand am 22. Dezember im Rathaus Schöneberg statt. Sie wurde vom Ostberliner Oberbürgermeister Krack und von mir eröffnet. Ich sagte: »Dieser Regionalausschuss ist ein erster konkreter Schritt auf dem Wege zur Vertragsgemeinschaft zwischen beiden deutschen Staaten. Wir wollen zusammenarbeiten, um unsere Region mit ihren fast sechs Millionen Menschen, die lange voneinander getrennt waren, gemeinsam zu planen und gemeinsam voranzubringen. Wir wollen Verbindungen herstellen, Verbindungen der Verkehrswege, in der Wirtschaft, im gemeinsamen Umweltschutz, in der Kultur, in allen anderen Feldern.«

Gleich in seiner ersten Sitzung beschloss der Regionalausschuss eine Empfehlung über die Verkehrstarife im Großraum Berlin. Vom 1. Januar 1990 an sollten demnach alle Westberliner Fahrausweise auch in Ostberlin, im Stadtverkehr Potsdam sowie in Teltow, Kleinmachnow und Stahnsdorf gelten. Umgekehrt wurden für die DDR-Bürger, die zu Hause nur zwanzig Pfennig für die S-Bahn-Fahrt bezahlten, ermäßigte Tarife für die Benutzung der öffentlichen Verkehrsmittel im Westteil Berlins festgelegt. Mit diesem Beschluss entstand mit einem Schlag der nach dem Verkehrsverbund Rhein/Ruhr größte Tarifverbund im öffentlichen Personennahverkehr Deutschlands mit einer Gesamtstreckenlänge von rund 2.700 Kilometern.

Der Ausschuss tagte abwechselnd in West- und in Ostberlin, in Potsdam und in Frankfurt/Oder. Er wurde vom Chef der Senatskanzlei, Dieter Schröder, und vom Besuchsbeauftragten der DDR-Regierung, Walter Müller, alternierend geleitet.

Der Regionalausschuss sollte im Lauf des folgenden Jahres mehrfach seine tatsächliche Funktion ändern. In der ersten Phase regelte er die einfachsten Koordinationsfragen, die durch die Grenzöffnung aufgeworfen worden waren. Dann wandte er sich der langfristigen Entwicklung der Region Berlin zu, von den Fragen der Müllentsorgung und des Umweltschutzes über die Entwicklung der räumlichen Struktur bis hin zur Zusammenarbeit im Luftverkehr. Vom Frühjahr 1990 an half er, die Wiedervereinigung der beiden Stadthälften, insbesondere die Angleichung des Verwaltungssystems und des Rechtssystems, vorzubereiten. Und nach dem 3. Oktober 1990, dem Tag der Wiedervereinigung, hatte das Gremium die Aufgabe, die Zusammenarbeit zwischen den beiden Ländern Berlin und Brandenburg zu koordinieren.

Öffnung eines Symbols

Am Ende des Treffens, es war schon zweiundzwanzig Uhr dreißig, kam ich auf das Brandenburger Tor zu sprechen. Seit dem Tag der Maueröffnung gab es einen großen öffentlichen Druck, dort einen Übergang zu eröffnen. Die DDR befürchtete offenbar, dass eine Maueröffnung an diesem Ort schnell in eine nationale Wiedervereinigungsfeier umschlagen könnte, und hatte die Entscheidung bisher hinausgezögert. Ein hemmender Faktor war nach unserem Eindruck auch die sowjetische Botschaft in der DDR, die dreihundert Meter vom Tor entfernt lag und nicht vor der Haustür mit der Wiedervereinigung konfrontiert werden wollte. Ich hielt es für dringend erforderlich, dass die DDR sich endlich zu einer Öffnung durchrang. Das Brandenburger Tor war für viele Ost- und Westberliner das Wahrzeichen ihrer Stadt.

Anfang Dezember hatten Mitarbeiter des Senatspresseamts zusammen mit der Polizei damit begonnen, das durch den wilden Aufbau der Übertragungseinrichtungen vieler Fernsehanstalten entstandene Chaos auf der Straße des 17. Juni, unmittelbar vor dem Tor, zu ordnen. Mit sanftem Druck wurden die Medienvertreter dazu bewegt, ihre Medienstadt aus Lastwagen, Containern, Generatoren und Fernsehplattformen, die die Straße blockierten, aufzugeben und auf eine eigens am Rande der Straße errichtete Pressetribüne umzuziehen. Die Verteilung der Plätze auf dieser Tribüne war ein Lehrstück. Die deutschen Anstalten reklamierten, dass sie als örtliche Sender doch wohl das Recht hätten, sich die besten Standorte auszusuchen. Die Briten argumentierten, die Pressetribüne liege im britischen Sektor, und man werde sich mit dem Stadtkommandanten in Verbindung setzen, wenn man nicht bevorzugt werde. Die amerikanischen Stationen schließlich, die seit dem 9. November mit massiver Technik an dieser Stelle aufgefahren waren, drohten mit Schadenersatzklagen, falls sie nicht die besten Plätze erhielten. Es nutzte alles nichts, die Plätze wurden ausgelost. Fast hundert

Kameras wurden dort aufgestellt, und die Teams warteten Tag und Nacht auf das historische Ereignis.

Ich sagte zu Hans Modrow: »Die Öffnung des Brandenburger Tors ist jetzt überfällig. Die ganze Welt wartet darauf. Sie sollten das noch vor Weihnachten machen.« Und ich schlug für den Ablauf vor: »Die Öffnung des Brandenburger Tores ist kein lokales, sondern ein internationales Ereignis. Sie selbst sollten sich zusammen mit dem Bundeskanzler unter dem Tor treffen und den neuen Geist der Beziehungen zwischen den beiden deutschen Staaten demonstrieren.«

Hans Modrow versprach mir, bei seinem Treffen mit Bundeskanzler Kohl am 19. Dezember in Dresden über diesen Punkt zu sprechen.

Wir beendeten das erste Treffen mit einer Pressekonferenz. Hans Modrow hatte noch keinen Regierungssprecher benannt, die Pressekonferenz wurde daher von Senatssprecher Kolhoff geleitet, obwohl wir hier die Gäste waren. Ich lud Hans Modrow zum baldigen Gegenbesuch nach Westberlin ein, und er sagte sofort zu. Was früher jahrelange Konsultationen und diplomatische Feinabstimmungen mit den Siegermächten erfordert hatte – und bisher noch immer gescheitert war, wie zuletzt 1987 bei einer Einladung Eberhard Diepgens an Erich Honecker –, ging jetzt wie selbstverständlich vonstatten. Hans Modrow war ein unverkrampfter, pragmatisch denkender Politiker. Helmut Kohl hätte, wenn er es wirklich gewollt hätte, mit diesem Partner eine Vertragsgemeinschaft beginnen können.

Am 19. Dezember traf der Bundeskanzler in Dresden mit Hans Modrow zusammen. Das Treffen brachte *viel* für den Westen, aber *wenig* für die DDR. Die Ausfüllung der angekündigten Vertragsgemeinschaft blieb offen, die Wirtschaftshilfe ein Versprechen. Immerhin wurde die Bildung von Regionalausschüssen von beiden Staatsmännern prinzipiell befürwortet, so dass unser Berliner Modell jetzt auch offiziell abgesegnet war.

Das wichtigste Ergebnis dieses Treffens war, dass die von Kanzleramtsminister Seiters mit der DDR-Regierung ausgehandelte Visumfreiheit im innerdeutschen Reiseverkehr nicht erst, wie ursprünglich geplant, zum 1. Januar 1990, sondern schon zum Weihnachtsfest in Kraft treten sollte. Damit verbunden war auch die Abschaffung des Mindestumtauschs. Bundesbürger sollten gegen Vorlage ihres Personalausweises Mark der DDR zum Kurs von drei zu eins gegen D-Mark eintauschen können. Der Transitverkehr als privilegierter, also unkontrollierter Verkehr, blieb erhalten. Die Visa wurden durch »Zählkarten« ersetzt, die jeder Besucher bei der Ausreise abzugeben hatte.

Für die Berliner und die Bundesbürger brachte das Dresdener Treffen damit eine weitere Normalisierung des Reiseverkehrs. Die Besucherbüros, die die DDR in Westberlin unterhielt, konnten schließen und die Förderbänder für die Pässe an den Grenzübergängen stillgelegt werden.

Bei dem Dresdener Treffen zeigte sich deutlich, dass sich viele DDR-Bürger nicht mehr an ihrer eigenen Staatsführung orientierten, sondern alle Hoffnung auf die Politiker aus dem Westen, allen voran Bundeskanzler Kohl, setzten. Kohl musste in Dresden einen schwierigen Balanceakt bewältigen. Viele hatten erwartet, dass eine geplante Kundgebung mit dem Kanzler vor der im Krieg zerstörten Frauenkirche zu einer Demonstration der Wiedervereinigung werden könnte. Doch Helmut Kohl dämpfte die Emotionen. Er appellierte an Friedfertigkeit und Gewaltlosigkeit der Demokratiebewegung und erinnerte daran, dass das Schicksal der Deutschen sich nur unter einem europäischen Dach entscheiden könne. Kohl war vorsichtig geworden, nachdem ihm die Siegermächte so nachdrücklich klargemacht hatten, dass es keinen deutschen Alleingang zur Wiedervereinigung geben würde. Aber die Sprechchöre »Deutschland, Deutschland«, »Wir sind ein Volk« und »Helmut, Helmut« genoss der Kanzler offensichtlich.

Kohl und Modrow verabredeten, dass die Öffnung des Brandenburger Tors am 22. Dezember stattfinden sollte. Für die Vorbereitung dieses Großereignisses blieben uns also nur drei Tage Zeit. Die DDR wollte an der nördlichen und südlichen Seite des Mauerrondells vor dem Brandenburger Tor je eine Öffnung für die Einreise und für die Ausreise schaffen. Der Übergang sollte zunächst nur für Fußgänger und Radfahrer angelegt werden. Es war besprochen, dass der Kanzler und ich vom Reichstag aus entlang der Mauer das kurze Stück bis zur nördlichen Maueröffnung, dem »Ausreisepunkt«, gehen und dort mit Ministerpräsident Modrow und Oberbürgermeister Krack zusammentreffen sollten. Wir vier sollten dann durch das Brandenburger Tor schreiten und auf ein kleines Podest auf dem Pariser Platz steigen, um kurze Ansprachen zu halten. Die Journalisten und Kameraleute waren auf einer Pressetribüne gegenüber dem Rednerpodest untergebracht. Ansonsten sollte der Pariser Platz für die Dauer der Eröffnungszeremonie abgesperrt bleiben.

Der Kanzler und der Ministerpräsident konnten sich, wenn sie es wünschten, in einem der beiden Torhäuser kurz zusammensetzen. Die Räume waren entsprechend vorbereitet worden; das Senatsprotokoll hatte bei einer Begehung sogar veranlasst, dass die Grenzsoldaten, die die Torhäuser als Regenschutz nutzten, die dort hängenden martialischen Bilder über den »Ehrendienst« an der Mauer entfernten.

Dieser ausgetüftelte Ablaufplan der weltweit übertragenen Eröffnungszeremonie erwies sich von Anfang an als undurchführbar. Es begann bereits damit, dass der Kreis der Teilnehmer nicht auf die vier Amtsträger beschränkt werden konnte. Kaum ein Bonner Kabinettsmitglied, kaum ein halbwegs prominenter Politiker, der nicht bei diesem historischen Ereignis dabei sein wollte. Als der Kanzler und ich kurz vor fünfzehn Uhr vom Reichstag losgingen, folgte uns ein riesiger Pulk von sicher hundert Personen. Einige drängelten sich in die erste Reihe, um sich vor den Kameras richtig in Szene zu setzen.

Es regnete in Strömen.

Zehntausende drückten auf der westlichen Seite gegen die Absperrgitter der Polizei. Im Gedränge der Fotografen und Prominenten begrüßten wir, wie vorgesehen, Hans Modrow und Erhard Krack am neuen Übergang und gingen gemeinsam durch das Tor zum Rednerpult. Meine Frau und meine Tochter Alexandra hatte ich schon bei Erreichen der Tribüne im Gewühl verloren. Mit mir ging meine neunjährige Tochter Friederike, die, wie sie sagte, »auch mal bei so was Wichtigem dabei sein« wollte. Sie stellte sich direkt vor mich auf das Podest. Anders als ursprünglich vorgesehen hatte die DDR sich kurzfristig entschlossen, die Bevölkerung schon während der Eröffnungszeremonie auf den Pariser Platz zu lassen. Keine zehn Meter von unserem Podest entfernt standen ebenfalls Zehntausende jubelnde Menschen, nur von einem niedrigen Gitter und einem knappen Dutzend Polizisten aufgehalten.

Das Ereignis war überschattet von den dramatischen Entwicklungen in Rumänien, wo sich die Sicherheitspolizei Securitate und das Militär schwere Gefechte lieferten. Hans Modrow ging in seiner Rede darauf ein und sprach »dem rumänischen Volk, das seinen Diktator abgeschüttelt hat«, unter großem Beifall der Menge seine Solidarität aus.

Momper mit der neunjährigen Tochter Friederike zwischen Modrow und Graf Lambsdorff, 22. Dezember 1989

Modrow war der erste Repräsentant der SED, der öffentlich anlässlich der Beseitigung eines Mauerabschnitts eine Rede halten musste. Ein Drahtseilakt. Modrow sagte, die Mauer sei gebaut worden, um den Bestand der DDR zu sichern und den Frieden zu bewahren. Sie habe den Menschen nutzen sollen, aber habe ihnen doch sehr wehgetan. Die Geschichte werde letztlich entscheiden, wie der Mauerbau zu bewerten sei.

Ich war von diesen Worten enttäuscht. Ich hatte von Hans Modrow gedacht, dass er fähig sei, einen Fehler einzugestehen und zuzugeben, dass der Mauerbau falsch gewesen war, weil er die Menschenrechte verletzte. Ein Wort der Selbstkritik und der Nachdenklichkeit wäre seitens des SED-Vertreters in diesem Moment durchaus angebracht gewesen.

Helmut Kohl ging in seiner Rede sehr sensibel auf die Tatsache ein, dass das Ereignis von Teilen der Weltöffentlichkeit auch mit einigem Misstrauen beobachtet werde. Denn hier nehme ein Land, das ganz Europa zweimal mit Krieg überzogen hatte, sein nationales Symbol wieder in Besitz. Kohl sagte: »Von diesem Platz aus geht die Botschaft aus der DDR und aus der Bundesrepublik: Wir wollen Frieden, wir wollen Freiheit, wir wollen unseren Beitrag zum Frieden in Europa und in der Welt leisten.«

Nach dem Ostberliner Oberbürgermeister Krack sprach ich als Letzter. Die drängende Menge hatte inzwischen schon die Postenkette der Volkspolizei überrannt. Viele Menschen waren auf die Pressetribüne geklettert. Einige Volkspolizisten und die Sicherheitsbeamten der Politiker hatten sich untergehakt und bildeten mit ganzer Kraft einen engen Kreis um die Prominenz und die kleine Tribüne.

Doch die Menge drängte immer stärker. Die Situation wurde allmählich beängstigend.

Als ich zu reden anfing, stellte sich Friederike vor den Bundeskanzler, um nicht im Gedränge unterzugehen. Er hielt seine Arme schützend um sie. Ganz vorn standen Jugendliche aus der DDR mit Deutschlandfahnen in der Hand und schrien voller Begeisterung: »Helmut, Helmut.«

Ich nahm das Mikrofon und sagte: »Die Öffnung des Brandenburger Tores berührt uns in Berlin wie keine andere Grenzöffnung in den vergangenen Tagen. An diesem Bauwerk, an diesem Platz hängt unser Herz. Heute haben wir das Tor für die friedvolle Zukunft Europas geöffnet. Wir verändern das Gesicht unseres Kontinents. Die geschichtlichen Umwälzungen dieser Tage sind Anlass für unsere großen Hoffnungen auf die Zukunft, sie sind aber auch Anlass für Ängste und Befürchtungen bei unseren europäischen Nachbarn. Ich wünsche uns Deutschen zum Weihnachtsfest 1989, dass wir mit diesen beiden Gefühlen von Hoffnung und Angst sehr sorgsam und sensibel umgehen und uns unserer historischen Verantwortung für den Frieden immer bewusst bleiben. Im Jahre 1990 müssen wir den Schutt des alten beiseiteräumen und unser neues Zusammenleben praktisch organisieren. Beginnen wir die Arbeit für unsere gemeinsame Zukunft in Frieden und Freiheit und in einem Geiste guter Nachbarschaft zwischen der DDR und der Bundesrepublik und zwischen beiden Teilen Berlins. *Berlin, nun freue dich.*«

Ich hatte kaum die Rede beendet, als auf dem Platz das totale Chaos ausbrach. Die Menschen hatten von der Ostseite her das Tor längst in Besitz genommen und die Mauer erklommen. Als die ersten Ostberliner auf der Mauerkrone erschienen, gab es auch im Westen kein Halten mehr. Die Polizeigitter wurden regelrecht niedergewalzt. Tausende stürmten auf unser Podest zu, die »Helmut-Fans« an der Spitze. Der Pulk der Ehrengäste versuchte jetzt nur noch, sich vor den Massen zu retten, die sich von beiden Seiten aufeinander zuschoben. Alles war ein einziges Gedränge. Der Bundeskanzler, Bundesministerin Wilms, Graf Lambsdorff, meine Tochter Friederike und ich kämpften uns mit den vereinten Sicherheitsbeamten von Bundeskriminalamt, Berliner Polizei und Staatssicherheit zum Wachhaus am Brandenburger Tor durch. Altbundespräsident Walter Scheel, der auf eine Gehhilfe angewiesen war, wurde von einem meiner Mitarbeiter gestützt. Im Wachhäuschen gab es Getränke zum Verschnaufen, aber das Gedränge draußen ließ nicht nach.

Schließlich entschlossen sich der Kanzler und ich, auf den Rat der Sicherheitsbeamten hin, uns durch einen der beiden Mauerdurchlässe zum Reichstag durchzuschlagen. Inzwischen war im Wachhaus auch Helmut Kohls Sohn Walter eingetroffen, ähnlich groß und breit wie sein Vater.

Der Weg zurück zum Reichstag wurde zur Tortur. Heute erscheint es überhaupt als ein reines Wunder, dass an jenem Tag mit den zigtausend Menschen, die von beiden Seiten durch das enge Brandenburger Tor drängten und dort aufeinanderprallten, nichts Schlimmes passiert ist. Flankiert von Sicherheitsbeamten kämpften wir uns durch die Menge. Der Sohn des Bundeskanzlers beschützte Friederike mit seiner kräftigen Statur. Nach und nach trafen am Reichstag alle Ehrengäste ein, völlig durchnässt, mit blauen Flecken und ramponierter Kleidung.

Durch dieses Ereignis war das Gefühl der Gemeinsamkeit über alle Parteigrenzen hinweg ziemlich gewachsen. Ich traf auch meine Frau und meine Tochter Alexandra wieder. Die Kinder hatten beide Angst und einen regelrechten Schock in dem Gedränge bekommen. Wir hatten sehr viel Glück gehabt, dass nicht mehr passiert war. Die Rettungswagen mussten einundzwanzig Menschen in die Krankenhäuser bringen, zumeist wegen Atemnot oder Panikreaktionen; leicht hätte hier jemand erdrückt werden können.

Die Volkspolizei hatte die Situation völlig falsch eingeschätzt. In alter Tradition hatte man tatsächlich geglaubt, ein kleines Gitter und einige davor postierte Beamte reichten aus, die Menschen zurückzuhalten. Das waren Vorstellungen aus den alten DDR-Zeiten, als die Uniform noch Respekt einflößte. Diese Art von Folgsamkeit war ein für alle Mal vorbei.

Weihnachten und Silvester

Berlin erlebte sein schönstes Weihnachtsfest seit Jahrzehnten. Hunderttausende flanierten durch das Brandenburger Tor, die alte Prachtstraße »Unter den Linden« entlang. Die Westberliner besuchten den Ostteil der Stadt, ohne Bürokratie, ohne Visa, oft sogar ohne Kontrollen. Oberbürgermeister Krack und ich besuchten zusammen zuerst den Weihnachtsmarkt auf dem Alexanderplatz, dann den auf dem Breitscheidplatz. Leonard Bernstein dirigierte im Schauspielhaus am Gendarmenmarkt Beethovens Neunte Sinfonie mit dem umgetexteten Schlusschor »Freiheit, schöner Götterfunken«. Für meine Familie und mich begann Weihnachten am Heiligabend mit dem Weihnachtsgottesdienst in der zum ersten Mal seit 28 Jahren wieder zugänglichen Sacrower Heilandskirche.

Der Bau ist ein formstrenges Werk klassizistischer preußischer Backsteinarchitektur, erbaut von 1841 bis 1844 von Ludwig Persius. Die gelbe Klinkerbasilika liegt direkt am Westufer der Unterhavel. Vom Osten her war sie nach 1961 überhaupt nicht mehr zugänglich, und vom Westen her konnte man den Bau am Ufer liegen sehen wie ein verwunschenes Schloss. In den 80er Jahren begann die Kirche zu verfallen. Über die Evangelische Landeskirche und mit dem Geld der »Pressestiftung Tagesspiegel« wurden das Dach saniert und der Bau notdürftig gesichert. Jetzt hatte es die Gemeinde mit meiner und Modrows Hilfe erreicht, dass zum ersten Mal wieder ein Gottesdienst abgehalten werden konnte. Man hatte Stühle, Kerzen und eine Bauheizung hergeschafft.

Es war ein merkwürdiges Gefühl, als Manfred Stolpe uns vor der Hinterlandmauer empfing und an den Warnschildern des Grenzgebiets vorbei durch den Grenzzaun ins Niemandsland geleitete. Über den Kolonnenweg der Grenztruppen gelangte man durch ein Tor in der Mauer zur Kirche. Ich empfand Beklemmung, als ich an den unbesetzten Wachtürmen vorbei durch den Todesstreifen ging. Vor zwei Monaten wäre hier noch auf jede Bewegung geschossen worden. Ich musste daran denken, wie viele Opfer und welchen sinnlosen Blutzoll diese schreckliche Mauer gefordert hatte.

Es war eng in der kleinen Kirche, alles improvisiert, nichts perfekt, aber gerade das brachte einen Moment der Ruhe, des Innehaltens und der Nachdenklichkeit in den Gottesdienst. Dazwischen die selbstbewussten protestantischen Lieder und die Predigt des Pfarrers Strauß aus der Gemeinde Sacrow, der daran erinnerte, dass der Glaube sich als stärker erwiesen habe als alle weltliche Macht, dass gerade diejenigen, die den Glauben und die Kirche überflüssig machen wollten, jetzt daran gescheitert seien und dass sich im Schoße der Kirche die Freiheitsbewegung entwickelt hatte. Die Menschen hätten sich aus dem Glauben und der Verantwortung für die Schöpfung heraus im Freiraum Kirche zusammengetan, um für den Frieden, für die natürliche Umwelt und die Menschenrechte zu arbeiten und auch zu kämpfen. Der Glaube habe über die weltliche Macht gesiegt.

Zum Jahreswechsel 1989/90 fand am Brandenburger Tor die größte Silvesterparty der Welt statt. Fast eine Million Besucher hatten sich dort eingefunden. Touristen aus allen Ländern waren nach Berlin gereist, um den Jahreswechsel dort zu erleben. Es war der Wechsel in ein neues Jahrzehnt, von dem viele in diesem Moment dachten und hofften, dass es ein Jahrzehnt des Friedens werden würde. Die bedrückende Last der Konfrontation und der militärischen Bedrohung war von den Menschen genommen. Europa konnte wieder zusammenwachsen, seine alte Identität wiedergewinnen. Am Brandenburger Tor wurden in dieser Silvesternacht neben zahlreichen Deutschlandfahnen auch viele Europafahnen geschwenkt.

Ich stieg am frühen Abend für ein Fernsehinterview in bester Sektlaune auf die Mauer vor dem Tor. Das war nicht ganz einfach, weil die breite Mauerkrone vollständig von jungen Menschen besetzt war, die sich von dort oben das Gedränge anschauten und die Sektflaschen und Bierbüchsen kreisen ließen. Hans-Peter Siegloch vom *ZDF* interviewte mich live und fragte, ob es denn wirklich ein »geiles Gefühl« sei, oben auf der Mauer zu stehen. Ich bestätigte: »Ich kann verstehen, was die jungen Leute meinen, wenn man die Mauer unter die Füße nimmt.« Fast ganz Berlin und ungefähr hunderttausend Gäste aus beiden

Teilen Deutschlands und aus aller Welt zogen auf der Straße des 17. Juni ebenso wie auf der alten Prachtstraße »Unter den Linden« hin zum Brandenburger Tor. Meine Familie, unser privater Besuch aus Bremen und die Sicherheitsbeamten fuhren gegen dreiundzwanzig Uhr vom Hermannplatz mit der U-Bahn ab, am Bahnhof Jannowitzbrücke stiegen wir in die S-Bahn zur Friedrichstraße um. Die Innenstadt war für die Autofahrer gesperrt worden. Die Stimmung war ausgelassen und heiter, die Freude über die offene Grenze und darüber, dass die Berliner nun wieder zusammen feiern konnten, riesengroß. Wir kamen nur bis zur sowjetischen Botschaft, dann wurde uns das Gewühl zu eng für die Kinder. Wir blieben in der Menge stehen. Gegen Mitternacht sahen wir über dem Brandenburger Tor das schönste Feuerwerk aller Zeiten. Eine solche Fülle und Vielfalt von Kaskaden, Schirmen, Pilzen und Blitzen von Licht und Farbe bringt kein kommerzielles Feuerwerk zustande. Es war ein Fest der Lebensfreude. Die Mühen des Alltags der DDR waren vergessen. Leider wurde die Silvesterfeier später von einem Unglück überschattet. Ein Gerüst, das viele junge Leute leichtsinnigerweise erklettert hatten, brach zusammen. Ein junger Mann verunglückte tödlich, viele wurden verletzt.

Das neue Jahr begannen Ostberlins Oberbürgermeister Erhard Krack und ich mit dem Startschuss für den ersten Gesamtberliner Neujahrslauf, der natürlich durch das Brandenburger Tor führen sollte. Die Berliner Stadtreinigung hatte inzwischen ein Wunder vollbracht und die Reste der Silvesternacht, eine dicke Schicht aus Glasscherben, Dosen und Sektflaschen, entfernt. Mit Krack war ich mir einig, dass sich Berlin gemeinsam um die Olympischen Spiele bewerben sollte. Als nächste große Ost-West-Sportveranstaltung peilten wir den Gesamtberliner Marathonlauf im Herbst an.

Im Auto erzählte mir Krack seine Sorgen um die Sicherstellung der Versorgung und von seiner Befürchtung, dass das Haushaltsdefizit der DDR-Regierung auch eine Kürzung der Zuweisungen an Ostberlin zur Folge haben könne. Er erzählte mir auch vom Widerstand des DDR-Außenministeriums gegen seine Politik der Zusammenarbeit mit Westberlin. »Aber die können mich mal«, kommentierte er drastisch, »wir machen das, was für die Stadt gut ist.«

Die SED sucht Halt

Der politische Alltag holte die Menschen in der DDR in den ersten Januarwochen des Jahres 1990 rasch wieder ein. Die Missstände zu Hause wurden angesichts der Erlebnisse im reichen Westen als doppelt schlimm empfunden. Ein DDR-Arbeiter verglich sich und seinen Lebensstandard nicht mit einem Tschechen, Ungarn oder Polen, sondern mit seinem Kollegen im Bundesgebiet. Es war für die Menschen demütigend, mit den wenigen West-Mark in der Tasche vor den Schaufenstern voller unerreichbarer Träume zu stehen. Die Abwanderung hielt unvermindert an. Täglich gingen etwa zweitausend Menschen und suchten ihr Heil im Westen. Der wichtigste Grund dafür war, dass es für die DDR immer noch keine klare politische und ökonomische Perspektive gab. Das alte System war praktisch zerstört, ein neues aber noch nicht in Sicht. Politisch hatte die SED die Macht an das Volk auf der Straße verloren, aber noch bestimmten SED-Leute weite Bereiche der Gesellschaft, nicht nur in den Ministerien in Ostberlin, sondern in jedem Betrieb, in jeder Verwaltungsstelle, in jeder Bildungseinrichtung. Die Bürgerbewegungen und die »Runden Tische« hatten dagegen noch keine wirksamen Strategien entwickelt, hatten die Kommunisten noch nicht aus ihren Schlüsselstellungen verdrängt.

Es herrschte eine seltsame Form von Straßendemokratie: erst Regierungshandlungen der SED-PDS, dann massive Proteste und Demonstrationen als Reaktion und anschließend Korrektur der Regierungshandlungen. Die Menschen standen im politischen Dauerstress. Ausgerechnet in dieser Situation versuchte die SED-PDS Anfang Januar unter ihrer neuen Führung Stärke und Selbstbewusstsein zu demonstrieren. Sie versuchte zusammen mit der Regierung Modrow, das Machtvakuum selbst wieder auszufüllen. Zwar hatte ein Drittel der Mitglieder die Partei bereits verlassen, aber 1,3 Millionen Kommunisten in der kleinen DDR, noch dazu die entscheidenden Personen aus Verwaltung, Politik und Wirtschaft, waren eine große politische Kraft.

Ein passender Anlass für den Versuch der SED-PDS, die Führung wieder zu übernehmen, fand sich schnell.

In der Nacht vom 27. zum 28. Dezember war das sowjetische Ehrenmal in Treptow von unbekannten Tätern geschändet worden. Sie hatten Hetzparolen mit roter Farbe an die großen Granitquader gesprüht, die an siebentausend gefallene Soldaten der Roten Armee erinnern, die dort begraben liegen. Bis heute gibt es Spekulationen darüber, dass nicht Neonazis, sondern »Stasi«-Leute diesen Anschlag verübt hätten. Die Täter wurden nie ermittelt. Die SED-PDS nutzte den Vorfall und organisierte die größte Massendemonstration seit den Aufmärschen des 6. und 7. Oktober. Etwa 250.000 Parteimitglieder und Sympathisanten nahmen am 3. Januar in Treptow an einer Großkundgebung »Gegen rechts!« teil. In dem Aufruf hieß es: »Jetzt reicht es! Es ist zu viel! Wir brauchen die Einheitsfront gegen rechts!«

Prominente Teilnehmer der Demonstration waren der sowjetische Botschafter Kotschemassow, der amtierende Staatsratsvorsitzende Gerlach, Außenminister Fischer und der Ostberliner Oberbürgermeister Krack.

Gregor Gysi, der neue SED-PDS-Vorsitzende, sagte auf der Kundgebung, die Öffnung der Grenze dürfe nicht dazu führen, dass die DDR von Neonazis überschwemmt werde. Deshalb brauche das Land wieder staatliche Autorität: »Die Bevölkerung erwartet ein rechtsstaatliches, demokratisches, aber entschiedenes Handeln unserer Sicherheitsorgane.«

Diese Aussage war in jeder Hinsicht falsch. Die Bevölkerung erwartete nicht ein Durchgreifen der Sicherheitsorgane, sondern, im Gegenteil, deren Auflösung und die Bestrafung der für die politische Verfolgung Verantwortlichen. Und darüber hinaus war der Neonazismus, der in der DDR zutage trat, keineswegs nur importiert. Unter der Decke des verordneten Antifaschismus hatte eine wirkliche Auseinandersetzung mit dem Rassismus und der Diskriminierung von Minderheiten nie stattgefunden. Den Faschismus hatte man in der DDR einseitig als eine durch ökonomische Faktoren begünstigte Verabredung des Monopolkapitals und der Junker zur Unterdrückung der Arbeiterklasse und zur Zerschlagung des Bolschewismus erklärt. Diese einfache Theorie, die den Jugendlichen in der DDR pausenlos eingehämmert worden war, konnte nicht die Frage nach den individuellen und gesellschaftlichen Gründen von Diskriminierung und Ausgrenzung von Minderheiten beantworten, konnte den Hass gegen Juden, Polen und Russen nicht erklären und ebenso wenig darstellen, warum die Faschisten gerade in der Arbeiterklasse so großen Zulauf gefunden hatten und sich in Deutschland gesellschaftlich durchsetzen konnten.

Im Westen Deutschlands hatte ein großer Teil der Jugend und der kritischen Intelligenz seit der Studentenbewegung von 1968 die Konsequenzen wesentlich radikaler gezogen. Diese Bewegung hatte Autoritäten jeder Art, insbesondere die Staatsautorität, infrage gestellt, sie hatte den Militarismus grundlegend kritisiert, und sie hatte eine neue Definition von Demokratie hervorgebracht, die vom einzelnen Menschen als mündigem Bürger ausging und seine sozialen, gesellschaftlichen und privaten Interessen über die abstrakten Interessen des Staates stellte. Unter dem Stichwort »multikulturelle Gesellschaft« entwickelte diese Bewegung später ein neues Modell für das Verhältnis zwischen Deutschen und Ausländern. Die Frauenbewegung stellte patriarchalische Verhaltensmuster grundsätzlich infrage und arbeitete damit einen weiteren entscheidenden Faktor für Faschismus und Militarismus auf. Diese Bewegungen, die tagtäglich und auf allen Ebenen die Auseinandersetzung führen, haben die westdeutsche Gesellschaft zwar nie dominieren können, aber sie haben einen kulturellen Wandel, eine geistige Öffnung erreicht.

In der DDR hingegen hatte es all diese Diskussionen gar nicht oder nur sehr rudimentär gegeben. Dort war das autoritäre, repressive Machtsystem des Faschismus ersetzt worden durch eine andere Form hierarchischer Herrschaft, die, auch wenn sie nicht so brutal und menschenverachtend war wie das Nazi-System, für den Einzelnen doch undurchdringlich blieb und wenig Spielräume für die Entfaltung der eigenen Persönlichkeit zuließ. Um ein wirklich antifaschistischer Staat zu sein, hätte die DDR die fundamentale Kritik am Staat erlauben müssen, um ein wirklich internationalistisches Land zu sein, hätte sie ihren Bürgern das Reisen und die Begegnung mit anderen Kulturen zugestehen müssen, um eine wirklich antimilitaristische Gesellschaft zu sein, hätte sie den radikalen Pazifismus zulassen müssen. Der oberflächliche, oktroyierte Antifaschismus in der DDR brach auf, zeigte sich in der Ablehnung von fremden Kulturen, von Asylanten und Ausländern genauso wie in der Fixiertheit auf neue Autoritäten, die die alten ersetzt hatten, und in der Scheu vieler, individuell zu entscheiden und zu leben.

Das politische Ziel der Rede Gregor Gysis war allzu durchsichtig. Sie sollte das Vorhaben von Ministerpräsident Modrow unterstützen, der, wie er mir bereits angekündigt hatte, das Amt für Nationale Sicherheit durch einen neu zu gründenden Verfassungsschutz ersetzen wollte. Dieser Vorschlag stieß auf massiven Protest des »Runden Tischs« und der in der Regierung vertretenen Blockparteien. Einhellig wurde von diesen gefordert, die Staatssicherheit vollständig aufzulösen und neue Sicherheitsorgane erst nach den Wahlen am 6. Mai unter demokratischer Kontrolle zu gründen. Doch Modrow wollte in dieser Sache offenbar mit dem Kopf durch die Wand. Es kam zu schweren Spannungen in der Regierungskoalition. Die Vertreter der LDPD und der CDU äußerten immer klarer, dass sie die Regierung verlassen würden, wenn Modrow an seinem Plan festhalte. Die Zusammenarbeit von Regierung und »Rundem Tisch« war gestört. Das Übergangsmodell einer Machtteilung zwischen Opposition und SED-PDS drohte zu scheitern.

Es verstärkte sich der Eindruck, die SED-PDS wolle ihre alte Machtposition restaurieren. Das in Treptow demonstrierte neue Selbstbewusstsein der Partei spiegelte sich in den parteiabhängigen Medien wider. Der Ton der Kommentare wurde wieder herrischer und anmaßender. Zunehmend beklagten sich die Oppositionsgruppen über die Chancenungleichheit für die bevorstehenden Wahlen. Es fehle an Büros, Technik und Geld, und der freie Zugang zu den Medien sei nicht gewährleistet. Mehr noch als diese Divergenz zwischen Regierung und Opposition aber war für die weitere Entwicklung entscheidend, dass Modrow mit seinem Plan vom Verfassungsschutz die Bürger erneut mobilisierte.

»Stasi in die Produktion«

Kein Thema beschäftigte meines Erachtens die Menschen emotional so sehr wie die Abrechung mit der Unterdrückung durch das MfS. Fast jeder DDR-Bürger hatte eine Rechnung offen. Die »Stasi« beseitigte praktisch alle Ansätze zu einem individuellen Leben und machte den Menschen in all seinen Beziehungen zur Angelegenheit des Staates, und nichts und niemand konnte den Einzelnen davor schützen. Wer aufmuckte, meinte ich, bekam die Allgegenwart des Staates sofort zu spüren, wurde vom Betriebsleiter oder von der Polizei vorgeladen, erhielt Abmahnungen wegen Unzuverlässigkeit, wurde nicht befördert oder auf den Wartelisten für eine neue Wohnung oder einen Ferienplatz zurückgestellt. Oder er verlor den Arbeitsplatz, wurde festgenommen, angeklagt und verurteilt nach einem der vielen Willkürparagrafen, die das Strafgesetzbuch der DDR durchzogen und die von willfährigen Richtern und Staatsanwälten exekutiert wurden.

Die »Stasi« engte Freiräume massiv ein und erzeugte jenes Klima gesellschaftlichen Misstrauens, das dazu führte, dass kaum ein DDR-Bürger jemals zeigen konnte, wer er wirklich war und wie er wirklich dachte. Vor allem versuchte die »Stasi«, auch in die wichtigste Nische einzudringen, die den Menschen in der Nischengesellschaft DDR geblieben war: in die Privatheit, in die Familie, in das Zuhause. Die totale gesellschaftliche Überwachung führte bei vielen, wie Lothar de Maizière später schrieb, zur »Zweigleisigkeit, die das Leben teilte in das, was man privat dachte, wollte, allenfalls leise sagte, und das, was in der Öffentlichkeit zu erfahren und da laut zu sagen war«. Lothar de Maizière bezeichnete dies als »quasi verordnete Erziehung zur Unwahrhaftigkeit«.

Die erste Leipziger Montagsdemonstration des neuen Jahres am 8. Januar war wie alle anderen zuvor wiederum ein zuverlässiges Barometer für die Stimmung in der Bevölkerung; sie war aggressiver als jemals zuvor. »Wem nützt das Geschmiere in

Treptow? Den Nazis bestimmt nicht«, stand auf einem Plakat. Der Modrow-Plan eines Verfassungsschutzes ebenso wie die Demonstration der SED-PDS hatten vielen in der DDR klargemacht: Es gab nur eine zuverlässige Sicherung gegen die Rückkehr von »Stasi« und SED. Und das hieß, selbst zur Bundesrepublik zu werden, auch hier das Grundgesetz zur Geltung zu bringen. Die PDS wurde »Partei der Stasi« und »Privilegien, Dominanz, Stagnation« genannt, und in Sprechchören riefen die Demonstranten: »Stasi, Nazi, Gysi« und »Nieder mit der SED«. Im ganzen Land, vor allem im Süden der DDR, machte sich eine gefährliche Stimmung breit, gipfelnd in der Forderung, die Regierung mit einem Generalstreik unter Druck zu setzen.

Inzwischen waren am »Runden Tisch« über den »Stasi«-Apparat auch einige Zahlen bekannt geworden, die erschrecken ließen. Einige Parteigrößen sagten bei ihren Vernehmungen aus, dass die Staatssicherheit 85.000 hauptamtliche Mitarbeiter gehabt habe, später wurde die Zahl auf 115.000 nach oben korrigiert. Ich wollte das erst nicht glauben, bis Modrow mir später diese Größenordnung bestätigte. Manchmal sei bei Staatsbesuchen ein Spalier aus lauter »Stasi«-Bediensteten an die Protokollstrecke vom Flughafen Schönefeld bis in die Innenstadt Berlins gestellt worden. In diesen Fällen, wie auch bei Demonstrationen, waren die eingesetzten Volkspolizisten in Wirklichkeit verkleidete Mitarbeiter der Staatssicherheit. »Die hatten ja ein ganzes Kostümfest im Kleiderschrank«, sagte Modrow. Ein Teil der Staatssicherheit habe für jeden Bedarf je einen Satz besonderer Kleidung gehabt: Uniformen der Armee und der Volkspolizei, Freizeitkleidung – die bekannten Blousons – und »Ausgehkleidung«.

Über hunderttausend Menschen waren darüber hinaus als »inoffizielle Mitarbeiter«, als IM, angeworben oder zur Mitarbeit gepresst worden. Die »Stasi« verfügte über 125.000 Pistolen und 76.000 Maschinenpistolen, also über mehr Handfeuerwaffen, als sie Personal hatte. Die erstaunte Öffentlichkeit erfuhr auch, dass die SED über vierzigtausend hauptamtliche Mitarbeiter hatte und die Blockparteien noch einmal einige tausend. Kein Wunder, dass ein Staat sich abwirtschaftet, der einen solch riesigen, unproduktiven Apparat unterhält. Keine Volkswirtschaft konnte erarbeiten, was dadurch vergeudet wurde.

Die täglichen Enthüllungen verbitterten die Menschen. Gerade die, die an das System geglaubt hatten, wurden jetzt zunehmend aggressiv. Die Empörung über die andauernde SED-Herrschaft und das Fortbestehen des »Stasi«-Apparats mischten sich mit der Enttäuschung über das Unvermögen der Opposition, schnell Veränderungen durchzusetzen. Die Spannung stieg, ein Funke hätte gereicht, um das Pulverfass zur Explosion zu bringen.

Am 12. Januar gab Modrow endlich nach. Vor der Volkskammer erklärte er, dass er nicht mehr an der Absicht festhalte, noch vor dem 6. Mai einen Verfassungsschutz einzurichten. Die Regierungskrise war damit vorerst beigelegt. Aber die Autorität der Regierung Modrow und der Glaube, dass sie den Übergang bis zu demokratischen Wahlen ruhig und einvernehmlich mit allen politischen Kräften gestalten könne, war entscheidend geschwächt. Ich rief den DDR-Ministerpräsidenten in einer Presseerklärung dazu auf, jetzt den innenpolitischen Konsens mit den Oppositionsgruppen zu suchen und mit dem »Runden Tisch« verstärkt zu kooperieren.

Am Abend des 15. Januar fuhr ich zusammen mit der stellvertretenden SPD-Landesvorsitzenden, Monika Buttgereit, und Dieter Schröder in die Parteizentrale der DDR-CDU in der Otto-Nuschke-Straße, um dort mit Lothar de Maizière zu einem Meinungsaustausch zusammenzutreffen. Ich hatte Lothar de Maizière 1987 bei einem Empfang der *ARD* in Ostberlin kennengelernt und zuletzt im Reichstag nach der Öffnung des Brandenburger Tors mit ihm über die Lage gesprochen.

Es war von Anfang an unser Grundsatz gewesen, nicht allein mit der neu gegründeten SDP, sondern mit allen Parteien und Oppositionsgruppen Kontakt zu halten. Im Dezember und Januar hatten wir jede Woche ein- bis zweimal Vertreter aller Gruppierungen ins Gästehaus des Senats in Grunewald eingeladen und für sie Informationsgespräche mit westlichen Experten, vor allem mit Finanzfachleuten und Wirtschaftswissenschaftlern, organisiert. Ich selbst hatte an den meisten dieser Treffen teilgenommen und lernte dadurch viele Oppositionsvertreter kennen. Zu unserer konkreten Hilfestellung für alle Parteien und Gruppen gehörte auch ein Seminar über Presse- und Öffentlichkeitsarbeit, das das Senatspresseamt in der Weihnachtspause für die angehenden Pressesprecher der DDR-Opposition veranstaltete.

Ich hielt es für falsch, die parteipolitische Polarisierung der Bundesrepublik auf die DDR zu übertragen, wie es die Bonner CDU und die CSU unter dem Eindruck des anstehenden Wahlkampfs praktizierten. Jetzt durfte es nicht um die parteipolitische Profilierung gehen, sondern es musste eine gemeinsame Linie gefunden werden, um die SED abzulösen und den Übergang zur Demokratie zu schaffen. Zudem konnten die Parteien und Gruppen in der DDR noch gar nicht nach westlichen Maßstäben eingeteilt werden. Die Ost-CDU stand in vielen politischen Positionen weit links von der Bundes-CDU. Einerseits hatte sie eine Vergangenheit als Blockpartei, ihre Mitglieder wurden in der DDR verächtlich »Blockflöten« genannt. Andererseits gab es in der CDU wie in der LDPD viele Reformer, die sich den aufgeklärten Kreisen der evangelischen Kirche sowie den Oppositionsgruppen zugehörig fühlten. Manch einer war in die Blockparteien gegangen, um einen Eintritt in die SED zu vermeiden, gleichwohl aber eine halbwegs verantwortliche Tätigkeit in Betrieb und Gesellschaft ausüben zu können. Es waren gewiss auch Karrieristen darunter. Auf jeden Fall sollte man sich aber vor einer pauschalen Verurteilung hüten.

Noch deutlicher war die Differenzierung beim »Demokratischen Aufbruch«, dem so unterschiedliche Charaktere wie Rainer Eppelmann, der Wittenberger Pfarrer Friedrich Schorlemmer und der Rostocker Rechtsanwalt Wolfgang Schnur angehörten. Es kam schon einer Vergewaltigung der Geschichte und der Besonderheiten dieser beiden Parteien gleich, dass sie zusammen mit der Deutschen Sozialen Union (DSU) des Leipziger Thomaslirchen-Pfarrers Hans-Wilhelm Ebeling vom CDU-Vorsitzenden Helmut Kohl am 1. Februar in ein konservatives Wahlbündnis namens »Demokratische Allianz« gedrängt wurden. Mit der westdeutschen CDU hatte diese Allianz tatsächlich nur den Willen zur Macht gemeinsam. Mich wunderte, dass sich so profilierte Persönlichkeiten wie Lothar de Maizière oder Rainer Eppelmann für solche westlichen Parteistrategien vereinnahmen ließen, wie schnell sie ihre differenzierte Haltung aufgaben und wie wenig sie im Verein mit der westdeutschen CDU eigenes Profil zeigten.

Ich schätzte Rainer Eppelmann außerordentlich, weil er einer der Mutigsten in der alten DDR war. Seit seinem kritischen Brief an Erich Honecker im September 1981 und den Blues-Messen in seiner Kirche war er die Speerspitze der Opposition gegen das Regime und ein deutlicher Orientierungspunkt für alle Andersdenkenden. Der von ihm verfasste und auf den Weg gebrachte »Berliner Appell« von 1982 ist das eigentliche Ursprungsdokument der unabhängigen Friedensbewegung in der DDR. Er wurde dafür in Haft genommen. Die Leitung der Berlin-Brandenburgischen Kirche setzte sich für seine Freilassung ein, machte zugleich aber deutlich, dass der in dem Appell enthaltene Vorschlag einer Neutralisierung beider deutscher Staaten und des Abzugs der Truppen aller fremden Mächte von deutschem Boden durch den kirchlichen Auftrag zur Verkündung des Wortes und des Dienstes der Gemeinde kaum noch gedeckt sei. Die Kirche musste die Balance zwischen Staat und Opposition halten, wenn sie etwas bewegen wollte. Wie später dann noch häufig geschehen, wurden Bischof und Superintendent gebeten, mit Pfarrer Eppelmann »ein klärendes Gespräch« zu führen. Nur innerhalb des kleinen Freiraums, den die evangelische Kirche darstellte, konnten Menschen wie Pfarrer Eppelmann die Friedensarbeit und damit die Opposition voranbringen. Zugleich sorgte Rainer Eppelmann durch ständiges Überschreiten der Grenzen des kirchlichen Auftrages auch dafür, dass dieser Freiraum ausgeweitet wurde.

Diese Auseinandersetzung zwischen Kirche und Staat musste von Seiten der Kirche durch die Bischöfe und Generalsuperintendenten, vor allem aber durch Manfred Stolpe als stellvertretenden Vorsitzenden des Bundes der Evangelischen Kirchen und als Chef des Konsistoriums der Berliner Kirche ausgefochten werden. Ich kannte Manfred Stolpe seit 1985, und seitdem traf ich ihn mehrmals im Jahr. Oft erzählte er, wie er gerade wieder die Oppositionsarbeit der jungen Pfarrer der Berlin-Brandenburgischen Kirche gegen die Kritik und Drohungen der Obrigkeit in Schutz genommen hatte. Er habe die kirchlichen Aktivitäten gegenüber der SED stets als »besonders effektive Form der Friedensarbeit« dargestellt und hatte damit einige Erfolge. Denn gegen Friedensarbeit konnte die SED nichts einwenden, und dass Friedensarbeit ausweislich der Bergpredigt zum Auftrag der Kirche gehört, das konnte die Obrigkeit auch nicht bestreiten. Manfred Stolpe war ein begabter Diplomat.

Am 29. Oktober, bei meinem Treffen im Palast-Hotel mit Schabowski, wurde ich Zeuge von Stolpes listiger Verhandlungsführung. Generalsuperintendent Krusche und er verhandelten am Ende des Treffens noch einige kirchliche Angelegenheiten, Haftsachen und Fälle von Wehrdienstverweigerung mit Schabowski. Die souveräne Art und Weise, wie der Diplomat Stolpe mit dem eher bulligen Schabowski redete und wie er ihm Zugeständnisse und Regelungen im Sinne der Betroffenen abhandelte, war gekonnt und nötigte mir großen Respekt ab.

Lothar de Maizière empfing uns am Abend des 15. Januar zusammen mit dem später wegen seiner »Stasi«-Vergangenheit entlassenen CDU-Generalsekretär Martin Kirchner im Büro des CDU-Vorsitzenden, das im Stil des DDR-typischen Honecker-Barock mit Telefonschaltpult und überdimensionalem Schreibtisch eingerichtet war. Er entschuldigte sich für die Einrichtung, die er so von seinem Vorgänger Gerald Götting übernommen hatte und auch nicht geschmackvoll fand. Martin Kirchner verließ uns nach kurzer Zeit. Lothar de Maizière gab zuerst einen Überblick über die Lage in der DDR und den enormen Arbeitsdruck auf die Regierung. Seine Einschätzung hätte dramatischer und negativer nicht ausfallen können.

»Die Regierung wird keinen neuen Haushalt mehr zustande bringen«, sagte er. »Das Defizit beträgt jetzt zugegebene siebzehn Milliarden Mark, tatsächlich aber liegt es weit höher, niemand weiß es ganz genau. Keiner hat einen Überblick. Die Produktivität in der Wirtschaft ist drastisch abgesunken, aber niemand weiß, um wie viel genau, weil vorher auch keiner einen Überblick hatte, auch Günter Mittag [der Chefökonom] oder Gerhard Schürer [der Chef der Plankommission] nicht. Die haben nichts gewusst. Hier ist noch jede Statistik gefälscht worden, und zwar sind die Zahlen auf jeder Ebene gefälscht worden, bis sie dem Plan entsprachen oder sonstwie passten. Mit der Realität haben diese Zahlen auch nur entfernt nichts zu tun. Die Inlandsschulden betragen 135 Milliarden DM, aber dramatisch ist die Auslandsverschuldung in Höhe von zwanzig Milliarden Dollar, die real ist, weil die Forderungen, die die DDR in fast gleicher Höhe an Dritte hat, überwiegend Schulden von

Staaten wie Mocambik, Angola, Tansania und Kuba sind, also Schuldnern, die nicht zahlen können.

Die Abwanderung von Arbeitskräften macht sich in der Volkswirtschaft auf dramatische Weise bemerkbar. Wenn in einem Betrieb zwanzig Prozent der Beschäftigten fehlen, und oft sind es jetzt sogar noch mehr, weil die Disziplin abnimmt, dann wird nicht zwanzig Prozent weniger produziert, sondern fünfzig oder achtzig Prozent. Es brechen einfach bestimmte Arbeitsabläufe zusammen, wenn zum Beispiel der Schlosser weg ist und eine Maschine nicht mehr repariert werden kann. Das führt dann wieder dazu, dass in anderen Kombinaten die Zulieferung ausfällt und dort auch nicht mehr gearbeitet werden kann. Außerdem lässt die Zahlungsmoral der Betriebe und Kombinate nach. Die Produktionsabgabe an den Staat wird nicht mehr gezahlt, man wartet ab, was passiert, und es gibt auch keine Autorität, die die Zahlung durchsetzen könnte. Viele fangen an, sich selbst zu retten, sie tauschen große Mengen Ost-Mark in Westgeld um, um sich die nötigen Ersatzteile und Maschinen im Westen zu besorgen. So sinken die Staatseinnahmen weiter. Im Süden der DDR hat die Nennung des Stichworts ›Währungsreform‹ dazu geführt, dass in der Breite Spargelder abgehoben werden. Überall sind Angstkäufe zu beobachten, so dass die Versorgungslage sich noch weiter verschlechtert.

Im Krankenhauswesen ist der Personalengpass dramatisch. Meine Frau arbeitet in der Charité. Jetzt werden Bausoldaten [die ohne Waffen in reinen Baukompanien dienen] als Krankenpfleger beschäftigt, die haben keine Ahnung und werden kurzfristig angelernt. Man sagt sich einfach, wer den Dienst mit der Waffe verweigert, ist für den Pflegedienst gut geeignet. Es gibt natürlich auch viel zu wenig Ärzte, um dieses Hilfspersonal einigermaßen ordentlich anzuleiten. Was da geschieht, geht an die Grenze dessen, was noch erträglich ist, und oft darüber hinaus.

Das Transportwesen wird nur notdürftig aufrechterhalten. Die Reichsbahn lässt seit dem 9. November alles für die Personenbeförderung rollen, was Räder hat. Der Gütertransport wurde zu erheblichen Teilen auf die Straße verlegt. Dazu musste die Armee mit Lastwagen und Fahrern einspringen. Überhaupt sind alle, die eine Lok, einen Bus oder eine Straßenbahn fahren können, schon von der Armee an die Reichsbahn oder die Verkehrsbetriebe ausgeliehen.«

Seine größte Sorge aber sei, sagte de Maizière, dass irgendwo im Land die Schwelle zur Gewalt überschritten werden könne. »Der Hass gegen die Staatssicherheit ist unglaublich groß. Wird jetzt irgendwo ein Parteihaus gestürmt oder in Brand gesetzt, dann brennen weitere Häuser. Wird irgendwo ein ›Stasi‹-Mann gelyncht, dann fließt überall Blut.«

Ich war sehr besorgt über diese Entwicklung und fürchtete, dass Berlin davon unmittelbar betroffen sei. Ich sagte: »Wenn erst Gewalt ausbricht, dann werden Hunderttausende fliehen. Dann werden sie die rettende Insel Westberlin suchen.«

Viele Details aus seinem Überblick waren uns schon bekannt, aber in dieser Zusammenschau hatten wir sie noch nicht gehört. Die wirtschaftliche Situation des Landes war hoffnungslos, die finanzielle Lage niederschmetternd, die Versorgung mit öffentlichen Dienstleistungen in einigen Bereichen am Rande des Zusammenbruchs, die Stimmung kurz unterhalb des Siedepunkts und die Tendenz zu Gewalttätigkeiten unübersehbar. Es war die detaillierteste und zugleich ernüchterndste Bestandsaufnahme, die wir bis dahin bekommen hatten: das Bild eines Staatswesens kurz vor dem Zusammenbruch. Lothar de Maizière trug die Fakten in der ihm eigenen leisen und unemotionalen Art vor, knochentrocken in der Bewertung.

Dann fragten wir ihn, wie sich die CDU entwickle, und er schilderte die Durchdringung dieser Blockpartei durch die Staatssicherheit und das ausgeklügelte System der Belohnung für Anpassung und der Bestrafung für Unbotmäßigkeit. Beides habe es reichlich in der CDU gegeben. Belohnt wurde mit barem Geld und mit kleinen Privilegien, die vom Tisch der SED auch für die Blockparteien als Brosamen abfielen. De Maizière sprach von Schuld und Verhängnis und von der Anpassung, zu der jeder DDR-Bürger gezwungen wurde, wenn er überleben wollte. Letzten Endes gebe es für fast jeden irgendwann einen Punkt, von dem an er besser schweige. Diese Situation komme für den einen eher, für den anderen später, je nachdem, wie viel Spielraum die eigene Stellung einem gab.

Ich fragte de Maizière, wie in der CDU die Koalition mit Modrow beurteilt würde, weil es in den letzten Tagen in der Partei Forderungen nach einem Austritt aus dem Regierungsbündnis gegeben hatte. Lothar de Maizière legte sein Dilemma dar: »Soll ich rausgehen aus der Regierung? Dann werden viele sagen, wir haben das Land im Stich gelassen und weiter destabilisiert. Oder soll ich drinbleiben? Dann setzen wir uns weiter dem Vorwurf der Kumpanei mit der SED aus. Viele unserer Mitglieder wollen, dass wir jetzt einen klaren Schlussstrich ziehen.«

Er fragte uns eher hilflos: »Was soll ich tun? Was raten Sie mir denn?«

Ich bestärkte ihn darin, die Regierungskoalition nicht zu verlassen, machte aber eine Einschränkung: »Das Land braucht Stabilität nötiger denn je. Das schafft die Koalition aus eigener Kraft nicht mehr, dazu ist sie schon zu verbraucht. Jetzt muss der ›Runde Tisch‹ stärker einbezogen werden.«

Es war schon fast zweiundzwanzig Uhr dreißig geworden, und ich schlug vor, das Fernsehgerät einzuschalten, um die »Tagesthemen« zu sehen. De Maizière stimmte zu. Vor der Hinfahrt hatten wir gehört, dass sich eine große Demonstration vor dem »Stasi«-Hauptquartier in der Normannenstraße gebildet hatte. Ich hatte mich schon gewundert, warum zwar fast jedes Bezirksbüro, aber ausgerechnet das Hauptquartier der »Stasi« noch nicht in der Hand der Bürgerkomitees war. Von meinem Mitarbeiter Ralf Hirsch wusste ich, dass die Bürgerbewegung eine Aktion gegen den riesigen Komplex des Ministeriums für Staatssicherheit an der Normannenstraße/Magdalenenstraße plane. Nun war es soweit. Die Fernsehnachrichten waren alarmierend. Am Abend hatten mehrere tausend Menschen die »Stasi«-Zentrale gestürmt. Die Stimmung war gewalttätig. Der Bericht zeigte zerstörte Fensterscheiben und Türen, durchwühlte Aktenschränke, auf dem Boden verstreute Unterlagen. Ein Lebensmittellager war vollkommen verwüstet worden, Telefonapparate waren aus der Wand gerissen.

Ministerpräsident Modrow hatte sich vom »Runden Tisch«, an dessen Sitzung er zum ersten Mal teilgenommen hatte, sofort nach Lichtenberg begeben, ebenso wie viele Mitglieder des »Runden Tischs« selbst. Nur mit Mühe konnte er sich gegen ein lautstarkes Pfeifkonzert Gehör verschaffen.

»Meine Aufgaben als Ministerpräsident kann ich nur erfüllen, wenn ihr gewaltlos bleibt«, rief er in die Menge. »Wer alles zerschlägt, muss wissen, dass er sich am Ende am meisten schadet.« Eindringlich appellierte Modrow an die Menge, das Gebäude wieder zu verlassen. Allmählich gelang es den Vertretern der Bürgerkomitees, die Demonstranten wieder aus dem weitläufigen Komplex herauszulotsen. Zwei Stunden nach dem Sturm hatte sich die Lage wieder beruhigt. Das DDR-Fernsehen unterbrach sein Programm für einen Appell der Regierung. Die Bevölkerung wurde zu »Ruhe und Besonnenheit in dieser schweren Stunde« aufgerufen.

Die weiteren Nachrichten waren nicht weniger beunruhigend. Auch in Cottbus war es vor der »Stasi«-Zentrale zu Ausschreitungen gekommen. In mehreren Städten, so in Jena, Gera, Plauen und Ostberlin, hatte es Warnstreiks gegeben. 150.000 Menschen waren in Karl-Marx-Stadt auf die Straße gegangen und hatten für die Wiedervereinigung sowie für die Rückbenennung der Stadt in Chemnitz demonstriert. Die Leipziger Kundgebung mit über 100.000 Teilnehmern wurde an diesem Montagabend erneut geprägt von der Forderung nach Wiedervereinigung und der Ablösung der SED-PDS von ihren Machtpositionen. Die Demonstranten riefen: »Wir sind Deutsche«, »Deutschland, einig Vaterland« und »Stasi, rück die Akten raus«. Am Rathaus kam es zu Tumulten mit Gegnern der Wiedervereinigung. DDR-Fahnen wurden niedergerissen und Gegendemonstranten als »rote Schweine« beschimpft. Auch in Dresden waren 150.000 Menschen auf die Straße gegangen. Demonstrationen wurden auch aus Halle, Erfurt, Schwerin, Magdeburg, Neubrandenburg, Frankfurt/Oder, Stralsund, Potsdam und Rostock gemeldet.

Dieser 15. Januar 1990 brachte in der DDR den endgültigen Durchbruch zur Einheit. Das Volk auf der Straße übte sein Selbstbestimmungsrecht aus und forderte mehrheitlich klar die Wiedervereinigung. Jeder Versuch der SED, ihre alte Macht auch nur in Ansätzen zu stabilisieren, wurde von der Volksmacht gestoppt. Nicht viel anders war die Lage der Oppositionsgruppen am »Runden Tisch«. Auch sie mussten sich dem Druck der Straße beugen und die Wiedervereinigung ermöglichen.

Ich traf Hans Modrow am Abend des 16. Januar, am Tag danach. Es war der erste Besuch eines DDR-Ministerpräsidenten in Westberlin. Wir wählten das Senatsgästehaus als Tagungsort. Die beiden Gesprächsdelegationen waren so zusammengesetzt wie beim Treffen in Ostberlin einen Monat zuvor. Gleich zu Beginn schlug ich Modrow ein Gespräch im kleineren Kreis vor, und er willigte ein. Man merkte ihm noch deutlich den Schreck des Vorabends an. »Herr Böhme ist mit mir durch die Menge in der Normannenstraße gegangen. Es war eine brenzlige Situation. Allein hätte ich das nicht geschafft. Herr Böhme hat dann an die Leute appelliert, mich sprechen zu lassen. Ich bin ihm sehr dankbar«, sagte der Ministerpräsident.

Ich fragte Modrow, warum er seinen Plan zur Neugründung eines Verfassungsschutzes so lange verfolgt habe. Er antwortete: »Irgendwo muss ich doch mit den Leuten bleiben. Das sind doch geschulte Leute, ohne Arbeit wären die ein schwieriges Potenzial. Es herrscht dort erhebliche Unruhe. Die Mitarbeiter des ehemaligen Amtes für Staatssicherheit werden immer mehr in die Enge getrieben, sie werden auf der Straße offen bedroht. Ich muss auch auf dieser Seite darauf achten, die Balance zu halten. Es gibt auch von dieser Seite Drohungen und Druck auf einzelne Minister.« Er erzählte einzelne Vorfälle. Das kam dem Eingeständnis gleich, dass aus dem Sicherheitsapparat heraus Druck auf den Ministerpräsidenten ausgeübt wurde. Die Gerüchte, dass sich innerhalb der Staatssicherheit Gruppen formiert hatten, waren offensichtlich nicht falsch.

Erst eine Woche zuvor war ein Fernschreiben des »Kollektivs des Bezirksamtes für Nationale Sicherheit Gera« an den DDR-Ministerpräsidenten bekanntgeworden, in dem es hieß: »Heute wir – morgen ihr. Beherzigen wir die Erkenntnisse der unsichtbaren Front im In- und Ausland: Wer mit der Macht spielt, sie sich aus der Hand nehmen lässt – besonders während einer Revolution, in der wir uns zurzeit befinden –, der wird scheitern [...]. Sollte es uns allen gemeinsam nicht kurzfristig gelingen, die Anstifter, Anschürer und Organisatoren dieser hasserfüllten Machenschaften gegen die Machtorgane des Staates zu entlarven und zu paralysieren, werden diese Kräfte durch ihre Aktivitäten einen weiteren Teil der Bevölkerung gegen den Staat, die Regierung und alle gesellschaftlichen Kräfte aufbringen [...]. Täglich erhalten wir zahlreiche Anrufe aus dem In- und Ausland, die zum Ausdruck bringen, dass wir alles in unseren Kräften Stehende tun müssen, um unseren sozialistischen

Staat im Interesse aller zu schützen und zu erhalten. Diese berechtigte Forderung kann jedoch nur erfüllt werden, wenn die bewaffneten Organe unserer gemeinsamen Heimat DDR weiter bestehen und aktiv handeln können.«

Ich fragte Modrow, wie weit die Auflösung des Amts für Nationale Sicherheit vorangeschritten sei. »30.000 Mitarbeiter des Amtes sind bereits entlassen worden«, berichtete der Ministerpräsident. »Weitere 22.500 sollen demnächst in die Volkswirtschaft eingegliedert werden, dort, wo sie verwendet werden können.« Der Ruf der Demonstranten vom 4. November »Stasi in die Produktion« erfüllt sich also schneller als erwartet, dachte ich bei den Ausführungen. »Von den verbleibenden 32.500 Mitarbeitern werden 20.000 in allernächster Zeit entlassen werden. Die inoffiziellen Mitarbeiter sind alle nicht mehr tätig. Die konspirative Arbeit mit ihnen ist eingestellt worden. Die Waffen des MfS gehen in die Obhut des Innenministeriums über. Das ist ein erhebliches Arsenal, rund 125.000 Pistolen und 75.000 Maschinenpistolen. Wir werden das Ende des Monats abgeschlossen haben. Die Postüberwachung ist bereits Ende November eingestellt worden, ebenso das Abhören von Telefongesprächen. Natürlich kann ich nicht in jede Verästelung des großen Apparates blicken. Das, was ich Ihnen gerade geschildert habe, scheint im Moment der Stand der Dinge zu sein.«

Ich zweifelte nicht an der Aufrichtigkeit Modrows, wohl aber daran, ob er über alles informiert war. »Wenn die Menschen das Gefühl bekommen, die Entwicklung könnte zurückgedreht werden, wird es einen Aufstand geben«, sagte ich.

Im weiteren Verlauf des Gesprächs kamen wir auf einige unserer Verabredungen vom Dezember zu sprechen, die offenbar vom Regierungsapparat nicht nach unten durchgesetzt worden waren. Ein Beispiel war die Einrichtung von Wechselstuben an den Grenzübergängen, damit die Westberliner und Westdeutschen dort zum vereinbarten Kurs von eins zu drei Westgeld in Ostgeld umtauschen konnten. Die diesbezügliche Anordnung des Ministerpräsidenten war nicht eingelöst worden. Der Chef der Senatskanzlei hatte mehrfach bei Modrows Büro angefragt, wann die Wechselstuben denn endlich geöffnet würden, aber es passierte nichts. Die Besucher konnten Wechselstuben oft nur nach langen Wegen erreichen, also tauschten sie schwarz auf der Straße. Anhand dieses Beispiels und anderer Fälle räumte Modrow ein, dass die Umsetzung vieler seiner Anordnungen und der Beschlüsse des Ministerrats sehr zu wünschen übrig lasse. Der alte effiziente ZK-Apparat, der die eigentliche politische Führung war, habe nichts mehr zu sagen und sei im Begriff, sich aufzulösen. Die Behörde des Ministerrats und der von knapp 50 auf 23 Ministerien reduzierte Apparat der Regierung sei für die Umsetzung von Politik nicht sehr geeignet. »Und manchmal«, warf Modrows Bürochef Arnold ein, »habe ich den Eindruck, die sabotieren unsere Anordnungen.«

Ich sagte dem Ministerpräsidenten, dass die jetzt eingetretene Destabilisierung ihren Anfang mit der Machtdemonstration der SED im Treptower Park genommen habe. Das habe den Menschen schlicht Angst vor der Rückkehr überwunden geglaubter Zustände gemacht und die Gewaltbereitschaft geschürt. »Das war ein großer Fehler«, sagte ich.

Modrow stimmte mir zu und bemerkte ironisch: »So ist das mit der Trennung von Staat und Partei: Man hat dann keinen Einfluss mehr auf die Partei.« Ich fragte ihn, wie die enorm hohe Zahl von Teilnehmern – rund 250.000 – an einer solchen Demonstration zu erklären sei. Modrow antwortete: »Im Grunde steckte da, jedenfalls von den Teilnehmern her, gar nicht so sehr ein Machtgefühl dahinter, sondern eher Ohnmacht und Isolation. Das ist so wie mit dem Gläubigen in der Diaspora. Wenn vom Altar gerufen wird, versammeln sich all die Bedrängten, um ihresgleichen zu treffen und gemeinsam das böse Los und das ungerechte Schicksal zu beklagen. Die Demonstration im Treptower Park war eine Versammlung der Gleichgesinnten in feindlicher Umgebung. Da rückt man enger zusammen.«

Modrows Bericht über die aktuelle Lage in der DDR unterschied sich an Pessimismus um nichts von dem des CDU-Vorsitzenden Lothar de Maizière vom Vorabend. Der Ministerpräsident bestätigte, dass das Haushaltsdefizit wahrscheinlich über zwanzig Milliarden Mark lag und er nicht wusste, wie es gedeckt werden könnte: »Und das Loch wird immer größer.«

Er bestätigte die hohe Auslandsverschuldung, die zunehmende Schwierigkeit, die Kredite noch zu bedienen, die prekäre Versorgungslage und den fehlenden Überblick über die Volkswirtschaft und die Staatsfinanzen. Seine Bemerkungen über

Honecker und Mittag waren bitter und hatten einen Anflug von schwarzem Humor. Offenbar konnte er die Lage nur noch mit Sarkasmus beschreiben.

Erhard Krack ergänzte die Erläuterungen durch anschauliche Beispiele zur Versorgungslage Ostberlins. Er sagte, es drohten Einbrüche in der Energieversorgung und im Transportwesen, falls der Winter besonders hart werden würde. Ich sagte ihm, dass wir die öffentlichen Versorgungseinrichtungen in Westberlin angewiesen hätten, alles vorzubereiten, um im Notfall einspringen und helfen zu können, so gut und so weit es eben ginge. Ich versprach, dass Westberlin dem Ostteil der Stadt sowie den umliegenden Städten wie Teltow, Oranienburg, Bernau, Nauen und Potsdam helfen werde, falls die Versorgung zusammenbreche. »Wir können in einem solchen Notfall die Lager der Senatsreserve zur Verfügung stellen. Wir haben auch genügend Kohlen auf Halde. Die Energieversorgungsunternehmen in Ost- und Westberlin haben bereits Kontakt miteinander aufgenommen. Berlin wird helfen, wenn Not am Mann ist.«

Nach fast eineinhalb Stunden beendeten wir dieses Gespräch und beredeten die Detailprobleme, die zwischen Berlin und der DDR zu koordinieren waren, anschließend wieder in der größeren Runde. Dort appellierte ich eindringlich an den Ministerpräsidenten, das seit Weihnachten für Westbesucher gültige Zählkartensystem, das die Visa abgelöst hatte, umgehend wieder abzuschaffen. Diese bürokratische Prozedur schuf nur Verdruss. Keiner sah ein, warum er beim Verlassen der DDR diese Karte, ausgefüllt mit Namen, Adresse, Geburtsdatum, Ausweisnummer und Autokennzeichen, abgeben musste. Da viele die Karten erst zusammen mit der Zollerklärung bei der Rückreise am Übergang ausfüllten, kam es zu unnötigen Wartezeiten. Im Ergebnis konnten die DDR-Bürger, die keine solche Karte benötigten, jetzt sogar bequemer und schneller die Grenze passieren als die Westberliner und die Bundesbürger. Im Transitverkehr hatte das Zählkartensystem dazu geführt, dass die Abfertigungszeiten länger waren als vor der Wende.

Ich schlug dem Ministerpräsidenten vor, den Transitverkehr von dem Ein- und Ausreiseverkehr durch ein einfaches, schnell zu verteilendes Kennzeichen zu unterscheiden, zum Beispiel durch einen Aufkleber an der Windschutzscheibe oder durch eine vereinfachte Zählkarte, in die nur die Autonummer und die Personenzahl einzutragen war. Eine besondere Kennzeichnung des Transitverkehrs war noch unumgänglich, denn Fahrzeuge im Transit waren nach den Regeln des Transitabkommens privilegiert und durften im Normalfall nicht von den DDR-Behörden kontrolliert werden.

Modrow erklärte, seine Verwaltung hätte ihm gesagt, dass sie die Zählkarten zu statistischen Zwecken benötigten. Man brauche eine Übersicht über die Zahl der staatsfremden Personen, die sich im Land aufhielten, das sei auch international üblich. Ich bemerkte, mir sei eine solche Praxis innerhalb Westeuropas nicht bekannt und ich könne den praktischen Nutzen für die DDR nicht erkennen. Modrow sagte schließlich zu, das Verfahren zu prüfen. »Wenn es überflüssig ist, werden wir es auch abschaffen. Wenn es hinderlich ist, werden wir es verbessern.«

Wir besprachen noch eine Reihe von Detailfragen, von der Ablagerung des Berliner Mülls im Umland über die Arbeit des Regionalausschusses bis hin zum Stand unserer konzeptionellen Arbeit an einer Olympia-Bewerbung. Dann gingen wir zu Fuß durch das nächtlich stille Villenviertel zum Schlosshotel Gerhus, wo fast einhundert Journalisten auf uns warteten. Unterwegs sprach ich Modrow an: »Die Mauer ist jetzt so überflüssig wie ein Kropf. Sie hat keinen Nutzen mehr. Die DDR braucht sie nicht mehr, und wir haben sie noch nie gebraucht. Sie steht bloß im Wege. Sie sollten damit beginnen, sie abzureißen. Das wäre auch ein wichtiges Signal nach innen.«

»Wir werden bald damit beginnen«, antwortete der DDR-Ministerpräsident. »Ich habe bereits eine Arbeitsgruppe eingesetzt, die das koordinieren soll. Es entstehen beim Abriss sowohl Sicherheitsprobleme als auch logistische Probleme. Wir müssen unser Wirtschafts- und Währungsgebiet weiterhin abgrenzen, sonst werden die Güter, die nicht oder nur beschränkt ein- und ausgeführt werden dürfen, einfach über die Straße getragen. Wir werden einen niedrigen Zaun ziehen.«

»Solange völlige Reisefreiheit garantiert ist und dieser Zaun so beschaffen ist, dass er erkennbar nicht Menschen, sondern nur den illegalen Transport von Gütern abhalten soll, wird niemand etwas dagegen haben«, antwortete ich, »aber ich glaube nicht, dass so ein Zaun lange halten wird.«

Ende der alternativen Idylle

Die Früchte dieses Treffens ernteten wir genau acht Tage später. Vom 24. Januar 1990, 0 Uhr, an verzichtete die DDR auf die umstrittenen Zählkarten bei einreisenden Bundesbürgern und Westberlinern. Nur im Transitverkehr blieben sie, allerdings in vereinfachter Form. Und am Abend des 22. Januar begann die DDR auch mit dem Abriss der Mauer. Diesmal wurden die Betonsegmente von den Pionieren der DDR-Grenztruppen nicht wegen neuer Übergänge herausgerissen, nein, jetzt fiel das Symbol der Unfreiheit für immer. Und der Abriss begann zu meiner Freude in meinem Heimatbezirk, am Leuschnerdamm in Kreuzberg.

Wohl jeder Berliner hat schon einmal davon geträumt, wie der Tag sein würde, an dem die Mauer fiele. Immer hatte der Mauerabriss in solchen Fantasien etwas Geordnetes, Feierliches. Schließlich handelte es sich um die Grenze, die die Welt teilte. Es würden Reden gehalten werden, und dann würden die Bulldozer ihr Werk beginnen, stellte ich mir vor. Die ganze Welt würde den Vorgang am Fernsehschirm verfolgen. Die Wirklichkeit war viel profaner – und spannender.

Am Nachmittag jenes 22. Januar kletterten zwei Grenzsoldaten der DDR am Leuschnerdamm über die Mauer und gingen schnurstracks auf eine Ansammlung von Baracken, Bau- und Campingwagen zu, die im sogenannten Unterbaugebiet, also im Grenzstreifen, auf der westlichen Seite der Mauer, aber noch in Ostberlin standen. Punks und ehemalige Hausbesetzer hatten sich dort niedergelassen, sicher vor dem Zugriff der Westberliner Polizei und von der DDR geduldet. Extra für diese Gruppe hatten die DDR-Grenzer ein Flugblatt mitgebracht: »Information der Grenztruppen der DDR! Berlinerinnen und Berliner! Ab dem heutigen Abend bis zum kommenden Freitag, dem 26. Januar 1990, wird die jetzige Grenzmauer im Abschnitt Leuschnerdamm, entlang der Waldemarstraße und Luckauerstraße, durch Angehörige der Grenztruppen abgebaut und durch einen Begrenzungszaun ersetzt. Wir bitten Sie, im Interesse der Vermeidung von Unfällen und Schäden und zur Gewährleistung eines reibungslosen Ablaufs, sich nicht im unmittelbaren Bereich der Baustelle aufzuhalten und Sachen und Gegenstände zeitweilig aus diesem Bereich zu entfernen. Wir bedanken uns für Ihr Verständnis.«

Die Senatskanzlei war von der DDR-Regierung über die bevorstehende Abrissaktion informiert worden, hatte aber, entsprechend der Bitte der anderen Seite, die Öffentlichkeit nicht unterrichtet, um die Arbeiten nicht durch zu viele Schaulustige zu behindern. So schreckten viele Anwohner dieser abgeschiedenen Kreuzberger Wohngegend aus ihrem Fernsehsessel hoch, als gegen 20 Uhr die Grenzsoldaten im Scheinwerferlicht begannen, Teilstück für Teilstück herauszuheben und die Mauer zu demontieren. Jetzt informierten wir die Presseagenturen, und ich fuhr zum Leuschnerdamm, um mir den Abriss anzusehen. Nur einige Dutzend Passanten hatten sich bisher dort eingefunden und verfolgten neugierig die Arbeiten. Zwei Offiziere der Grenztruppen standen auf Westberliner Gebiet und gaben mir und den Anwohnern bereitwillig Auskunft. Sie erzählten, dass diese Stelle zuerst für den Mauerabriss ausgewählt worden sei, weil sich hier die schönsten Graffities auf der Betonwand befänden. »Das wird alles verkauft, es gibt schon viele Interessenten. Im Prinzip ist schon jedes Stück vergeben«, sagte ein schick gekleideter junger Mann, der sich mir als Vertreter der DDR-Handelsfirma »Limex« vorstellte. »Wir vermarkten die Mauer. Der Erlös kommt sozialen Zwecken zugute«, erklärte er.

Ich gab gerade Autogramme, als zwei Punks aus dem Wohnwagendorf heranschlenderten, die obligatorische Bierdose in der Hand und den Kreuzberger Straßenköter neben sich. Einer von ihnen sprach den DDR-Grenzoffizier leicht angetrunken, aber freundlich an: »Ey, wir ha'm da mal 'ne Bitte. Wir wollten euch fragen, ey, könnt ihr das Ding bei uns da nich stehenlassen? Ich meine, iss ja nur 'ne Bitte. Das zieht wie Hechtsuppe von hinten, wenn das weg iss, 'n Zaun hilft uns gar nüscht. Ich meine, euch iss ja egal, ob et stehnbleibt oder nich.«

Der Grenzer verzog keine Miene und antwortete preußisch korrekt: »Es tut mir sehr leid, mein Herr. Wir haben den Auftrag, hier die Mauer abzureißen, und werden das auch tun. Ich bitte Sie herzlich um Verständnis. Wir werden uns bemühen, Ihr Eigentum nicht zu beschädigen.«

»Is schade, is wirklich schade«, sagte der Punk enttäuscht und trollte sich mit seinem Kumpel wieder zurück zur Barackensiedlung.

Dieser Dialog, so grotesk er war, zeigte doch symbolhaft, was der Abriss der Mauer gerade für die Kreuzberger Szene bedeutete. Hier am Leuschnerdamm, im legendären Berliner Postzustellbezirk 36, war ein charmantes, marodes Altbauquartier entstanden, abgegrenzt durch die Mauer im Rücken, ohne Durchgangsverkehr, ein Getto der Drop-outs, Punks und Autonomen aus ganz Deutschland. Dort verlebten viele Jugendliche, vornehmlich aus den schwäbischen und bayerischen Kleinstädten, die es dort in der engen kleinbürgerlichen Ordnung nicht mehr aushielten, ihre wilden Jahre. Dort konnten sie sich ausleben und austoben, in den verfallenen Häusern mit niedrigen Mieten, in den Fabriketagen, in die niemand mehr investierte, in den Abrisshäusern. Dort entstanden Kulturgruppen, gab es Kultur und Subkultur, politische Bewegungen und Sekten, Häuserkampf und Drogensucht. Hinter dem Moritzplatz und nördlich der Hochbahn fing die »freie und autonome Republik Kreuzberg« an. Spießbürger und Touristen, Yuppies und Polizei hatten dort nichts zu suchen, wurden vertrieben, beschimpft und manchmal auch mit Steinen beworfen. Geduldet wurden Türken und alteingesessene Kreuzberger. Jetzt, schlagartig, fiel der Palisadenzaun um dieses »gallische Dorf«. Verkehr strömte durch die vorher stillen Straßen, fremde Leute, die »Zonis«, bevölkerten die Geschäfte, Investoren liefen durch die Häuser und Fabrikhöfe und drohten mit Modernisierung.

Mit der Mauer fiel die alternative Idylle Kreuzberg.

Zug fährt in Richtung Einheit

Dass der Zug in Richtung Einheit fuhr, war Modrow angesichts der Leipziger Demonstrationen und der aggressiven Stimmung im Land klar geworden. Die Bundesregierung erhöhte sofort ihren Druck auf die DDR-Regierung. Bei der deutschlandpolitischen Debatte im Bundestag am 18. Januar machte Kanzleramtsminister Seiters, ebenso wie andere Redner von CDU und FDP, deutlich, dass die geplante Vertragsgemeinschaft nunmehr eindeutig mit dem Ziel der Wiedervereinigung verbunden werden sollte. »Diese Perspektive muss in dem zu vereinbarenden Vertragswerk deutlich formuliert werden. Wir wünschen uns, dass ein frei gewähltes Parlament in der DDR eine solche Perspektive für die Lösung der nationalen Frage und damit das Ziel der staatlichen Einheit Deutschlands bekräftigt«, sagte Seiters.

Die Diskussion über die Einheit erhielt weitere Nahrung durch die zögerlich eingeleiteten und zudem halbherzigen ökonomischen Reformen, die insbesondere die DDR-Wirtschaftsministerin Christa Luft zu verantworten hatte, der man ihre akademische Herkunft als Professorin der marxistisch geprägten Hochschule für Ökonomie in Berlin-Karlshorst deutlich anmerkte. Nach ihrer Vorstellung sollten westliche Unternehmen bei Joint-ventures mit DDR-Firmen nicht die Mehrheit der Anteile erwerben dürfen, was fast alle potenziellen Investoren abschreckte. Die Steuergesetzgebung blieb unverändert, mit Höchstsätzen von über neunzig Prozent für Einkünfte aus privatwirtschaftlicher Tätigkeit. Und wer ein Gewerbe gründen wollte, sah sich der alten, schwerfälligen und ablehnenden Bürokratie ausgesetzt. Die freie Marktwirtschaft konnte so nicht in Gang kommen. Das Zaudern der DDR-Regierung bei den Wirtschaftsreformen wirkte um so anachronistischer, als die Bevölkerung tagtäglich im Westen mit einer florierenden und funktionierenden Volkswirtschaft konfrontiert war und einen schnellen Aufschwung erwartete – nicht in Jahren, sondern sofort. Frau Luft aber vermittelte den Eindruck, als müsse ihr jeder kleine Reformschritt abgepresst werden. Erst am 17. Januar erklärte sie sich bereit, auch ausländische Beteiligungen bis zu hundert Prozent an Firmen in der DDR zuzulassen.

Die Sozialdemokratin Ingrid Matthäus-Maier, die finanzpolitische Sprecherin der SPD-Bundestagsfraktion, brachte am selben Tag eine verlockende Perspektive für den künftigen Wohlstand der DDR-Bürger ins Spiel: Sie schlug vor, einen deutsch-deutschen Währungsverbund zu schaffen und ein festes Umtauschverhältnis zwischen der D-Mark und der Mark der DDR politisch festzulegen. Insoweit entsprach dieser Vorschlag auch meinen Vorstellungen, die ich schon im November geäußert hatte. Ingrid Matthäus-Maier aber ging noch einen entscheidenden Schritt weiter: Sie schlug vor, die D-Mark als offizielles Zahlungsmittel in der DDR zuzulassen und die Ostwährung schrittweise aus dem Verkehr zu ziehen. »Eine gemeinsame Währung wäre die zu Ende gedachte Form eines Währungsverbundes. Nach Lage der Dinge kann diese einheitliche Währung nur die D-Mark sein.«

Die Idee von der Währungsunion war geboren. Ingrid Matthäus-Maier erhoffte sich davon, dass der Druck auf eine schnelle Wiedervereinigung gemindert, eine sanfte Anpassung eingeleitet werden könne und auch mehr Zeit bliebe, die darüber hinausgehenden, schwierigen internationalen Fragen zu regeln. Ich begrüßte ihren Vorschlag. Die Menschen in der DDR wollten endlich für ihren Lohn auch etwas kaufen können, wollten nicht Deutsche zweiter Klasse sein, wollten ihre »Alu-Chips«, wie sie ihr Geld nannten, so schnell wie möglich durch harte Währung ersetzen.

Den letzten Anstoß, um auf eine Politik der Vereinigung der beiden deutschen Staaten einzuschwenken, erhielt Hans Modrow, als am 21. Januar der stellvertretende SED-PDS-Vorsitzende, Wolfgang Berghofer, aus der Partei austrat. Mit ihm verließen 39 prominente Dresdener Genossen, darunter der Generaldirektor von Robotron, Friedrich Wokurka, und das komplette, von Prof. Hansjoachim Hahn geleitete Präsidium des geschäftsführenden Bezirksvorstandes Dresden die SED-PDS. Das Austrittsschreiben enthielt eine scharfe Abrechnung mit der Partei: »Die alte SED und ihre Führung haben die DDR in beschämender und unverantwortlicher Weise ruiniert, politisch, wirtschaftlich und moralisch. Dadurch wurden alle Mitglieder der Partei, auch die kritischen, reformwilligen, sittlich in Verruf gebracht und ihrer politischen Heimat beraubt. Jeder Versuch, mit der Erblast der SED in dieser Partei neue Wege zu gehen, verstärkt die Angst vieler Menschen vor einer Restaurierung der SED. Wir, die wir uns persönlich aktiv für die radikale Erneuerung der SED-PDS eingesetzt haben, sehen nicht die politische Kraft dieser Partei, sich grundsätzlich zu verändern und die tiefe Krise in unserem Land an der Seite der demokratischen Kräfte mit zu überwinden.

In tiefer Sorge um unser Land erklären wir unseren Austritt aus der SED-PDS.

Mit diesem Schreiben verbinden wir die dringliche Forderung, die SED-PDS aufzulösen. Wir wollen uns mit dem Parteiaustritt nicht der Mitverantwortung für die Vergangenheit entziehen. Wir wollen mitwirken an der demokratischen Erneuerung. Die Bürger der DDR brauchen Vertrauen und Mut zur Zukunft; denn noch immer verlassen Zehntausende ihre Heimat. Demokratisierung, Rechtsstaatlichkeit, leistungsfähige Wirtschaft und kulturelle Identität sind jetzt am dringlichsten. Nur dadurch ist die politische und soziale Destabilisierung des Landes aufzuhalten. Dafür setzen wir uns ein.

Wir unterstützen Hans Modrow, vor allem konsequente Schritte zu einer ökologisch orientierten sozialistischen Marktwirtschaft zu beschreiten. Zur Beschleunigung der zwingend notwendigen Wirtschaftsreform sind wir für Wirtschaftsvereinigung und Währungsunion zwischen beiden deutschen Staaten mit rascher Teilkonvertierbarkeit der Mark der DDR. Wir treten ein für das Zusammenwachsen der beiden deutschen Staaten im Rahmen der europäischen Einheit und sind für die Herausbildung von Länderstrukturen in der DDR. Die sozialdemokratische Programmatik wird von uns unterstützt.«

Was diese Austritte für die SED-PDS bedeuteten, konnte man sich ungefähr vorstellen, wenn man sie auf westdeutsche Verhältnisse übersetzte. »Es ist«, sagte ich zu einem Journalisten, »als ob gleichzeitig Johannes Rau, Daimler-Benz-Chef Edzard Reuter und der gesamte Vorstand des größten SPD-Bezirks, Westliches Westfalen, aus der SPD austräten. Das wäre schon ein ziemlicher Schlag für die Sozialdemokratie, von dem wir uns lange nicht erholen würden.« Vor allen Dingen musste es für Hans Modrow ein persönlicher Schock gewesen sein, denn die Dresdener Parteiorganisation war seine Basis und Wolfgang Berghofer sein langjähriger Freund und Gefährte. Berghofer war der erste SED-Funktionär gewesen, der im Oktober den Dialog mit den Demonstranten aufgenommen und so die von der Führung beschlossene Strategie der Ausgrenzung der Opposition durchbrochen hatte. Und nun gab er dem DDR-Ministerpräsidenten den entscheidenden Anstoß, eine Politik der Einheit der beiden deutschen Staaten zu verfolgen.

Der Vorstand der SED-PDS tagte fünfzehn Stunden lang in hektischer Krisenstimmung, lehnte aber die Auflösung der Partei, die außer den Dresdenern auch Parteikollektive der Akademie der Wissenschaften, der Humboldt-Universität und der Charité gefordert hatten, ab. Der Vorstand beließ es bei Symbolen der Erneuerung. Er beschloss, das Parteiemblem, zwei sich fassende Hände, abzuschaffen. Das Zeichen erinnerte an den Händedruck von Wilhelm Pieck und Otto Grotewohl bei der Zwangsvereinigung von KPD und SPD im Berliner Admiralspalast im April 1946. Schon am nächsten Morgen sah man an der Vorderfront des ZK-Gebäudes am Werderschen Markt in Ostberlin, dort, wo das Symbol überdimensional groß gehangen hatte, nur noch einen großen Schatten auf den Steinen. Gleichzeitig schloss die Zentrale Parteikontrollkommission weitere namhafte Funktionäre, darunter Egon Krenz und Günter Schabowski, aus der Partei aus. Die Revolution fraß ihre Kinder.

In Leipzig demonstrierten am Abend des 22. Januar erneut hunderttausend Menschen, dieses Mal fast einmütig für eine schnelle Vereinigung. »Nieder mit der SED« und »Deutschland, einig Vaterland« hießen die Losungen. Es kam zu Handgreiflichkeiten gegen Gegner der Vereinigung. Mit Sprechchören wie »Wir sind Deutsche, was seid ihr?« und »Rote aus der Demo raus« wurden jene angeschrien. Lothar de Maizière schätzte in einem Zeitungsinterview, dass zwei bis drei Millionen Menschen »auf gepackten Koffern sitzen« und übersiedeln wollten, falls die Wahl am 6. Mai enttäuschend verlaufe. »Mit der SED ist es vorbei. Sie zerbröselt. Der größte Störfaktor ist der Verwesungsgeruch, den die SED verbreitet«, sagte der CDU-Vorsitzende.

Ministerpräsident Hans Modrow trat jetzt die Flucht nach vorn an. Er forderte die Oppositionsgruppen auf, in eine »Regierung der nationalen Verantwortung« einzutreten. Am 28. Januar lud er die Vertreter aller Parteien und Gruppen zu einer Krisensitzung in den Johannishof. Gegen Mitternacht war der Kompromiss gefunden: Acht Minister ohne Geschäftsbereich, sämtlich Vertreter von Oppositionsgruppen, würden in die Regierung eintreten. Der Termin der Volkskammerwahlen wurde auf den 18. März vorgezogen. Am 6. Mai sollten, den Forderungen des »Runden Tischs« entsprechend, Kommunalwahlen stattfinden. Wieder hatte sich der Prozess noch mehr beschleunigt, als jeder vorausgesehen hatte.

Hans Modrow gab am nächsten Tag vor der Volkskammer eine Regierungserklärung ab, die einem Offenbarungseid gleichkam: »Die gegenwärtige Regierung erweist sich zunehmend als zerbrechlich. Die ökonomischen und sozialen Spannungen in der Gesellschaft haben zugenommen und berühren bereits das tägliche Leben vieler Menschen. In wachsendem Maße werden Forderungen nach Erhöhung der Löhne und Gehälter, nach Verlängerung des Urlaubs, nach Erhöhung der Renten und nach weiteren sozialen Verbesserungen erhoben. [...] Die Forderungen übersteigen die Möglichkeiten des Staates bei weitem und gefährden, wenn ihnen nachgegeben wird, die Existenz der DDR. Ich muss in diesem Zusammenhang auch darauf hinweisen, dass der Fehlbetrag im Staatshaushalt bereits siebzehn Milliarden Mark beträgt. [...] Tatsächlich verschlechtert sich die ökonomische Lage besorgniserregend, weil Streiks und befristete Arbeitsniederlegungen, langsames Arbeiten und andere Störungen zu erheblichen Produktionsausfällen führen. Diese Ausfälle haben Kettenreaktionen für viele Betriebe, für die Versorgung der Bürger sowie für die gesundheitliche Betreuung zur Folge.

Daraus erwachsen weitere soziale Spannungen, die mit den vorhandenen politischen Strukturen immer weniger beherrscht werden können. In einer Reihe von Kreisen haben sich örtliche Volksvertretungen nahezu aufgelöst oder sind nicht mehr beschlussfähig. Die bestehenden örtlichen Volksvertretungen widerspiegeln nicht in jedem Fall die im jeweiligen Territorium vorhandenen politischen Interessen, zum Teil werden auch die Abgeordneten nicht mehr anerkannt. [...] Rechtsstaatlichkeit und Rechtsordnung werden zunehmend infrage gestellt. Geltende Rechtsvorschriften werden von verschiedenen Interessengruppen oder einzelnen Bürgern gröblichst verletzt. Der Schutz der Bürger ist nicht mehr in vollem Umfang gewährleistet. Die Radikalisierung der politischen Szene in der DDR zeigt sich in der zunehmenden Anzahl anonymer Bombendrohungen gegen Betriebe, örtliche Räte, öffentliche Einrichtungen und Wohngebäude. [...] Es gibt auch tätliche Angriffe auf Bürger, Zerstörung von Wohnungseinrichtungen, Zerstörung von gesellschaftlichem Eigentum. Die Ausreisewelle hält unvermindert an. Alle Maßnahmen und Appelle der Regierung haben es bisher nicht vermocht, diesen Aderlass aufzuhalten.«

Modrow trug diese Passagen mit ruhiger, sachlicher Stimme vor. Er kommentierte nicht, er analysierte nur. Die DDR war bankrott.

Am 30. Januar fuhr Modrow nach Moskau und schilderte dem sowjetischen Staats- und Parteichef Michail Gorbatschow unverblümt die Lage. Gorbatschow sagte danach zu Journalisten: »Mir scheint, es gibt sowohl bei den Deutschen in West und Ost als auch bei den Vertretern der vier Mächte ein gewisses Einverständnis darüber, dass die Vereinigung der Deutschen niemals und von niemandem prinzipiell in Zweifel gezogen wurde. Wir haben immer gesagt, dass die Geschichte den Gang der Ereignisse beeinflusst. So wird es auch in Zukunft sein, wenn sich die deutsche Frage praktisch stellt. Man muss den Verlauf der Ereignisse in der Welt, in Europa, der UdSSR, der DDR, genau durchdenken – die Dinge werden offensichtlich enorm beschleunigt.« Und Modrow ergänzte: »Ich gehe davon aus, dass es in der Tat jetzt notwendig sein wird, sich der Frage für ein einiges deutsches Vaterland, oder welche Begriffe dafür auch immer in jüngster Zeit geprägt werden, mit Entschiedenheit zuzuwenden.«

Den kürzesten und zugleich treffendsten Kommentar zu dieser Wende der Moskauer Politik gab am nächsten Tag Willy Brandt: »Die Sache ist gelaufen.«

Schwesterpartei im Osten

Die beiden sozialdemokratischen Parteien aus Ost und West hatten inzwischen ihre Zusammenarbeit intensiviert und die Diskussion über die Deutschlandpolitik vorangebracht. Der Bundesparteitag vom 18. bis 20. Dezember 1989 war nach der Öffnung der Grenze kurzfristig nach Berlin verlegt worden. Ursprünglich hatte er in Bremen stattfinden sollen. Hans-Jochen Vogel und Willy Brandt hatten sich sehr für diese Verlegung eingesetzt, um unseren gesamtdeutschen Anspruch deutlich zum Ausdruck zu bringen.

Durch die ganze deutschlandpolitische Diskussion dieses Parteitags hindurch zog sich die Bandbreite der Meinungen der SPD. Die einen lehnten die staatliche Einheit aus Furcht vor einem neuen deutschen Nationalismus ab. Andere hielten die Vorbehalte im Ausland für unüberwindbar. Und dann gab es noch die aktiven Befürworter der Einheit. Oskar Lafontaine stand auf der einen Seite dieses breiten Spektrums und Willy Brandt auf der anderen Seite, was der SPD später noch schwer zu schaffen machen sollte. Willy Brandt formulierte in seiner ganz auf die deutsche Geschichte und die Zukunft Deutschlands in einem zusammenwachsenden Europa bezogenen Rede: »Es kann nun auch als sicher gelten, dass wir – unter welcher Form von Dach auch immer – der deutschen Einheit näher sind, als dies noch bis vor kurzem erwartet werden durfte. Die Einheit von unten wächst, und sie wird weiter wachsen. Diese Einheit, die wächst, wird einen politischen Ausdruck finden, auch wenn dies noch einige eingeübte Statusdiplomaten im eigenen Land und in anderen Ländern aufscheuchen mag.«

Oskar Lafontaine ging in seiner Rede, die das neue Grundsatzprogramm der SPD widerspiegelte, auf die nationale Frage durch die grundsätzliche Forderung nach gleichen sozialen Lebensbedingungen in beiden Teilen Deutschlands ein. Das sei wichtiger als die Frage der staatlichen Einheit. Eher indirekt bezog sich Oskar Lafontaine auf Deutschland als Kulturnation, indem er Günter Grass zitierte, der »deutlich gemacht hat, dass der Bezug auf die gleiche Sprache, auf die gleiche Geschichte, auf die gleichen Ideen nicht notwendigerweise zu dem Schluss führen kann, dass alle, die sich dazu bekennen, in einem Nationalstaat vereinigt werden müssen. Dies war auch niemals so in der Geschichte der Deutschen, und das wird auch in Zukunft nicht so sein, unabhängig davon, wie wir die Frage zwischen der DDR und der Bundesrepublik lösen; denn die deutsche Nation ist nicht in den Grenzen der DDR und der Bundesrepublik zu definieren.« Und die Politik zwischen DDR und Bundesrepublik müsse in den Prozess der Einigung Europas eingebettet sein.

Mit dieser Position lag er wahrscheinlich sehr nahe bei der Mehrheitsauffassung des Parteitags und nahezu aller Redner des SPD-Vorstands, die hier auftraten. Markus Meckel, später DDR-Außenminister, vorneweg.

Ich kritisierte die Fragestellung, ob man *für* oder *gegen* die Einheit sei, als falsche Alternative und erklärte die konkrete Hilfe und die Förderung des realen Zusammenwachsens zwischen Ost und West zum vordringlichen Ziel. Und ich führte aus: »Die Gefahr besteht, dass die deutsche Frage in Takt und Tempo der Lösung dieser wichtigen Fragen vorauseilt und den europäischen Einigungsprozess durchkreuzt. Verantwortliche Deutschlandpolitik besteht heute darin, die deutsche Frage in Einklang mit dem europäischen Friedens- und Entspannungsprozess zu bringen, und ich denke, es ist unsere Verantwortung als Sozialdemokraten, dafür zu sorgen. Niemand wird Angst vor einer deutschen Einheit haben, und niemand kann sich dagegen wenden, wenn dieser Zusammenhang beachtet und realisiert wird. Am Ende eines solchen stabilen Prozesses steht die europäische Friedensordnung und die Entscheidung der Deutschen in freier Selbstbestimmung.«

Innerhalb Berlins hatten SPD und SDP ganz schnell Kontakt auf allen Ebenen zueinander gefunden. In dem Maße, in dem sich im November und Dezember im Osten die Basisgruppen, Stadtbezirksverbände und der Berliner Bezirksvorstand zusammengefunden hatten, hatten die Ortsvereine, Kreisverbände und der Landesverband aus dem Westen Kontakte und Partnerschaften im Ostteil aufgenommen, materiell und organisatorisch geholfen, und man hatte sich persönlich kennengelernt. An einem Sonntag, dem 5. November 1989, war der Berliner Bezirksvorstand der SDP, wie die Partei damals hieß, unter den Bedingungen der Illegalität in der Ostberliner Sophienkirche gegründet und die 23 Jahre alte Lehrerstudentin Anne-Kathrin Pauk zur interimistischen Bezirksvorsitzenden gewählt worden. Auf dieser Sitzung hatte Stephan Hilsberg für die SDP dargelegt: »Nochmals zur Klarstellung: Derzeit wollen wir keine Wiedervereinigung, die eine Angliederung der DDR an die BRD bedeutet, das steht nicht zur Diskussion; konsequente Zweistaatlichkeit, dies ist unsere Beschlusslage.« Die Versammelten unterstützten seine Ausführungen mit Applaus.

Im neuen Jahr, am 14. Januar 1990, organisierten wir die erste gemeinsame Kundgebung zum Gedenken an Rosa Luxemburg und Karl Liebknecht und an die Opfer von Militarismus, Faschismus und Stalinismus auf dem Alexanderplatz. Rund hunderttausend Teilnehmer kamen zu dieser ersten sozialdemokratischen Großkundgebung im Ostteil Berlins. Nach 45 Jahren wehten wieder SPD-Fahnen auf dem Alexanderplatz. Die SPD setzte sich damit bewusst ab von den »Kampfdemonstrationen« der SED für Rosa Luxemburg und Karl Liebknecht, zu denen die Werktätigen Jahr für Jahr hinkommandiert worden waren.

Konrad Eimer, Pfarrer und Mitbegründer der SDP in Schwante und später Berliner Bundestagsabgeordneter, bekannte sich in seiner Rede ausdrücklich zu der radikalen und freiheitlichen Denkerin Rosa Luxemburg und zu ihrer antibolschewistischen Kritik. Und Ibrahim Böhme wies darauf hin, dass diese Demonstration an die Aktion der Bürgerrechtsbewegung vom 17. Januar 1988 anknüpfte, als Bärbel Bohley, Ralf Hirsch und die hunderfünfzig anderen Mutigen auf der staatlich gelenkten »Kampfdemonstration« gegen die SED und für die Freiheit der Andersdenkenden demonstrieren wollten und dafür verhaftet worden waren.

Anne-Kathrin Pauk berichtete von der ersten Delegiertenkonferenz der SDP, die vom 12. bis 14. Januar in Berlin stattgefunden und die Umbenennung der SDP in *SPD der DDR* beschlossen hatte. So stellte sich die neue Partei demonstrativ in die über 125 Jahre währende Tradition der deutschen Sozialdemokratie. Vor dem Hintergrund der gestiegenen Instabilität in der DDR hatte die ostdeutsche SPD einen klaren Beschluss gefasst, den Anne-Kathrin Pauk auf der Kundgebung zitierte: »Wir Sozialdemokraten bekennen uns zur Einheit der deutschen Nation. Ziel unserer Politik ist ein geeintes Deutschland. Eine sozialdemokratisch geführte Regierung der DDR wird die notwendigen Schritte auf dem Weg zur deutschen Einheit in Abstimmung mit der Regierung der Bundesrepublik Deutschland gehen. Was sofort möglich ist, soll sofort geschehen. Eine sozialdemokratische Regierung wird einen Wirtschafts- und Währungsverbund als vorrangige Aufgabe in Angriff nehmen. Alle Schritte des deutschen Einigungsprozesses müssen in den gesamteuropäischen Einigungsprozess eingeordnet sein. Denn wir wollen die deutsche Einheit nur mit der Zustimmung aller unserer Nachbarn. Ihre Grenzen sind für uns unantastbar.«

Das waren klare Worte, die die Stimmung in der DDR gut wiedergaben.

Für mich gehört diese große Kundgebung auf dem Alexanderplatz zu den eindrucksvollsten Ereignissen der Wiederbegründung der Sozialdemokratie im Osten Deutschlands. Auf dem Weg zum Rednerpult kam ich kaum durch, weil mir viele die Hand schütteln wollten. »Helfen Sie uns!«, »Lassen Sie uns nicht im Stich!«, hörte ich immer wieder.

In meiner Ansprache erinnerte ich an die Sozialdemokraten, die für ihre Überzeugung und für die sozialdemokratische Sache in der DDR in Zuchthäuser eingekerkert oder nach Sibirien deportiert worden waren. Ich betonte, dass es das Volk selbst gewesen war, das die DDR verändert hatte: »Ihr habt es gewendet, ihr habt den Mut, die Kraft, die Disziplin, die Besonnenheit und die Furchtlosigkeit aufgebracht, dem alten System die Stirn zu bieten. [...] Es ist eure Leistung gewesen, es wird eure Leistung sein, Demokratie, Freiheit, Pluralität in diesem Land zur Vollendung zu bringen. Das sind große Tage und Monate, die in die deutsche Geschichte eingehen werden. Auch im Westen wird man davon für die Verwirklichung der Demokratie einiges lernen können.«

Am 22. Januar trafen sich der Berliner SPD-Landesvorstand (West) und der SPD-Bezirksvorstand (Ost) zum ersten Mal zu einer gemeinsamen Sitzung im Hotel »Stadt Berlin«. Dieter Schröder brachte als Begrüßungsgeschenk für Anne-Kathrin

Pauk und die Vorstandsmitglieder aus dem Ostteil eine Kopie der legendären BK/O (Berliner Kommandatura Order) vom 31. Mai 1946 mit, in der von allen vier Mächten, auch der Sowjetunion, dem SPD-Stadtausschuss das Recht auf Betätigung in allen Sektoren gestattet worden war. Aufgrund dieser Anordnung hatte die SPD auch nach der Zwangsvereinigung von SPD und KPD im Ostteil der Stadt noch im ganzen Stadtgebiet weiter arbeiten können. Die letzte größere Veranstaltung hatte im Juli 1961 im Bezirk Lichtenberg stattgefunden, mit Carlo Schmid als Hauptredner.

Außerdem hatte Dieter Schröder eine Kopie des Beschlusses des SPD-Landesvorstands vom 23. August 1961 dabei, mit dem die Ostberliner Sozialdemokraten nach dem Mauerbau aus ihren Mitgliedspflichten entlassen worden waren. Der Landesvorstand hatte damals erklärt: »Wir danken allen. Wir vergessen keinen, wir vergessen nichts!« Auf allen nachfolgenden Parteitagen der Berliner SPD waren die Mandate der Ostberliner Delegierten symbolisch freigehalten worden. Auf der gemeinsamen Vorstandssitzung wurde die Einsetzung einer Kommission für die Planung des Zusammenwachsens Berlins und der Zukunft der Stadt beschlossen. Am 27. Januar wurde eine erste gemeinsame Zeitung, das *Berliner Stadtblatt*, herausgegeben und an Informationsständen in der ganzen Stadt verteilt.

Reise nach Paris und London

Nach Modrows Wende bei seinem Besuch in Moskau und Gorbatschows klaren Worten ging es jetzt, Ende Januar 1990, tatsächlich nicht mehr um das *Ob* der Einheit, sondern nur noch um das *Wann* und das *Wie*. Das schwierigste Problem war, die innere und äußere Entwicklung zeitlich aufeinander abzustimmen, sie zu »synchronisieren«. Dieser Begriff wurde zum Modewort der Außenpolitiker im Jahr 1990. Die innere Entwicklung war, wie wir alle sahen, ungeheuer dynamisch. Mir wurde klar, dass aus den Wahlen am 18. März eine, wie auch immer gefärbte, Vereinigungsregierung hervorgehen würde. Ob SPD oder CDU, keine politische Kraft in der DDR, die noch ernst genommen werden wollte, konnte es sich leisten, sich dem Strom der Einheit entgegenzustellen. Sogar das »Neue Forum« rang sich Ende Januar zu einem Bekenntnis zur Einheit der Nation durch. Nur die SED-PDS und die westdeutschen Grünen, die Berliner Alternative Liste und auch Teile der SPD sperrten sich noch dagegen. Die erste demokratisch gewählte DDR-Regierung musste das Ziel haben, die Bedingungen der Einheit herzustellen. Wenn die neue Regierung aber versuchen sollte, als Einheitsbremse aufzutreten, würde sie so schnell ihre Autorität verlieren wie die Modrow-Regierung.

Was aber würde passieren, wenn die innere Entwicklung der äußeren davonliefe? In Deutschland standen sich die hochgerüsteten Truppen zweier verfeindeter Blöcke gegenüber. In der DDR waren mehr als eine halbe Millionen sowjetische Soldaten stationiert, die sich wohl kaum über Nacht in einem NATO-Land wiederfinden wollten. Konnte die Sowjetunion es hinnehmen, dass das Territorium der NATO ausgedehnt würde? Und wie würden die Nachbarn Deutschlands reagieren, die in diesem Jahrhundert von dem großen und mächtigen deutschen Reich in der Mitte Europas immer wieder in Krisen und Spannungen, in Krieg und Elend gestürzt worden waren? Wie konnten sie davon überzeugt werden, ihre Ängste und Vorbehalte zu überwinden, ganz besonders die Polen, deren territoriale Integrität reaktionäre Kräfte in Westdeutschland fortwährend infrage stellten? Und wie würden die Juden auf eine Wiedervereinigung reagieren, das Volk, das am meisten unter den Deutschen gelitten hatte?

Alle diese komplizierten außenpolitischen Fragen erforderten ein Höchstmaß an Sensibilität und Einfühlungsvermögen für die deutsche und europäische Außenpolitik. Aber blieb dazu genug Zeit? Und wie sollte die Berlin-Frage geregelt werden? Hier bündelten sich die vertrackten inneren und äußeren Probleme der Einheit wie unter einem Brennglas. Die Stadt war nach wie vor formal besetztes Gebiet, war nicht souverän, sondern unterstand der im Prinzip uneingeschränkten Hoheit der vier Siegermächte. Zwar war nach und nach das Besatzungsrecht reformiert und bereinigt worden. Aber vielen Bürgern erschien die Anwesenheit der Alliierten eher als historisches Relikt, lästig wegen der Manöver und Truppenbewegungen und nützlich für die jungen Männer als Schutz vor der Einberufung zur Bundeswehr. Es wäre anachronistisch gewesen, wenn die vier Siegermächte auf ihre 45 Jahre alten Besatzungsrechte gepocht hätten. Eine eingeschränkte Souveränität Deutschlands und Berlins kam meiner Überlegung nach nicht infrage. Eine Ausnahme könnte allenfalls der militärische Bereich sein. Man sollte 45 Jahre nach Kriegsende keine neuen Anlässe oder auch nur Vorwände für spätere Missverständnisse, Abhängigkeiten oder Demütigungen zwischen Siegern und Besiegten schaffen.

Im Senat waren wir zu dem Ergebnis gekommen, dass es zweckmäßig wäre, in die Hauptstädte der Schutzmächte zu reisen, um sich dort über die Positionen der Alliierten direkt zu informieren. Zugleich schien es uns wichtig, den westalliierten Mächten deutlich zu machen, dass die Situation brenzlig war und rasche Entschlüsse erfordere. In dieser Absicht wurde ich von den westalliierten Gesandten sehr bestärkt, die zwar meine Lageeinschätzungen in den diplomatischen Berichten an ihre Außenministerien weitergegeben hatten, aber einen unmittelbaren Vortrag durch mich für noch besser hielten. Möglicherweise würden die Demonstranten in Leipzig, Dresden und Plauen den Weltpolitikern für langwierige diplomatische Konsultationen keine Zeit lassen.

Am 1. Februar flog ich nach Paris, einen Tag später weiter nach London. In der französischen Hauptstadt waren Außenminister Roland Dumas, der Pariser Bürgermeister Jacques Chirac und der Generaldirektor des Elysée, Jean-Louis Bianco, meine wichtigsten Gesprächspartner. Allen dreien erläuterte ich eindringlich, wie schnell die Entwicklung verlief. »Es gibt derzeit nur zwei wahrscheinliche Entwicklungsvarianten, die beide zur Einheit noch in diesem Jahr führen. Die erste ist, dass in der DDR das Chaos ausbricht und das öffentliche Leben, die Verwaltung und die gesellschaftlichen und politischen Strukturen zusammenbrechen. Das kann jeden Tag geschehen. In einem solchen Fall muss sofort eine Lösung gefunden werden. Westdeutschland und Westberlin müssten dann provisorisch die Verwaltung im Osten übernehmen. Es müsste wahrscheinlich innerhalb von Wochen oder Monaten eine Volksabstimmung über die Wiedervereinigung stattfinden, die ein eindeutiges Ergebnis haben würde.

Der zweite, geordnete Ablauf wäre, dass nach der Volkskammerwahl die Wiedervereinigung eingeleitet wird. Die neue DDR-Regierung wird gar keine andere Möglichkeit haben. Geschieht das zu langsam, dann besteht immer noch die Möglichkeit, dass einzelne Gebietskörperschaften einseitig nach Artikel 23 ihren Beitritt zum Geltungsbereich des Grundgesetzes erklären. Die Ankoppelung der DDR-Mark an die D-Mark wird sehr bald kommen und erfordert internationale Entscheidungen. Es muss geklärt werden, ob das Gebiet der DDR zur EG gehört oder nicht. Der schnellste und beste Weg, um zu einer einvernehmlichen internationalen Regelung der Deutschlandfrage zu kommen, ist die Einberufung einer KSZE-Konferenz noch in diesem Sommer. Die geplante KSZE-Konferenz im Herbst kommt zu spät.«

Ein solches KSZE-Treffen sollte, so mein Vorschlag, in Berlin stattfinden. »Die Deutschen dürfen nicht das Gefühl haben, es werde über ihre Köpfe hinweg entschieden, sondern es muss mit ihnen entschieden werden. Ich weiß, dass die Vormachtstellung eines großen deutschen Reichs im Herzen Europas zweimal in diesem Jahrhundert zu Kriegen geführt hat. Die Ängste und Besorgnisse der Nachbarn müssen und wollen wir ernst nehmen. Deswegen sage ich ganz klar, es muss eine einvernehmliche Lösung gefunden werden, es darf keinen deutschen Alleingang geben. Andererseits ist aber auch der Wunsch nach Einheit berechtigt und begründet. Das Recht auf Selbstbestimmung können andere Völker einem Land nicht verwehren. Deshalb sollte es auch bei den Nachbarn die Bereitschaft geben, mit den Deutschen schnell zu Ergebnissen zu kommen.

Es geht jetzt darum, rasch eine neue Sicherheitsordnung in Europa zu schaffen, die die alte Nachkriegsordnung ablöst. Das bedeutet, wir müssen uns vom Blockdenken verabschieden. Die bisherige Ordnung war keine echte Friedensordnung. Sie war Abwesenheit von Krieg, und sie bestand aus gegenseitiger Bedrohung und Konfrontation. Dem sollten wir nicht nachweinen. Jetzt können wir eine neue Sicherheitspartnerschaft in Europa schaffen, eine europäische Föderation.«

Außenminister Roland Dumas nickte zustimmend, als ich diese Einschätzungen vortrug. »Glauben Sie mir, auch wir Franzosen erkennen das Recht des deutschen Volkes auf Selbstbestimmung voll an«, sagte er. »Es gibt hier einige Diskussionen, aber die Mehrheit der Franzosen befürwortet die Vereinigung. Der zeitliche Druck, den Sie beschreiben, scheint sehr realistisch zu sein. Die internationale Politik ist darauf nicht vorbereitet und hat dafür keine Instrumente. Die KSZE ist zu groß und zu schwerfällig. Ich weiß nicht, ob es gelingen wird, alle Fragen rechtzeitig in diesem Gremium zu klären. Allerdings hätte auch die deutsche Politik die Sache einfacher machen können, wenn dort einige Positionen schon klarer gefasst wären, etwa in der Frage der Westgrenze Polens. Der schnellere Weg scheint mir jetzt der zu sein, mit den anderen Siegermächten direkt zu sprechen. Ich werde die Außenminister bald einladen. Unsere größte Sorge ist, dass die Sowjetunion sich durch die Entwicklung überrollt fühlt. Das müssen wir sehr ernst nehmen.«

Ganz ähnlich reagierte Präsidentenberater Jean-Louis Bianco: »Das Hauptproblem ist die Synchronisation. Wir haben auf der einen Seite die innere Entwicklung in Ostdeutschland mit einer ungeheuren Dynamik. Dann haben wir auf der anderen Seite die innere Entwicklung in der Sowjetunion. Wir wissen nicht genau, wie schnell und wie weit Gorbatschow in der deutschen Frage gehen kann, ohne die eigene Position zu gefährden. Ein Scheitern Gorbatschows aber kann keiner von uns wollen.«

Jacques Chirac zeigte sich mir gegenüber am deutlichsten als Befürworter der deutschen Einheit: »Wir unterstützen das, was die Deutschen wollen, klar und ohne jeden Hintergedanken. Die Wiedervereinigung Deutschlands ist gut für Europa, denn sie wird die europäische Einigung voranbringen.« Chirac war es aber auch, der zwei heikle Punkte der deutschen Außenpolitik offen ansprach. »Die zwei Kernfragen sind: Erstens: Wird Deutschland die Grenzen in Europa, insbesondere die polnische Westgrenze, unzweideutig und verbindlich anerkennen? Und zweitens: Wird Deutschland dabei bleiben, auf ABC-Waffen zu verzichten? Dies müssen und wollen die Völker in Europa wissen.« Es zeigte sich erneut, dass selbst die konservativen Partner Helmut Kohls in Europa über dessen Kurs in der Frage der polnischen Westgrenze auf das Höchste irritiert waren.

Bei dieser Gelegenheit vereinbarte ich mit Bürgermeister Chirac auch ein Zwei-Jahres-Programm für den kulturellen und technischen Austausch zwischen Berlin und Paris. Beide Städte waren seit 1987 durch einen Freundschaftsvertrag miteinander verbunden. Westberlin hatte aufgrund seines 45 Jahre andauernden Status als Viermächtestadt besondere kulturelle, politische und ökonomische Bindungen zu den Vereinigten Staaten, Frankreich, Großbritannien und auch zur Sowjetunion entwickelt. Westberlin war dadurch ein Stück internationaler und weltoffener geworden als andere deutsche Metropolen. Für Politiker, Unternehmer und hohe Beamte an der Spree war der Kontakt mit Engländern, Franzosen und Amerikanern viel alltäglicher und normaler, als dies in anderen Städten der Fall ist. In Ostberlin galt das gleiche für den Kontakt zur Sowjetunion.

Westberlin stand seit der Blockade und der Entscheidung für die Freiheit für die Westbindung Deutschlands und zugleich für den Versuch, eine Brücke zu den Staaten Osteuropas, zu Polen, der Tschechoslowakei und der Sowjetunion zu bilden. Die Wiedervereinigung Europas war die Aufgabe der Zukunft.

Am Abend des 1. Februar flog ich von Paris weiter nach London. Mein Besuch dort wurde von einer sensationellen Nachricht aus Ostberlin, die als Eilmeldung von den Nachrichtenagenturen verbreitet wurde, begleitet. Ministerpräsident Hans Modrow hatte am Nachmittag vor der Presse eine Konzeption unter dem Titel »Für Deutschland, einig Vaterland« präsentiert.

Er hatte offenbar bewusst die Losung der Leipziger Demonstranten aufgegriffen. Kern des Papiers war das eindeutige Bekenntnis des Ministerpräsidenten zur Einheit: »Deutschland soll wieder einig Vaterland aller Bürger deutscher Nation werden.« Über eine Konföderation solle schrittweise ein einheitlicher Staat gebildet werden, mit einem einheitlichen, aus freien Wahlen hervorgegangenen Parlament, einer einheitlichen Verfassung und Berlin als Sitz von Parlament und Regierung. Modrow forderte die »militärische Neutralität von DDR und BRD auf dem Weg zur Föderation«. Bereits im Stadium der Konföderation sollten sich beide deutsche Staaten schrittweise aus ihren Bündnisverpflichtungen lösen.

Modrow machte bei der Vorstellung des Konzepts deutlich, dass dies seine persönliche Meinung sei, die er allerdings in der Woche zuvor in Moskau mit Staats- und Parteichef Gorbatschow erörtert hatte. Dass Modrow seinen Vorschlag tatsächlich nicht mit der eigenen Partei abgesprochen hatte, bewies die unsichere und widersprüchliche Stellungnahme des Präsidiums der SED-PDS: »Das Konzept zeigt deutlich, dass eine sofortige Vereinigung nicht möglich ist. [...] Wir sind der Meinung, dass es noch einer weitergehenden inhaltlichen Bestimmung dieses Prozesses bedarf.«

Ich hielt die Idee, Deutschland militärisch zu neutralisieren, für grundsätzlich falsch. Nichts war für die künftige Sicherheitsstruktur Europas ungeeigneter als ein ökonomisch und politisch starkes Achtzig-Millionen-Volk in der Mitte des Kontinents, das militärisch nicht in die internationale Gemeinschaft eingebunden war. Deutschland war zu groß, um neutral sein zu können. Für die Nachbarn Deutschlands würde dies eine latente Gefahr darstellen. Die beste Garantie dagegen, dass deutsche Truppen noch einmal ungebeten Grenzen in Europa überschreiten, war die Einbindung in die NATO. Über die NATO waren zudem die Amerikaner und Kanadier als Sicherheitsfaktor auf dem europäischen Tableau präsent, und die Geschichte hatte gezeigt, dass es in Europa ohne die Anwesenheit der USA keine Balance der Kräfte gab.

Der Vorschlag, Deutschland zu neutralisieren, wäre aus Sicht der Nachbarn nur bei einer gleichzeitigen Entmilitarisierung Deutschlands aufgegangen. Ein solcher Beschluss aber käme einem zweiten Versailles gleich. Die Lösung konnte also nur darin liegen, dass auch ein vereinigtes Deutschland in der NATO blieb. Allerdings würde das Bündnis dann sein Selbstverständnis ändern müssen, weil der Ost-West-Gegensatz wegfiele. Die NATO müsste sich als politische Sicherheitsgemeinschaft für Europa verstehen und nicht als Blockmacht gegenüber der Sowjetunion und dem Osten. Es war schon absehbar, dass mittelfristig noch weitere europäische Staaten diesem Sicherheitssystem beizutreten wünschten, Ungarn etwa oder Polen oder die CSFR. Und warum nicht eines Tages auch die Sowjetunion selbst? Die NATO hätte dann ihren Charakter allerdings völlig verändert, sie wäre eine Organisation für europäisch-atlantische Sicherheit geworden, in der die beiden Großmächte zusammenarbeiten.

Modrows Vorschlag der Neutralisierung konnte nicht die Kompromisslinie sein, weil er allzu einseitig dem sowjetischen Interesse, Deutschland aus der NATO herauszubrechen, folgte. Ebenso einseitig aber waren Vorstellungen wie etwa die des CDU/CSU-Fraktionsvorsitzenden, Alfred Dregger, der die NATO einfach auf das Gebiet der DDR ausdehnen wollte.

Ich präsentierte in London ein Kompromissmodell, das ich mit Dieter Schröder noch kurz vor meinem Abflug in Berlin ausgearbeitet hatte. Das Modell ging davon aus, dass wir für den Fall einer schnellen Vereinigung Übergangsregelungen brauchen würden, die die Zeit bis zur endgültigen Regelung der Sicherheitsfragen im Rahmen der KSZE überbrücken konnten. Demnach sollte in dem Gebiet zwischen Oder und Elbe bis zu einer endgültigen Regelung kein deutsches Militär mehr stationiert werden, und junge Männer aus diesem Gebiet durften nicht für die Bundeswehr eingezogen werden. Alle vier Siegermächte sollten über diesen entmilitarisierten Status wachen. Sowjetische Truppen könnten in Ostdeutschland für eine gewisse Zeit noch in gleicher Zahl und Stärke bleiben, solange die drei Westmächte in Westdeutschland und in den Westsektoren Berlins Truppen stationiert hätten. Ganz Deutschland würde politisch der NATO angehören, das militärische Aktionsfeld der NATO aber nicht nach Osten verschoben werden.

Im Übrigen sollte Ostdeutschland voll in das rechtliche, politische und ökonomische System der Bundesrepublik einbezogen werden. Das Modell war im Grunde die modifizierte Ausdehnung der Situation von Westberlin auf die ganze DDR: uneingeschränkte Zugehörigkeit zum Bund, aber Viermächtekontrolle in militärischen Fragen. Außerdem schlugen wir vor, dass eine KSZE-Konferenz im Sommer die Grenzen zwischen Deutschland und seinen Nachbarn entsprechend dem derzeitigen Verlauf garantieren sollte.

Ich schilderte dieses Konzept dem britischen Außenminister. Douglas Hurd kommentierte es nicht, sondern fragte nach Details. Anders als Premierministerin Margaret Thatcher schien er keine Probleme mit der Vereinigung Deutschlands zu haben. Seine detaillierten Fragen ließen im Gegenteil darauf schließen, dass die britische Außenpolitik rechtzeitig auf alle möglichen Entwicklungen vorbereitet sein wollte. Er sagte: »Wenn es nach den Wahlen in der DDR eine Mehrheit für einen Beitritt gibt, müssen vier Fragenkreise sofort geklärt werden: erstens die Bündnisfrage. Es ist für die Verteidigungsfähigkeit des Westens lebenswichtig, dass Deutschland in der NATO bleibt. Dann die Viermächtefrage. Drittens die Grenzfrage. Auch wenn der Bundeskanzler kürzlich in Berlin etwas deutlicher geworden ist, erwarten die Polen, dass da noch etwas mehr gesagt wird. Und schließlich die EG-Frage. Eine Gewährung von umfassender EG-Hilfe für die DDR ist für uns schwer vorstellbar. Schon jetzt kritisieren bei uns Geschäftsleute die wirtschaftliche Macht Deutschlands und sagen, dass das nicht durch EG-Subventionen noch weiter gestärkt werden darf.«

Mir war nach den Besuchen in Paris und London deutlich geworden, dass die britische und französische Regierung keine ernsthaften Einwände gegen die deutsche Einheit erheben würden, da sie offenbar von einer Mehrheit der Ostdeutschen gewünscht wurde und der Staat DDR so oder so am Ende war. Natürlich mussten als Rahmenbedingungen von deutscher Seite die polnische Westgrenze, die NATO-Mitgliedschaft, der dauernde Verzicht auf ABC-Waffen und die Intensivierung des europäischen Einigungsprozesses sichergestellt sein. Die mir gegenüber geäußerte faktische Zustimmung Frankreichs und Großbritanniens war auch deshalb so wichtig, weil sich beide Regierungen – und auch die Öffentlichkeit in diesen Ländern – bisher sehr reserviert gegenüber der Möglichkeit der deutschen

Einheit gezeigt hatten. Immerhin war Präsident Mitterrand im Dezember 1989 auch aus dem Grund zum Staatsbesuch in die DDR gefahren, um das Interesse der Französischen Republik am Staat DDR zu demonstrieren. Ich hielt diesen Besuch in der damaligen unübersichtlichen Lage für ebenso richtig wie das Treffen des US-Außenministers Baker mit Modrow in Potsdam, weil alles andere die Destabilisierung der DDR nur beschleunigt hätte. Die bisherigen französischen Vorbehalte gegen die deutsche Einheit waren verständlich, umso erfreuter war ich, dass die französischen Gesprächspartner jetzt genauso nüchtern und vernünftig begründeten, warum sie dem Grundsatz der Selbstbestimmung der Deutschen folgen würden.

In London waren die Vorbehalte sehr stark von der Rücksichtnahme auf die Sowjetunion und deren Interessen geprägt. Wir waren zum Arbeitsessen von Staatsminister Maud und seinen für Deutschland und Europa zuständigen Mitarbeitern aus dem Foreign Office in das historische »Lancaster House« eingeladen worden. »Lancaster House« war jener Ort, in welchem im Jahre 1944 die Vereinbarungen über das Nachkriegsdeutschland zwischen den Kriegsalliierten ausgehandelt worden sind, darunter die Londoner Protokolle, die den Viermächtestatus von Berlin und seine Verwaltung regelten. In diesen historischen Räumen trug ich meine Analyse der sowjetischen Position und der Möglichkeiten sowjetischer Deutschlandpolitik vor.

Gorbatschow, sagte ich, sei entschlossen, in der DDR eine andere gesellschaftliche Ordnung zuzulassen, wenn die Menschen dort das wollten. Auch jede andere sowjetische Regierung, selbst ein Militärregime (das möglicherweise nach Gorbatschow kommen könnte, wie einige Diplomaten meinten), müsse dies den Deutschen in der DDR gewähren, denn das Land noch einmal zu besetzen und die Grenzen auch nach Osten hin zu schließen, das gehe nicht mehr. Außerdem würde bei einem Eingreifen der Sowjets eine Massenflucht einsetzen und die wirtschaftliche Leistungsfähigkeit so absinken, dass das Gebiet von außen unterstützt werden müsste. Diese Kosten und das psychologische Desaster eines solchen Eingreifens für die Sowjetunion wären ungeheuer groß und würden von Moskau angesichts der inneren Probleme auf jeden Fall gescheut werden. Vor diesem Hintergrund sei es völlig absurd zu behaupten, die deutsche Einheit wäre angesichts der gewachsenen Probleme im Inneren der Sowjetunion nicht mehr zu haben.

Wahrscheinlich wäre die Einsicht in die Notwendigkeit des Wegs zur deutschen Einheit bei der französischen und britischen Regierung nicht so schnell gewachsen, wenn nicht die amerikanische Diplomatie und Administration sehr frühzeitig eine realistische Einschätzung der inneren Probleme und der Interessenlage der Sowjetunion in Bezug auf Deutschland gehabt hätte. Die Amerikaner zogen die Konsequenzen aus den Veränderungen viel souveräner und viel langfristiger denkend als die anderen Siegermächte. Ich war jedes Mal erstaunt, mit welcher Sorgfalt und Detailkenntnis, aber auch mit welch glasklarer politischer Logik Außenminister James Baker, sein engster Berater Robert Zoellik und der Europa-Unterabteilungsleiter James Dobbins, der zuvor viele Jahre Gesandter an der Botschaft in Bonn gewesen war, die Lage analysierten und die notwendigen Schlüsse zogen. Mit der Berlin-Initiative von 1987 hatten die Amerikaner einen weiteren Anstoß zur Verbesserung der Situation der Stadt gegeben. Sie hatten stets Verständnis dafür, wenn alte besatzungsrechtliche Zöpfe abgeschnitten werden sollten. Und die einzelnen Phasen des Prozesses hin zur deutschen Einheit wurden von ihnen sehr aufmerksam und unterstützend begleitet.

Die vom amerikanischen Außenminister Baker in Berlin vorgetragene offensive Konzeption für ein neues Europa half der deutschen Seite, auch bei den Briten und Franzosen Verständnis für den Einigungsprozess zu finden. Diesen beiden Staaten fiel das schwerer, denn sie mussten mit der Einheit einen großen Teil ihrer Positionen aufgeben, die sie noch als Siegermächte des Zweiten Weltkriegs und damit als erstrangige Mächte in den Ost-West-Beziehungen neben den beiden Supermächten auswiesen. Frankreich und Großbritannien blieb danach von dieser alten Rolle nur noch der ständige Sitz im Sicherheitsrat der Vereinten Nationen.

SPD-Parteitag in Ostberlin

Am 3. Februar, am Tag nach meiner Rückkehr aus London, war ich Gast des ersten Bezirksparteitags der Ostberliner SPD, der in der Akademie der Künste stattfand. 29 Jahre nach der durch den Mauerbau erzwungenen Auflösung konnten sich Sozialdemokraten im Ostteil der Stadt zum ersten Mal wieder frei zu einem Parteitag versammeln. Für die älteren Sozialdemokratinnen und Sozialdemokraten unter den dreihundert Delegierten war das ein wehmütiger und zugleich freudiger Augenblick. Als ich kam, lief gerade eine heftige Auseinandersetzung um das Parteistatut und um die Wahl eines Vorstands. Ich verfolgte die von vielen Anträgen zur Geschäftsordnung und von Spontaneität geprägte Debatte. Hier war nichts in Routine erstarrt. Ich überbrachte die Grüße der Westberliner Parteiorganisation und erinnerte an die historische Bedeutung dieses Parteitags.

Dann gab ich einen Bericht von meinen Reisen nach London und Paris. »Es ist jetzt nicht mehr die Diskussion, ob die deutsche Einheit kommt, denn diese Frage ist entschieden. Alle relevanten politischen Gruppierungen in der DDR sind dafür, die europäischen Nachbarn, einschließlich Gorbatschow, akzeptieren die Einheit; England und Frankreich sind auf die deutsche Einheit eingestellt, und die große Mehrheit der DDR-Bürger ist erkennbar dafür. Jetzt ist die Frage, *wann* die Einheit kommt. Aber selbst diese Frage ist weitgehend entschieden. Das Tempo wird bestimmt durch die Entwicklung in der DDR. Die Bevölkerung glaubt, dass die Einheit eine schnelle Verbesserung der Lebensverhältnisse bringt. Außerdem wollen die Menschen eine Garantie dagegen, dass die alten Machtstrukturen zurückkehren. Sie glauben, dass erst die Geltung des Grundgesetzes sie endgültig von der ›Stasi‹-Herrschaft und dem SED-Regime sicher schützt. Die Motive sind sozialer und politischer Natur und nicht etwa nationalistischen Ursprungs.

Das bedeutet aber auch, dass eine neugewählte Regierung nach dem 18. März die Hauptaufgabe haben wird, die Einheit schnell zu realisieren. Das ist auch die einzige Möglichkeit, um Chaos in der DDR zu vermeiden und die Abwanderung zu stoppen. Ein wichtiger Schritt auf dem Weg wird die Wiederherstellung der Länder auf dem Gebiet der DDR sein. Das ist die Struktur der Zukunft. Das Hauptproblem jetzt ist es, den Übergang zur Einheit zu organisieren. Die deutsche Einheit kann kein isolierter Prozess unter uns Deutschen sein.

Die Teilung Deutschlands hatte neben der Existenz zweier unterschiedlicher Gesellschaftssysteme noch einen weiteren Grund: Sie war eine Folge des Zweiten Weltkrieges. Die deutsche Sache ist die Angelegenheit der Europäer. Es gilt mithin, deren Sicherheitsinteressen zu berücksichtigen, insbesondere die Sicherheitsbedürfnisse Polens und der Sowjetunion. Deshalb sollten die europäischen Staaten noch im Sommer zu einer KSZE-Folgekonferenz in Berlin zusammenkommen. Dabei darf der Prozess der deutschen Einheit nicht gebremst werden. Vielmehr geht es darum, ihn zu fördern und zu begleiten. Die Nachkriegsordnung Europas geht zu Ende. Es geht um eine neue Sicherheitsordnung für Europa mit einem vereinigten Deutschland.«

Dann ging ich auf Modrows Vorschlag der Neutralisierung Deutschlands und das Verschieben der NATO nach Osten von Dregger ein und vertrat mein Kompromissmodell einer Entmilitarisierung Ostdeutschlands für eine Übergangszeit bei gleichzeitiger massiver Reduzierung der konventionellen Rüstung und der Truppen in Mitteleuropa. Ich erinnerte daran, dass nach Wiederherstellung der ostdeutschen Länder jedes Land seinen Beitritt zur Bundesrepublik Deutschland erklären könne. Wegen der geltenden Rechtslage in Groß-Berlin sei das für die Stadtverordnetenversammlung in Berlin sogar einfacher. Mit einem schlichten Beschluss, dass die Spaltung von 1948/49 aufgehoben sei, wäre Berlin wieder *eine* Stadt, und das könne schneller kommen, als mancher hier denke. Auf jeden Fall, so sagte ich voraus, könne nicht nur die Wiedervereinigung Deutschlands, sondern auch die Wiedervereinigung Berlins noch in diesem Jahr bevorstehen.

Dann skizzierte ich kurz die nicht sehr hoffnungsvolle Einschätzung der Lage, die Lothar de Maizière und Hans Modrow mir gegenüber abgegeben hatten. Im Saal wurde es daraufhin ziemlich ruhig. Die meisten waren überrascht, so konkret und begründet zu hören, dass alle Zeichen auf Einheit stünden.

In der anschließenden Debatte schlossen sich die meisten Redner meinen Ausführungen an. »Was sollen wir hier noch lange DDR spielen? Der Zug in Richtung Einheit ist längst abgefahren. Wir sollten sehen, dass wir zusammen mit unseren Westberliner Parteifreunden einen ordentlichen Wahlkampf führen und das Rote Rathaus erobern«, sagte ein Delegierter. Innerparteilich kritisierten später einige Westberliner Sozialdemokraten, dass nun auch ich in das Lager der »Wiedervereiniger« umgeschwenkt sei und das auch noch ohne gründliche Konsultation mit den Gremien der Partei. Aber wo blieb der Raum für gründliche Diskussionen, wenn die politische Lage sich durch die gesellschaftliche Dynamik so rasch entwickelte, wie es in diesen Tagen in der DDR der Fall war?

Meine Thesen über den Weg zur Vereinigung der beiden deutschen Staaten wurden in der *Berliner Zeitung* wie folgt kommentiert: »Der Plan des Regierenden Bürgermeisters von Westberlin hat viele Leser erschreckt: Da spricht einer nicht nur von Einheit, sondern nennt Termine, die jeder bereits in seinen Kalender eintragen könnte. Per Verwaltungsreform wird da anscheinend die DDR aufgelöst, fast beiläufig die Nationale Volksarmee beerdigt und alles an Gesetzen und sozialen Regelungen liquidiert, was nicht bundesdeutschen Normen entspricht. Dass andere uns jetzt sagen, was wann zu geschehen hat, ruft Unbehagen hervor.

Aber vergessen wir nicht: Die Auflösung der DDR hat sich nicht Walter Momper ausgedacht, sondern der Gedanke daran ist auf DDR-Straßen geboren und laut gerufen worden. Die Auflösung vollzieht sich täglich durch einen nicht abreißenden Strom von Übersiedlern. Momper entwirft lediglich einen möglichen Fahrplan. Der ist ernüchternd, für viele womöglich erschütternd, aber er hat einen Vorteil: Er wiegt die DDR-Bürger nicht länger in der Illusion, dass ein dritter Weg uns die Vorzüge von Sozialismus und Kapitalismus bescheren wird und dass die DDR-Reformer den Stein der Weisen schon finden werden, den wir als Lizenz dann Westeuropa verkaufen können.«

Schlechtes Klima zwischen Rot und Grün

So viel Realismus brachte mein Koalitionspartner, die Alternative Liste, nicht auf. Sie erklärte zu meinem Londoner Vorstoß: »Dies ist de facto der Vorschlag, die DDR der BRD als elftes Bundesland einzuverleiben.« Die Unterschiede zwischen SPD und AL waren nicht mehr nur Unterschiede in der politischen Kultur oder in der Mentalität. Zunehmend tat sich auch ein tiefer inhaltlicher Graben zwischen den Koalitionspartnern am Berliner Senatstisch auf. Die AL kam mit der neuen Realität der offenen, wieder zusammenwachsenden Stadt nicht zurecht. Krampfhaft hielt sie an den alten Konzepten fest, die für den – wie ich es nannte – »Inselbetrieb Westberlin« erarbeitet worden waren. Sie lehnte es ab, den Flughafen Tegel auch nur provisorisch auszubauen, obwohl die Fluggastzahlen regelrecht explodierten. Sie widersetzte sich einer schnellen Wiederherstellung des alten Berliner Straßensystems, obwohl der Verkehr zwischen den beiden Stadthälften nicht richtig fließen konnte. Sie behinderte die Bebauung innerstädtischer Brachflächen, obwohl die Wohnungsnot durch die Zuwanderung immer größer geworden war, und sie kritisierte die Ansiedlung der Firma Daimler-Benz am Potsdamer Platz, obwohl Berlin so dringend ein Zeichen des wirtschaftlichen Aufschwungs brauchte.

Hinter ihrer Abgrenzung steckte auch ein großes Maß an Angst vor den neuen Strömungen aus dem Osten, auch vor den Leuten der eigenen politischen Couleur. Die Mitglieder von »Bündnis '90« oder der DDR-Grünen hatten die Grabenkriege der Hochschulpolitik, die internen Auseinandersetzungen innerhalb der Frauen-, Schwulen-, Lesben-, Friedens- und Hausbesetzerbewegung, die Kämpfe der zahlreichen Fraktionen nicht mitgemacht. Ihnen fehlte der Stallgeruch der Westberliner Szene. Sie waren unverkrampft und unideologisch; »naiv« war das Wort der Westberliner Alternativen dafür.

Ein entscheidender Faktor für den Klimawechsel zwischen den rot-grünen Koalitionspartnern und damit auch für das spätere Scheitern der Zusammenarbeit war ein Streik der Erzieherinnen und Erzieher in den Westberliner Kindertagesstätten, der vier Tage nach der Öffnung der Mauer begonnen worden war und seit Anfang Januar 1990 die meisten Kinderbetreuungseinrichtungen im Westen der Stadt lahmlegte. Er wurde mit zehn Wochen Dauer der längste und erbittertste Streik in der Berliner Nachkriegsgeschichte. Die Eltern von über 46.000 Kindern wussten nicht, wie sie ihre Kleinen tagsüber betreuen sollten. Viele hatten ihren Jahresurlaub schon geopfert, manche ihre Stellung verloren, weil sie ihre Kinder nicht allein zu Hause lassen konnten.

Mitten in der Zeit der größten Veränderung trieben die Gewerkschaften GEW und ÖTV die Angestellten in einen Arbeitskampf, der vom ersten Tag an aussichtslos war. Es ging nicht um mehr Geld oder mehr Personal, sondern es ging darum, dass die Gewerkschaften den Einstieg in einen neuen Tarifvertrag über die Gruppengrößen und den Personalschlüssel durchsetzen wollten. Sie waren sogar bereit, die damals existierenden, durchaus verbesserungsbedürftigen Schlüsselzahlen in einem solchen Tarifvertrag festzuschreiben, also auf effektive Verbesserungen zu verzichten. Der Unterschied war nur: Jetzt entschied noch das Parlament über die Ausstattung einer Kindertagesstätte, mit einem Tarifvertrag aber würde den Gewerkschaften ein Mitbestimmungsrecht in Haushaltsfragen eingeräumt, inklusive des Streikrechts für diesen Bereich. In keinem Land der Bundesrepublik gab es dieses Recht, und die SPD war auf keinen Fall bereit, das Budgetrecht des Parlaments an die Gewerkschaften abzutreten.

Die Gewerkschaften des öffentlichen Dienstes spekulierten in diesem Konflikt offen auf den Bruch der Regierungskoalition. Sie setzten mit Erfolg darauf, dass die Alternative Liste auf keinen Fall ihr Klientel, die Erzieherinnen und Erzieher, im Stich lassen würde.

Die Gewerkschaften verkalkulierten sich allerdings mit ihrer Einschätzung, die SPD würde schon aus Furcht vor einem Bruch der Koalition schnell klein beigeben. Die SPD blieb hart. So wurde der Konflikt zwischen Sozialdemokraten und Alternativen immer schärfer und auch menschlich immer verletzender. Am Ende, nach zehn Wochen härtester Auseinandersetzung, gaben die Gewerkschaften ihren Vorstoß kleinlaut auf.

Der Streik hat den ganzen Senat und mich persönlich im Januar, Februar und März des Jahres 1990 zeitlich und nervlich fast genauso stark beansprucht wie die Wiedervereinigung der Stadt. Ich erinnere mich an eine beschämende Szene in Neukölln, als die Bewohner der auf DDR-Gebiet liegenden Gemeinde Groß-Ziethen einen Durchgang durch den Grenzzaun nach Westberlin eröffnen wollten. Mit dem Neuköllner Bezirksbürgermeister Bielka stand ich auf der westlichen Seite, arg bedrängt von protestierenden Erzieherinnen und Eltern, die mich mit Trommeln und Rasseln bei meinem Bezirksbesuch in Neukölln den ganzen Tag über begleiteten. Gegenüber, hinter dem Zaun, kamen viele hundert DDR-Bürger durch das Niemandsland auf uns zu. Als auf unserer Seite der Lärm anhob, dachten sie, dies geschehe aus Freude und zu ihrer Begrüßung und winkten zurück. Aber sie täuschten sich. Im Westen wurde nur Lärm für die eigenen Interessen gemacht.

Besonders störend war die wochenlange morgendliche Belagerung meines Wohnhauses in Kreuzberg durch ein Streikkomitee der Erzieher. Pfiffe und Gejohle begleiteten mich auf dem Weg zum Auto. Die ganze Straße wurde durch den Krach geweckt. Meine kleine Tochter traute sich nicht durch die lautstarke Menge. Das war eine Belastung für die ganze Familie, besonders für die Kinder.

Eine brisante Bitte

Am 5. Februar war der Besuchsbeauftragte der DDR-Regierung, Walter Müller, bei Dieter Schröder, um mit ihm die nächste Sitzung des provisorischen Regionalausschusses – er leitete die DDR-Delegation – vorzubereiten. Sie sollte am 8. Februar stattfinden. Müller war ein alter Hase im Ost-West-Geschäft und hatte mit unserem Besuchsbeauftragten, Gerhard Kunze, schon manchen Strauß ausgefochten. Bis in die feinsten Verästelungen hinein beherrschte er die Exegese des Viermächteabkommens über Berlin, kannte die protokollarischen Tricks und Fallen und die vielen diffizilen Interpretationsstreitigkeiten. Er war Berufsdiplomat und vertrat knallhart und professionell den Standpunkt der DDR, wonach Berlin nicht zum Bund gehörte und der Viermächtestatus sich nur auf den Westteil erstreckte. Als Berufsdiplomat war Müller natürlich auch wendig genug, um plötzlich auf Kooperation umzuschalten. Drei Monate später, im Sommer 1990, als ich den von der SPD gestellten neuen DDR-Außenminister, Markus Meckel, besuchte, staunte ich nicht schlecht, als uns dort am Tisch wieder Walter Müller als Vertreter der Abteilung innerdeutsche Beziehungen im Ministerium für Auswärtige Angelegenheiten begegnete.

An jenem 5. Februar machte Walter Müller eine äußerst besorgte Miene. Er berichtete, dass gegen Oberbürgermeister Erhard Krack wegen Fälschung der Kommunalwahlergebnisse am 6. Mai 1989 ermittelt werde. Außerdem liefen ähnliche Ermittlungen gegen fast alle Bürgermeister der Ostberliner Bezirke. »Wenn die alle zurücktreten, wird die Verwaltung führungslos. Ich weiß nicht, ob es jetzt noch gelingen wird, neue Bürgermeister zu wählen«, sagte er. Ähnlich wie im Staatshaushalt der DDR klaffe auch im Ostberliner Haushalt eine große Lücke. »Die Zuwendungen von der Zentralregierung bleiben aus. Es ist nur eine Frage von Wochen, bis die Stadt zahlungsunfähig sein wird. Wir sollten uns allmählich Gedanken über die Zusammenführung der beiden Stadtverwaltungen machen. Bitte, bereiten Sie sich darauf vor.« Müller sprach nicht in offiziellem Auftrag, sondern bat ausdrücklich darum, die Information vertraulich zu behandeln. Aber wenn schon ein alter Hardliner wie Müller das Ende kommen sah, dann war es tatsächlich nicht mehr weit.

Die Konsequenzen eines möglichen Zusammenbruchs in Ostberlin lagen klar auf der Hand. Westberlin musste einspringen und versuchen, die für das Leben der Stadt wichtigen Grundfunktionen aufrechtzuerhalten: die Krankenhäuser, die Schulen und Kindergärten, den öffentlichen Personennahverkehr, die Be- und Entwässerung, die Stadtreinigung, die Stromversorgung, die öffentliche Ordnung und die wichtigsten Bereiche der öffentlichen Verwaltung. Daran hatten wir auch ein eigenes Interesse, denn unsere Entwässerung und zwei unserer U-Bahn-Linien sowie die S-Bahn funktionierten nur im Verbund mit Ostberlin.

Eine Tätigkeit des Senats in Ostberlin würde jedoch direkt die sowjetische Einflusssphäre berühren.

Noch am Nachmittag des gleichen Tages sprachen wir darum mit dem Gesandten der sowjetischen Botschaft in Ostberlin, Maximytschew, und schilderten ihm die Situation.

»Was, ist es wirklich so ernst?«, fragte er erstaunt und fügte hinzu: »Ich werde einen Lagebericht nach Moskau schicken. Dort ist man weit weg vom Geschehen und hat auch andere Sorgen.«

Wir baten ihn um Klärung, wie die sowjetische Seite sich verhalten würde, wenn wir im Notfall Teile der Ostberliner Verwaltung übernehmen müssten. »Wir werden eine solche Hilfe aber nur auf Bitten des ›Runden Tisches‹ leisten«, sagte ich. »Außerdem legen wir Wert darauf, dass wir dann auch von den vier Mächten einen deutlich zustimmenden Hinweis erhalten. Vorher werden wir nicht tätig werden. Ich bitte auch die Sowjetunion, diese Fragen zu prüfen. Wir müssen vorbereitet sein.«

Der Regionalausschuss blieb nicht untätig. Er richtete am 8. Februar zusätzliche Arbeitsgruppen ein, eine Gruppe, die sich mit den rechtlichen, und eine, die sich mit den finanziellen Auswirkungen einer möglichen Verwaltungseinheit im Berliner Raum beschäftigen sollte. Nach außen hin hielten wir die Information über die kritische Lage in Ostberlin streng geheim.

Der DDR-Besuchsbeauftragte Müller machte nach der Sitzung des Regionalausschusses vor der Presse nur eine vage Andeutung, die damals niemand richtig verstand. »Man muss sich auch auf aktuelle Situationen einstellen«, sagte er, als er nach dem Grund für die beiden neuen Arbeitsgruppen gefragt wurde. Intern beauftragte ich in einer Besprechung am 9. Februar die Senatorinnen und Senatoren für Finanzen, Inneres, Gesundheit und Soziales, Verkehr und Betriebe sowie Bundesangelegenheiten, alle notwendigen Vorkehrungen zu treffen. »Am Wichtigsten ist es, dass wir die Strukturen drüben in jedem Bereich genau kennen, und ebenso die Verantwortlichen.«

Schon in der Sitzung am 6. Februar hatte der Senat beschlossen, ein deutliches Zeichen der Solidarität und Hilfe für die Ostberliner zu setzen, indem aus unserem Haushalt 25 Millionen D-Mark für die Sanierung von Wohnhäusern in Ostberlin bereitgestellt wurden. Damit sollten fünfhundert bis tausend Wohnungen in den verfallenen Altbauquartieren am Prenzlauer Berg und in Friedrichshain kurzfristig instandgesetzt werden. Ein Tropfen auf den heißen Stein, aber auch ein Signal der Hoffnung. Bezahlen müssen wir es bald so oder so, sagten wir uns. Schon Anfang der nächsten Woche sollten die Polizeipräsidenten von Ost- und von Westberlin zusammentreffen, denn im Falle chaotischer Entwicklungen mussten die Ordnungskräfte beider Seiten eng zusammenarbeiten. Außerdem schlugen wir Ostberlin den Austausch von Beamten vor. Nur wenn unsere Leute dort in den Verwaltungen saßen, konnten wir die Abläufe und Strukturen genügend kennenlernen. Schon wenige Wochen später startete der Beamtenaustausch. Klaus Haetzel vom Senatspresseamt war der erste Senatsangestellte in Magistratsdiensten. Er tauschte seinen Schreibtisch mit der stellvertretenden Magistratssprecherin Marina Becker. So erhielten wir Einblick in die Schaltzentrale Ostberlins, in das Büro des Oberbürgermeisters.

Am Nachmittag des 9. Februar informierte Dieter Schröder die Alliierten über die instabile Lage in Ostberlin und tauschte sich darüber auch mit den am Ostberliner »Runden Tisch« mitarbeitenden SPD-Vertretern Anne-Kathrin Pauk, Thomas Krüger und Knut Herbst aus. Für den Fall, dass es zu einem Zusammenbruch der Stadtverwaltung käme – was sie bei einer Verhaftung des Oberbürgermeisters nicht mehr für ausgeschlossen hielten –, wollten sie empfehlen, dass der Berliner »Runde Tisch« Gespräche mit dem Regierenden Bürgermeister über eine Verwaltungshilfe durch den Senat aufnehme, erklärten die Ostberliner SPD-Vertreter.

Ich führte nacheinander vertrauliche Gespräche mit den Fraktionsvorsitzenden der CDU, Eberhard Diepgen, der SPD, Ditmar Staffelt, und der AL, Heide Bischoff-Pflanz. Die AL-Abgeordnete weilte auf einer Klausurtagung ihrer Fraktion im Bundesgebiet und kam aufgrund unseres Anrufs nach Berlin zurück. Ich traf sie beim Empfang, den ich am Abend anlässlich der Eröffnung der Internationalen Filmfestspiele im Hotel »Intercontinental« gab. Sie erschien gemeinsam mit der Umweltsenatorin Michaela Schreyer und dem deutschlandpolitischen Sprecher der AL-Fraktion, Albert Statz. Wir zogen uns in eine Ecke des Restaurants zurück und redeten über eine Stunde lang miteinander.

So war es in jenen Tagen und Wochen ständig: Immer waren zwei oder drei Dinge gleichzeitig zu tun. Ich hatte bei feierlichen Eröffnungen zu reden, während mich ganz andere Sorgen bedrückten, gleichzeitig musste ich auf der lokalen, der nationalen und der internationalen Ebene handeln, während der Streik der Erzieherinnen und die kleinlichen Konflikte mit dem Koalitionspartner mir zusätzlich Zeit und Kraft raubten.

Der sowjetische Gesandte Maximytschew meldete sich telefonisch am 10. Februar bei Dieter Schröder und teilte ihm mit, dass nach Auffassung seines Botschafters, der am Vortag mit dem Ministerpräsidenten der DDR gesprochen habe, die Befürchtungen über die kritische Situation in der DDR ein bisschen übertrieben schienen. Der Botschafter bitte um ein Treffen mit dem Regierenden Bürgermeister am 12. Februar.

Nun wusste ich schon aus einem Vier-Augen-Gespräch am 17. Januar mit dem sowjetischen Deutschlandexperten Nikolai Portugalow aus der Westabteilung des ZK der KPdSU, dass man in Moskau die wirkliche Lage in der DDR noch nicht verstanden und richtig verarbeitet hatte. Portugalow hatte sich ungefähr eine Woche lang in Berlin umgesehen und schon einiges im ZK in Moskau über die reale Lage berichtet.

Am 12. Februar kam es zu dem von den Sowjets erbetenen Treffen mit Botschafter Kotschemassow im Gästehaus des Senats in Grunewald. Ich erläuterte dem Diplomaten, dass in der DDR angesichts des rapiden Verfalls der Wirtschaft, der Staatsfinanzen und der Regierungsautorität eine äußerst schwere Krise entstanden sei. Ich wies Kotschemassow darauf hin, dass sich, wie mir bekannt geworden war, Ibrahim Böhme am 8. Februar mit Hans Modrow getroffen hatte und den DDR-Ministerpräsidenten dabei nur mit Mühe von einem resignativen Rücktritt hatte abbringen können. Ein Kollaps der DDR vor dem 18. März sei nicht mehr auszuschließen, sagte ich.

Der alte Fuchs Kotschemassow, der sich sonst bei unseren Treffen alles immer hatte übersetzen lassen, verstand die Ausführungen auf Deutsch auf einmal sehr gut. Er hielt mir entgegen, die Industrie der DDR arbeite gut, die Versorgung sei zufriedenstellend und die Menschen dort wollten sich keinesfalls »der Bundesrepublik in die Arme werfen«.

Ich widersprach ihm, nannte weitere Zahlen und Fakten und machte auch auf die schwierige Lage aufmerksam, in die die Westgruppe der sowjetischen Streitkräfte geraten könne, wenn im Falle einer krisenhaften Auflösung der DDR-Staatsorgane die Logistik zusammenbreche. Wenn dann die Armee ihre Verbindungslinien schützen müsse und bei der Bevölkerung der Eindruck aufkommen würde, die sowjetische Armee behindere den Prozess der deutschen Einheit, dann könnten leicht Konfrontationen entstehen, die ich den Deutschen und den Sowjets gerne ersparen würde.

Das Gespräch war sehr hart. Aber offenbar gelang es mir, dem Botschafter einige Aspekte der DDR-Realität zu erschließen, die er bisher so dramatisch nicht gesehen hatte. Kotschemassow war 1983 als Botschafter nach Berlin gekommen, als Honecker auf der Höhe seiner Macht war. Beide waren etwa gleich alt und kannten sich aus der kommunistischen Jugendbewegung. Beide waren als alte Dogmatiker keine Freunde der Perestroika und lebten in Bezug auf die DDR wohl in derselben von der Realität abgehobenen Welt.

Am 9. Februar beschäftigte ein seltsamer Vorgang die bundesdeutsche Öffentlichkeit. Ein Kanzler-Vertrauter, der darauf Wert legte, dass sein Name nicht genannt wurde, verbreitete in einem Hintergrundgespräch mit Bonner Journalisten die Information, dass die DDR kurz vor dem Kollaps stehe. Schon in der nächsten Woche, wurde den Journalisten erzählt, könne das Land zahlungsunfähig sein. »Die Lage kann nicht dramatisch genug eingeschätzt werden«, wurde der »Anonymus« zitiert.

Regierungssprecher Klein, der bei diesem Hintergrundgespräch die ganze Zeit schweigend dabeigesessen und nicht widersprochen hatte, erklärte am selben Tag vor der Bundespressekonferenz scheinheilig, weder ein Staatsbankrott der DDR noch eine Verschiebung des Wahltermins stünden bevor. Der Sinn dieser in der Geschichte des Bundespresseamts wohl einmalig dreisten Vorgehensweise war klar: Einen Tag vor dem Besuch des Kanzlers in Moskau sollte der Sowjetunion klargemacht werden, dass es keinen Zweck mehr habe, an der bankrotten DDR festzuhalten. Der politische Preis für die Einheit sollte gesenkt werden.

Ich kritisierte, mit welcher Kaltschnäuzigkeit die Bundesregierung durch eine solche Öffentlichkeitsarbeit die weitere Destabilisierung in der DDR und die Verunsicherung der Menschen in Kauf nahm. Bonn hätte sich – wie Berlin – im Stillen auf die Notsituation vorbereiten und die Sowjetunion über diplomatische Kanäle informieren können.

Aber der Bundeskanzler war in Machtspielen schon immer geschickter als in puncto Sensibilität.

Am 9. Februar trat der Bezirksbürgermeister von Berlin-Mitte wegen Wahlfälschung zurück, und am 12. Februar verabschiedete sich Oberbürgermeister Krack unter dem Druck der Vorwürfe für immer von der Politik. Am 23. Februar berichteten die Westberliner Boulevardzeitungen in großer Aufmachung über Diskussionen in der CDU-Fraktion der Stadtverordnetenversammlung, ob es nicht besser sei, mir gleich die Amtsgeschäfte des Oberbürgermeisters zu übertragen. Schließlich gelang es der Stadtverordnetenversammlung Ende Februar mit einiger Mühe, einen neuen Oberbürgermeister zu wählen: den bisherigen Stadtrat für Kultur, Christian Hartenhauer, von der PDS. An der Abstimmung nahmen nur 132 der 225 Stadtverordneten teil. Am Abend war das noch von der PDS, sie hatte sich am 5. Februar von der »SED« im Parteinamen verrabschiedet, und den Blockparteien dominierte Gremium beschlussunfähig. Das zeigte, mit welchem Tempo jetzt die politischen Strukturen zerfielen. Im Ostberliner Etat für 1990 fehlten 500

Millionen Mark bei einem Gesamthaushalt von 8,5 Milliarden Mark. Eine Deckung dafür gab es nicht, so dass kein Haushaltsplan mehr aufgestellt werden konnte und die Stadt einfach auf den Tag ihrer Zahlungsunfähigkeit hinlebte.

In dieser Situation, in der wir alles versuchten, um den Übergang zur Einheit einigermaßen stabil zu gestalten, konnte es manchem im Westen nicht schnell genug gehen. Die Westberliner CDU schlug allen Ernstes vor, schon am 6. Mai Gesamtberliner Wahlen abzuhalten. Die Wiedervereinigung Berlins hätte damit noch vor der Lösung der Währungsfrage, vor der Vereinigung der Bundesrepublik mit der DDR und vor der Aufhebung des Besatzungsrechts stattgefunden. Ein solches Vorhaben konnte nur im Chaos enden.

Ich bezeichnete die Forderungen des CDU-Fraktionsvorsitzenden Eberhard Diepgen als »leichtfertige Effekthascherei« und erklärte: »Die Entwicklung in und um Berlin muss im Gleichklang mit der gesamten deutsch-deutschen Entwicklung erfolgen. Wir dürfen der Entwicklung nicht vorauseilen, aber wir werden ihr auch nicht hinterherhinken. Die Einheit ist uns sicher. Wir müssen sie jetzt Schritt um Schritt organisieren, damit der Übergangsprozess den Menschen nicht schadet.«

Mit dem Rücken zur Wand

Wie zielgerichtet die Bundesregierung die verzweifelte Lage der DDR ausspielte, erlebte ich, als Ministerpräsident Modrow zusammen mit den acht vom »Runden Tisch« ernannten Ministern seines Kabinetts am 13. Februar in Bonn mit der Bundesregierung zusammentraf. Ich hatte meine Teilnahme an diesen Gesprächen erst in letzter Minute durchsetzen können. Zunächst hatte Bonn nur die Ministerpräsidenten von Nordrhein-Westfalen und Bayern dazu einladen wollen. Berlin, das von allen Prozessen am meisten betroffen war, wurde wieder einmal vergessen. Die Bitte des »Runden Tischs«, der DDR eine Soforthilfe in Höhe von zehn bis fünfzehn Milliarden Mark zu gewähren, um einen Zusammenbruch abwenden zu können, lehnte Finanzminister Waigel rundweg und ohne Begründung ab. Dabei hatte der »Runde Tisch« sogar vorgeschlagen, über die Verwendung der Mittel in einer gemeinsamen deutsch-deutschen Kommission zu entscheiden. Die einzige konkrete Hilfsmaßnahme, die Waigel zusagte, waren zwanzig Millionen Mark für die Sanierung der DDR-Städte Meißen, Weimar, Brandenburg und Stralsund. Zwanzig Millionen für vier Städte! Das war lächerlich. Das war weniger, als wir in Berlin allein für Instandsetzungsmaßnahmen in zwei Stadtbezirken des Ostteils zur Verfügung gestellt hatten!

Der Bundeskanzler und sein Finanzminister wollten bei diesem Treffen nur eines erreichen: Sie wollten von Modrow die Zustimmung für die schnelle Realisierung einer Währungsunion. In Moskau hatte Kohl am 11. Februar von Michail Gorbatschow bestätigt bekommen, dass die Sowjets sich einer Vereinigung der beiden deutschen Staaten nicht widersetzen würden, sondern dass die Entscheidung über die Einheit aus sowjetischer Sicht allein Sache der Deutschen sei. Bundeskanzler Kohl hatte in der sowjetischen Hauptstadt glücklich erklärt, jetzt liege der Schlüssel zur Einheit in der Hand der Deutschen. Darauf hatte er im Flugzeug mit den Journalisten Sekt getrunken. Er fühlte, dass er jetzt freie Hand hatte, die weitere Entwicklung in Deutschland zu bestimmen.

Ich habe selten im politischen Leben einen erniedrigenderen Vorgang erlebt als jenes deutsch-deutsche Treffen im Kanzleramt in Bonn am 13. Februar. Die westliche Seite hatte noch nicht einmal ein Blatt Papier mitgebracht, auf dem die DDR-Vertreter konkrete Vorschläge und Konzepte zur Währungsunion hätten nachlesen können. Man forderte von Ostberlin die Aufgabe der währungs-, wirtschafts- und finanzpolitischen Hoheit, ohne zur Sache selbst auch nur die geringsten Vorstellungen zu entwickeln. Bundeskanzler Kohl führte die Verhandlungen allein aus der Position des Stärkeren heraus.

Ministerpräsident Modrow und die anderen DDR-Delegationsteilnehmer mussten sich wie Bittsteller vorkommen. Der Bundeskanzler mahnte bei der DDR-Seite die Beantwortung vieler Fragen und einen »Kassensturz« an. Zur Frage der Oder-Neiße-Grenze wiederholte Kohl ungerührt seinen Standpunkt, dass eine endgültige Entscheidung hierüber erst nach der Wiedervereinigung gefällt werden könne. Ein Sprecher des Bundeskanzlers erklärte unverblümt gegenüber Journalisten: »Der Kanzler bewertet Modrow nur als einen Mann des Übergangs.«

Brüskiert waren auch die von den Oppositionsgruppen gestellten Minister wie Rainer Eppelmann vom »Demokratischen Aufbruch« und Matthias Platzeck von der Grünen Partei. Ihre Hilfegesuche und ihre Einwände, dass durch die Grenzöffnung große zusätzliche Probleme entstanden seien, wurden regelrecht vom Tisch gefegt.

Hans Modrow blieb nichts anderes übrig, als prinzipiell einer Währungsunion zuzustimmen. Eine gemeinsame Kommission sollte sofort die Vorbereitungen aufnehmen. Vor der Presse machte der DDR-Ministerpräsident allerdings kein Hehl aus seiner Enttäuschung und sagte bitter: »Man möge nie vergessen, dass vom Volk der DDR in die Vereinigung nicht nur die bittere Niederlage des Realsozialismus eingebracht wird, sondern auch jenes stolze Wort: ›Wir sind das Volk.‹ Ich hoffe zutiefst, dass dieses Wort und sein politischer Inhalt nicht verlorengehen werden. Möge man nie vergessen, dass die DDR in ein künftiges Deutschland Werte einzubringen hat, geistige und kulturelle Werte, die in Jahrzehnten trotz alledem gewachsen sind, und materielle Werte, deren sich die Arbeiter und Ingenieure, die Bauern und Handwerker, ja, auch die sogenannten kleinen Angestellten nicht zu schämen brauchen. Wer heute rasch und gern nur von einer instabilen DDR oder deren schwieriger Wirtschaft spricht, muss sich am Ende auch befragen lassen, ob man den Preis der Vereinigung nicht zu sehr zu Lasten des Volkes drücken will.«

Ich kritisierte die Bundesregierung in einer Rede vor dem Abgeordnetenhaus von Berlin heftig: »Versprechungen haben die Bonner Soforthilfe ersetzt. Ein mit der DDR abgestimmtes großzügiges Sofortprogramm, das vor allem die Infrastruktur aufbauen hilft, ist notwendig, um endlich die Situation in der DDR wieder zu stabilisieren. Manche in Bonn haben ganz deutlich darauf spekuliert, dass die DDR sich selbst zugrunde wirtschaftet, um dann die Preise beim Ausverkauf zu drücken. Bonn hat tatenlos zugesehen, wie die Karre in den Dreck gefahren ist. Das sind soziale Chaos-Strategien. Sie sprechen der Solidarität und dem Gedanken an die deutsche Einheit Hohn. Mit der DDR als Billiglohnland ist den Menschen dort nicht gedient. Eine verlängerte Werkbank darf die DDR nicht werden. Vielmehr muss die marode Industrie schrittweise saniert und auf westlichen Standard gebracht werden.

Der Mangel an praktischem Engagement der Bundesregierung hat dazu beigetragen, dass viele die DDR verlassen haben.«

Tatsächlich war die Zahl der Übersiedler wieder auf dreitausend pro Tag hochgeschnellt.

Reise nach Washington

Der Durchbruch für die außenpolitische Absicherung der deutschen Einheit wurde am 14. Februar beim Treffen der Außenminister von NATO und Warschauer Vertrag im kanadischen Ottawa erreicht. Hauptanlass dieses Treffens war eigentlich die Schaffung eines »offenen Himmels« über den Territorien der Bündnisse. Es war ein persönlicher Erfolg für Hans-Dietrich Genscher, James Baker und Eduard Schewardnadse, die sich in dramatischen nächtlichen Verhandlungen auf die Formel »Zwei plus Vier« verständigen konnten. »Zwei plus Vier« hieß, dass die vier Siegermächte des Zweiten Weltkriegs, Frankreich, Großbritannien, die Sowjetunion und die USA, sowie die beiden deutschen Staaten verabredeten, dass »die äußeren Aspekte der Schaffung der deutschen Einheit« nicht von der KSZE-Konferenz, sondern von diesen sechs Staaten vorbereitet werden sollten. Das brachte eine große Beschleunigung, denn KSZE-Verhandlungen hätten schon allein wegen der großen Zahl der Teilnehmerstaaten viel länger gedauert. Eine KSZE-Konferenz sollte erst Ende des Jahres stattfinden und die Ergebnisse des Zwei-plus-Vier-Prozesses absegnen.

Außerdem einigten sich die Sowjetunion und die USA darauf, ihre in Mitteleuropa stationierten Truppen auf jeweils 195.000 Soldaten zu verringern. Für Moskau bedeutete dies einen Rückzug von 360.000 Mann aus der DDR, Polen, Ungarn und der Tschechoslowakei, für die USA die Reduzierung um 85.000 Mann. Diese Einigung war der größte Fortschritt in der Abrüstungsgeschichte, den es bis dahin je gegeben hatte. Schon jetzt zeigte sich, dass die Lösung der deutschen Frage entscheidend zum Abbau der Ost-West-Konfrontation beitrug und der Prozess der deutschen Einigung für den Aufbau neuer europäischer Sicherheitsstrukturen genutzt wurde. Die vier Mächte ergriffen die Initiative zur Gestaltung, und die Deutschen waren mit dabei. Eine wichtige Vorentscheidung war auch, dass die USA ihren von Außenminister Baker noch im

Dezember in Berlin eingenommenen Standpunkt in der Frage der Bündniszugehörigkeit modifizierten und jetzt nicht mehr darauf bestanden, die NATO auch militärisch auf das Gebiet Ostdeutschlands auszudehnen. Nur politisch sollte das vereinte Deutschland NATO-Mitglied sein, das militärische Aktionsfeld blieb auf den Westen beschränkt. Diese Position entsprach voll und ganz meinen Auffassungen, denn sie machte es der Sowjetunion leichter, die DDR als ihr westliches Glacis aufzugeben, ohne dabei das Gesicht zu verlieren.

Am 25. Februar flog ich nach Washington. Nach der Landung auf dem John-Foster-Dulles-Airport sah ich aus dem Fenster des Flugzeugs gerade eine Maschine der Bundesluftwaffe mit Bundeskanzler Kohl an Bord zum Rückflug starten. Kohl war in Camp David mit Präsident George Bush zusammengetroffen. Er hatte in der heiklen Frage der polnischen Westgrenze in der amerikanischen Öffentlichkeit einen verheerenden Eindruck hinterlassen, wie ich schon bei meinen ersten Gesprächen mit Senatoren und Abgeordneten auf dem Capitol feststellen konnte. Der deutsche Botschafter in Washington war zu den Gesprächen des Bundeskanzlers in Camp David nicht hinzugezogen worden und wusste daher nicht viel über die Ergebnisse zu berichten. Normalerweise bekam man als deutscher Politiker im Ausland gleich nach der Ankunft eine kurze Information durch die Botschaft. Das diente auch dazu, die Aussagen gegenüber den Gesprächspartnern des Gastlandes in die generelle Linie der deutschen Außenpolitik einzupassen. Bei dem Treffen in Camp David aber war Botschafter Jürgen Ruhfus ausgegrenzt worden. Der Bundeskanzler betrieb deutsche Außenpolitik wie seine Privatsache. Das war auch ein beispielloser Affront gegen das Auswärtige Amt. Immerhin, nachdem der Botschafter die nächsten zweieinhalb Tage bei meinen Gesprächen mit den Amerikanern zugehört hatte, war er auf dem neuesten Stand. Dieser Vorgang war für die deutsche Außenpolitik mehr als peinlich.

Die einflussreichen Abgeordneten Claiborne Pell, der Vorsitzende des außenpolitischen Ausschusses, Sam Nunn, der Vorsitzende des Streitkräfteausschusses, und Dale Bumpers kritisierten, dass der Bundeskanzler sich nicht eindeutig zur Anerkennung der Westgrenze Polens geäußert, sondern nur erneut darauf verwiesen habe, dass erst ein gesamtdeutsches Parlament die letzte Entscheidung treffen könne. Die Differenzen waren bei einer abschließenden Pressekonferenz von Kohl und Bush in Camp David offen zutage getreten, als Bush davon sprach, dass er »ähnliche Ansichten« habe wie der Bundeskanzler. Diese diplomatische Formulierung bedeutete im Klartext, dass die Meinungen auseinandergegangen waren. Bush hatte hinzugefügt, dass die USA die bestehenden Grenzen in Europa gemäß der Schlussakte von Helsinki anerkennen und keinem Abkommen im Rahmen der »Zwei-plus-Vier«-Gespräche zustimmen würden, das eine Änderung der Grenzen vorsehe oder diese Grenzgarantie offenhalte.

Der Bundeskanzler hatte mit seinem Eiertanz um die Grenzfrage einen sensiblen Punkt in der inneramerikanischen Diskussion getroffen und Misstrauen gegenüber dem sich vereinigenden Deutschland erzeugt. Die Amerikaner fühlten sich, mehr als es uns Deutschen bewusst war, als Schutzmacht des demokratischen Polen. Lech Walesa war nicht ohne Grund einer der beliebtesten ausländischen Politiker in den USA. Er wurde als Anführer eines mutigen Volkes, das den Kommunismus besiegt hatte, bewundert. Viele Amerikaner waren polnischer Abstammung, vor allem in den Industrieregionen des Nordwestens, in Chicago und Detroit. Die polnische Lobby in den USA war stark. Kohl startete ohne Not mit seinen unklaren Äußerungen von Camp David eine internationale Debatte über die künftige Rolle Deutschlands in Europa, die wenig später auch die britische Premierministerin Thatcher, den französischen Außenminister Dumas und den polnischen Ministerpräsidenten Mazowiecki zu kritischen Äußerungen gegenüber Bonn reizten. Ich sagte meinen Gesprächspartnern, sie sollten sich durch die unklaren Aussagen des Bundeskanzlers nicht über die tatsächliche Haltung der Deutschen in dieser Frage täuschen lassen: »Es ist nur eine verschwindende Minderheit in unserer Gesellschaft, die sich mit den neuen Grenzen in Europa nicht abfinden kann. Die jüngere Generation interessiert diese Frage überhaupt nicht mehr. Selbst in der CDU und CSU ist eine große Mehrheit dafür, die polnische Westgrenze anzuerkennen.«

Für mich ist es bis heute unerfindlich, warum der Bundeskanzler in dieser historischen Situation nicht endlich einen

Schnitt mit den Vertriebenenverbänden gemacht hatte und es zuließ, dass die Interessen einer derart kleinen Gruppe das größere Ziel der Einheit Deutschlands gefährdeten. Die Vertriebenenverbände waren ziemlich radikal, aber man musste ihnen endlich auch einmal die Realität in Europa, 45 Jahre nach Kriegsende, vor Augen halten. Ich erinnere mich lebhaft an die Tumulte bei meiner Begrüßungsrede am »Tag der Heimat«, am 1. September 1989, in Berlin, als ich sagte:

»Wer wie die Deutschen unter Hitlers Führung einen Eroberungs- und Ausrottungskrieg beginnt, der darf nicht hinterher, wenn dieser Krieg verloren ist, ankommen und sagen: Gebt mir meinen Einsatz wieder. Der Einsatz war das Deutsche Reich. Das ist verspielt worden. Ostpreußen, Pommern und Schlesien waren deutsche Gebiete. Sie sind es nicht mehr.

Wer jetzt noch von Grenzrevision spricht, der schafft Verunsicherung bei denjenigen, für die die Gebiete östlich von Oder und Neiße inzwischen Heimat geworden sind, weil sie lange genug dort leben oder gar dort geboren wurden und aufwuchsen. Wir wollen diesen Menschen ihre Heimat nicht mehr nehmen. Denn ein Unrecht – das der Vertreibung – kann nicht dadurch wiedergutgemacht werden, dass man diesem ersten Unrecht ein zweites hinzufügen will, indem man die jetzige Bevölkerung auch wieder vertreiben will.

Lassen Sie uns doch ehrlich sein: Wie viele wollen denn tatsächlich noch zurück? Wie viele wollen denn tatsächlich noch dort leben? Mit Interesse habe ich den Äußerungen gelauscht, die auf dem Schlesiertreffen von Teilnehmern vor den Fernsehkameras gemacht wurden. Ein alter Herr sagte, er würde sofort zurückgehen, ›wenn die Verhältnisse dort so wären wie hier‹. Ja, das glaube ich gerne. Aber die Verhältnisse sind nicht so. Da sollen doch führende Vertriebenenfunktionäre nicht ankommen und Forderungen aufstellen, die den Bedürfnissen der meisten Menschen gar nicht entsprechen.

Allerdings verstehe ich den Wunsch nach Brauchtumspflege wie auch das Heimweh, das viele zu den Treffen der Vertriebenenverbände fahren lässt. Was Heimat bedeutet, nimmt man erst richtig in der Ferne wahr. Denn was ist sie anderes als die Sehnsucht nach einer heilen Welt von Kindheit und Jugend, nach einem vertrauten Zuhause, nach Wärme und Geborgenheit? Diese Heimat ist durch den Nationalsozialismus zerstört worden, weil die Heimatliebe vieler Menschen so schändlich missbraucht wurde. Heimatliebe findet heute auch ihren Ausdruck im Kampf gegen die Vernichtung der Umwelt, gegen Wasser-, Boden- und Luftverseuchung, im Kampf gegen Giftgasdepots und Raketen. Ich frage ganz bewusst: Welche Heimat schützt eine Rakete, die zum Beispiel im Schwäbischen stationiert ist, deren Zielort vielleicht bei Liegnitz liegt? Auch deshalb appelliere ich an Sie, lassen Sie uns nicht mehr an den Grenzen rühren. Lassen Sie uns mitwirken am Prozess der Abrüstung und der Vertrauensbildung, an der Schaffung einer gesamteuropäischen Friedensordnung.«

Die Aussöhnung mit Polen war, nach der Aussöhnung mit Frankreich, die nächste Jahrhundertaufgabe, der sich die deutsche Politik zu stellen hatte. Deutschland musste mit seinen beiden großen Nachbarn besonders enge Formen der wirtschaftlichen, politischen und kulturellen Kooperation finden. Die Instrumente der deutsch-französischen Zusammenarbeit, die sich als sehr produktiv und tragfähig erwiesen hatten, waren dafür wichtige Handlungsanleitungen. Wir sollten so schnell wie möglich ein deutsch-polnisches Jugendwerk einrichten, gemeinsame kulturelle Institutionen gründen und mit Warschau, ähnlich wie mit Paris, auf der Ebene der Regierungen kontinuierliche Konsultationen pflegen. Die deutschen Städte und Gemeinden sollten neue Partnerschaften bevorzugt mit polnischen Städten und Gemeinden suchen. Polen sollte zunächst assoziiertes und später Vollmitglied der EG sein, ebenso wie die Tschechoslowakei und Ungarn. Auf dem Gebiet der Forschung und der Technologieentwicklung waren Gemeinschaftsprojekte mit Polen anzustreben, ähnlich den Kooperationen, wie sie zwischen verschiedenen westeuropäischen Staaten bei der Gen- und Atomforschung und in der Luft- und Raumfahrtindustrie entwickelt worden waren. Das Ziel musste sein, Polen und darüber hinaus auch die Tschechoslowakei und Ungarn nach Europa zu reintegrieren. Diese Länder waren nicht Ost-, sondern Zentraleuropa. Europa endete nicht an der Oder, sondern am Ural.

Ich wurde am 25. und 26. Februar 1990 in Washington so hochrangig empfangen wie kein Regierender Bürgermeister vor mir. Die Spitze der Administration wollte Informationen über die Entwicklung in Deutschland aus erster Hand. Präsident George Bush, den ich nach meinem Antrittsbesuch am 17. April 1989 nun zum zweiten Mal traf, fragte detailliert nach meiner Einschätzung der aktuellen Lage in der DDR. Ich sagte, dass ich die politische Vereinigung Deutschlands noch in diesem Jahr für möglich halte. Die DDR sei von innen heraus nicht mehr zu stabilisieren. Nach den Wahlen am 18. März werde es eine weitere Beschleunigung geben. »Niemand hat erwartet, dass die deutsche Einheit einer europäischen Friedensordnung vorangehen würde. Man hat geglaubt, den Prozess der europäischen und der deutschen Einheit synchronisieren zu können. Im Januar und Februar aber ist die Entwicklung in der DDR umgekippt. Die internationalen Fragen müssen deshalb im ›Zwei-plus-Vier‹-Prozess schnell geklärt werden. Das ist dafür ein geeignetes Instrument.«

Präsident Bush antwortete: »Auch ich glaube, dass die Wahlen am 18. März eine Schlüsselfunktion haben werden. Ich bin überzeugt, die Deutschen stimmen mit mir darüber überein, dass die USA in Europa eine stabilisierende Rolle spielen. Die Amerikaner freuen sich, so wie die Menschen überall in der Welt, über die Veränderungen in Deutschland. Bei der Pressekonferenz mit Bundeskanzler Kohl bin ich gefragt worden, wer jetzt der Feind sei und wo er jetzt stehe. Ich habe geantwortet, der Feind sind Instabilität und Unberechenbarkeit. Wir werden auf der Seite der Deutschen stehen.«

Ich dankte Präsident Bush für das jahrzehntelange Engagement der USA in Berlin. Damit hätten die Amerikaner die Freiheit Berlins gesichert und dazu beigetragen, die deutsche Frage offenzuhalten. Ich fuhr fort: »In Berlin ist die Westbindung Deutschlands begründet worden. Das kann und darf auch das vereinigte Deutschland nicht aufgeben. Wir bekennen uns ganz klar zur westlichen Kultur- und Wertegemeinschaft. Die Bürger der DDR entscheiden sich auf den Straßen tagtäglich dafür.« Bezüglich Berlin sagte ich, dass dort amerikanische, britische und französische Truppen so lange stationiert bleiben sollten, wie sowjetische Truppen noch in der DDR stünden. »Das ist auch eine emotionale Frage«, erklärte ich. »Die Berliner würden sich ohne die Anwesenheit der Westalliierten unsicher fühlen, solange sowjetische Truppen in Ostdeutschland stationiert sind.« Präsident Bush stimmte meiner Ansicht vollkommen zu: »Die sowjetischen Truppen waren in den osteuropäischen Ländern präsent, ohne dass die Menschen in diesen Staaten darum gebeten hatten. Demgegenüber ist die amerikanische Truppenpräsenz erwünscht. Das ist der große Unterschied. Die NATO ist unverändert von überragender Bedeutung für die Sicherheit Europas. Sie ist ein stabilisierender Faktor. Es gibt bei uns einige Stimmen, die für den Abzug amerikanischer Truppen aus Europa sind, weil es keine Bedrohung von östlicher Seite mehr gebe. Man findet solche Stimmen auf der rechten wie auf der linken Seite des politischen Spektrums. Ich teile diese Ansicht nicht. Auch die osteuropäischen Staaten würden eine fortdauernde amerikanische Präsenz in Europa heute begrüßen. Selbst Generalsekretär Gorbatschow scheint darüber nicht unglücklich zu sein. Ich hoffe, ich habe ihn davon überzeugt, dass unsere Truppen in Europa keine Bedrohung für die Sowjetunion darstellen.«

Im Gespräch mit Außenminister James Baker schlug ich den Amerikanern vor, auch die Berlin-Frage im »Zwei-plus-Vier«-Prozess zu regeln. »Die Stationierung alliierter Truppen in Berlin darf, genau wie die Stationierung sowjetischer Truppen in Ostdeutschland, nicht mehr auf besatzungsrechtlicher Grundlage erfolgen. Vielmehr muss sie auf einem Abkommen des souveränen Deutschlands mit den Stationierungsländern basieren. Wenn ganz Deutschland souverän wird, muss auch Berlin seine volle rechtliche Souveränität zurückerhalten. Der besondere Status von Berlin muss mit der Vereinigung der beiden deutschen Staaten enden.« Baker hörte sich diesen Vorschlag an, ohne ihn zu kommentieren.

Verteidigungsminister Richard Cheney, der mich überraschend zu einem Gespräch einlud, bat ich, schon jetzt ein Zeichen der Normalisierung zu setzen und auf die traditionelle Parade der Alliierten Streitkräfte, die alljährlich im Juni auf der »Straße des 17. Juni« stattfand, in diesem Jahr zu verzichten. »Es passt nicht mehr in die Zeit, jetzt militärische Stärke zu demonstrieren.« Der Verteidigungsminister zeigte Verständnis für dieses Anliegen. Damit war die Parade für 1990 abgesagt.

Positiv äußerte sich der amerikanische Außenminister zu meinem Vorschlag, den Westberlinern das direkte Wahlrecht zum Deutschen Bundestag zu ermöglichen und den Berliner Bundestagsabgeordneten volles Stimmrecht im Parlament zu gewähren. Aufgrund alliierter Vorbehalte wurden die Westberliner Bundestagsabgeordneten bisher nicht direkt vom Volk gewählt, sondern nach der Stärke der Fraktionen vom Berliner Abgeordnetenhaus ernannt. Sie hatten kein volles Stimmrecht im Bundestag. Diese Regelung war spätestens dadurch überlebt, dass die Ostberliner am 18. März ihre Stimmen für eine demokratisch gewählte Volkskammer direkt abgeben konnten. Ich fürchtete, dass Berlin das einzige Gebiet in ganz Deutschland bleiben würde, in dem die Bürger in diesem Jahr ihr demokratisches Wahlrecht nicht ausüben könnten.

Rein rechtlich gesehen bedurfte es für das Direktwahlrecht der Berliner nicht einmal der Zustimmung der Alliierten. Die Einschränkung basierte auf einer interpretationsfähigen »Kann-Bestimmung« im Genehmigungsschreiben der drei Militärgouverneure zum Grundgesetz vom 12. Mai 1949, in dem es hieß, dass Berlin »eine beschränkte Anzahl Vertreter zur Teilnahme an den Sitzungen dieser gesetzgebenden Körperschaft benennen darf«. Die Form dieser »Benennung« war nicht festgelegt und konnte nach unserer Meinung durchaus auch in direkter Wahl erfolgen. Anders beim Stimmrecht, das in dem Genehmigungsschreiben ausdrücklich verneint worden war und dessen Fehlen das Gewicht Berlins im Bundesrat minderte.

Bundeskanzler Kohl hatte mir schon am 1. Dezember versichert, dass er sich bei den Alliierten für unseren Reformvorschlag einsetzen wolle. Dann aber bekamen wir aus Bonn nur zu hören, wie schwierig dieses Problem zu lösen sei. Zunächst wurde gesagt, die Westmächte zögerten eine Entscheidung hinaus, um die Sowjetunion nicht zu brüskieren. Dies war, wie ich bei meinen Gesprächen in London, Paris und auch in Washington erfuhr, nicht wahr. Die Alliierten zeigten im Gegenteil mir gegenüber sehr viel Verständnis für die Belange Berlins.

Später hieß es aus Bonn sogar, eine Zustimmung der Westmächte allein reiche nicht aus, auch die Sowjetunion müsse einverstanden sein. Das war nun freilich eine abenteuerliche Argumentation. Zum ersten Mal wollte eine Bundesregierung der Sowjetunion ein direktes Mitspracherecht über Westberlin einräumen, noch dazu, wo es um ein demokratisches Grundrecht, die Teilnahme an der Parlamentswahl, ging. Übersehen wurde bei dieser Argumentation auch, dass die Sowjetunion schon 1981 das Direktwahlrecht in Ostberlin eingeführt hatte, ohne die anderen Siegermächte gefragt zu haben. Im Übrigen hatten uns die sowjetischen Diplomaten signalisiert, dass sie nicht gefragt werden wollten, weil die Nachfrage natürlich die Darstellung ihrer alten Rechtsposition und damit einen Konflikt mit dem Westen provoziert hätte. Nikolai Portugalow deutete die Zustimmung der Sowjetunion während seines Aufenthalts im Januar in Berlin öffentlich an.

Ich empfand das Bonner Verwirrspiel als höchst erniedrigend für uns Berliner. Im Hintergrund stand wohl, dass im Bundeskanzleramt die Mehrheitsverhältnisse im Bundesrat durchgezählt worden waren und man dort nicht noch mehr SPD-Stimmen haben wollte. Der klare Standpunkt Washingtons in der Frage des Berliner Direktwahlrechts war beschämend für Bonn und brachte unser Anliegen erheblich voran.

Manchmal sind die Westberliner in jener Zeit mit dem politischen Rückenwind aus Washington besser gefahren, als wenn sie nur auf das Bonner Wohlwollen angewiesen gewesen wären.

Gebrochenes Kanzlerwort

Bei meinem Rückflug nach Berlin machte ich einen Zwischenstopp in Bonn, wo ein erneutes Gespräch mit dem Kanzler angesetzt worden war. Ich berichtete Helmut Kohl von meinen Gesprächen in Washington. Vor allem wies ich darauf hin, dass das Direktwahlrecht der Berliner von der dortigen Regierung sehr positiv beurteilt werde. »Das hat große symbolische Bedeutung für uns Berliner, denn es unterstreicht die Zugehörigkeit Westberlins zum Bund«, sagte ich.

Kohl verwies jedoch erneut auf die Bedenken der Sowjetunion und versprach lapidar: »Wir bleiben am Ball.«

Wichtige Themen bei diesem Treffen im Kanzleramt waren die Berlinförderung und die Berlinhilfe. Ohne die Unterstützung des Bundes war Berlin nicht lebensfähig. Das Steueraufkommen der durch Krieg, Blockade und Mauerbau ökonomisch ausgezehrten Stadt reichte nicht einmal aus, um die Hälfte des kommunalen Haushalts zu finanzieren. Der Zuschuss des Bundes zum Berliner Etat machte zuletzt rund 13 von 26 Milliarden D-Mark im Jahr aus. Diese Finanzleistung war nach dem Wortlaut des »Gesetzes über die Stellung des Landes Berlin im Finanzsystem des Bundes« vom 4. Januar 1952, dem sogenannten Dritten Überleitungsgesetz, ausdrücklich an die Hauptstadtfunktion geknüpft: »Die Bundeshilfe soll so bemessen sein, dass das Land Berlin befähigt wird, die durch seine besondere Lage bedingten Ausgaben zur wirtschaftlichen und sozialen Sicherung seiner Bevölkerung zu leisten und seine Aufgaben als Hauptstadt eines geeinten Deutschlands zu erfüllen.« Berlin lebte mit dem Bundeszuschuss nicht im Überfluss, sondern musste stets mit knappen Kassen haushalten. Der Berliner Landeshaushalt unterlag, anders als jeder andere Länderetat, der strengen Revision des Bundesfinanzministers.

Nach der Maueröffnung flammte in Westdeutschland sofort die Diskussion über diese Gelder auf. Finanzminister Waigel und auch die finanzpolitische Sprecherin der SPD-Bundestagsfraktion, Ingrid Matthäus-Maier, nannten sie »Kosten der Teilung«, die nun nach und nach wegfallen könnten. Als ob Berlin durch die Grenzöffnung auch nur eine Mark mehr in der Kasse gehabt hätte. Ganz im Gegenteil. Die zusätzlichen Kosten waren enorm. Wir waren sehr besorgt über so viel Unverständnis für unsere Lage. Nur wer im Rheinland oder in Bayern lebte, kaum jemals einen Trabi auf heimischen Straßen sah und die Verhältnisse im Osten nur aus der *Tagesschau* kannte, konnte derart weltfremde Vorstellungen entwickeln.

Gefährlicher noch waren die Angriffe auf die Berlinförderung, den Standortausgleich für die Berliner Wirtschaft. Sie machte rund neun Milliarden D-Mark pro Jahr aus und bestand aus einer Investitionszulage, aus steuerlichen Präferenzen für Hersteller in Berlin und Abnehmer von Produkten aus Berlin sowie aus der achtprozentigen Arbeitnehmerzulage, mit der Einkommensrückstände in der Stadt ausgeglichen und die Abwanderung gestoppt werden sollte. Bundeskanzler Helmut Kohl gab am 28. Februar 1990 mir gegenüber das eindeutige Versprechen: »Niemand denkt an den Abbau der Zonenrandförderung oder der Berlinförderung. Es ist klar, dass die Übergangszeit viel Geld kostet. Berlin ist der Brennspiegel der Probleme.« Nicht ganz ein Jahr später sollte der Kanzler dieses Versprechen brechen.

Anfang 1991 beschloss das Kabinett aufgrund einer Vorlage von Bundesfinanzminister Theo Waigel, dass die Wirtschaftsförderung für Berlin bis 1994 eingestellt werden sollte. Berlin wurde zu diesem Beschluss nicht einmal mehr angehört. Der Stadt, die am Start in eine bessere Zukunft stand, wurden dadurch die Beine weggehauen. Viele Fabriken in Berlin konnten nur durch die Fördermittel Gewinne erwirtschaften. Jetzt drohten Firmen in Billiglohnländer abzuwandern. Und Berlins Arbeitnehmer wurden durch den Wegfall der Arbeitnehmerzulage und die Anfang 1991 beschlossenen Steuererhöhungen doppelt belastet. Der Bund verkannte, dass die Berlinförderung eine wichtige strukturpolitische Maßnahme war, die die Stadt zum ökonomischen Motor für den Osten Deutschlands entwickeln konnte. Es war bezeichnend, dass andere Strukturhilfen wie die für die Ruhrkohle, den Stahl, die Bauern und die westdeutsche Küste im Zuge der Aufarbeitung der Finanzprobleme nicht einmal diskutiert werden sollten.

Wie die CDU in der DDR Punkte macht

In der DDR lief der Wahlkampf für die Volkskammerwahl auf Hochtouren. Spitzenpolitiker aller Parteien agierten in Ostdeutschland, als ginge es schon um die Bundestagswahl. Auch wir stürzten uns in das Getümmel. Im Februar 1990 wurden an jedem Sonnabend Informationsstände auf den Straßen und Plätzen Ostberlins aufgebaut. Ich erinnere mich noch gut an meinen ersten Wahlkampfeinsatz am 10. Februar am Frankfurter Tor im Bezirk Friedrichshain. Am selben Vormittag waren wir noch vor der Kaufhalle am Tierpark in Lichtenberg, bei der Kaufhalle am Rödernplatz und vor dem Handelshaus in Hohenschönhausen. Überall stand sofort eine Traube heftig diskutierender Bürger um mich herum. Die Westberliner Sozialdemokraten packten in diesem Wahlkampf tatkräftig mit an. Straßenstände wurden organisiert, das *Stadtblatt* verteilt, Informationsmaterial aus dem Westen herbeigeschafft. Auf Einladung und Wunsch der Ost-SPD trat ich auch als Redner auf den Wahlveranstaltungen in anderen Gebieten Ostdeutschlands auf.

Mein erster Auftritt erfolgte am Abend des 1. März in Frankfurt/Oder in der Karl-Liebknecht-Straße vor dem Interhotel. Knapp zehntausend Menschen hatten sich die Ansprachen der örtlichen Kandidaten angehört und begrüßten mich mit großem Beifall. Ich plädierte in meiner Rede für einen konsequenten, aber überlegten Weg hin zur Einheit und für eine wirtschaftspolitisch und sozial abgesicherte Währungsunion. Ich forderte ein sofortiges wirtschaftliches Unterstützungsprogramm der Bundesregierung für die DDR. Statt des Weggehens in den Westen hätte gleich nach dem 9. November das Verbleiben der Menschen in der DDR gefördert werden müssen. Ich sagte, die Aufgabe der neu zu wählenden Regierung der DDR werde es sein, faire Bedingungen für die Einheit auszuhandeln. Beide Seiten müssten ihre Interessen und Wünsche in den Vereinigungsprozess einfließen lassen können. Die Menschen in der DDR könnten auf ihre wertvollste Errungenschaft verweisen, die vom Volke selbst erkämpfte Demokratie.

Ich versuchte, das Selbstwertgefühl der Menschen zu stützen, das frische und fordernde demokratische Bewusstsein zu stärken und sie zu eigener Initiative bei der Gestaltung der gesellschaftlichen und politischen Verhältnisse zu ermutigen. Jetzt entscheide keine BGL und keine Kreisleitung der SED mehr für sie, sagte ich. Jetzt müssten sie sich selbst orientieren und selbst entscheiden.

Am 6. März fuhr ich zu einem Wahlkampfeinsatz nach Fürstenwalde und am 9. März in gleicher Mission nach Wittenberg und Halle. In Wittenberg begann es mit einem Besuch im Agrochemischen Kombinat Piesteritz, einem der größten Düngemittelwerke in der DDR. Der neue Generaldirektor erläuterte Friedrich Schorlemmer, dem örtlichen SPD-Volkskammerkandidaten, und mir mit großer Offenheit die Probleme seines Betriebes. Er war relativ optimistisch. Man habe sich bei großen westlichen Chemiefirmen schon informiert und sei dort durchaus auf Kooperationsinteresse gestoßen, sagte er. Bei der anschließenden Besichtigung der Werkshallen wurde mir klar, dass der modernere Teil des Werks mit erheblichen Anpassungsmaßnahmen und einem der Höhe nach kaum einschätzbaren Personalabbau durchaus überlebensfähig sein könnte. Die älteren Betriebsteile aber würden keine Zukunft haben. Ich sah Karbidöfen, die man sofort in ein technisches Museum hätte bringen können. Sie waren über fünfzig Jahre alt und gehörten zu den ungesündesten Arbeitsplätzen im ganzen Werk. Wahrscheinlich war auch die Umgebung des Kombinats hochgradig belastet. Ich fragte mich, welche Westfirma wohl das Risiko eingehen würde, hier zu investieren.

Das Werk hatte außerdem viele Kostenfaktoren wie ein großes Kulturhaus, eine Betriebspoliklinik und mehrere Betriebskindergärten zu tragen, die unter marktwirtschaftlichen Bedingungen ohne Zweifel würden abgestoßen werden müssen. Aber wer würde dann diese Aufgaben übernehmen? Eine einzige Besichtigung in einem beliebigen Betrieb genügte, um uns bewusst zu machen, welche gigantischen Umstellungsprobleme der Übergang von der Plan- zur Marktwirtschaft nach sich ziehen würde. Umso verwunderlicher war, wie wenig die Bundesregierung vor der Währungsunion diese Realitäten wahrhaben wollte.

Friedrich Schorlemmer und ich machten noch einen Rundgang durch Wittenberg, die Stadt Martin Luthers und der Reformation, bevor wir dann bei strahlendem Sonnenschein auf dem Marktplatz zu den rund zehntausend Versammlungsteilnehmern sprachen. Mich beeindruckte, wie einfühlsam Friedrich Schorlemmer die Ängste, die Sehnsüchte und die Hoffnungen der DDR-Menschen formulieren konnte – die mit der Wende verbundenen Hoffnungen auf ein besseres Leben in Freiheit, ohne Druck von »Stasi« und SED und ohne materielle Ängste. Und zugleich erdrückte mich als Politiker aus dem Westen sowohl dort als auch bei allen anderen Veranstaltungen und Diskussionen in der DDR die hohe Erwartungshaltung der Menschen: Der da aus dem Westen, der muss doch wissen, wie es weitergeht, der weiß doch, was Markt und Konkurrenz bedeuten. Der kann den notwendig werdenden Anpassungsprozess doch einschätzen …

Ich betonte bei meinen Reden immer, wer als Politiker in diesem gewaltigen Prozess der Veränderung behaupte zu wissen, wie alles kommen werde, der sage nicht die Wahrheit. Tatsächlich gebe es für die Umgestaltung der DDR-Wirtschaft von einer Kommandowirtschaft zu einer Marktwirtschaft auf der Welt kein Beispiel. Man müsse sensibel an den Prozess herangehen und jederzeit offen für Korrekturen und Veränderungen sein. Nur das werde wirklich die notwendige Flexibilität geben. Ideologische Festlegungen würden nur einengen und behindern.

Auf Gefühle und aktuelle Sorgen der DDR-Bürger nahmen die konservativ-christlichen Parteien CDU und CSU im Wahlkampf wenig Rücksicht. Sie, die in den vergangenen Jahrzehnten immer die Zulassung demokratischer Parteien in der DDR gefordert hatten, erklärten jetzt die ostdeutsche SPD zu ihrem Hauptgegner, obwohl diese Partei erst knapp sechs Monate zuvor gegründet worden war. Die Westberliner CDU verbreitete Flugblätter, in denen PDS und SPD in perfider Weise gleichgesetzt wurden. Das war der Versuch, Menschen gegen Kandidaten aufzubringen, die gestern noch von der SED und der Staatssicherheit verfolgt worden waren. Die Polarisierungsstrategie der CDU richtete sich auch gegen die Bürgerbewegung, die im Herbst das Honecker-Regime zu Fall gebracht hatte.

Skandalös war zudem, wie ungeniert die Bundesregierung mit Geldspritzen in den Wahlkampf eingriff. Die parteinahen Stiftungen erhielten für die Materialschlacht im Osten insgesamt siebeneinhalb Millionen D-Mark vom Bundesministerium für innerdeutsche Beziehungen, davon CDU und CSU allein viereinhalb Millionen DM, die FDP und die SPD je anderthalb Millionen DM. Die Grünen erhielten nichts. In hoher Auflage ließ das Bundespresseamt Schallplatten und Tonkassetten mit Kanzlerreden zur deutschen Einheit verteilen, den Umstand schamlos missbrauchend, dass die Urteile des Bundesverfassungsgerichts über die Pflicht zur Zurückhaltung der Öffentlichkeitsarbeit in Wahlkampfzeiten in der DDR nicht galten. Umgekehrt litt die CDU unter dem Vorwurf, in der DDR mit einer alten Blockpartei anzutreten. Es traf den Wahlkampf der Union wie ein Blitz, als in der Endphase die »Stasi«-Mitarbeit von Wolfgang Schnur, dem Vorsitzenden des »Demokratischen Aufbruchs«, bekannt wurde. Schnur trat vier Tage vor der Wahl zurück. Gegen den DSU-Vorsitzenden und Leipziger Pfarrer Hans-Wilhelm Ebeling wurde der Vorwurf erhoben, er habe die Leipziger Thomaskirche im Herbst 1989 erst gar nicht und dann nur widerstrebend für die Demonstranten geöffnet, die sich in die Kirche flüchten wollten.

Diese Vorgänge zeigten für mich, welche politische Sprengkraft in den »Stasi«-Akten steckte. Die »Stasi«-Vergangenheit sollte unser Land noch auf Jahre hinaus belasten und die politische Atmosphäre vergiften. Am Beispiel meines Mitarbeiters Ralf Hirsch erlebte ich hautnah, welche Möglichkeiten des Missbrauchs der »Stasi«-Vorwurf birgt. Unter der Schlagzeile »Stasi-Agent bei Momper?« druckte die *Bild am Sonntag* am 5. April 1990 in großer Aufmachung eine Lügengeschichte, die angeblich auf der Aussage anonymer Ex-Offiziere des MfS basierte. Das Foto meines Mitarbeiters war bundesweit auf der Titelseite des Blattes abgebildet. Ein moderner Pranger, die Hölle für jeden, den so etwas traf. Zweifellos sollte mich die Attacke politisch treffen. Dafür nahm die Zeitung die öffentliche Denunziation eines Angestellten der Senatskanzlei billigend in Kauf. Ralf Hirsch wehrte sich. Sein Rechtsanwalt und neutrale Vertreter des Bürgerkomitees erhielten Einsicht in seine Akten und konnten lupenrein belegen, dass er niemals »Stasi«-Mitarbeiter, dafür umso mehr aber »Stasi«-Opfer war. *Bild am Sonntag* musste ihm ein hohes Schmerzensgeld zahlen und eine Gegendarstellung veröffentlichen. All dies reichte dem von Ralf Hirsch angerufenen Deutschen Presserat, der beanspruchte, ein Selbstkontrollorgan der Presse zu sein, einige Monate später aber nicht aus, um der Zeitung für diese Art der Verleumdung eine öffentliche Rüge auszusprechen.

Dieser Vorgang veranschaulichte, dass die »Stasi«-Unterlagen in zuverlässige, neutrale Hände gehörten. Der Gesetzgeber musste garantieren, dass die Akten und Informationen strikt unter Verschluss blieben und an keine andere Behörde weitergeleitet wurden. Es wäre falsch, dem Verfassungsschutz oder den Ermittlungsbehörden ein generelles Einsichtsrecht zu geben. Die Ergebnisse der Schnüffelei des DDR-Staates würden so im Nachhinein von bundesdeutschen Ämtern ausgenutzt. Ein Zugriffsrecht musste auf Ermittlungen in eng eingegrenzten Straftatbeständen, wie zum Beispiel bei der Terroristenverfolgung und schweren Verbrechen, begrenzt bleiben.

Jeder Bürger der ehemaligen DDR sowie jeder Ausgebürgerte sollte aber das Recht haben, die über ihn angelegten Akten einzusehen Dabei sollten jeweils Kopien vorgelegt werden, in denen die Namen von Informanten geschwärzt waren. Unter Kontrolle musste auch die Akteneinsicht zu wissenschaftlichen Zwecken gewährt werden. Jeder, der beschuldigt wurde, offizieller oder inoffizieller Mitarbeiter des MfS gewesen zu sein, musste die Möglichkeit erhalten, durch kontrollierte Einsicht in die »Stasi«-Akten diesen Vorwurf zu entkräften. Und es musste bei Verbeamtungen und bei öffentlichen Ehrungen, ähnlich wie seinerzeit beim »Document Center« in Berlin, in dem die NSDAP-Kartei lag, eine Regelanfrage über eine eventuelle »Stasi«-Mitarbeit oder eine leitende politische Funktion in der DDR geben. Offizielle oder inoffizielle Mitarbeiter der »Stasi« sowie Personen, die vor dem 18. Oktober 1989 führende Funktionen im Staat, in der SED, in den alten Blockparteien oder den SED-nahen Massenorganisationen innehatten, kamen weder als Beamte noch als leitende Angestellte eines demokratischen Staates infrage – erst recht nicht als Minister oder Staatssekretäre – noch durften sie Ehrungen und Orden irgendwelcher Art erhalten.

Mit einer solch kontrollierten Verwahrung und Behandlung der Unterlagen und mit dem Ausschluss von »Stasi«-Mitarbeitern aus dem öffentlichen Dienst sollte es dann sein Bewenden haben. Strafrechtlich gab es fast keine Möglichkeit, die Mitarbeit bei der Staatssicherheit zu ahnden. Die rund 200.000 offiziellen und inoffiziellen Mitarbeiter durften nicht in die völlige Ausweglosigkeit gedrängt werden. Auch sie sollten die Chance für einen Neuanfang in der demokratischen Gesellschaft erhalten. Im Übrigen: Mit welchem Recht konnten wir uns aus unserer sicheren westlichen Position heraus moralische Urteile über Menschen erlauben, die nie die Freiheiten eines demokratischen Staates genießen konnten? Keiner von uns konnte sich seiner Integrität unter den Bedingungen eines Zwangssystems wirklich sicher sein. Sind von der »Stasi« nicht oft genug die Opfer zu Tätern gemacht worden? Ein Fehltritt, und man wurde zu Spitzeldiensten gepresst. Wer kann von sich selbst so viel Charakterfestigkeit behaupten, dass er sagen kann, er hätte in jeder Situation widerstanden? Keiner von uns kann die inneren und äußeren Konflikte nachvollziehen, in die viele Deutsche in der DDR geraten waren.

Zurück zum Wahlkampf, den die CDU in der DDR mit zwei Reizthemen führte, die sich am Ende als durchschlagend erwiesen: Zum einen nährte sie die Spekulationen über die Modalitäten der Währungsunion bis hin zu dem Gerücht, dass ein Umtauschsatz von eins zu eins geplant sei. Fünf Tage vor der Wahl sagte Bundeskanzler Kohl bei einer Kundgebung in Cottbus den Sparern in der DDR zu, dass ihre Konten eins zu eins umgestellt werden würden. Da er gleichzeitig aber betonte, die Einzelheiten der Währungsunion erst nach den Wahlen mit der neuen DDR-Regierung aushandeln zu wollen, lag es für viele DDR-Menschen nahe, dass dieser günstige Umtauschsatz nur zu erreichen sei, wenn in Ostberlin eine Kohl-freundliche Regierung sitzen würde.

Angesichts der Attraktivität der D-Mark konnte dagegen die Rede Oskar Lafontaines auf dem Parteitag der DDR-SPD am 23. Februar in Leipzig keine werbende Wirkung entfalten. Er sprach sich dafür aus, die Währungsunion noch um einige

Monate zurückzustellen, um sie besser vorbereiten und sozial flankieren zu können. Das mochte zwar sachlich richtig sein, entsprach aber in keiner Weise den Bedürfnissen der Deutschen in der DDR und war auch im Hinblick auf die Auflösungserscheinungen des Landes politisch nicht tragbar.

Zum anderen zettelte die CDU eine zu jenem Zeitpunkt noch rein theoretische Diskussion darüber an, mit welchem Grundgesetzartikel die Vereinigung am schnellsten zu erreichen sei. Sie plädierte, so wie ich in Berlin, eindeutig für Artikel 23, der den Beitritt der »anderen Teile Deutschlands« zum Geltungsbereich des Grundgesetzes vorsah. Was wollte die Mehrheit der DDR-Bürger denn anderes, als so schnell wie möglich Bundesbürger zu werden?

Die SPD hielt sich in dieser Frage bedeckt und liebäugelte mit Artikel 146, der eine neue gesamtdeutsche Verfassung vorsah, die in ganz Deutschland per Volksentscheid angenommen werden sollte.

Zu beiden Themen gab es innerhalb der SPD divergierende Auffassungen, die auch im Parteivorstand deutlich zum Ausdruck kamen und sehr kontrovers diskutiert wurden. Zwar war zur Beratung aller Fragen der Zusammenarbeit zwischen den beiden deutschen Staaten im Parteivorstand am 29. Januar 1990 ein gemeinsamer Ausschuss der SPD (Ost) und der SPD (West) eingesetzt worden, doch ging in der West-SPD zu jener Zeit noch eine Mehrheit davon aus, dass eine Konföderation beider Staaten die mittelfristige Perspektive und die Einheit erst das langfristige Ziel wären. Oskar Lafontaine, der nach seinem Wahlsieg im Saarland als Spitzenkandidat benannt worden war, rechnete mit einem auf die Alt-BRD beschränkten Bundestagswahlkampf. Das war zu jenem Zeitpunkt auch richtig, denn in den ersten Monaten des Jahres 1990 konnte kaum jemand annehmen, dass es schon 1990 zur staatlichen Vereinigung kommen würde. Allerdings zeichnete sich in Berlin bereits ab, dass sich die Stimmung in der DDR immer mehr verschärfte.

Im März vertrat Oskar Lafontaine die Position, dass die Bevölkerung nicht bereit sein werde, für die Einheit Opfer zu bringen. Ich bezweifelte das, denn alle Meinungsumfragen zeigten eine große Bereitschaft zum Teilen. Oskar Lafontaine spitzte seine Haltung intern mit der Formulierung zu, auch die Sozialhilfeempfänger in der Bundesrepublik seien Deutsche im Sinne des Grundgesetzes. Nur wenn die Übersiedler im Westen nicht mehr ohne weiteres soziale Leistungen, zum Beispiel das Arbeitslosengeld, bekämen, würde die Abwanderung aus der DDR gestoppt werden können.

Führende Sozialdemokraten – darunter Norbert Gansel, Klaus von Dohnanyi, Hans-Ulrich Klose, Hans Eichel und ich – widersprachen Oskar Lafontaine in interner Sitzung heftig und verwiesen darauf, dass die DDR-Bürger Deutsche seien und weiter alle sozialen Rechte haben müssten. Die Verweigerung eines sozialen Rechts, zum Beispiel auf Arbeitslosengeld, sei politisch verfehlt, rechtlich nicht möglich und vermindere die Zahl der Übersiedler im Übrigen nicht. Denn die, die kämen, wollten zum größten Teil nicht vom sozialen Netz leben, sondern schnell persönlichen Wohlstand erarbeiten. Wir stimmten nur zu, dass alle über das westdeutsche Niveau hinausgehenden Sonderleistungen für Übersiedler gestrichen werden sollten, aber nicht mehr. Der Wunsch der DDR-Bürger nach schnellstmöglicher Einheit entspreche auch ihrem Verlangen nach Sicherheit gegen die Wiederherstellung alter Machtstrukturen in der DDR, argumentierte ich. Deshalb solle die SPD einen Beitritt nach Artikel 23 des Grundgesetzes wenigstens nicht ausschließen, andernfalls würden die Sozialdemokraten in der DDR nur in die Defensive gedrängt.

Am 4. Februar fand im Ostberliner »Palast-Hotel« die erste Sitzung des gemeinsamen Ausschusses der SPD der DDR und der SPD der Bundesrepublik statt. Einige westdeutsche Sozialdemokraten diskutierten dort über die Bildung einer Konföderation entsprechend dem längst durch die Ereignisse überholten Beschluss des SPD-Parteitags vom Dezember in Berlin. Manche im Westen lebten weit weg von der Realität in der DDR und den Wünschen der Menschen dort. Die große Zustimmung, die Willy Brandt und die SPD in der DDR fanden, erweckte in uns allen, lange Zeit auch in mir, den Eindruck, wir seien die führende Kraft in der DDR und würden die Wahl dort mit Glanz bestehen. Unzureichende und schlicht falsche Umfragen bestärkten uns in diesem Glauben, von dem viele, aber nicht alle, erst am 18. März mit dem Wahlergebnis auf den Boden der harten ostdeutschen Tatsachen zurückgeholt wurden. Ich trug meine schon vor dem Bezirksparteitag der Ostberliner SPD abgegebene Lageeinschätzung vor und begründete noch ausführlicher, warum ich die schnelle Herbeiführung der Einheit persönlich für wünschenswert hielt: Der Ausverkauf und die Ausplünderung der DDR fanden tagtäglich statt. Die DDR war praktisch ein rechtsfreier Raum. In dieser Situation, die unweigerlich zur schnellen Einheit drängte, dürfe die SPD nicht die führende Rolle verlieren.

Zwar hielt auch ich die Verabschiedung einer neu erarbeiteten Verfassung, so wie Artikel 146 des Grundgesetzes das vorsah, für erstrebenswert, aber ich zweifelte, ob dafür noch genügend Zeit und Geduld bei den DDR-Deutschen vorhanden seien.

Die meisten Ost-Sozialdemokraten hatte ich auf meiner Seite, nicht aber die West-Sozialdemokraten. Sie wollten die Kraft des demokratischen Aufbruchs in der DDR und die vermeintliche Stärke der SPD in der DDR »zu einem qualitativen Sprung« für die deutsche Demokratie nutzen, wie etwa Heidi Wieczorek-Zeul es formulierte. »Real möglich wäre der Aufbau einer neuen deutschen Republik, die die demokratischen Rechte ihrer Bürgerinnen und Bürger erweitert. Der Schlussartikel 146 unseres Grundgesetzes weist hin auf einen gemeinsamen Weg für uns Deutsche. Die Wucht der demokratischen Revolution der Deutschen in der DDR kann einen neuen Aufbruch auch bei uns auslösen. Die Grundlinien für eine neue Verfassung zu erarbeiten, gehört mit dazu«, beschrieb die frühere Juso-Vorsitzende ihre Position. Sie war damit in der West-SPD nicht allein.

So rutschte die Partei in die nächste unselige Diskussion, die den realen Bedürfnissen der DDR-Deutschen nicht entsprach, meilenweit von der DDR-Realität entfernt war und die politische Kraft der Sozialdemokratie lähmte, während die Konservativen einen unverhofften Spielraum eingeräumt bekamen.

Die Ost-Sozialdemokraten dagegen bereiteten sich auf eine schnellere Entwicklung vor.

Am nächsten Wochenende fuhr Dieter Schröder auf Einladung von Ingo Richter, dem Vorsitzenden der Sozialdemokraten der Nordbezirke, nach Rostock, um dem Vorstand dort alle juristischen und politischen Implikationen eines Beitritts und der Wiederbegründung des Landes Mecklenburg zu erläutern.

Im Gepäck hatte er einen von der alten demokratischen mecklenburgischen Landesverfassung von 1949 ausgehenden, nur leicht geänderten Entwurf einer Übergangsverfassung, um den die Mecklenburger Sozialdemokraten gebeten hatten. Sie wollten für alle Eventualitäten gerüstet sein.

Dieter Schröder kam mit der Einschätzung zurück, dass im Norden der DDR die Diskussion innerhalb der Bonner SPD nicht mehr verstanden werde.

Die zwischen den beiden großen Volksparteien aufgeregt geführte Auseinandersetzung um den besten Weg zur Einheit reduzierte sich für die meisten Wähler im Osten auf den einfachen Nenner: Die einen wollen es schnell, und die anderen wollen es langsamer machen. Die CDU hatte es mit ihren Themen Währungsunion und Artikel 23 geschafft, die beiden wichtigsten Interessen der DDR-Bürger anzusprechen: schnell zur Westmark zu kommen und die Einheit zu erreichen. Die Wähler überwanden dafür sogar den Ekel, die vierzig Jahre lang mit der SED verbündete Blockpartei ankreuzen zu müssen. Ihre Stimme galt in Wirklichkeit den westdeutschen Christdemokraten.

Am 10. und 11. März fuhr ich wie alle Jahre zuvor mit Wirtschaftssenator Peter Mitzscherling zur Leipziger Messe. Am Abend des ersten Tages gingen wir in das Neue Rathaus zum Empfang des Außenhandelsministers Gerhard Beil, der sich über die Jahre hinweg für uns als ein kompetenter und zuverlässiger Gesprächspartner erwiesen hatte. Man sah bei diesem Empfang deutlich, wie sehr sich der Wind gedreht hatte. Während die westdeutschen Industriekapitäne und Unternehmer früher Schlange gestanden hatten, um Gerhard Beil ihre Aufwartung zu machen, gab es diesmal viel Platz um den Noch-Außenhandelsminister. Man wusste, seine Tage im Amt waren gezählt, und man ließ es ihn spüren.

Am Nachmittag hatten wir Hans Modrow im Leipziger Gästehaus der DDR-Regierung getroffen – das letzte Treffen vor der Wahl. Er wirkte müde und abgespannt. Ihm war klar, dass die PDS am 18. März abgewählt werden würde. »Es ist im Moment völlig offen, ob die SPD oder die Allianz das Rennen macht«, sagte er, »darüber kann man nur spekulieren. Die schlechten Seiten des Bundestagswahlkampfs sind auf die DDR übergeschwappt. Ich bedauere, was sich derzeit auf den Straßen abspielt. Viele DDR-Bürger sind damit überfordert.« Über die anstehenden Probleme redete er schon wie jemand, der damit bald nichts mehr zu tun haben würde. »Ein Konzept für das Zusammenwachsen fehlt völlig. Dass Herr Kohl von seinem eigenen Zehn-Punkte-Plan abgerückt ist und nun die schnelle Einheit will, ist noch kein Konzept.«

Die Engpässe in der Versorgung seien im Moment überwunden, berichtete Modrow. »Die Gerüchte über den Subventionsabbau haben dazu beigetragen, dass Hamsterkäufe getätigt wurden. Dadurch, dass wir die Entscheidung darüber verschoben haben, ist wieder eine Beruhigung eingetreten.«

Bonn habe, klagte er, zu keinem Zeitpunkt konkrete Unterstützungsmaßnahmen eingeleitet: »Es sind nur die Mittel für den Reisedevisenfonds aufgestockt worden. Das war alles. Dabei haben viele Bundesbürger zum Ausverkauf der DDR beigetragen. Für vier bis fünf Milliarden Mark haben die hier eingekauft.« Die Schiebergeschäfte der SED-Bonzen aus den Betrieben, die unter dem Schutz seiner Regierung stattfanden, erwähnte er nicht.

Modrow äußerte die Einschätzung, dass nach den Wahlen sehr schnell die Bildung der neuen Länder in Angriff genommen werden würde. »Das ist aber ein komplizierter Vorgang. Es muss eine Gesetzgebung dafür geschaffen werden, es müssen völlig neue Verwaltungsstrukturen aufgebaut werden, und die Kreise müssen teilweise neu zugeschnitten werden. Dennoch werden sich die politischen Kräfte nach dem 18. März damit beeilen.« Modrow hatte die Befürchtung, dass einzelne der neuen Länder versuchen könnten, nach Artikel 23 ihren Beitritt zur Bundesrepublik zu erklären. »Dann wird es sehr schwierig«, sagte er.

Ich antwortete: »Es gibt keinen langsamen Weg zur Einheit mehr. Alle Zeitpläne, die irgendwo und irgendwann gemacht wurden, sind überholt.«

»Ja, das ist wahr«, sagte Modrow, »vor allem hier im Süden der DDR.«

Die erste demokratische Volkskammerwahl brachte der Ost-CDU mit 40,9 Prozent einen großartigen Wahlsieg. Zusammen mit der DSU und dem »Demokratischen Aufbruch« kam die »Allianz für Deutschland« sogar auf 48,15 Prozent und verfehlte die absolute Mehrheit nur knapp. Im Süden der DDR, dort, wo das Volk am massivsten erst gegen die SED und dann für die Einheit auf die Straße gegangen war, erreichte die Allianz in fast jedem Bezirk über fünfzig, teilweise sogar über sechzig Prozent der Stimmen. Die Thüringer und Sachsen hatten Helmut Kohl gewählt.

Die SPD erhielt 21,8 Prozent der Stimmen und war damit zweitstärkste Partei, eine starke Leistung für eine neugegründete Partei, aber dennoch eine klare Niederlage. Ihre Hochburgen waren Ostberlin, Potsdam und Frankfurt/Oder.

Die PDS errang mit 16,3 Prozent mehr, als ich vermutet hatte. Schockierend war, dass sie in Ostberlin mit 29,5 Prozent zweitstärkste Kraft hinter der SPD geworden war.

Enttäuschend verlief die Wahl für das »Bündnis '90«, den Zusammenschluss der Bürgerbewegungen »Neues Forum«, »Demokratie jetzt!« und »Initiative für Frieden und Menschenrechte«. Das Bündnis '90 erhielt nur 2,9 Prozent der Stimmen, die Grünen nur 1,9 Prozent. Diejenigen Kräfte, die zuletzt den »Runden Tisch« dominiert hatten, waren nicht mehr repräsentativ für die DDR. Die Revolutionäre der ersten Stunde hatten den Weg freigemacht. Gewählt wurden jetzt andere. Die Deutschen in der DDR wollten zur Bundesrepublik gehören, ohne Umwege, so direkt und so schnell wie möglich.

Lothar de Maizière lud sogleich die ostdeutsche SPD zu Gesprächen über die Bildung einer Großen Koalition ein. Das war richtig, denn die DDR brauchte jetzt eine Regierung, die eine möglichst große Breite des politischen Spektrums umfasste. Diese Regierung hatte nicht mehr und nicht weniger zu tun, als die Auflösung des eigenen Staates vorzubereiten und dabei die Interessen der Bürger gegenüber der Bundesrepublik so gut und so geschlossen wie nur möglich zu vertreten. Es wäre sinnlos gewesen, in einer solch historisch einmaligen Situation die von den westdeutschen Christdemokraten begonnene Polarisierung zwischen »Allianz« und der SPD unnötig weiterzuführen. Konsequenterweise verzichtete de Maizière darauf, die knappe Mehrheit, die die Demokratische Allianz und die liberalen Kleinparteien zusammen gehabt hätten, auszuspielen, zumal das konservative Lager in sich außerordentlich labil war. Der Parteirat der SPD in der DDR stellte sich aber zunächst auf den

Standpunkt, auf keinen Fall mit der von der CDU abhängigen rechten DSU koalieren zu wollen. Die Wunden aus dem Wahlkampf waren tief. Andererseits lief die SPD Gefahr, sich zusammen mit der PDS auf der Oppositionsbank wiederzufinden. Opposition gegen was? Gegen die Vereinigung, gegen die Währungsunion, gegen die Ablösung des alten, von der SED dominierten politischen und ökonomischen Systems?

Diese Position des Parteirats der DDR-SPD war nicht haltbar. Aber sie verzögerte die Regierungsbildung und sorgte für zunehmende Unruhe in der DDR-Bevölkerung, die nach der ersten demokratischen Wahl in ihrem Land nun endlich einen schnellen Kurswechsel, vielleicht auch ein Wunder erwartete.

Am 29. März wurden endlich Koalitionsverhandlungen aufgenommen, und am 12. April war die Koalitionsvereinbarung zwischen CDU, DSU, »Demokratischer Aufbruch«, SPD, Liberalen, der Deutschen Forum Partei, dem Bund Freier Demokraten und der FDP perfekt. Darin hieß es: »Die besondere Lage in der DDR seit dem 9. November 1989 macht es zur Lösung der anstehenden Zukunftsaufgaben im Prozess der Vereinigung beider Teile Deutschlands erforderlich, parteitaktische Interessen zurückzustellen und eine Große Koalition für die Zeit des Zusammenwachsens beider deutscher Staaten zu bilden. Ziel der Koalition ist, Wohlstand und soziale Gerechtigkeit für alle Bürger der DDR zu sichern, Freiheit und Rechtsstaatlichkeit durchzusetzen und die Einheit Deutschlands nach Verhandlungen mit der BRD auf der Grundlage des Art. 23 GG zügig und verantwortungsvoll für die gesamte DDR gleichzeitig zu verwirklichen und damit einen Beitrag zur europäischen Friedensordnung zu leisten.« Und weiter hieß es im Text: »Die DDR will ihre besondere Verbindung zu den Völkern Osteuropas auf wirtschaftlichem, politischem und kulturellem Gebiet entwickeln und vertiefen. Sie tritt für eine baldige, stufenweise Erweiterung der Europäischen Gemeinschaft ein. Sie fordert nach der Vereinigung Berlin als Hauptstadt Deutschlands, um dieser Brückenfunktion einen besonderen Ausdruck zu geben.«

Im Kabinett de Maizière saßen elf Minister der CDU, sieben der SPD, zwei der DSU, zwei der LDP und je einer von FDP und DA. Ministerpräsident Lothar de Maizière appellierte in seiner Regierungserklärung am 19. April eindringlich an die

Bürger in der Bundesrepublik: »Bedenken Sie, wir haben vierzig Jahre die schwere Last der deutschen Geschichte tragen müssen. Die DDR erhielt bekanntlich keine Marshall-Plan-Unterstützung, sondern sie musste Reparationsleistungen erbringen. Wir erwarten von Ihnen keine Opfer. Wir erwarten Gemeinsamkeit und Solidarität. Die Teilung kann tatsächlich nur durch Teilen aufgehoben werden.«

Wie es dagegen bei einigen Kreisen im Westen um die Bereitschaft zum »Teilen« stand, ließ am nächsten Tag die *Frankfurter Allgemeine Zeitung* in ihrem Leitartikel verlauten: »Die Regierungserklärung des DDR-Ministerpräsidenten Lothar de Maizière liest sich über weite Strecken wie ein Wunschzettel an die Adresse des reichen Onkels. Das ist legitim. Aber es wird noch einiger Verhandlungen bedürfen, um aus den Wünschen ein handliches Paket des Finanzierbaren zu machen. Das Argument der Solidarität und die Dringlichkeit der Entwicklungsaufgaben sind jedenfalls keine Begründungen für die Erhöhung von Steuersätzen oder auch nur für den Verzicht auf investitions- und wachstumswirksame Steuersenkungen.«

Was die *FAZ* hier ungeschminkt formulierte, war mit der Regierungslinie in Bonn identisch. Im Westen der Bundesrepublik sollte alles beim Alten bleiben. Bundeskanzler Kohl sagte am 10. Mai 1990 vor dem Bundestag: »Ich sehe keinen Grund für Steuererhöhungen zur Finanzierung der Einheit.«

Die Bundesregierung scheute die mühsame gesellschaftliche Auseinandersetzung über eine Umverteilung der Haushaltsmittel, über Einsparungen und über Verbesserungen auf der Einnahmenseite. Dabei war in der Bevölkerung die Bereitschaft zum Teilen so groß wie nie – wenn es nur sozial ausgewogen geschah. Doch die Bonner Regierungskoalition wagte diese Auseinandersetzung vor den Wahlen nicht. Finanzminister Waigel legte für 1990 sogar einen Rekordhaushalt für die Verteidigungsausgaben vor, so, als ob sich zwischen Ost und West noch immer nichts verändert hätte.

Im Westen nichts Neues.

Die Juden und die deutsche Einheit

Als es in der letzten Phase des deutschen Einigungsprozesses, Ende August 1990, um die endgültige Formulierung des Einigungsvertrags ging, kritisierte der Vorsitzende des Zentralrats der deutschen Juden, Heinz Galinski, dass in der Präambel des Vertrags ein ausdrückliches Bekenntnis Deutschlands zur nationalsozialistischen Vergangenheit und zur Massenvernichtung der Juden fehle. Diese Kritik war berechtigt. Allzuwenig blickten wir Deutschen im Prozess der Vereinigung über den Tellerrand unserer aktuellen Probleme hinaus. Wir analysierten nicht, was ein geeintes Deutschland vor dem Hintergrund der Geschichte für andere Völker bedeuten musste, und wie sich diese größer und mächtiger gewordene Nation in ein neues Europa einfügen würde. Die notwendige Distanz zum eigenen Tun und zugleich einen Begriff von den emotionalen Implikationen einer deutschen Vereinigung gewann man, sobald man sich in Israel aufhielt. Es gehört zu den vielen Beispielen für den Mangel an Sensibilität bei der Bundesregierung, dass kein Mitglied des Kabinetts in der entscheidenden Phase des Einigungsprozesses, also in der ersten Hälfte des Jahres 1990, nach Tel Aviv oder Jerusalem reiste, um den Prozess der Vereinigung dort zu erläutern.

Ich begleitete das Berliner Philharmonische Orchester über Ostern 1990 bei dem wohl schwierigsten Auslandsgastspiel seiner Geschichte nach Israel. Immer wieder war diese Reise geplant und angekündigt, aber immer wieder auch hinausgeschoben worden. Der langjährige Chefdirigent Herbert von Karajan war wegen seiner NSDAP-Mitgliedschaft in Israel nicht erwünscht. Er hatte sich aber auch dagegen gesperrt, dass das Orchester ohne ihn und mit einem anderen Dirigenten dorthin reiste. Erst nach seinem Tod im Juli 1989 wurde die Fahrt möglich. Dennoch wurde sie begleitet von starken Emotionen. Der

Präsident der Knesseth, Dov Schilansky, der das Konzentrationslager Dachau überlebt hatte, erklärte: »Ich bedauere zutiefst, dass wir das Berliner Orchester empfangen. Es hat keinen Platz hier. Die Schande Deutschlands wird auch in tausend Jahren nicht ausgelöscht sein.«

Die sieben Konzerte unter dem Dirigenten Daniel Barenboim in Tel Aviv, Jerusalem und Haifa wurden ungeachtet dessen zu umjubelten Erfolgen. Unvergessen bleibt für mich das Abschlusskonzert im Mann-Auditorium in Tel Aviv, das gemeinsam mit den Israelischen Philharmonikern unter Zubin Mehta gegeben wurde. Staatspräsident Chaim Herzog hatte die Schirmherrschaft dafür übernommen. Die beiden Orchester spielten ein Werk des israelischen Komponisten Paul Ben-Haim, der schon 1933 von München nach Palästina ausgewandert war, und begleiteten abwechselnd junge Solisten des jeweils anderen Landes. Am Ende spielten die Berliner Philharmoniker die Hatikwa, die israelische Nationalhymne. Die Zuhörer dankten den Musikern mit minutenlangen Ovationen. Zubin Mehta sagte: »Endlich haben Juden und Deutsche miteinander Musik gemacht, und nun hoffen wir, dass das noch tausend Jahre so weitergeht.« Die deutschsprachige Zeitung *Israel-Nachrichten* schrieb: »Dass die Musik nationale Feindseligkeit überwinden kann, ist ein Klischee, es ist keine Tatsache. Aber Orchester können als Botschafter des guten Willens wirken, und der Besuch der Berliner ist ein wichtiger Schritt zur Festigung der Beziehungen zwischen der Bundesrepublik und Israel.«

Unsere Botschaft war angekommen.

Ich sprach in Israel mit Staatspräsident Herzog, Ministerpräsident Schamir, Außenminister Arens, dem Vorsitzenden der Arbeiterpartei, Schimon Peres, ihrem Generalsekretär Michael Harrisch, mit Jerusalems Bürgermeister Teddy Kollek, mit dem palästinensischen Bürgermeister von Bethlehem, Frej, sowie mit Vertretern der Palästinenser in den besetzten Gebieten. Meinen jüdischen Gesprächspartnern sagte ich: »Niemand muss Angst vor dem kommenden deutschen Staat haben. Deutschland ist heute ein in das gemeinsame europäische Haus eingebetteter demokratischer Staat. Wir wollen Frieden nach außen und nach innen.« Ich wies die israelischen Politiker darauf hin, dass es in der ganzen Phase der Umwälzung und Revolution nicht eine einzige nationalistisch geprägte Kundgebung oder Demonstration gegeben habe. »Im Westen Deutschlands gibt es überhaupt keine Demonstrationen im Zuge des Einheitsprozesses, und im Osten werden Deutschlandfahnen nur geschwungen, weil man so schnell wie möglich zur Bundesrepublik gehören und ihren Wohlstand teilen will. Der gesamten Entwicklung fehlt jeglicher nationalistische Anstrich.«

Ich warb auch in Israel dafür, dass Berlin wieder Hauptstadt eines demokratischen und vereinigten Deutschland werden sollte. »Seit dem 9. November 1938, den Pogromen gegen die Juden, ist der Name Berlins besudelt. Deshalb wollen wir uns in Berlin besonders intensiv mit unserer Geschichte auseinandersetzen. Hier im Angesicht der deutschen Geschichte, mit dem Blick aus dem Fenster auf das ehemalige Gestapo-Gelände, muss deutsche Politik gemacht werden. Das ist die beste Sicherung dafür, dass deutsche Politik die deutsche Geschichte nicht aus dem Blick und aus dem Gedächtnis verliert. Berlin wird eine weltoffene Hauptstadt sein, eine europäische Metropole.«

Ich war erstaunt, wie wenig Vorbehalte ich von den israelischen Spitzenpolitikern gegen die deutsche Einheit und ebenso wenig gegen Berlin als Hauptstadt hörte. Mit dazu beigetragen hatte auch der Beschluss der DDR-Volkskammer vom 16. April, in dem diese sich zur Verantwortung der Deutschen in der DDR für ihre Geschichte bekannte und die Mitverantwortung auch des östlichen Teils Deutschlands für die Verbrechen der Nazis hervorgehoben hatte.

Eines der wichtigsten Ereignisse im Jahr der deutschen Einigung war die Tagung des jüdischen Weltkongresses vom 7. bis 9. Mai 1990 in Berlin. Der jüdische Weltkongress war 1936 in Genf gegründet worden, um den von der nationalsozialistischen Verfolgung bedrängten Juden in Europa zu helfen. Teilnehmer des Weltkongresses erfuhren 1942 als erste von den in der Berliner »Wannsee-Villa« gefassten Geheimbeschlüssen über die »Endlösung« der Judenfrage und informierten damals die Öffentlichkeit. Inzwischen repräsentierte der Kongress, dessen Sitz New York war, jüdische Organisationen und Gemeinden aus siebzig Ländern. Es war das erste Mal, dass der Weltkongress in Deutschland und noch dazu in Berlin tagte. Diese Entscheidung war intern äußerst umstritten. Sie war Heinz Galinski, dem Vorsitzenden des Zentralrates der Juden in Deutschland und Berliner Ehrenbürger, zu verdanken, der sein ganzes politisches Gewicht in die Waage gelegt hatte. Die Ergebnisse dieser Tagung waren für die internationale Diskussion um die Vereinigung der beiden deutschen Staaten von außerordentlich großer Bedeutung. Der jüdische Weltkongress trug dazu bei, Misstrauen gegenüber den Deutschen abzubauen, indem er den Deutschen die Hand zur Versöhnung reichte und die Vereinigung des Landes befürwortete.

Der Präsident der Organisation, Edgar Bronfman, sagte: »Die Überwindung der stalinistischen Diktatur in Ostdeutschland ist ein Sieg für die Menschheit. Die Verpflichtung eines vereinigten Deutschland ist es, die Erinnerung an den Holocaust wachzuhalten und die Jugend zu Toleranz zu erziehen. Die Juden haben ihre Erinnerungen. Sie haben ihre Hoffnungen und Befürchtungen und ihre Ungewissheit. Aber wir sind hier, weil wir dem neuen Deutschland etwas zu sagen haben. Versöhnung ist möglich, wenn wir die Wahrheit sagen. Die Qual der Erinnerung ist die einzige Brücke zwischen uns, der einzige Weg der Versöhnung.« Bronfman erkannte an, dass in der Bundesrepublik eine demokratische Gesellschaft geschaffen worden war. »Die Juden beten, dass Sie beweisen werden, dass die Welt nichts mehr von Ihnen zu befürchten hat«, sagte er. »Deutschland hat fast das gesamte europäische Judentum vernichtet. Nun haben Sie eine besondere Verpflichtung uns gegenüber. Wir sprechen nicht von Kollektivschuld. Wir fordern aber ein Zugeständnis kollektiver Verantwortlichkeit.«

Es war ein gutes Zeichen, dass Bundeskanzler Kohl an der Eröffnung des Kongresses teilnahm und diese Worte hörte. An ihn besonders richtete Bronfman den Appell, Israel zu unterstützen: »Israel ist aus der Asche des Holocaust entstanden. Sie dürfen niemals denen helfen, die Israel zerstören wollen.«

Die deutsche Israel-Politik wird immer eine vorsichtige Gratwanderung bleiben müssen. Wir wollen Partei ergreifen für das Recht des Staates Israel, in sicheren und friedlichen Grenzen zu leben, aber wir können nicht Partei nehmen für die israelische Unterdrückungspolitik gegenüber den Palästinensern. Wir werden die Rechte des einen Volkes nicht geringer achten als die des anderen. Auch das palästinensische Volk hat einen Anspruch auf einen eigenen souveränen Staat und die Respektierung der Menschenrechte. Deutschland kann heute einen aktiven Beitrag zur Lösung des scheinbar unauflöslichen Nahostproblems leisten.

Ein erster Schritt ist es, die Lieferung von Waffen und waffenfähiger Technik in das Krisengebiet zu unterbinden. Und zweitens muss Deutschland die massiven ökologischen und ökonomischen Probleme der Region lösen helfen. Der Konflikt ist auch ein sozialer, und er bleibt es, selbst wenn die nationalen Fragen und die Sicherheitsprobleme gelöst sind. Die Regelung der staatlichen Fragen, Abrüstung in der gesamten Region sowie wirtschaftliche Aufbauhilfe, insbesondere für die Palästinenser, müssen Hand in Hand gehen. Nur so ist eine auf Dauer tragfähige Friedensregelung denkbar. Ein wichtiger Beitrag der Deutschen zur Wiedergutmachung am jüdischen Volk muss es sein, das friedliche Zusammenleben aller Völker im Nahen Osten auch ökonomisch zu ermöglichen. Dazu kann ein Industrieland durch Handel und Austausch zu fairen Bedingungen beitragen.

Ein ergreifendes Ereignis war die Gedenkveranstaltung des jüdischen Weltkongresses am 8. Mai 1990 vor dem Ort der sogenannten Wannsee-Konferenz in Zehlendorf, wo 1942 Staatssekretäre und Beamte der Hitler-Regierung die technische Abwicklung der völligen Vernichtung der Juden in Europa beschlossen hatten. Viele Teilnehmer der Gedenkveranstaltung hatten Tränen in den Augen. Ein Sprecher verlas einen Text des Friedensnobelpreisträgers Elie Wiesel in hebräischer, englischer und deutscher Sprache: »Was die Deutschen hier auslöschen wollten, war die Geschichte der Juden. Doch Wannsee bedeutet für uns Juden auch, dass die Erinnerung stärker ist als ihre Widersacher. Es bedeutet, dass die Hoffnung der Juden die Angst besiegt hat.«

Das klare Bekenntnis der Deutschen zu ihrer geschichtlichen Bürde fällt immer noch vielen von uns schwer. Was unangenehm ist, wurde und wird ignoriert. Die Relativierung der Verbrechen, wie sie einige deutsche Historiker betreiben, ist unerträglich. Der systematische Völkermord an den Juden ist in der Menschheitsgeschichte einzigartig, und er markierte den bisherigen Tiefpunkt der Zivilisation. Es gibt die Neigung, die Schuld an den Verbrechen den »Nazis« und der »SS« zuzuschreiben. So, als seien es fremde Wesen gewesen, mit denen das deutsche Volk eigentlich nichts zu tun gehabt hätte. So, als habe es keine Einsatzkommandos gegeben und die Deutsche Reichsbahn nicht den reibungslosen Transport in die KZ und Vernichtungslager garantiert. Viele Deutsche haben dazu beigetragen, dass die Maschinerie des Todes reibungslos laufen konnte. Und noch mehr haben zugesehen oder weggesehen, als alles anfing, als aus Nachbarn Juden wurden, als Drangsalierung und Diskriminierung einsetzten, als ein Mensch in seinem Wert von dem anderen unterschieden wurde. Kaum jemand hatte da widersprochen. Der deutsche Faschismus und der Rassismus hatten nahezu die ganze Gesellschaft erfasst. Man hat damals das Geschehen verdrängt, und es wird noch immer oft verdrängt. Wenn ich durch deutsche Städte gehe, frage ich mich, aus wie vielen Fenstern zugesehen wurde, als der braune Mob die Pogrome entfesselte und als die Juden zusammengetrieben und abgeführt wurden. Auch die Konzentrationslager konnten nur so lange aufrechterhalten werden, wie die Front hielt. Es gibt keinen Grund, auch nur irgendeinen Teil der Wehrmacht von seiner direkten oder indirekten Mitverantwortung auszunehmen, wie das oft versucht wird.

Die Menschen in Deutschland haben für den Nationalsozialismus sehr unterschiedlich bezahlt. Sie haben, abgesehen von den eigenen Opfern, bezahlt mit der Besetzung und Aufteilung des Landes, mit dem Verlust der Heimat oder mit einem diktatorischen System. Es gibt aber auch Regionen in unserem Land, in denen sich 1945 praktisch nichts verändert hat. Die Amerikaner sind gekommen, und die Hakenkreuzfahne wurde abgenommen, aber viele alte Strukturen und Denkweisen sind erhalten geblieben. Die Aufarbeitung der Geschichte hat manchmal gar nicht stattgefunden oder wurde früh abgebrochen. Geschichte als Teil der Gegenwart, als Teil unserer politischen Realität, das ist etwas, das niemals abgeschlossen ist, sondern von jeder Generation neu begriffen und verarbeitet werden muss.

Dabei geht es nicht nur darum, abstraktes historisches Wissen zu vermitteln. Es geht darum, die Lehren aus der Geschichte auf die heutige Zeit zu übertragen. Es geht darum, die Menschen sensibel und aufmerksam zu machen für die Anfänge.

Ein Tabu fällt

In den März- und Apriltagen des Jahres 1990 wurden in der DDR zahlreiche Massengräber mit den Opfern sowjetischer Internierungslager von 1945 bis 1950 entdeckt. In Schmachtenhagen, Fünfeichen, Buchenwald und Ketschendorf wurden Tausende Skelette freigelegt. Nach dem Krieg hatte die sowjetische Besatzungsmacht die Konzentrationslager der Nazis einfach in Internierungslager für Deutsche umgewandelt. In diese Lager wurde eine Reihe von Nazi-Verbrechern und Mitläufern eingewiesen, aber der überwiegende Teil der Insassen waren Menschen, die von Landsleuten böswillig bei der Besatzungsmacht denunziert worden waren, die die Sowjets für Spione hielten oder die sie einfach aufgegriffen hatten, um anstelle von entwichenen Häftlingen die Zahl der Inhaftierten wieder aufzufüllen. In den Lagern gab es nur Hungerrationen für die Häftlinge, so gut wie keine Medikamente, und es herrschte eine brutale Drangsalierung durch die Wachmannschaften. Die Verhältnisse waren fürchterlich. Tausende starben an Hunger und Kälte, an Tuberkulose und anderen Krankheiten. Die Existenz dieser Lager war in der »Sowjetischen Besatzungszone« und in der DDR immer tabuisiert worden. Darüber sprach man nicht einmal in der Familie.

Vom 31. März bis zum 2. April 1990 begleitete ich rund dreihundert Berliner Sozialdemokratinnen und Sozialdemokraten auf einer Gedenkstättenfahrt nach Buchenwald. Wir legten im ehemaligen Konzentrations- und Internierungslager Kränze zum Gedenken an die Opfer der Gewaltherrschaft nieder – für die vor 1945 wie für die nach 1945, darunter für die von den Nazis ermordeten Politiker Rudolf Breitscheid, Ernst Thälmann und Ernst Heilmann. Das Lager befand sich am Nordhang des Ettersberges, oberhalb von Weimar. Auf dem Südhang, mit Blick auf die Stadt, steht die nach dem Entwurf des DDR-Generalkonservators Ludwig Deiters gestaltete Gedenkstätte mit der »Straße der Nationen« und dem Glockenturm, vor dem Plastiken des Bildhauers Fritz Cremer aufgestellt sind. Diese Gedenkstätte erinnert nur noch sehr entfernt an die Leiden und Opfer des antifaschistischen Kampfes, sie ist vielmehr Ausdruck des autoritären Staatsverständnisses der DDR und Sinnbild ihres verordneten Antifaschismus. Der Glockenturm wurde in den 50er Jahren in bestem stalinistischen Eklektizismus erbaut. Die Skulpturen der Lagerinsassen des DDR-Staatsbildhauers sind alle in so heroischer Pose und mit so übermenschlichem Gestus dargestellt, dass man sich fast fragt, warum die Nazi-Diktatur gegen solche »Übermenschen« überhaupt jemals eine Chance hatte. Die Gedenkstätte selbst empfand ich als ein Monument der Unterdrückung einer freien Diskussion und eines sensiblen Nachdenkens über die Ursachen für die dunkelsten Kapitel der deutschen Geschichte.

Die Tochter eines nach 1945 von den Sowjets inhaftierten Weimarer Bürgers führte mich an den Ruinen früherer Rüstungsbetriebe und Bunker vorbei zu den bis dahin nicht beachteten und geleugneten Massengräbern der Nachkriegsinternierten. Sie befanden sich in einem vor etwa zwanzig Jahren aufgeforsteten Wald nördlich des ehemaligen Lagers. Große, klar abgegrenzte viereckige Gruben, die jetzt eingesunken und mit Laub zugeweht waren. Ein Wald voller Massengräber. Die Frau erzählte mir, dass durch das Gehölz vor wenigen Jahren eine Wasserleitung gebaut worden war und man damals zum ersten Mal auf die Gebeine gestoßen sei. Auf Geheiß der Obrigkeit hatte aber alles schnell wieder zugeschüttet werden müssen. Jetzt kamen durch das Laub einzelne Knochen wieder an die Oberfläche, Knochen von Menschen. Ein grausiger Anblick. Zum Gedenken an diese Opfer des Stalinismus hatte jemand einen kleinen Steinhaufen aufgeschichtet und ein Kreuz aufgestellt. Die junge Frau bemühte sich mit Hilfe der örtlichen Presse, Licht in das Dunkel des Nachkriegslagers zu bringen.

In der Ansprache am Glockenturm vor den Berliner Besuchern und einigen Sozialdemokraten aus Weimar sagte ich: »Wenn wir heute an dieser Stelle der Opfer des Nationalsozialismus und der Opfer der sowjetischen Besatzung und des Stalinismus gedenken, dann vergessen wir nicht, warum die sowjetische Besatzung und der Stalinismus überhaupt über dieses Land kommen konnten. Wir vergessen nicht, dass der Zweite

Weltkrieg ein Vernichtungs- und Ausrottungsfeldzug war, der von den Deutschen ausging. Der Westen musste sich mit der stalinistischen Sowjetunion verbünden, um Nazi-Deutschland niederzuringen. Durch diesen Krieg konnte der Stalinismus erst seine Macht über die baltischen Staaten, über die Staaten Osteuropas und Teile Mitteleuropas und über das Gebiet der DDR entfalten. Nun hat sich die Sowjetunion selbst von den Fesseln des bürokratischen Sozialismus befreit. Sie ist nicht mehr der Staat der Unterdrückung. Das hat auch den Menschen in der DDR die Möglichkeit gegeben, den Unterdrückungsapparat der SED abzuschütteln. Die DDR ist jetzt ein freies Land, in dem die Auseinandersetzung über das SED-Regime und seine Opfer geführt wird. [...]

Im Frühjahr 1945 haben die Amerikaner Einwohner Weimars nach Buchenwald gebracht und ihnen die Stätte des Grauens und des Terrors gezeigt. Ich sehe noch die Filmaufnahmen mit den fassungslosen Gesichtern der Menschen vor mir. Sie hatten weggeschaut und verdrängt, was in ihrer Nachbarschaft über viele Jahre hindurch passiert war. Nun konnten sie es nicht begreifen. Vielen mag es heute angesichts der neuen Massengräber auch so gehen. Diesmal sind es nicht die Massengräber der Nazis, sondern die der ›Befreier‹, des großen sozialistischen Bruderstaates. Heute, da die Menschen auch hier frei reden können, stehen viele fassungslos vor dem Scherbenhaufen ihrer Überzeugungen. Sie haben an große Ideen geglaubt und dabei verdrängt, dass die Diktatur ein fester Bestandteil des Systems der SED-Herrschaft war. Die Geschichte hat dieses Land eingeholt. Es wird für viele sehr schwer werden, sich der stalinistischen Vergangenheit zu stellen. Wie schwer das ist, wissen wir aus dem Umgang mit der nationalsozialistischen Vergangenheit. Wir wissen, wie leicht und wie gern verdrängt wird. Der ungesühnte Mord an Ernst Thälmann ist ein deutliches Beispiel dafür. Wir haben im Westen dafür kämpfen müssen, dass die Deutschen sich der Erinnerung an die dunklen Kapitel der deutschen Geschichte stellen, und wir müssen es täglich noch. Deshalb geben wir unseren sozialdemokratischen Freunden in der DDR den Rat: Kämpft darum, dass man sich bei euch offen und bewusst der Geschichte stellt, dass nichts verschwiegen wird, dass nichts verdrängt wird.«

Ein gigantisches Experiment

Mit ihrer Wahlentscheidung am 18. März hatten die DDR-Deutschen ihre Hoffnungen und Erwartungen in die Hände der Bundesregierung gelegt. Die Volkskammerwahl war die Abstimmung über das Ende des zweiten deutschen Staates. Die DDR-Bürger wollten Bundesbürger werden, wollten richtiges Geld haben, die gleichen Autos fahren, nach Mallorca reisen und Westwaren konsumieren. Sie wollten nach vierzig Jahren endlich nicht mehr Deutsche 2. Klasse sein. Der Einführung der D-Mark als offizielles Zahlungsmittel kam deshalb eine entscheidende psychologische Bedeutung für die Stabilisierung des Landes zu. »Kommt die D-Mark, bleiben wir, kommt sie nicht, geh'n wir zu ihr!«, hieß ein verbreiteter Spruch. Wer darüber die Nase rümpfte oder den DDR-Bürgern vorwarf, »die Bananen gewählt zu haben«, konnte sich nur schwer vorstellen, wie erniedrigend es für sie war, ihre Währung zum Kurs von eins zu zehn an den Wechselschaltern umzutauschen, auf Kaffeepakete aus dem Westen zu warten oder in den Ferien am Schwarzen Meer mit Devisen prassende Westler erdulden zu müssen. Wer es wie selbstverständlich gewöhnt war, in der Toskana oder auf Gomera seinen trockenen Weißwein zu trinken und teure Anzüge zu tragen, der hatte kein Recht, hochnäsig auf Ostdeutsche zu blicken und ihnen auch noch unkritische Konsumlust vorzuwerfen. So besonders kritisch waren westliche Konsumenten, die alles kauften, was teuer und »in« war, auch nicht gerade.

Wie hoch die Erwartungen auf schnellen Wohlstand waren, musste die Bundesregierung erfahren, als sie bei der Vorbereitung der Währungsunion kurz nach der Volkskammerwahl öffentlich über einen Umstellungskurs von eins zu zwei bei Löhnen und Renten nachdachte und auch die Spareinlagen nur bis zu einer bestimmten Grenze zum Nennwert umtauschen wollte. Das war zwar volkswirtschaftlich vernünftig gedacht, aber politisch und psychologisch völlig untragbar. In der DDR erhob sich ein Sturm der Entrüstung, Hunderttausende gingen auf die

Straße. Der FDGB drohte gar mit einem Generalstreik. Schnell wurde der Vorwurf vom Wahlbetrug laut: »Ein Neubeginn mit Wahlbetrug« und »Wer uns verkohlt, wird versohlt« lauteten die Losungen auf den Transparenten, die von den Demonstranten in Ostberlin, Dresden, Leipzig, Cottbus, Halle, Magdeburg und Gera getragen wurden.

Bundeskanzler Kohl versuchte sich damit herauszureden, dass er – was den Tatsachen entspricht – im DDR-Wahlkampf niemals einen Kurs von eins zu eins für Löhne und Gehälter versprochen hatte, sondern allgemein von Solidarität mit den Landsleuten in Ostdeutschland, von auskömmlichen Renten und von der Sicherung der Ersparnisse. Was zählte, war aber, dass er, und zwar in voller Absicht, in der DDR die Vorstellung und Erwartung baldigen Wohlstands geweckt hatte. Keinem werde es schlechter gehen, aber vielen besser, hatte er versprochen. Und der Wohlstand, darin waren sich die Bürger und Regierenden in der DDR einig, war nur über einen Umtauschkurs von eins zu eins zu erreichen, wie ihn auch die Ostberliner Koalitionsvereinbarung forderte.

Die anfängliche Bonner Ablehnung, auf diese Forderung einzugehen, basierte im Wesentlichen auf zwei Befürchtungen. Zum einen wiesen Bundesbank, Wirtschaftsexperten und Teile der FDP, insbesondere Graf Lambsdorff und Wirtschaftsminister Haussmann, völlig zu Recht darauf hin, dass Wettbewerbsfähigkeit und Leistungsfähigkeit der DDR-Wirtschaft nicht ausreichten, um einen derartigen Umstellungskurs durchzuhalten. Die DDR-Bürger würden, so hieß es in dieser Argumentation, mit einem relativ hohen Anfangseinkommen in D-Mark ausgestattet werden und dafür vornehmlich Westwaren kaufen. Die eigene Industrie sei qualitativ und preislich nicht in der Lage, konkurrenzfähige Produkte anzubieten. Die Folge davon seien der Zusammenbruch von großen Teilen der Produktion und eine hohe Arbeitslosigkeit.

Bundeskanzler Kohl erklärte am 2. April: »Es führt zu nichts, wenn man für einen demonstrativ sozialen Kurs Beifall erhält und dann sechs Monate später einer katastrophalen Wirtschaftslage gegenübersteht.« Er ahnte, welch hohe Folgekosten für die Bewältigung der sozialen Probleme auf die Bundesrepublik zukommen würden, ganz zu schweigen von den Geldern, die aufzubringen waren, um Landschaften zum Blühen zu bringen, wie er versprochen hatte.

Die zweite Befürchtung stammte von Bundesfinanzminister Waigel, der ebenfalls zu Recht zu bedenken gab, dass letztlich der Staat die Rechnung für einen günstigen Umtauschkurs bezahlen müsse. Denn nicht nur die Renten, sondern auch die meisten Löhne in der DDR wurden aus dem Staatshaushalt bestritten, dessen Defizit der Bund nach der Währungsunion zu tragen hätte. Waigel und Kohl aber hatten den West-Bundesbürgern schon frühzeitig ein Versprechen gegeben, von dem sie partout nicht mehr lassen wollten: keine Steuererhöhungen für die Einheit, sogar Steuersenkungen für die Unternehmen entsprechend der lange geplanten zweiten Stufe der Steuerreform.

Die Bundesregierung ließ ihre begründeten Bedenken gegen einen Kurs von eins zu eins aber wenig später fallen. Sie verdrängte die von ihr zuvor noch selbst postulierten negativen finanziellen Folgen konsequent und spielte die sozialen Probleme ebenso wie die Kosten der ökonomischen Radikalkur, die der DDR mit der Währungsumstellung verordnet worden war, in der Öffentlichkeit systematisch herunter. Kritiker wie Bundesbankpräsident Pöhl und dessen Stellvertreter Schlesinger fanden kein Gehör, als sie davor warnten, die Leistungsfähigkeit der D-Mark überzustrapazieren und die Verschuldung der öffentlichen Haushalte weiter hochzutreiben. Die Bundesregierung verweigerte sich auch dem Prinzip der Gewaltenteilung, indem sie die Länder wie die Opposition bei den Beratungen über die Währungsunion weitgehend ausschloss.

All dies geschah, um nicht zugeben zu müssen, dass Steuererhöhungen bald unvermeidlich sein würden. Die Unehrlichkeit der Politik der Bundesregierung lag nicht darin, dass sie dem Wunsch der Deutschen in der DDR nach einer raschen Einführung der D-Mark folgte. Die Unehrlichkeit lag darin, dass sie die Folgen dieser Operation für Ostdeutsche und Westdeutsche verschwieg und die Situation beschönigte. Es wurde der Eindruck erweckt, die Einheit könne gleichsam aus der Portokasse bezahlt werden. Den DDR-Deutschen hätte man ehrlicherweise sagen müssen, dass »vor dem Land des Wohlstands das Tal der Tränen« liegt, und den Altbundesbürgern, dass der Westen Deutschlands mit der Währungsunion die ganze Last von vierzig Jahren SED-Herrschaft mit übernehmen und einen Teil ihres Wohlstands würden abgeben müssen. Aber nichts dergleichen geschah. Am Ende glaubte die Bundesregierung ihrer eigenen Propaganda und redete in ihren Broschüren zur Währungsunion von einem kommenden »Wirtschaftswunder« und von einer »gemeinsamen Zukunft in Freiheit und Wohlstand«.

Leider hat die SPD in dieser Frage auch keine rühmliche Rolle gespielt. Die finanzpolitische Sprecherin der SPD-Bundestagsfraktion, Ingrid Matthäus-Maier, die Urheberin der Idee einer Währungsunion, legte sich wie Theo Waigel schon frühzeitig gegen Steuererhöhungen für die Einheit fest. In der Hauptstadtdebatte war sie später allerdings forscher. Wenn die Regierung nach Berlin umziehe, werde das so teuer, dass Steuererhöhungen unvermeidlich seien, sagte die rheinische SPD-Abgeordnete in der Debatte über den Regierungssitz. Allerdings forderte sie einen Verzicht auf die Steuerreform.

Aus ihrer Urheberschaft der Idee einer Währungsunion konnte die SPD keinen Nutzen ziehen. Oskar Lafontaine hatte die Währungsunion vor und nach den Wahlen in der DDR kritisiert. Bei seiner Nominierung als Kanzlerkandidat durch den Parteivorstand am 19. März prophezeite er, dass Kohl die Ankündigung, die Währungsunion komme am 1. Juli 1990, revidieren werde. Kohl müsse seinen Plan zurücknehmen, weil er stümperhaft vorbereitet sei. Die SPD machte durch solche Äußerungen den Eindruck, als sitze sie im »Bremserhaus« der deutschen Einheit. Ihre wirkliche soziale und ökonomische Kompetenz konnte sie so nicht zum Tragen bringen.

Als die DDR-Regierung mit ihren protestierenden Bürgern im Rücken gegen die Bedenken der Bonner Koalition einen Kurs von eins zu eins durchsetzte, bejubelten die ost- und die westdeutschen Sozialdemokraten das als einen sozialpolitischen Erfolg. Oskar Lafontaine sagte, damit sei es der DDR und der SPD gelungen, die Absicht von Teilen der Koalition zu blockieren, die Löhne und Gehälter in der DDR durch einen generellen Umstellungskurs von eins zu zwei zu halbieren.

Umso unverständlicher war es, dass der Kanzlerkandidat der SPD sechs Wochen vor der geplanten Einführung der D-Mark in der DDR den schon unterzeichneten und auch von der SPD in der DDR und den westdeutschen Ländern, einschließlich des Saarlands, gutgeheißenen Staatsvertrag plötzlich ablehnte, und zwar mit den gleichen Argumenten, die die Bundesbank, Kohl, Lambsdorff und Haussmann schon vorher bei der Diskussion um den Umtauschkurs von eins zu zwei ins Feld geführt hatten.

Oskar Lafontaine kämpfte an der falschen Stelle. Zu einer Zeit, als in den Dörfern und Städten jenseits der Elbe schon die Ersparnisse zusammengezählt, die Umtauschkonten eröffnet, die Wunschlisten für den ersten Einkauf mit Devisen aufgeschrieben worden waren und im Westen die Gelddruckmaschinen liefen, plädierte er am 28. Mai 1990 im *Spiegel* für einen festen Wechselkurs zwischen D-Mark und DDR-Mark und für eine langsame Anpassung der DDR-Wirtschaft. Er hatte zwar zwischenzeitlich aufgrund des bösen Attentats auf seine Person nicht in die Diskussion eingreifen können, aber jetzt kamen seine Vorschläge viel zu spät.

Es war für die CDU ein leichtes Spiel, die Argumentation des SPD-Kanzlerkandidaten öffentlich als Absage an die Einheit zu kritisieren. Und allzu zwiespältig und durchsichtig war die Empfehlung des saarländischen Ministerpräsidenten, den Staatsvertrag im Bundestag, wo eine Mehrheit der Koalition dafür sicher war, abzulehnen und ihn im Bundesrat, wo ihn die SPD-regierten Länder tatsächlich hätten scheitern lassen können, passieren zu lassen. Mit dieser Taktik wollte Lafontaine einerseits keine Mitverantwortung für die Währungsumstellung tragen, andererseits ihre Durchführung aber auch nicht scheitern lassen. Das war keine redliche Politik.

Ich nahm am 10. Mai im Palais Schaumburg demonstrativ an der Unterzeichnung des Staatsvertrags über die Währungsunion durch Finanzminister Theo Waigel und seinen sozialdemokratischen DDR-Kollegen Walter Romberg teil. Dazu fühlte ich mich als amtierender Bundesratspräsident verpflichtet. Bundestags-Vizepräsidentin Annemarie Renger und ich waren die einzigen westdeutschen Sozialdemokraten bei dieser feierlichen Zeremonie.

Der Vorstoß Lafontaines führte zu heftigen Turbulenzen in der SPD-Bundestagsfraktion und in der Sozialdemokratischen Partei. Es kam so weit, dass der Parteitag der DDR-SPD die Westgenossen am 9. Juni öffentlich aufforderte, dem Staatsvertrag zuzustimmen. Der amtierende DDR-SPD-Vorsitzende Meckel sagte auf dem Parteitag: »Wir brauchen den Staatsvertrag. Deshalb diese Bitte: Stimmt diesem Vertrag zu. Wir brauchen ihn, und da wir zusammengehören, brauchen wir ihn perspektivisch gemeinsam.«

Die SPD in Rostock erklärte: »Wir haben vierzig Jahre unter einem kommunistisch-stalinistischen Regime gelitten. Wir sind auf die Straßen gegangen und haben dieses Schreckensregime abgeschüttelt. Daher ist es uns unverständlich, welche Äußerungen zum Staatsvertrag aus der Führung der SPD der Bundesrepublik Deutschland getan werden. Wir distanzieren uns von den Äußerungen des gegenwärtigen Kanzlerkandidaten Oskar Lafontaine. Wir stehen zum ausgehandelten Staatsvertrag über die Wirtschafts-, Währungs- und Sozialunion und halten einen schnellstmöglichen Beitritt der Noch-DDR zur Bundesrepublik für den einzig möglichen Weg, um der drohenden Krisensituation zu entgehen.«

Das Auseinanderfallen der SPD in dieser für das Land existenziellen Frage konnte nur dadurch verhindert werden, dass der Parteivorstand am 21. Mai beschloss, mit der Bundesregierung in Nachverhandlungen über den Staatsvertrag einzutreten. Der Parteivorstand fand vier verbesserungswürdige Punkte, die zwar nicht der Fundamentalkritik des Oskar Lafontaine entsprachen, aber in der Öffentlichkeit einen gewissen, wenn auch keinen zentralen Stellenwert einnahmen: eine Streichung der Schulden der DDR-Betriebe, eine Annäherung in den Umweltstandards – die sogenannte Umweltunion –, die Rückgabe des Vermögens der SED und der Blockparteien an den Staat und eine bessere Beteiligung der Länder und des Bundestags bei den weiteren Schritten zur Einheit durch die Schaffung einer Bund-Länder-Kommission.

Mit diesen Forderungen machte sich Hans-Jochen Vogel mit einer hochrangigen SPD-Delegation – ohne Oskar Lafontaine – auf den Weg ins Kanzleramt. Im Ergebnis wurden einige ergänzende Klarstellungen vorgenommen, der Staatsvertrag in seiner Substanz aber nicht angetastet.

Hans-Jochen Vogel mühte sich redlich, aber er konnte als Ergebnis unter dem Strich doch nicht mehr als den Achtungserfolg präsentieren, dass die Bundesregierung überhaupt und zum ersten Mal im Zuge der deutschen Einigung mit der Opposition gesprochen hatte. Oskar Lafontaine ließ sich in Saarbrücken Bericht erstatten. Der Parteivorsitzende und einige enge politische Freunde konnten den saarländischen Ministerpräsidenten schließlich dazu überreden, den Staatsvertrag passieren zu lassen und die Kanzlerkandidatur aufrechtzuhalten. Hans-Jochen Vogel arbeitete bis zur Erschöpfung, um diese schwierige Situation, die die größte Krise der SPD in der Nachkriegsgeschichte hätte werden können, halbwegs glimpflich zu meistern. Dafür durfte er dann bei seiner Abreise aus Saarbrücken im Autoradio die Stimme von Horst Ehmke hören, der meinte, der Parteivorsitz müsse nun »in jüngere Hände« gelegt werden. Dieser Versuch, Hans-Jochen Vogel hinterrücks abservieren zu wollen, hat ihn, wie ich weiß, mehr geschmerzt als alles andere in seiner langen Parteilaufbahn.

Die Haltung Oskar Lafontaines und der SPD zur Währungsunion wäre überzeugender gewesen, wenn sie eine positive Stoßrichtung gehabt hätte. Die Befürchtung des Kanzlerkandidaten, dass die abrupte Einführung der D-Mark das Aus für Millionen von Arbeitsplätzen in der DDR bedeuten würde, war grundsätzlich richtig. Selbst Ministerpräsident Lothar de Maizière hatte mir bei unserem ersten offiziellen Treffen am 10. Mai gesagt, dass nach ersten Erhebungen vierzehn Prozent der DDR-Betriebe konkursgefährdet und weitere fünfzig Prozent stützungsbedürftig seien. Er wusste also um die ökonomischen Konsequenzen der Währungsunion – ebenso wie der Kanzler. Und genauso richtig war Lafontaines Aussage, dass nicht die Herstellung der staatlichen Einheit das eigentliche Ziel sei, sondern vielmehr die Einheitlichkeit der Lebensverhältnisse in Ost und West. Lafontaine täuschte sich aber fundamental darin, dass er meinte, das Tempo der Einheit gehe den Menschen in Ost und West viel zu schnell. In einem *Spiegel*-Interview vom 28. Mai begründete er diese These mit »sozialwissenschaftlichen Untersuchungen«, die er allerdings nie vorgezeigt hatte.

Tatsächlich ging es den Menschen in der DDR noch viel zu langsam. Ein Warnsignal war am 17. Juni der überraschende Antrag eines DSU-Abgeordneten in der Volkskammer, sofort nach Artikel 23 den Beitritt der DDR zum Grundgesetz zu beschließen. »Wann, wenn nicht heute, ist ein geeigneter Tag?«, fragte der DSU-Fraktionschef Hansjoachim Walther unter den Augen des Bundeskanzlers und des Bundespräsidenten, die der Sitzung als Ehrengäste beiwohnten. Die erforderliche Zweidrittelmehrheit für den sofortigen Beitritt schien kurzzeitig sogar vorhanden zu sein. Immerhin beschlossen 274 der 400 Abgeordneten, den Antrag auf die Tagesordnung zu setzen. Nur mit großer Überredungskunst gelang es Lothar de Maizière und den Spitzen der Regierungsfraktionen in hektischen Beratungen, den Antrag in die zuständigen Ausschüsse zu bugsieren.

Nachdem sie selbst am 2. Februar die Währungsunion richtigerweise vorgeschlagen hatte, hätte die SPD diesen ohnehin nicht mehr aufschiebbaren Schritt nicht kritisieren, sondern umfangreiche Begleitmaßnahmen für den Aufbau einer leistungsfähigen Infrastruktur und für die schnelle Ansiedlung neuer Industrien in der DDR fordern sollen. Das hätte allerdings auch auf Seiten der SPD die Bereitschaft verlangt, sozial ausgewogene Steuererhöhungen vorzuschlagen. An einer wirksamen Absicherung des absehbaren wirtschaftlichen Strukturwandels in der DDR fehlte es völlig. Die Anreize für die westdeutsche Industrie, in der DDR zu investieren, waren viel zu gering. Zwölf Prozent Investitionszulage, begrenzt auf zwei Jahre, lockte keine Investoren an.

Ich unterbreitete mehrfach öffentlich den Vorschlag, die Regelungen der Berlinförderung auf das ganze Gebiet der DDR zu übertragen, also eine Investitionszulage von mindestens zwanzig Prozent, Hersteller- und Abnehmerpräferenzen und andere steuerliche Erleichterungen für die Produktion in Ostdeutschland. Das hätte rund vierzig Milliarden D-Mark gekostet. So wäre auch das Förderungsgefälle zwischen Berlin und seinem Umland beseitigt worden.

Außerdem forderte ich massive Anstrengungen zum Ausbau der Infrastruktur bei Schiene, Straße und Kommunikationsnetz. Unter den derzeitigen Bedingungen ist der Industriestandort DDR für jeden Investor unattraktiv. Wir erlebten beinahe täglich die Situation, dass hoffnungsvolle Unternehmer sich im Ostteil der Stadt nach konkreten Möglichkeiten umschauten und dann doch lieber wieder mit ihren Ansiedlungswünschen auf den Westteil der Stadt zurückgriffen: »Da kann man ja nicht mal telefonieren. Wir wollen doch lieber in Westberlin bleiben.«

Die Währungsunion hätte sofort mit einem »Aufbauprogramm Ost« verknüpft sein müssen, wie es erst ein Dreivierteljahr später, im Frühjahr 1991, unter dem Druck der ökonomischen Misere und neuer Montagsdemonstrationen von der Bundesregierung beschlossen werden sollte.

Der Kardinalfehler war aber die Entscheidung der CDU-FDP-Koalition vom Juni 1990 über die Regelung der Eigentumsfrage in Ostdeutschland. Die Bankenwelt, die Großindustrie und große Teile der Öffentlichkeit waren dafür, dass als Regelfall das Eigentum an Grundstücken bei dem verblieb, der es 1990 besaß, und nur im Einzelfall, immer dann, wenn es unproblematisch war, Grundstücke an die früheren rechtmäßigen Eigentümer zurückzugeben. Im Übrigen sollten solche Eigentumsansprüche durch Entschädigung abgegolten werden. Altes Unrecht konnte man nicht durch neues Unrecht wiedergutmachen.

Viele Menschen in der DDR hatten ihre Liegenschaften über Jahrzehnte gepflegt, andere Land erworben und darauf Häuser gebaut. Nun sollten sie das alles nach dem Willen der Bonner Koalition wieder hergeben. Es gab viele erniedrigende Szenen, wenn reiche Westler plötzlich mit dem Zollstock vor den Häusern, die sie zurückhaben wollten, auftauchten, die Räume vermaßen und den Mietern drastische Mieterhöhungen oder gar die Kündigung androhten. Das vielfach ohnehin angespannte Verhältnis zwischen Ost- und Westdeutschen im vereinigten Deutschland wurde durch die Regelung über die Rückgabe der Grundstücke weiter strapaziert. Die daraus resultierenden Entschädigungsansprüche sollten auf Jahre und Jahrzehnte hinaus Rechtsanwälte und Gerichte beschäftigen, ebenso wie die Rückgabestreitigkeiten selbst. So stellte sich das Werk der deutschen Einheit in diesem Punkt als ein gigantisches Beschäftigungsprogramm für Juristen dar.

Ich erinnere mich noch sehr gut daran, dass ich am 21. Juni Kanzleramtsminister Rudolf Seiters vor Beginn der Bundestagssitzung im Bonner Wasserwerk auf dieses Problem ansprach, er aber mit völligem Unverständnis reagierte. Seiters hielt die Regelungen für praktikabel und konnte sich nicht vorstellen, dass das alles unter den Bedingungen Ostdeutschlands nicht funktionieren würde. Die Eigentumsideologen blieben fest wie Beton.

In der Folge der Währungsunion gab die Bundesregierung 1991 über hundert Milliarden D-Mark für die neuen Bundesländer aus, mit denen wenig Neues aufgebaut, dafür aber Arbeitslosigkeit, Sozialhilfe und Haushaltsdefizite finanziert wurden. Die Industrieproduktion Ostdeutschlands war nur noch halb so hoch wie vor der Wende. Das Geld heizte den Konsum von Westwaren enorm an. Im Effekt war es das größte Konjunkturprogramm, das es jemals in Deutschland gegeben hatte – für die Industrie in Westdeutschland. Die Autobahnen in Richtung Osten waren verstopft mit Lastwagen, denn die ganze Ex-DDR wurde mit Konsumwaren aus dem Westen versorgt. Das alles wurde von Bonn auf Pump finanziert. Die zusätzlichen Steuereinnahmen der westdeutschen Länder infolge dieses neuen gigantischen Absatzmarktes waren so hoch, dass diese den von ihnen zu leistenden Anteil an dem gemeinsamen »Fonds deutsche Einheit«, rund fünfzig Milliarden D-Mark, in den nächsten Jahren wieder in der Kasse hatten.

Real blieb wenig von den Milliarden für Investitionen in den neuen Bundesländern hängen. Die Anschubfinanzierung des Bundes für die DDR war zu gering, um schnell helfen zu können. Eine wirksame Wirtschaftsförderung und eine nachhaltige Förderung von öffentlichen Investitionen gab es erst ein halbes Jahr nach den gesamtdeutschen Wahlen mit dem sogenannten »Gemeinschaftswerk Aufschwung Ost«. Der Grundsatz »Keine Steuererhöhungen für die Einheit« war der Bonner Koalition vor der Wahl heilig, und die DDR-Menschen begriffen erst spät, erst nach dem gesamtdeutschen Urnengang, dass sie sich mit einem Linsengericht hatten abspeisen lassen und dass es bis zu Vollbeschäftigung und Wohlstand ein weiter Weg war.

Die Abstimmung über den Staatsvertrag zur Währungs-, Wirtschafts- und Sozialunion führte in Berlin zu einer schweren Krise der rot-grünen Koalition. Die Alternative Liste lehnte das Vertragswerk strikt ab und stellte im Abgeordnetenhaus am 14. Juni den Antrag, der Senat solle den Vertrag im Bundesrat ablehnen. Die Berliner SPD blieb bei ihrem Ja zum ersten Staatsvertrag. Zum ersten Mal stimmten die Koalitionsparteien SPD und AL im Berliner Parlament gegeneinander.

Schwierzomper und der Magisenat

Die Kommunalwahl am 6. Mai war ein weiterer Baustein für den Einigungsprozess in Berlin. Zum ersten Mal seit 1946 konnten auch die Ostberliner eine demokratische Stadtverordnetenversammlung wählen. Der Senat und das Abgeordnetenhaus von Westberlin, die bisher noch auf die Kooperation mit der DDR-Regierung angewiesen waren, erhielten infolge dieser Wahl endlich einen legitimierten Partner, um die Einheit Berlins vorzubereiten. Die Westberliner Parteien engagierten sich mit großem Einsatz im Ostberliner Wahlkampf. Denn die Kommunalwahl in Ostberlin hatte natürlich indirekt Rückwirkungen auf die Machtverhältnisse im Rathaus Schöneberg. Außerdem befürchteten alle demokratischen Parteien in Westberlin, dass die PDS im Ostteil so gut abschneiden könnte, dass gegen sie keine Regierungsbildung möglich sein könnte. Das Ergebnis der Volkskammerwahl vom 18. März, bei der die PDS 29,97 Prozent der Stimmen in Ostberlin erhalten hatte, war eine Warnung.

Besonders in den Neubaubezirken, also in Marzahn, Hellersdorf und Hohenschönhausen, hatte die SED-Nachfolgeorganisation Spitzenwerte von zum Teil über vierzig Prozent erzielt. Dort wohnten viele Mitarbeiter der Ministerien und Behörden, »Stasi«-Leute und frühere SED-Mitglieder. Hinzu kam, dass die PDS einen gewissen Zulauf bei jungen Menschen, vor allem aus dem studentischen Milieu Ostberlins, verzeichnen konnte. Diese PDS-Wähler wollten sozialistische Reformen in der DDR und waren Anhänger des Kurses von Michail Gorbatschow. Gregor Gysi überdeckte mit seiner oft intelligent vorgetragenen Kritik an Form und Tempo des Einigungsprozesses und mit seinem Anspruch, die Würde und Selbstachtung der DDR-Bürger zu bewahren, dass sich hinter der PDS immer noch die alte SED versteckte, mit milliardenschweren Vermögenswerten und mit den alten Seilschaften in Staat und Betrieben, die sich gegenseitig weiterhalfen.

Die SPD Westberlins bildete mit den Freunden aus Ostberlin – die Anrede »Genossen« mochte man dort begreiflicherweise nicht mehr hören – einen gemeinsamen Wahlkampfstab. Ich selbst war praktisch an jedem Samstag und an vielen Abenden in Ostberlin auf Wahlkampftour. Meist begleiteten mich dabei die Ostberliner SPD-Vorsitzende Anne-Kathrin Pauk und ihr Stellvertreter Knut Herbst. Beide erwiesen sich als politische Talente ersten Ranges. Anne-Kathrin Pauk war damals erst 23 Jahre alt und hatte gerade ihr Lehrerstudium abgeschlossen. Sie war auf der Gründungsversammlung des Berliner Bezirksverbands am 5. November 1989 zur SDP gestoßen und gleich zur Vorsitzenden gewählt worden. Obwohl sie nur kurze Zeit parteipolitische Erfahrungen gemacht hatte, leitete sie ihr Amt souverän und entwickelte Selbstbewusstsein auch gegenüber der großen Schwesterorganisation im Westen. Mich erstaunte, mit welcher Sicherheit sie öffentlich auftrat. Egal, ob bei einer Straßendiskussion oder bei einer Demonstration mit Tausenden von Teilnehmern: Stets sprach sie sicher, formulierte mit Nachdruck die Forderungen ihrer Partei und besaß gleichzeitig die Fähigkeit, eigene Gefühle und Betroffenheit offen auszusprechen. Das war nicht die glatte Art, wie Politiker sie im Westen praktizierten.

Ebenso war es mit Knut Herbst, der noch eloquenter auftrat. Er war ein Meister des alltäglichen Koordinierungsgeschäfts innerhalb der eigenen Partei und später, als Vorsitzender seiner Fraktion in der Stadtverordnetenversammlung, derjenige, der politische Verhandlungen mit den anderen Parlamentsfraktionen führte. Die Ostberliner Parteibasis hat beiden ihr großes politisches Engagement später nicht gedankt. Anne-Kathrin Pauk wurde am 15. September 1990 bei der Vereinigung der beiden Berliner SPD-Verbände nicht als stellvertretende Landesvorsitzende nominiert, und Knut Herbst, immerhin früherer Fraktionsvorsitzender, gab die Basis in Pankow nicht einmal einen sicheren Listenplatz für ein Abgeordnetenhausmandat, geschweige denn einen Direktwahlkreis. Wenn diese Mentalität in der Partei bleibt, wird eine Stabilisierung der Sozialdemokratie im Osten sehr schwer werden, sagte ich damals.

Zum Kandidaten für das Amt des Oberbürgermeisters in Ostberlin wurde am 5. April der Schatzmeister des SPD-Bezirksvorstands Ostberlin, der 62-jährige Tino Schwierzina, nominiert. Er war Wirtschaftsjurist und hatte als Justiziar im staatlichen Fischhandel gearbeitet. Seit einer Herzattacke im Jahr 1968 lebte er als Frührentner. Er hatte sich, wie viele andere DDR-Bürger auch, in seine private Nische zurückgezogen, züchtete Rosen in seinem Garten im Berliner Umland und enthielt sich jeder politischen Betätigung. Nach dem Mauerbau war er einmal von der Straße weg verhaftet und für ein halbes Jahr eingesperrt worden, weil er nicht gemeldet hatte, dass sein Schwager einen Fluchttunnel nach Westberlin baute. Nach der Wende war er sofort in die SDP eingetreten. Tino Schwierzina hatte nicht den Ehrgeiz, wie er sagte, »noch lange DDR zu spielen«. Er wollte regieren, um die Einheit der Stadt so schnell wie möglich herbeizuführen, und er suchte von Anfang an den engen Schulterschluss mit dem Senat. Ihm war klar, dass seine Aufgabe als Oberbürgermeister zeitlich begrenzt war und er darauf hinarbeitete, dieses Amt überflüssig zu machen. Und er peilte wohl frühzeitig eine politische Karriere in der Zeit nach der Wiedervereinigung der beiden Stadthälften an.

Mit Tino Schwierzina und der Ostberliner SPD hatten wir uns schnell über den weiteren Weg zur Vereinigung der Stadt verständigt. Die wichtigste Aufgabe würde es sein, die Mauer so schnell wie möglich abzureißen, die unterbrochenen Straßenverbindungen wiederherzustellen, die beiden Netze des öffentlichen Personennahverkehrs miteinander zu verknüpfen und die Kontrollen an den Grenzen abzuschaffen. Das war unser Hauptziel. Zweitens sollte Ostberlin eine demokratische Verfassung erhalten, und drittens die Stadtverordnetenversammlung mit dem Abgeordnetenhaus von Berlin einen gemeinsamen »Ausschuss Einheit« bilden, um alle weiteren Schritte miteinander zu beraten und die Gesetzgebung zu koordinieren. Viertens wollten wir in Teilbereichen schon jetzt eine Verwaltungsunion herstellen: Leitende Westberliner Beamte sollten beim Aufbau der östlichen Verwaltung helfen. Dort, wo es sinnlos war, neue Institutionen im Ostteil zu errichten, sollten Westberliner Einrichtungen diese Aufgaben für den anderen Teil der Stadt mit übernehmen. Fünftens wollten wir entschlossen gegen die SED- und »Stasi«-Seilschaften vorgehen und die Leitungsstellen mit neuen, demokratischen Kräften besetzen. Und sechstens sollten Senat und Magistrat miteinander kooperieren und so oft wie möglich gemeinsam tagen.

Die Wahl am 6. Mai zeigte, dass das Stimmverhalten der DDR-Bürger erstaunlich stabil war. Die Abweichungen gegenüber dem Ergebnis der Volkskammerwahl vom 10. März waren nur gering. Die SPD wurde mit 34,0 Prozent stärkste Partei, gefolgt von der PDS, die erneut 29,99 Prozent der Stimmen erhielt. Die CDU kam auf 17,69, und das »Bündnis '90« schnitt mit 9,87 Prozent um drei Prozentpunkte besser ab als fünf Wochen zuvor. Da für die SPD eine Zusammenarbeit mit der PDS nicht infrage kam, blieb nur die Möglichkeit eines Regierungsbündnisses mit der alten Blockpartei CDU, um eine tragfähige Mehrheit in der Stadtverordnetenversammlung bilden zu können. Tino Schwierzina lud auch die Vertreter des »Bündnis '90« zu Koalitionsgesprächen ein und bat sie, sich an einem Regierungsbündnis von SPD und CDU zu beteiligen. Er legte großen Wert darauf, die Kräfte des »Runden Tisches«, die die Wende in Ostberlin herbeigeführt hatten, in die Regierungsarbeit einzubeziehen.

Doch das »Bündnis '90«, angeführt von Bärbel Bohley, die sich immer mehr zu einer fundamentalistischen Oppositionellen entwickelte, weigerte sich strikt, mit der CDU zusammenzuarbeiten, und forderte die Bildung eines rot-grünen Minderheitsmagistrats, der von Fall zu Fall von der PDS oder von der CDU toleriert werden sollte. Bärbel Bohley argumentierte damit, dass am 6. Mai eine Mehrheit »links von der CDU« gewählt worden sei, wobei sie die PDS ungeniert in die Rechnung mit einbezog. Es bleibt mir unverständlich, wie leicht die Oppositionellen der ersten Stunde der »gewendeten« SED auf den Leim gingen und wie schnell sie vergaßen, welche Verbrechen diese totalitäre Partei zu verantworten hatte. Wie sollte denn zum Beispiel die Säuberung der Verwaltung und die Entmachtung alter SED-Kader funktionieren, wenn die PDS im Roten Rathaus das Zünglein an der Waage spielen konnte?

Besonders ärgerlich war, dass auch Berater von der Westberliner Alternativen Liste das »Bündnis '90« auf diesen radikalen Oppositionskurs drängten. Es gab, besonders unter den führenden Funktionären der AL, immer einen hohen Anteil von Personen, für die die rot-grüne Koalition in Westberlin das Ende der Identität der AL bedeutete und die im Rathaus Schöneberg die Tolerierung eines SPD-Minderheitssenats bevorzugt hätten. Faktisch gesehen war die Politik der AL in Ostberlin eine große politische Dummheit, denn die Ostberliner CDU stand weiter links als ihr Westberliner Pendant und unterzeichnete ohne Zögern eine Koalitionsvereinbarung, die auch einer rot-grünen Koalition alle Ehre gemacht hätte. Von der Abschaffung des Verfassungsschutzes über die Mietpreisbindung bis hin zum Vorrang für den öffentlichen Personennahverkehr war dort fast alles enthalten, was das grüne Herz begehrt. Mit dieser Koalitionsvereinbarung von SPD und CDU im Ostteil der Stadt war vieles abgedeckt, was im Westteil vom rot-grünen Senat angestrebt worden war und dort von der CDU und der konservativen Presse hart kritisiert wurde.

Am 28. Mai 1990 konstituierte sich das erste frei gewählte Stadtparlament Ostberlins seit vierundvierzig Jahren im Roten Rathaus, und am 30. Mai wählte es den neuen Magistrat mit Tino Schwierzina an der Spitze, genau an seinem 63. Geburtstag.

Vor dieser Wahl hatte es große Aufregung über den Vorschlag von Tino Schwierzina gegeben, drei Westberliner Senatoren zu Stadträten für die entsprechenden Ressorts in Ostberlin zu wählen, ihnen also ein Doppelamt im Ost- und im Westteil zu geben. In einem kleinen Kreis von führenden westlichen und östlichen SPD-Funktionären war diese Idee geboren worden. Als ich davon am Sonntag, dem 27. Mai, bei einem Gespräch vor dem Bezirksparteitag im Kulturhaus des Straßenbahndepots Pankow-Nordend erfuhr, war ich spontan einverstanden. Ich teilte die Meinung der Initiatoren, dass damit ein deutliches Zeichen für die Wiedervereinigung der Stadt und für die von uns angestrebte Verwaltungsunion gesetzt werden könnte. Für die Ostberliner wäre es ein Stück Hoffnung, wenn Westberliner Senatoren, denen sie größere Fachkompetenz zutrauten, direkt bei ihnen aktiv würden. Es wäre das Signal dafür gewesen, dass wir es mit der Einheit ernst meinten und dass wir den Osten nicht im Stich lassen würden.

Rechtlich gesehen stand dem Doppelamt der drei Senatoren nichts im Weg. Für ihre Entscheidungen in Ostberlin waren sie der Stadtverordnetenversammlung Rechenschaft schuldig und für Westberlin betreffende Entscheidungen dem Abgeordnetenhaus. Von beiden Parlamenten konnten sie jederzeit in der jeweiligen Funktion abgewählt werden. Ein großer Vorteil war, dass die Senatoren als Ostberliner Stadträte auf den kompletten Westberliner Verwaltungsapparat zurückgreifen konnten, also sofort voll arbeitsfähig sein würden.

Es war zunächst daran gedacht, die Personalunion auf den Bausenator Wolfgang Nagel und den Finanzsenator Norbert Meisner zu erstrecken. Dies war insofern naheliegend, als gerade in diesen Ressorts nichts mehr zwischen Ost- und Westberlin getrennt entschieden werden konnte und die Verwaltungsstrukturen im Ostteil dort am schwächsten waren. Um den Koalitionspartner Alternative Liste nicht zu übergehen, fragte ich am Abend des 28. Mai telefonisch auch die von der AL gestellte Schulsenatorin Sybille Volkholz, ob sie zur Übernahme eines Doppelamts bereit sei. Sie reagierte sofort positiv, sagte aber, sie müsse zuvor ihre Fraktion fragen.

Am Montagnachmittag tagte der SPD-Landesvorstand, den ich noch nicht über den Plan verständigt hatte, da er mir bis dahin zu unsicher erschien. Unmittelbar nach der Sitzung setzte ich mich aber mit einem kleinen Kreis führender Sozialdemokraten zusammen, darunter der Landesgeschäftsführer Hans-Georg Lorenz, der Fraktionsvorsitzende Ditmar Staffelt, der Fraktionsgeschäftsführer Horst-Achim Kern und der Bundestagsabgeordnete Gerd Wartenberg, und berichtete über den geplanten Vorstoß Schwierzinas. In dieser Runde wurden Bedenken geäußert. Insbesondere die Vertreter der Fraktion fürchteten, dass die Alternative Liste einem solchen Plan nicht zustimmen würde und die Koalition gefährdet wäre. Wir einigten uns darauf, dass die Entsendung der drei Senatoren nur eine Mehrheit finden könnte, wenn Tino Schwierzina im Namen der Ostberliner SPD den Senat förmlich darum bitten und die beiden Fraktionen, SPD und AL, über diese Bitte dann entscheiden würden. Das war ein sauberer, korrekter Ablauf, und keiner in dieser Runde widersprach.

Doch die sinnvolle Initiative Tino Schwierzinas endete schließlich in einem Fiasko, sowohl für mich als auch für Tino Schwierzina selbst.

Am Montagabend beschloss der Vorstand der Ostberliner SPD einstimmig, den Senat um die Entsendung von drei Senatoren für den Magistrat zu bitten. Tino Schwierzina trug diese Bitte am Dienstagmorgen im Senat vor und begründete sie so: »Wir wollen zeigen, dass wir die Einheit Berlins wirklich ernst nehmen. Unser gemeinsamer Wahlslogan ›Aufschwung durch Einheit‹ soll jetzt Wirklichkeit werden. Das beste Signal dafür ist, wenn künftig einige Führungsfunktionen in dieser Stadt grenzübergreifend wahrgenommen werden. Wir wollen die Verwaltung verzahnen.« Ich sagte, diese Bitte sei legitim und verständlich. Sie sei die konsequent weitergedachte Realisierung der Politik der Wiedervereinigung unserer Stadt. Ich konnte mir zu jenem Zeitpunkt auch nicht vorstellen, dass es ausgerechnet in Westberlin Widerstände geben würde, wenn der Ostteil, der einst abgespalten worden war, förmlich darum ersuchte, die Teilung der Verwaltung wieder aufzuheben.

Doch in den Fraktionen von SPD und AL war die Hölle los. Die AL hielt, solange es irgendwie ging, an der Illusion der Zweistaatlichkeit fest und sah in dem Vorstoß den Versuch, »den Einigungsprozess mit seinen jetzt schon riesigen Problemen noch unnötig zu beschleunigen«, wie es in einer Presseerklärung hieß.

Äußerst aggressiv war die Stimmung in der SPD-Fraktion. Morgens hatte, aufgrund einer Indiskretion, der Plan Schwierzinas in der *Bild*-Zeitung gestanden. Obwohl wir einen im Führungskreis der SPD abgesprochenen und formal korrekten Weg der Beteiligung von Partei und Fraktion gingen, war mir gegenüber jetzt plötzlich von »Putsch«, »Totengräber der Koalition« und Ähnlichem die Rede. Die ständigen Krisen mit der AL hatten die Nerven aller Beteiligten stark strapaziert. Viele Linke in der SPD warfen mir einen zu harten Kurs gegen die Alternative Liste vor. Sie befürchteten ein vorzeitiges Ende ihres rot-grünen Traumprojekts, weil sie die Reaktion der AL erahnten. Es war ein Verhalten vorauseilenden Gehorsams gegenüber dem kleinen Koalitionspartner. Ein führendes Fraktionsmitglied der SPD half sogar noch etwas nach und legte der AL, um ganz sicherzugehen, nahe, mit der Koalitionsfrage zu drohen, falls der Vorschlag nicht zurückgezogen werde. Das war allerdings eine sehr böswillige Intrige.

Die Personalunion der Regierungsämter in drei Ressorts scheiterte schließlich, während die Beratungen der Fraktionen im Rathaus Schöneberg noch liefen, in Ostberlin. Der dortige Koalitionspartner, die CDU, lehnte die Ernennung einer AL-Vertreterin als Stadträtin strikt ab. Der Westberliner CDU-Chef Diepgen hatte dies als eine »Ausdehnung von Rot-Grün auf Ostberlin« bezeichnet. Auch war die Meinung in der Stadtverordnetenfraktion der SPD, anders als im Ostberliner Landesvorstand, überraschenderweise keineswegs positiv. So zog Tino Schwierzina seinen Vorschlag enttäuscht zurück: »Man kann nicht gegen den Wind Klavier spielen.«

Konnten wir auch die Personalunion an der Spitze nicht realisieren, auf den Ebenen darunter setzten wir sie durch. Als Stellvertreter der Ostberliner Stadträte wurden fast durchweg Staatssekretäre oder Abteilungsleiter der gleichen Ressorts aus Westberlin benannt. So war die Verzahnung der Verwaltungen in der Spitze garantiert. Über zweihundert leitende Beamte wurden außerdem nach Ostberlin entsandt, um als Abteilungsleiter die Verwaltungen aufzubauen. Umgekehrt besuchten mehrere hundert Angestellte des Magistrats an der Westberliner Verwaltungsakademie Fortbildungskurse. Am weitesten gediehen war die Verwaltungseinheit im Presseamt. Der neue Sprecher des Magistrats wurde Christian Hoßbach, der bisher als Pressereferent im Westberliner SPD-Landesverband tätig gewesen war. Er hatte Tino Schwierzina im Wahlkampf geholfen und dabei ein sehr gutes politisches Gespür gezeigt. Schon bald wurde er von den Ostberliner Parteifreunden als »Wossi« bezeichnet. Das war ein Ehrentitel für Westler, die sich beim Aufbau der Ostberliner Verwaltung engagierten.

Vom 12. Juni 1990 an erschienen die Mitteilungen von Magistrat und Senat in einem gemeinsamen Pressedienst unter einem einheitlichen Signet, dem Brandenburger Tor. An jenem 12. Juni trafen Senat und Magistrat im Wappensaal des Roten Rathauses zum ersten Mal zu einer gemeinsamen Sitzung zusammen. Zu Beginn wurde eine feierliche Erklärung verabschiedet, in der es hieß: »Berlin steht vor der Wiederherstellung seiner Einheit, die wir gemeinsam planen wollen. Die Mauer teilt unsere Stadt nicht mehr. Eine bittere Zeit geht zu Ende. Wir denken an die Opfer der Mauer. Diesen Menschen fühlen wir uns verpflichtet. Nie wieder sollen Staaten und Nationen in Europa einander feindlich gegenüberstehen, nie wieder Gewalt und Unfreiheit herrschen. Das wiedervereinigte Berlin will Friedensstadt sein, es will helfen, Brücken zwischen Völkern, Nationen und Kulturen zu bauen, um so einen Beitrag zum Zusammenwachsen Europas zu leisten.

Der Magistrat und der Senat werden alles in ihren Kräften Stehende tun, damit die Einheit Berlins so schnell wie möglich, aber auch so sozial und verantwortungsvoll wie nötig hergestellt wird. Die Wahlen für ein gemeinsames Landesparlament werden diesen Prozess politisch abschließen. Bis dahin werden wir die praktische Zusammenarbeit auf allen Ebenen so intensivieren, dass eine gemeinsame Politik, Planung und Verwaltung für ganz Berlin möglich wird. Berlin wird ein Land werden. Im Licht der politischen, ökonomischen, sozialen und ökologischen Entwicklung ist später zu entscheiden, ob Berlin und Brandenburg zu einem Land zusammengehen. Berlin und Brandenburg werden auf das engste miteinander kooperieren. Wir werden alles in unseren Kräften Stehende tun, damit der innere und der äußere Frieden gestärkt werden. Die Jahre der Trennung haben in den Menschen viele Spuren hinterlassen, haben unterschiedliche Einstellungen geprägt. Wir erklären es als eine unserer wichtigsten Aufgaben, für gegenseitiges Verständnis und Respekt zu werben. Nach den Mauern aus Stein müssen jetzt die Mauern in den Köpfen eingerissen werden.

Berlin will im Jahre 2000 oder 2004 Olympische Spiele austragen und sich der Welt als Ort des internationalen Wettstreits präsentieren. Berlin ist Mitglied im Städtebündnis gegen Atomwaffen. Berlin strebt an, die Zusammenarbeit mit den Städten Paris, Warschau und Moskau erheblich zu intensivieren, um so eine ›Brücke der Partnerschaft der Metropolen Europas‹ zu bilden. Wir werden alles in unserer Kraft Stehende tun, damit eine Politik des sozialen Ausgleichs in unserer Stadt durchgesetzt wird. Wir wollen den Lebensstandard in der Stadt auf dem Niveau Westberlins angleichen. Es darf keine Bürger erster und zweiter Klasse geben.«

Und abschließend hieß es in dem einstimmig verabschiedeten Text, beide Stadtregierungen wollten sich mit allen zur Verfügung stehenden Mitteln dafür einsetzen, dass »der Wunsch des deutschen Volkes erfüllt wird, dass Berlin Hauptstadt und Regierungssitz des neuen, vereinigten Deutschlands sein soll. Berlin spiegelt die Höhen und Tiefen der deutschen Geschichte wider. Wir knüpfen an die demokratischen und republikanischen Traditionen der Revolution von 1848, des liberalen Preußens, der Weimarer Republik, an den Freiheitsgeist der Nachkriegsjahre und die Demokratiebewegung von 1989 an. Faschismus und Krieg dürfen nie vergessen werden. Gerade in Berlin haben sie viele Spuren hinterlassen. Wir wollen dazu beitragen, dass in Berlin eine aktive Auseinandersetzung mit der deutschen Geschichte stattfinden kann. Wir rufen die Bürgerinnen und Bürger unserer Stadt auf, aktiv an der Zukunft unserer Stadt mitzuarbeiten, ihre Interessen zu formulieren und sich am demokratischen Willensbildungsprozess zu beteiligen. Wir rufen zu Solidarität und Gemeinsinn auf. Die Herausforderungen der Wiederherstellung der Einheit sind groß. Wir können sie nur gemeinsam bewältigen.« In dieser ersten gemeinsamen Sitzung von Magistrat und Senat hatten wir auch eine historische Vorlage zu beraten. Sie trug den Titel: »Abriss der Berliner Mauer und die in diesem Zusammenhang notwendigen Koordinierungs- und Sicherheitsmaßnahmen«.

Hatten Magistrat und Senat anfangs noch verabredet, nur jedes zweite Mal gemeinsam zu tagen, so merkten beide Seiten schnell, dass die getrennten Sitzungen kaum sinnvoll waren. Es gab fast keinen Beschluss mehr, der nicht unmittelbar oder mittelbar auch den jeweils anderen Teil der Stadt berührte. Jede ausgabenwirksame Maßnahme des Magistrats würde sich nach der Wiedervereinigung auch auf den Gesamtberliner Landeshaushalt auswirken. Und jede Reform oder Neuerung im Westteil musste auch für den Ostteil akzeptabel sein, denn dort würde sie schon bald ebenfalls gelten. Ganz zu schweigen von den vielen grenzüberschreitenden Regelungen, die jetzt zu treffen waren: von der Verkehrsplanung über eine Quotenregelung für östliche Studienplatzbewerber an den Westberliner Hochschulen bis hin zur Nutzung Ostberliner Kindergartenplätze durch Westberliner Kinder. So beschlossen wir, künftig nur noch gemeinsam zu tagen – sehr zum Unwillen der Alternativen Liste, die darin schon wieder eine Beschleunigung des Einigungsprozesses sah.

Das Gremium, das sich jeden Dienstagmorgen im Grünen Saal des Roten Rathauses versammelte, war wohl die seltsamste Stadtregierung, die es je in Deutschland gegeben hatte. Vorne saßen zwei sozialdemokratische Bürgermeister sowie zwei Chefs der Kanzleien und an jeder Seite je dreizehn Ressortleiterinnen und -leiter, fünf von der CDU (Ost), acht von der SPD (Ost), drei von der AL (West) und zehn von der SPD (West), dazu zwei SPD-Fraktionsvorsitzende (Ost und West), ein CDU-Fraktionschef (Ost), eine AL-Fraktionsvorsitzende (West) und drei Pressesprecher, zwei aus dem Westen, einer aus dem Osten.

Dieses Gremium hat bei den Berlinern schnell den Spitznamen »Magisenat« bekommen. Dieser von der *tageszeitung* eingeführte und von ihr eher spöttisch gemeinte Begriff bürgerte sich bald ein, so dass er selbst in offiziellen Senatsvorlagen und im Schriftverkehr der Behörden auftauchte. Das Gremium war eine, wie ich es nannte, »ganz große Koalition« und erhielt seine Würze noch dadurch, dass als Westimport – auf Seiten der Ostberliner CDU – der vormalige Berliner Wirtschaftssenator und enge Vertraute Eberhard Diepgens, Elmar Pieroth, als Stadtrat für Wirtschaft mit am Tisch saß. Er beobachtete amüsiert, wenn SPD- und AL-Senatoren am Magisenatstisch wie die Kesselflicker stritten, mochte aber, wie er einmal gestand, die direkte, oft auch emotionale Art, wie wir in der rot-grünen Koalition miteinander umgingen. Um den bunten Reigen komplett zu machen, saßen des öfteren auch noch zwei FDP-Staatssekretäre mit am Tisch, die wir in Westberlin in den Ressorts Wirtschaft und Finanzen nach der Übernahme der Regierungsverantwortung im Amt belassen hatten.

Die Arbeit des Magisenats verlief erstaunlich harmonisch und sachorientiert. Dafür sorgte auch die Sitzordnung, die wir nach dem zweiten Mal so änderten, dass »Ossis« und »Wessis« sich nicht mehr gegenübersaßen, sondern die jeweiligen Ressortkollegen nebeneinander plaziert waren. Tatsächlich freundeten sich viele Mitglieder des Magisenats an, oft über Parteigrenzen hinweg. Nur einmal gab es einen harten Streit zwischen »Ossis« und »Wessis«. Es ging um die Besoldung der Ostberliner Magistratsmitglieder und des Oberbürgermeisters sowie der Bezirksstadträte. Bei seinem Amtsantritt verdiente Tino Schwierzina als Oberbürgermeister im Monat weniger als mein Fahrer und nur einen Bruchteil von dem, was ich gezahlt bekam. Nun verlangten die Ostberliner Stadträte eine Anhebung ihrer Vergütungen generell auf vierzig Prozent des Gehalts der West-Senatoren und entsprechende Versorgungsregelungen. Das war nur recht und billig.

Andererseits aber lief zu jener Zeit, im Sommer 1990, eine Welle der Verunsicherung und der Streiks durch die DDR. Die Tarifparteien im öffentlichen Dienst hatten sich noch nicht über die Anhebung der Löhne und Gehälter geeinigt. Unserer Ansicht nach würde es bei den Bürgern der DDR auf großes Unverständnis stoßen, wenn die Politiker sich wieder einmal zuerst bedienten. Vorsichtig versuchten wir gegen die Gehaltsanhebung zum gegenwärtigen Zeitpunkt zu argumentieren, aber die Reaktion der Magistratsseite war so heftig, dass wir zurücksteckten. Wir fühlten uns angesichts der Höhe unserer Gehälter auch nicht sonderlich wohl bei dieser Debatte. Die Ostberliner Stadträte waren moralisch im Recht, und so wurde ihre Gehaltsanhebung beschlossen und gemeinsam vertreten.

Tino Schwierzina und ich traten, so oft es ging, bei offiziellen Ereignissen und bei Pressekonferenzen gemeinsam auf. Bald wurden wir die »Zwillinge« oder auch »Schwierzomper« genannt. Ich nahm ihn einfach überallhin mit, auch zu Veranstaltungen, bei denen er als Redner nicht vorgesehen war, und oft teilten wir uns einen Redetext. Schnell begriffen aber die Verantwortlichen von Tagungen und Kongressen, dass es in Berlin jetzt zwei Stadtoberhäupter gab. Ein angenehmer Nebeneffekt war auch, dass wir uns im Notfall gegenseitig vertreten konnten. Bei der Fülle internationaler Gäste, die in die Stadt kamen, waren die Repräsentationsaufgaben allein kaum zu schaffen. Schwierzina erwies sich als ein Talent der öffentlichen Selbstdarstellung. Mit Mikrofonen und Kameras ging er bald so souverän um, als habe er sein Leben lang nichts anderes gemacht.

Wir sahen es als unsere Aufgabe an, die Einheit der Stadt nach außen hin gemeinsam zu verkörpern und ein Vorbild für den Geist der Kooperation zu sein, den wir in Berlin brauchen würden, wenn wir die großen Probleme der Vereinigung zweier so unterschiedlich gewordener Stadthälften ohne allzu große Brüche schaffen wollten. Die Aufgaben waren gigantisch. Zunächst mussten die Magistratsverwaltungen arbeitsfähig gemacht werden. In der Zeit vor der Wende gab es praktisch keine kommunale Selbstverwaltung, alles wurde zentral entschieden und gelenkt. Ganze Verwaltungszweige waren neu aufzubauen und mit der Westberliner Administration abzustimmen.

Thomas Krüger, mit 31 Jahren der Jüngste in unserer Runde, fand bei seinem Amtsantritt als Stadtrat für Inneres nur leere Räume vor. In den Zimmern war niemand zu entdecken, die Aktenschränke waren säuberlich leergeräumt. Zu einer eilig einberufenen Abteilungsleiterkonferenz erschienen nur einige Referatsleiter. Viele Abteilungsleiter hatten sich selbst eine Stufe herunterbefördert, um den erwarteten Auswechselungen der Verwaltungsspitze zu entgehen. Als Thomas Krüger seine erste Amtshandlung, die Entlassung der bisherigen Magistratsmitglieder und des Magistratssprechers, vollziehen wollte, fand sich keiner, der Auskunft geben wollte, wer für Personalangelegenheiten zuständig sei. Schließlich stellte sich heraus, dass die Personalakten im Roten Rathaus lagen. Krüger rief den dort zuständigen Mitarbeiter an, der jedoch die Anweisung, die Entlassungsschreiben fertigzustellen, mit dem Hinweis beantwortete, das gehe mit dem Computer nicht so schnell. Dann hatte er einfach den Hörer aufgelegt.

Und so war es überall: kein Telefon, keine Räume, keine Mitarbeiter, alte SED-Seilschaften. Wir schickten weitere Beamte und Angestellte und installierten Telefondirektleitungen in den Westen. Einen schweren Stand hatte Thomas Krüger, als er versuchte, SED- und »Stasi«-Leute aus leitenden Positionen der Stadtverwaltung zu entlassen. Der Magistrat machte dabei allerdings auch einen groben Fehler. Er beschloss in einer nächtlichen Sitzung ohne genaue Vorbereitung und Prüfung, allen Mitarbeitern des höheren Dienstes eine Kündigung zu schicken, verbunden mit dem Angebot, sich neu für die gleiche Stelle zu bewerben. So sollten die noch von der SED ernannten Kader aussortiert werden. Der Kreis der Betroffenen war in diesem Beschluss so ungenau beschrieben, dass zweitausend Angestellte diesen Brief erhielten, darunter auch etliche Theaterdirektoren und Kulturschaffende, die die Bürgerdemonstration vom 4. November 1989 organisiert hatten. Die von der Westberliner Innenverwaltung entsandten Beamten hatten nicht bemerkt, welche Sprengkraft dieser Beschluss hatte, der als »Aktion Besen«

in die Berliner Geschichte einging. Nach massiven Protesten der Betroffenen wurde die Maßnahme präzisiert und betraf schließlich nur noch 192 höhere Angestellte. Damit waren diejenigen erfasst, um die es wirklich ging.

Wir hatten uns im Magisenat von Anfang an darauf verständigt, relativ hart gegen die alten Seilschaften vorzugehen und überall in der Verwaltung, in den Schulen und in den anderen öffentlichen Einrichtungen Demokraten an die Spitze zu setzen. Die Bevölkerung und die Angestellten unterstützten dieses Vorgehen, denn sie waren es leid, drei Monate nach der ersten demokratischen Wahl in der DDR immer noch Amtsleitern zu begegnen, die ihre Position oft nicht wegen ihrer Qualifikation, sondern nur wegen ihrer besonderen Treue zum alten Regime erhalten hatten.

Besonders schwierig war dieses Unterfangen bei der Volkspolizei. Innenminister Peter-Michael Diestel (DSU) spielte weiter DDR, als ob nichts passiert wäre, und schützte die Berliner Polizei-Spitze vor dem Zugriff des Stadtrats Thomas Krüger und seines Westberliner Amtskollegen Erich Pätzold. Diestel weigerte sich, dem Ostberliner Magistrat die Zuständigkeit für die örtliche Volkspolizei zu übertragen. So kam es, dass der Polizeipräsident Dirk Bachmann, der für die Übergriffe auf die Demonstranten am 7. Oktober 1989 mitverantwortlich war, weiter amtierte. Das förderte nicht gerade die Zusammenarbeit zwischen den Sicherheitsbehörden beider Stadtteile.

Am 1. Oktober 1990 endlich bekamen wir die Zuständigkeit für die Polizei – wenige Stunden vor der deutschen Einheit und um diese wenigen Stunden auch nur deshalb vorgezogen, weil Staatssekretär Neusel aus dem Bundesinnenministerium dem DDR-Innenminister Diestel den dringenden Rat dazu gegeben hatte. Chefinspekteur Bachmann wurde dann sofort vom Dienst suspendiert.

Auch an anderer Stelle hatten wir mit den Eigenwilligkeiten der DDR-Regierung zu kämpfen. Einer der ersten Beschlüsse des Magisenats war der vollständige Abriss der Mauer bis zum Jahresende und die Wiederherstellung aller Straßenverbindungen bis zum 2. Juli. Am 13. Juni fuhren die beiden für das Bauwesen verantwortlichen Ressortchefs Wolfgang Nagel (West) und Ekkehard Kraft (Ost) in der Bernauer Straße in Wedding mit voller Kraft mit einem Abrissbagger gegen die Mauer und stürzten die ersten Segmente um. Die Grenztruppen der DDR, die diese Mauer jahrelang bewacht und dort geschossen hatten, sowie Pioniere der Volksarmee, die sie 1961 errichtet hatten, sollten, so war es mit der DDR-Regierung abgemacht, die Arbeiten erledigen. Dann aber kam Verteidigungsminister Rainer Eppelmann auf die Idee, der Stadt Berlin die Kosten dafür in Rechnung zu stellen. Ich sagte meinem Duzfreund ganz offen: »Lieber Rainer, du spinnst. Wir Berliner haben die Mauer nie gewollt. Die soll die Volksarmee mal alleine wieder beseitigen.« Er sah ein, dass sein Vorstoß nicht haltbar war, und ließ die Mauer durch seine Pioniere ohne Kosten für Berlin abreißen.

42 Straßenverbindungen wurden bis Anfang Juli notdürftig wiederhergestellt. Allein das kostete Westberlin elf Millionen Mark. Weitere rund 170 bis 200 Millionen D-Mark waren erforderlich, um sie in angemessener Qualität wieder herzurichten. Auch die Gelder für die Öffnung aller U-Bahnhöfe auf Ostberliner Gebiet mussten aufgebracht werden. Fieberhaft wurden die Geisterstationen der Linien 6 und 8, durch die die westlichen U-Bahnen bisher ohne Halt hindurchgefahren waren und die 28 Jahre lang im Dornröschenschlaf gelegen hatten, von Müll und Staub befreit, gestrichen und wieder funktionstüchtig gemacht. Am 1. Juli 1990, dem Tag der Währungsumstellung, waren sie alle wieder betriebsbereit. Tino Schwierzina und ich fuhren mit dem ersten U-Bahnzug nach Ostberlin und übergaben den traditionsreichsten U-Bahnhof Berlins, den Alexanderplatz, wieder seiner Bestimmung.

In der DDR wurde sehr lebhaft über die Bildung der Länder diskutiert. Einige Äußerungen aus Regierungskreisen erweckten bei uns die Befürchtung, dass dabei möglicherweise auch ein eigenständiges Land Berlin (Ost) gebildet werden sollte, das dann eine komplette Behördenstruktur entwickeln müsste. Unsere Nachfragen ergaben, dass in der DDR-Regierung tatsächlich die Sorge bestand, man könne andernfalls mit den Vier-Mächte-Rechten in Konflikt geraten. Wir teilten diese Sorgen nicht, denn wir wussten, dass die vier Mächte die Entwicklung sehr realistisch einschätzten. Klarheit schaffte schließlich der Brief des DDR-Ministers für Regionale und Kommunale Angelegenheiten, Manfred Preiß, vom 7. Mai. Darin wurde uns folgender Beschluss des Ministerrats der DDR mitgeteilt: »Zunächst geht der Ministerrat davon aus, die Vereinigung der beiden Teile Berlins nicht unmittelbar mit der Landesbildung zu verbinden. Es ist vorgesehen, dem Gebiet von Berlin-Ost einen Status mit Landesbefugnissen zuzuweisen, der in Abstimmung mit dem Senat einen Verwaltungsaufbau von Landesbehörden ermöglicht und zugleich alle Möglichkeiten der künftigen Einordnung von Berlin in die Länderstruktur Deutschlands nach Vereinigung beider Staaten offen lässt. Was die Kommunalverfassung betrifft, ist beabsichtigt, diese für Berlin-Ost sinngemäß anzuwenden bis zu dem Zeitpunkt, wo die neugewählte Berliner Stadtverordnetenversammlung eine gesonderte Verfassung beschließt.«

Dies war das erste offizielle Schreiben einer DDR-Regierung, in dem von der *Vereinigung Berlins* die Rede war. Zugleich war damit der Weg vorgezeichnet, zunächst getrennt ein Land Berlin und ein Land Brandenburg zu bilden. Auch aus statusrechtlichen Gründen hätte es Probleme gegeben, zum Zeitpunkt der Länderbildung in der DDR, die am 14. Oktober erfolgte, ein Land Berlin-Brandenburg zu konstituieren. Denn bis dahin waren die Vier-Mächte-Vorbehalte über Groß-Berlin kaum aufgehoben. Im Übrigen hatten die Brandenburger den Ehrgeiz, es zunächst allein zu versuchen. Der Brief gab Ostberlin die Möglichkeit, eine eigene Verfassung zu beschließen.

Klugerweise entschied sich eine große Mehrheit in der Stadtverordnetenversammlung dafür, die noch von der Gesamtberliner Stadtverordnetenversammlung am 22. April 1948 beschlossene, aber nach der Spaltung der Stadt nur im Westteil in Kraft getretene Verfassung von Berlin als Grundlage zu nehmen. Allerdings wurde sie in einigen Punkten modernisiert und trug zum Schluss eine deutlich progressivere Handschrift. So wurde das Kommunale Ausländerwahlrecht darin ebenso verankert wie das Antrags- und Rederecht von Bürgerinitiativen in den Stadtbezirksversammlungen. Eine wichtige Änderung war auch die Einführung von *politischen Bezirksämtern* im Ostteil der Stadt. Im Westen stellten die Fraktionen nach ihrer Stärke in den Bezirksverordnetenversammlungen das Bezirksamt zusammen. Die größte Fraktion nominierte den Bezirksbürgermeister. Mit dem politischen Bezirksamt aber konnten Koalitionen gebildet und die Bezirksämter nach Mehrheitsentscheidungen zusammengesetzt werden. Ein erwünschter Nebeneffekt dieser Regelung, die im Westteil schon lange von der SPD angestrebt wurde, aber immer am Einspruch der CDU scheiterte, war, dass die PDS, die in fünf Ostberliner Bezirken die stärkste Fraktion bildete, dort nicht die Bezirksbürgermeister stellen konnte.

Die Stadtverordnetenversammlung und das Abgeordnetenhaus bildeten gemeinsam einen paritätisch besetzten »Ausschuss Einheit Berlins«, der die notwendigen Weichenstellungen für die Vereinigung, also ein Wahlgesetz, eine gemeinsame Verfassung und ein Gesetz über die Überleitung von Landesgesetzen, vorbereiten sollte. Das erste Treffen am 14. Juni im Rathaus Schöneberg verlief allerdings in wenig kollegialer Atmosphäre. Mehrere Westberliner CDU-Abgeordnete erregten sich über die Redebeiträge von PDS-Abgeordneten und von Bärbel Bohley und machten rüde Zwischenrufe. Sie übersahen, dass ein solcher politischer Stil den DDR-Vertretern noch unbekannt war. Als Bärbel Bohley schließlich, den Tränen nahe, ihren Redebeitrag abbrach, wurde mit den Zwischenrufern hinter den Kulissen ein ernstes Wort geredet. Zwei entschuldigten sich dann auch und sprachen von »Gewöhnungsproblemen«, die man noch miteinander habe. Später wurde die Arbeit in diesem Ausschuss sachlicher, und das Gremium trug sehr viel zur reibungslosen Herstellung der politischen und rechtlichen Einheit Berlins bei.

Es wäre für die deutsche Einheit gut gewesen, wenn es auch auf der Ebene der Regierungen zwischen Bonn und Ostberlin eine so kooperative und partnerschaftliche Zusammenarbeit gegeben hätte, wie wir sie in Berlin entwickeln konnten. Aber das Bundeskabinett redete und beschloss über die DDR, ohne den DDR-Ministerrat jemals an solchen Beratungen zu beteiligen. Dieser Mangel hat spätere Konflikte vorprogrammiert. Das Berliner Modell der gleichberechtigten Zusammenarbeit im Magisenat und des paritätischen Parlamentsausschusses »Einheit Berlins« hat dagegen bei allen Differenzen, die auch wir hatten, viel dazu beigetragen, dass hier die Vereinigung gründlicher und besser vorbereitet wurde, dass wir problembewusster waren und dass vor allen Dingen die Ostberliner Seite nicht das Gefühl hatte, überrollt und vereinnahmt zu werden.

Historische Sitzung

Noch bevor die Verhandlungen über den zweiten Staatsvertrag aufgenommen wurden, setzte in der Bundesrepublik und in der DDR bereits eine wilde Diskussion über den Termin des Beitritts der DDR und der gesamtdeutschen Wahlen sowie über das Wahlgesetz ein. Die Taktiker aller Parteien überboten sich gegenseitig mit Vorschlägen und Argumenten. Die Diskussion war rein parteipolitischer Natur und geprägt vom bevorstehenden Wahlkampf. Weder wurde dabei Rücksicht auf die noch laufenden Zwei-plus-Vier-Verhandlungen genommen noch auf die Tatsache, dass die rechtlichen Rahmenbedingungen der Einheit noch nicht geregelt waren. Der Ablauf bestätigte meine These, dass nach den Volkskammerwahlen eine ungeheure Beschleunigung der Entwicklung eintreten würde. Relativ schnell einigten sich CDU, SPD und FDP sowohl in Bonn als auch in Ostberlin darauf, keine gesonderten Parlamentswahlen mehr durchzuführen, sondern eine gesamtdeutsche Wahl im Dezember 1990 oder Januar 1991 stattfinden zu lassen. Strittig blieb jedoch, ob diese Wahlen schon in einem vereinten Deutschland erfolgen – dann musste der Beitritt natürlich vorher vollzogen werden – oder ob in getrennten Staaten jeweils Teilparlamente bestimmt werden sollten. Dann würde der Beitritt erst nach Schließung der Wahllokale wirksam werden. Dahinter verbargen sich parteitaktische Überlegungen. Es lag insbesondere im Interesse der CSU, die Wahl in getrennten Wahlgebieten erfolgen zu lassen, weil dann die Chancen der DDR-Schwesterpartei DSU stiegen, in den Bundestag einzuziehen. Bei einer gesamtdeutschen Fünf-Prozent-Klausel hätte die DSU den Sprung ins Parlament kaum geschafft. Die Bonner CDU folgte diesem Kurs und war bereit, die Wiedervereinigung aus solchen parteitaktischen Überlegungen heraus noch eine Weile hinauszuzögern. Ihr wichtigster Verbündeter dabei war Ministerpräsident Lothar de Maizière, der sich strikt weigerte, einem Beitritt noch vor der Wahl zuzustimmen.

Diese Haltung führte in Ostberlin zu einer schweren Koalitionskrise. Die DDR-Liberalen nahmen den Streit zum Anlass, die Koalition zu verlassen. Am 22. Juli überstimmten CDU, PDS, DSU und »Bündnis '90« einen Antrag der Liberalen, den Beitritt mit Wirkung zum 1. Dezember zu erklären. Die Spannungen zwischen SPD und CDU in Ostberlin verschärften sich zunehmend. Die SPD in Ost- und in Westdeutschland stellte sich auf den Standpunkt, dass die gesamtdeutsche Wahl in einem vereinigten Land nach einem einheitlichen Wahlrecht erfolgen müsse. De Maizière machte plötzlich eine Wende um hundertachtzig Grad und schlug am 3. August vor, sowohl die Landtagswahlen in der DDR, den Beitritt als auch gesamtdeutsche Wahlen schon am 14. Oktober durchzuführen. Bundeskanzler Kohl war in dieses Vorhaben eingeweiht worden. De Maizières Vorschlag hätte aber eine vorzeitige Auflösung des Bundestags erfordert, was nur einvernehmlich mit der SPD oder über die Vertrauensfrage des Kanzlers zu machen war. Die Vertrauensfrage hätten CDU und FDP dann selbst scheitern lassen müssen. Bundeskanzler Kohl, der davor zurückschreckte, das Instrument der Vertrauensfrage auf solche Art zu missbrauchen, drängte die SPD, einer Auflösung des Bundestags zuzustimmen.

Doch die Sozialdemokraten weigerten sich strikt, eine solche hastige Vorverlegung des Wahltermins mitzumachen. Oskar Lafontaine erklärte zu Recht, die Bundesregierung könne ihre reale Verantwortung für die Lage in der DDR, die sie seit der Währungsunion habe, nicht länger hinausschieben. Durch einen frühzeitigen Beitritt der DDR werde klar, wer für die Lösung der Probleme im Land zuständig sei. Für die Vorverlegung von Wahlen gebe es dagegen keinen Grund, der 2. Dezember sei früh genug. Das war auch meine Auffassung. Lafontaine und große Teile der SPD versprachen sich von einem späteren Wahltermin, dass die DDR-Bürger dann deutlicher als bisher erkannt hätten, dass die Währungsunion überhastet war und die Hilfen des Bundes nicht ausreichten, um ein Zusammenbrechen der DDR-Wirtschaft zu verhindern. Diese Hoffnung teilte ich allerdings von Anfang an nicht. Die Bundesregierung hatte genug Sicherungen eingebaut, um das Kartenhaus der DDR-Wirtschaft bis Ende des Jahres einigermaßen stabil zu halten. Zur Not konnte sie immer noch einige Milliarden nachlegen.

Wir beobachteten alles aus dem Rathaus Schöneberg mit einiger Gelassenheit. Wir arbeiteten im Magisenat ohnehin schon so eng zusammen, dass ein Beitritt früher oder später für uns nichts geändert hätte. Und was den Wahltermin anging, so waren wir uns über die Parteigrenzen hinweg einig, dass Gesamtberliner Wahlen nach der Herstellung der Einheit so schnell wie möglich stattfinden sollten, wann immer das auch sein würde. Sorge machte mir allerdings, dass das sprunghafte, eigenmächtige Vorgehen von Ministerpräsident Lothar de Maizière die Regierungskoalition in Ostberlin immer mehr gefährdete. Wenn die DDR-Regierung scheiterte, konnte das dazu führen, dass ein Einigungsvertrag überhaupt nicht mehr zustande kam. Ich befürchtete, dass im Falle eines »Notbeitritts« der DDR nach Artikel 23 die Interessen der DDR-Bürger überhaupt nicht vernünftig in die Einheit eingebracht werden könnten. Bonn hätte die Bedingungen der Vereinigung allein diktiert.

Lothar de Maizière heizte den Koalitionskonflikt in unverantwortlicher Weise noch weiter an, als er nach einem heftigen Streit mit Finanzminister Romberg (SPD) am 15. August ihn und seinen Parteifreund, den Landwirtschaftsminister Pollack, aus dem Amt entließ. Dass er am selben Tag auch die Rücktrittsgesuche des christdemokratischen Wirtschaftsministers Pohl und des parteilosen Justizministers Wünsche akzeptierte, konnte nicht verhindern, dass damit das Ende der Großen Koalition gekommen war. Am 19. August beschlossen die Sozialdemokraten, das Regierungsbündnis zu verlassen. Lothar de Maizière amtierte nur noch mit einer Minderheitsregierung. Nun lag ein sofortiger Beitritt der DDR in der Luft.

In einer dramatischen Sitzung wurde darüber am Abend des 22. August bis tief in die Nacht hinein in der Volkskammer beraten. Ein erneuter Antrag der DSU, den Beitritt sofort zu erklären, fand jedoch keine Mehrheit, ebenso wenig wie alle anderen vorgeschlagenen Beitrittstermine. Erst am frühen Morgen des nächsten Tages wurde ein Kompromiss gefunden. Am 23. August um zwei Uhr fünfzig beschloss das erste frei gewählte Parlament der DDR mit 294 Ja-Stimmen gegen 62 Nein-Stimmen bei sieben Enthaltungen den Beitritt des Landes zum Geltungsbereich des Grundgesetzes mit Wirkung zum 3. Oktober 1990. Damit stand der Tag der deutschen Einheit fest.

Das Ja der Sowjetunion und sein Preis

Das Datum war letztlich ausgewählt worden, weil am 2. Oktober in New York ein Treffen der Außenminister der KSZE-Staaten angesetzt war. Die Fraktionen in der Volkskammer hofften, dass dort der Zwei-plus-Vier-Prozess endgültig geschlossen und ein Vertrag über die internationale Einbettung der deutschen Einheit somit noch vor dem Beitrittstermin unterzeichnet werden konnte. Die Verhandlungen der Außenminister der vier Siegermächte und der beiden deutschen Staaten waren am 5. Mai in Bonn aufgenommen worden. Diese erste Runde hatte allerdings noch keine großen Fortschritte gebracht. Die Sowjets beharrten auf ihrem Nein zu einer NATO-Mitgliedschaft des vereinigten Deutschlands. Es müssten »andere Varianten« gesucht werden, sagte Außenminister Schewardnadse.

Die westlichen Verhandlungspartner deuteten auf dieser ersten Sitzung schon schemenhaft an, wie eine solche Variante ihrer Ansicht nach aussehen könnte. Demnach sollte zwar das gesamte Deutschland Mitglied der NATO sein, jedoch die militärische Struktur des Bündnisses nicht auf das Gebiet der DDR ausgedehnt werden. Der Westen ließ außerdem durchblicken, dass er im Falle eines sowjetischen Zugeständnisses in der NATO-Frage die wirtschaftliche und technologische Zusammenarbeit mit der Sowjetunion erheblich intensivieren wolle. Grundsätzliche Einigkeit bestand unter den Teilnehmern, dass der Vier-Mächte-Status Berlins auf einem geordneten Weg beendet werden solle. Ebenso klar war, dass das geeinte Deutschland aus der Bundesrepublik, der DDR und Berlin bestehen würde – »nicht mehr, nicht weniger«, sagte der amerikanische Außenminister Baker. Das Bonner Treffen endete mit einer Verabredung über die Reihenfolge der zu beratenden Themen und den Ablauf der nächsten Sitzungen. Die Ausgangspositionen der sechs Teilnehmerstaaten waren damit markiert.

Die nächste Verhandlungsrunde fand am 22. Juni in Ostberlin statt. Zum Auftakt der Konferenz wurde die Baracke des alliierten Übergangs Checkpoint Charlie an der Friedrichstraße/Ecke Kochstraße in Kreuzberg in Anwesenheit der Außenminister feierlich beseitigt. Es war das erste symbolische Zeichen für den Abbau alliierter Hoheitsrechte in Berlin. Willy Brandt nahm als Ehrengast an der Zeremonie teil, die bundesweit im Fernsehen übertragen wurde. Ich musste an jenem Tag in Bonn im Bundesrat an der Abstimmung über den Staatsvertrag zur Wirtschafts-, Währungs- und Sozialunion teilnehmen. Bis heute bedauere ich, dass ich bei diesem denkwürdigen Ereignis am Checkpoint Charlie nicht anwesend sein konnte.

Checkpoint Charlie war das Symbol für die Präsenz der Alliierten in Berlin und für den Schutz, den die Westmächte uns boten. Am 1. September 1961 war der Kontrollpunkt als Reaktion auf den Bau der Mauer zunächst von der amerikanischen Militärpolizei provisorisch aufgebaut worden. Ein Wohnwagen diente als Kontrollstelle. 1962 kamen britische und französische Wachposten hinzu, und es wurde eine kleine Baracke in der Mitte der Straße aufgestellt. Mit diesem Übergang demonstrierten die Alliierten ihr Recht und ihre Entschlossenheit auf freien Zugang zum sowjetischen Sektor von Berlin. Im Oktober 1961 standen sich amerikanische und sowjetische Panzer im Konflikt um die Zugangsrechte direkt gegenüber. 1973 stand der Übergang unter Beschuss, als DDR-Grenzsoldaten versuchten, einen Fluchtversuch zu verhindern. Direkt am Übergang befand sich das »Haus am Checkpoint Charlie«, in dem die »Arbeitsgemeinschaft 13. August« Bilder, Fotografien und Gegenstände zeigte, die mit der Mauer und mit den Versuchen, sie zu überwinden, zu tun hatten. Das, was dort an Zeugnissen von geglückten und gescheiterten Fluchtunternehmen aufbewahrt wurde, lehrte mehr als alle Worte, wie übermächtig der Freiheitswille der Menschen hinter der Mauer war.

Für den sowjetischen Außenminister Schewardnadse war die Teilnahme an der Abrisszeremonie, die einer Dankesfeier für die westlichen Schutzmächte glich, politisch nicht ganz einfach. Um so bemerkenswerter war, was er in seiner Rede sagte: »An diesem Tag, der auch der 49. Jahrestag des Beginns des Großen Vaterländischen Krieges ist, drücke ich das Vertrauen aus, dass wir alle in der Lage sein werden, in Zusammenarbeit einen Schlussstrich unter die Vergangenheit zu ziehen und zu neuen Ufern der Verständigung und der Zusammenarbeit aufzubrechen. Mein Wunsch ist es, dass die Bürger Berlins in Frieden, Ruhe und Wohlstand leben werden.«

Als ein großer Kran das Kontrollhäuschen an den Haken nahm und hochhob, erklärte meine Stellvertreterin, die Bürgermeisterin Ingrid Stahmer: »Den Abbau von Checkpoint Charlie erleben wir Berlinerinnen und Berliner mit Dankbarkeit gegenüber unseren Schutzmächten. Mit Checkpoint Charlie verschwindet ein Stück praktischer Solidarität während der Zeit, als die Mauer uns isolierte. Doch ist es ein weiterer Schritt zur Normalität in Berlin.«

Auch auf dem Ostberliner Treffen der Außenminister wurde noch keine Einigung erzielt. Der sowjetische Außenminister Schewardnadse brachte den Vorschlag ins Spiel, innerhalb eines halben Jahres nach der Wiedervereinigung alle Truppen der Siegermächte aus dem Großraum Berlin abzuziehen. Mit dieser Idee konnten wir Berliner uns nicht anfreunden, denn sie bedeutete, dass die Stadt gänzlich ohne westlichen Schutz gewesen wäre, während ringsherum in Brandenburg, außerhalb des Großraums Berlin, mehrere hunderttausend sowjetische Soldaten stationiert blieben. Die Antwort der Westmächte auf diesen Vorschlag war eindeutig negativ. Mehr Bewegung in die Diskussion brachte die Ankündigung des Bundeskanzlers am Vortag des Ostberliner Außenministertreffens, dass er die Beziehungen Deutschlands zu Polen und der Sowjetunion auf eine neue vertragliche Grundlage stellen wolle. Kohl bezeichnete es als eine der größten Herausforderungen der kommenden Jahre, »die Sowjetunion mehr und mehr in die Gestaltung der europäischen Zukunft einzubeziehen – politisch, in Fragen der Sicherheit, ökonomisch und kulturell«. Er habe, teilte er mit, die westlichen Partner gebeten, bei den anstehenden Gipfeltreffen der EG und der westlichen Industrienationen über wirtschaftliche, technische und wissenschaftliche Hilfeleistungen für die Sowjetunion und die anderen Staaten Osteuropas zu beraten.

Damit hatte der Bundeskanzler die Grundlage geschaffen, auf der die Zustimmung der Sowjetunion zur deutschen Vereinigung, zur vollen Wiederherstellung der deutschen Souveränität und zur Mitgliedschaft Gesamtdeutschlands in der NATO gestützt werden konnte. Das war eine kluge und richtige Politik. Die Frage der NATO-Zugehörigkeit eines vereinigten Deutschlands war für die Sowjetunion tatsächlich mehr ein psychologisches als ein reales Problem. Was konnte sie schon dagegen haben, dass ganz Deutschland Mitglied der NATO war, wenn ihr eigenes Militärbündnis, der Warschauer Vertrag, zerfiel und von einer Kräftebalance der Blöcke in Europa nicht mehr die Rede sein konnte? Und sie konnte sich kaum dagegen sperren, wenn sie selbst gerade eine neue Form der Partnerschaft mit dem Westen und die Überwindung des Blockdenkens suchte.

Verständlich war allerdings, dass die Sowjetunion aus politischen und psychologischen Gründen nicht hinnehmen konnte, dass NATO-Truppen in Ostdeutschland einmarschierten. Auf keinen Fall wollte sie den Eindruck erwecken, ihre Soldaten müssten das Feld dem Gegner räumen, kampflos und gedemütigt. In der sowjetischen Bevölkerung und vor allen Dingen im Militärapparat wäre die Akzeptanz der deutschen Einheit erheblich gesunken. Gravierend war für Moskau auch das Problem der Finanzierung des Abzugs von über 500.000 Soldaten aus Osteuropa und deren Versorgung in der Heimat. Überall in der Sowjetunion, vor allen Dingen in den Ballungsgebieten, fehlten Wohnungen, war die Versorgung mit Lebensmitteln und Konsumgütern katastrophal. Moskau fürchtete, dass eine halbe Million unzufriedener Soldaten ein gefährlicher Faktor der Instabilität in der ohnehin prekären Situation des Landes sein könnte. Im Kreml herrschte auch die Sorge vor, die Sowjetunion könne nach einem Abzug ihrer Truppen aus Mittel- und Osteuropa politisch an den Rand des Kontinents gedrängt, ökonomisch noch weiter abgehängt und kulturell isoliert werden.

Genau auf diese Probleme zielte Kohls Initiative, den Abzug der Truppen mit harten Devisen zu vergolden und der Sowjetunion bei ihrem wirtschaftlichen Aufbau und ihrer Integration in Europa zu helfen. Der Kanzler beachtete sehr geschickt und zum richtigen Zeitpunkt die alte Bauernweisheit, dass man mit Speck Mäuse fängt.

Am 16. Juli traf Bundeskanzler Kohl im kaukasischen Schelesnowodsk mit Staatspräsident Gorbatschow zusammen und erzielte dort den entscheidenden Durchbruch für die Regelung der außenpolitischen Fragen. Die Sowjetunion gestand auf dem militärischen Sektor zu, dass das vereinigte Deutschland selbst über seine Bündniszugehörigkeit entscheiden könne. Damit war der Weg für die NATO-Mitgliedschaft Gesamtdeutschlands frei. Das geeinte Deutschland, so wurde weiter vereinbart, würde mit der Sowjetunion einen zweiseitigen Vertrag zur Abwicklung des Truppenabzugs aus den neuen Bundesländern schließen. Dieser Abzug sollte nach drei bis vier Jahren beendet sein. Solange noch sowjetische Truppen auf ostdeutschem Territorium stationiert wären, sollten die NATO-Strukturen auf dieses Gebiet nicht ausgedehnt werden. So wurde vermieden, dass sich NATO-Truppen und sowjetische Einheiten direkt begegneten.

In der Übergangszeit sollten Truppen der drei Westmächte auf der Basis von Stationierungsabkommen mit Deutschland in Westberlin verbleiben. Damit war den Berliner Schutzinteressen entsprechend unseren Forderungen Genüge getan. Die Streitkräfte des geeinten Deutschland sollten innerhalb von drei bis vier Jahren auf 370.000 Mann reduziert werden. Deutschland würde zum Zeitpunkt der Vereinigung seine volle und uneingeschränkte Souveränität erhalten. Der Vier-Mächte-Status von Berlin und die Rechte der Siegermächte über Deutschland als Ganzem sollten erlöschen. Gorbatschow sagte zu dieser wirklich historischen Vereinbarung: »Wir haben Realpolitik gemacht. Wir sind von unserer heutigen Wirklichkeit ausgegangen, von ihrer Bedeutung für Europa und für die Welt.« Real war allerdings auch der Preis, den Deutschland für das sowjetische Entgegenkommen zu bezahlen hatte: zwölf Milliarden D-Mark.

Für die internationale Einbettung der deutschen Einheit war im Juli mit den Vereinbarungen von Schelesnowodsk eine gute Grundlage für einen Vertrag der vier Siegermächte mit den beiden deutschen Staaten geschaffen worden. Nachdem bei einem parallel stattfindenden weiteren Außenministertreffen in Paris, diesmal unter Beteiligung Polens, auch die Frage der Garantie der polnischen Westgrenze befriedigend geregelt wurde, war alles weitere nur noch Formsache. Am 12. September unterzeichneten die sechs Außenminister in Moskau, im Beisein des sowjetischen Staatspräsidenten Gorbatschow, des Vaters der neuen Friedensordnung in Europa, das Dokument.

West-Elbien gegen Ost-Elbien

Am 6. Juli 1990 begannen im Haus des Ministerrats in Ostberlin die Verhandlungen über den zweiten Staatsvertrag, kurz Einigungsvertrag genannt. Er sollte sämtliche Fragen der Überleitung bundesdeutschen Rechts auf das Beitrittsgebiet, die Verteilung des Vermögens und der Lasten der DDR auf Bund, Länder und Gemeinden sowie die mit dem Beitritt notwendigen Grundgesetzänderungen regeln. Dazu gehörte die Änderung der Präambel des Grundgesetzes, aus der die Verpflichtung zur Einheit zu streichen war, sowie die Aufhebung des Artikels 23, der den Beitritt regelte und der nach der Vereinigung entbehrlich war. Am Ende umfasste das Vertragswerk samt Anlagen über tausend Seiten.

Verhandlungsführer waren auf westdeutscher Seite Bundesinnenminister Wolfgang Schäuble und auf DDR-Seite Staatssekretär Günther Krause. In weiser Voraussicht hatte die Bundesregierung diesmal darauf geachtet, die Länder von vornherein stärker einzubeziehen. Allein sechs Chefs der Staatskanzleien der alten Bundesländer, darunter auch Berlin, saßen mit am Verhandlungstisch. Für den Vertrag war im Bundestag wie in der Volkskammer eine Zweidrittelmehrheit erforderlich. Es war daher folgerichtig, dass die Bundesregierung von Anfang an den größtmöglichen Konsens mit der Opposition suchte und nicht die bei dem Vertrag über die Wirtschafts-, Währungs- und Sozialunion gemachten Fehler wiederholte. Hinzu kam, dass es bei den Verhandlungen im Wesentlichen um die Verteilung der auf die alten Länder zukommenden Lasten ging. Berlins größte Sorge bestand darin, dass die Stadt sämtliche in Ostberlin ansässigen zentralen Verwaltungsgebäude, Hochschulen und Akademien sowie Kultureinrichtungen nebst dem dazugehörigen Personal, zusammen weit über 200.000 Angestellte, zugeschoben bekäme. Das hätte den Landeshaushalt total überfordert.

Die Verhandlungen über den zweiten Staatsvertrag glichen daher über weite Strecken einem Pokerspiel zwischen Bund und alten Ländern sowie zwischen den Ländern untereinander. Von Solidarität war hier wenig zu spüren. Die neuen Länder der DDR waren noch nicht gebildet. Die DDR-Regierung bestellte in der zweiten Verhandlungsrunde statt der Ländervertreter einige Volkskammerabgeordnete zu Mitgliedern ihrer Delegation. Nur Berlin konnte es durchsetzen, dass der Magistrat einen eigenen Vertreter für den Ostteil entsenden durfte. So saßen sich in der Verhandlungsrunde an den Längsseiten des Tisches im Großen Saal des Stadthauses in Berlin beide Delegationen gegenüber und am Kopf des Tisches nebeneinander wie im Magistrat der Chef der Senatskanzlei, Dieter Schröder, und Stadtrat Thomas Krüger: Berlin sprach schon mit einer Stimme.

Es war eine große Schwäche, dass sich die neuen Länder der DDR noch nicht artikulieren konnten. Berlin musste unter dem unwilligen Murren westdeutscher Länder oft allein die Interessen der Ostländer ausfechten. Die DDR-Regierung rückte dabei oft an den Rand. Hatte Ministerpräsident de Maizière zu Beginn der Verhandlungen über den Einigungsvertrag noch klar die Forderung nach einer neuen Identitätsstiftung für die Deutschen erhoben, so zog sich sein Unterhändler Günther Krause schnell auf organisatorische Fragen zurück. Statt für die Interessen der Ostdeutschen hart zu kämpfen, versuchte er sich durch unangemessene Konzilianz für einen Sitz im nächsten Bundeskabinett zu qualifizieren.

In dieser Situation setzten die westdeutschen Länder unbeirrt ihre Interessen durch. Ein drastisches Beispiel dafür war die Verteilung des Länderanteils an der Umsatzsteuer. Nach dem geltenden Recht hatte jedes Land entsprechend seiner Einwohnerzahl darauf Anspruch. Demzufolge hätten auch die Länder der DDR ihre Anteile je nach Größe zu hundert Prozent bekommen müssen. Bei der westdeutschen Finanzministerkonferenz wurde jedoch festgelegt, dass sie 1991 nur fünfundfünfzig Prozent, 1992 sechzig Prozent, 1993 fünfundsechzig Prozent und schließlich 1994 siebzig Prozent der ihnen zustehenden Summe erhalten sollten. Der Berliner Finanzsenator Norbert Meisner sagte nach dieser Konferenz, bei den Beratungen innerhalb der westdeutschen Delegation sei er sich vorgekommen »wie bei der

Vorbesprechung über die gegnerische Fußballmannschaft«. Die DDR-Länder saßen nicht mit am Tisch. Die westlichen Länder argumentierten damit, dass die Umsatzsteuer fast ausschließlich von ihnen erwirtschaftet würde. Kein westdeutsches Land wollte wirklich die »Teilung durch Teilen überwinden«. Dabei ließ der zusätzliche Konsum der ostdeutschen Bürger das Umsatzsteueraufkommen im Westen enorm ansteigen; die alten Länder verdienten also sogar noch an der Einheit, wollten davon aber nichts wieder herausrücken.

Ich empfand dies als eine skandalöse Abschottung gegenüber den Ländern Ostdeutschlands. »Ich sehe schon vor mir, dass bald Ost-Elbien gegen West-Elbien steht«, sagte ich auf einer Pressekonferenz. Gegenüber den kleineren westdeutschen Ländern, die zusammen im Bundesrat auch über eine Sperrminorität verfügten, hatte es einen solchen Versuch der Ausgrenzung nie gegeben. Bis zuletzt wurde über den neuen Verteilungsschlüssel gepokert. Am Ende stimmte auch ich notgedrungen einem Kompromiss zu, der mit der Erhöhung auf sechs Stimmen für die großen Länder etwas maßvoller war.

Die Differenzierung der Sitzverteilung im Bundesrat nach der Größe der Länder ist grundsätzlich aber systemwidrig. Der Bundesrat ist wie alle Organe des Bundes dem Gesamtinteresse des Staates verpflichtet und keine Einrichtung, um die regionalen Interessen einzelner Länder gegenüber anderen Ländern durchzusetzen. Der Bundesrat muss das föderative Prinzip, also die gemeinsamen Interessen aller Länder, gegenüber der Bundesregierung und dem Bundestag durchsetzen. Demzufolge wäre es systemkonform, wenn jedes Land unabhängig von seiner Größe dort gleich viele Stimmen hätte, wie dies zum Beispiel im amerikanischen Senat der Fall ist.

Die mit dem Einigungsvertrag weiter vorangetriebene Differenzierung nach Größe der Länder im Bundesrat schwächte in Wirklichkeit den Föderalismus in der Bundesrepublik und verschärfte Konflikte zwischen den Regionen der Bundesrepublik.

Hauptstadt Berlin

Einer der schwierigsten Punkte bei den Verhandlungen über den Einigungsvertrag war die Hauptstadtfrage. Nach dem Fall der Mauer schien es zunächst allen als selbstverständlich, dass in einem vereinten Deutschland die alte Hauptstadt Berlin Sitz des deutschen Parlaments und einer gesamtdeutschen Regierung sein würde. Am 3. November 1949 hatte der Deutsche Bundestag auf seiner vierzehnten Sitzung beschlossen: »Die leitenden Bundesorgane verlegen ihren Sitz in die Hauptstadt Deutschlands, Berlin. Der Bundestag versammelt sich alsbald in Berlin, sobald freie, gleiche, geheime und direkte Wahlen in ganz Berlin und in der Sowjetischen Besatzungszone durchgeführt sind.« Das war klar und eindeutig.

Aber als der Überschwang der Freudenfeiern sich etwas gelegt hatte und die Arbeit an den Tausenden von Problemen begann, die auf dem Weg zur Einheit zu bewältigen sind, wurden Stimmen hörbar, die das so selbstverständlich Scheinende infrage stellten, gegen Berlin argumentierten und andere Vorschläge, darunter Augsburg, Nürnberg und Frankfurt, ins Spiel brachten. Vor allem aber formierte sich schnell die Lobby in Bonn. Ein Großteil der politischen Klasse Westdeutschlands war mit Bonn verwoben, hing aus Gewohnheit an Bonn und weil man dort über Kontakte und Immobilien verfügte. Die Abgeordneten aus Rheinland-Pfalz, dem Saarland und Hessen konnten von Bonn aus innerhalb von zwei oder drei Stunden wieder in ihre Heimatorte fahren. Nordrhein-Westfalen hatte ein ganz natürliches Interesse, den Standort Bonn als Regierungssitz zu erhalten, und setzte alle Hebel in Bewegung, um die zunächst eindeutig auf Berlin gerichtete Stimmung wieder umzudrehen – zu unserer Überraschung mit einigem Erfolg. Entscheidend war dabei, dass die Presseberichterstattung über die Hauptstadtfrage zu einem Großteil ebenfalls von Bonner »Interessenvertretern« wahrgenommen wurde, nämlich von den dort akkreditierten Journalisten, die dieses Thema, weil es ein überregionales war, zu bearbeiten hatten. Als ich am 25. Juni 1990 vor der Bundespressekonferenz zusammen mit Tino Schwierzina für Berlin als Hauptstadt warb, saß vor uns ein äußerst kritisches, teils sogar aggressives Publikum. Die Journalisten, von denen sich viele mit ihren Familien auf Dauer am Rhein niedergelassen hatten, machten nicht einmal mehr den Versuch, die Dinge neutral zu betrachten, verloren jegliche Distanz und brachten uns sämtliche Vorurteile entgegen, die es über Berlin gab. Und selbst wer die Frage etwas objektiver betrachtete, konnte sich doch schwerlich dem Druck entziehen, der im Bonner Meinungsklima herrschte.

Der *Bonner Generalanzeiger* hatte sich regelrecht zu einer Kampagnenzeitung entwickelt, sämtliche journalistischen Grundsätze in dieser Frage über Bord geworfen und gab tagtäglich in äußerster Einseitigkeit alle nur möglichen und unmöglichen Argumente für Bonn und gegen Berlin wieder. Mir wurde bei dieser Pressekonferenz klar, dass die Bonner Lobby mit allen guten Argumenten nicht zu überzeugen war und Berlin keine andere Chance hatte, als sich direkt an die deutsche Bevölkerung zu wenden. Die Mehrheit der Menschen war in den ersten Meinungsumfragen zu diesem Thema ganz eindeutig für Berlin. In Westdeutschland waren es 65 Prozent und in Ostdeutschland sogar 89 Prozent.

Bonn versuchte dieses Meinungsbild zu entkräften, indem es selbst Umfragen in Auftrag gab, in denen die Hauptstadtfrage differenzierter und komplizierter gestellt wurde, und entwickelte ein »Kompromissmodell«: Berlin sollte »repräsentative Hauptstadt« mit dem Sitz des Bundespräsidenten sein, Bonn Regierungs- und Parlamentssitz bleiben.

Ich nannte dieses Modell eine Mogelpackung, denn faktisch blieb damit alles am Rhein, nur Richard von Weizsäcker mit seinen dreihundert Mitarbeitern sollte an die Spree. Im Übrigen war es auch eine Missachtung der Bedeutung und Funktion des Bundespräsidenten, ihn so von Regierung und Parlament abzutrennen. Der Bundespräsident hatte glücklicherweise Anfang 1990 in einem Brief an die Parteivorsitzenden klargestellt, dass er »zur Dekoration einer sogenannten Hauptstadt, der alle anderen Verfassungsorgane fernbleiben«, nicht herhalten wolle. Richard von Weizsäcker bezeichnete einen solchen Plan als »politisch-optische Täuschung«. Wir versuchten, das Nadelöhr der Bonner Presse zu umgehen, indem wir Anzeigen in allen großen deutschen Zeitungen veröffentlichten. Viele Prominente, die weder aus Bonn noch aus Berlin kamen, wie Kurt Masur, Manfred Stolpe, Klaus von Dohnanyi, Georg Kronawitter, Udo Lindenberg, Hanns Joachim Friedrichs, Günther Jauch und Thomas Gottschalk votierten in diesen Anzeigen für Berlin. Die Bonner Lobby kritisierte die Kosten für diese Anzeigenkampagne und warf den Berlinern Verschwendung vor. Bonn, hieß es, habe so etwas nicht nötig. Wohl wahr.

Einer, den wir auch um eine Stellungnahme für unsere Anzeigenaktion baten, war der Jerusalemer Bürgermeister Teddy Kollek. Zwar wollte Kollek nicht mit seinem Votum in einer Zeitungsannonce erscheinen, aber seine Haltung war eindeutig: »Genauso wie das vereinte Jerusalem ein unveräußerlicher Teil Israels ist und dies, trotz der neunzehn Jahre dauernden politischen Trennung, als die ewige Hauptstadt des Landes auch immer war und bleiben muss, so soll auch ein ungeteiltes Berlin die natürliche Hauptstadt des wiedervereinigten Deutschlands sein. Berlin mit dem für seine Einwohner so charakteristischen Geist der Toleranz, Liberalität und Menschlichkeit, der sich trotz der schlimmen Jahre dieses Jahrhunderts wieder durchgesetzt hat, soll als Symbol eines vereinten Europas und als wahre Brücke zwischen Ost und West die ihm gebührende Rolle in der sich neu entfaltenden Weltgeschichte spielen.«

Am 4. Juli fuhr ich nach Ostberlin, um mit Ministerpräsident Lothar de Maizière vor Beginn der Verhandlungen über den Einigungsvertrag über die Gesamt-Berlin betreffenden Punkte, darunter auch die Hauptstadtfrage, zu sprechen. Ich beschwor ihn, in diesem Punkt fest zu bleiben: »Es ist im Interesse der ganzen DDR. Berlin muss ein lebendiges Zentrum sein. Wenn es Berlin wirtschaftlich gutgeht, geht es auch dem Umland gut. Aber umgekehrt, wenn uns hier die Strukturen zusammenbrechen, dann fehlt der entscheidende Motor, um die DDR voranzubringen. Vor allem sitzen die Politiker in Berlin näher am Geschehen als in Bonn, das wird von großer Bedeutung sein.«

De Maizière antwortete: »Die Aussage, dass Berlin eines Tages Hauptstadt eines wiedervereinigten Deutschland sein wird, war für uns immer ein Hoffnungsschimmer, ein Versprechen auf eine bessere Zukunft. Viele haben das geglaubt. Die Politik darf gerade in solchen Fragen nicht zu Sonntagsreden verkommen.« Er versprach mir, die Hauptstadtfrage als ein Essential der DDR in die Verhandlungen einzubringen, und trug dies auch bei der ersten Verhandlungsrunde im Haus des Ministerrats in Ostberlin vor. Die von der DDR-Seite eingebrachte Formel für den Entwurf des Einigungsvertrags lautete daher kurz und knapp: »Artikel 2. Hauptstadt Deutschlands ist Berlin.«

Die Vertreter Nordrhein-Westfalens, Hessens und Bayerns protestierten massiv dagegen. Sie würden, erklärten sie kategorisch, einem Einigungsvertrag mit einem solchen Passus niemals zustimmen. Am Abend des zweiten Verhandlungstages, am 7. Juli, versammelten sich Bundesinnenminister Schäuble und einige Ländervertreter im Rosensalon des Ostberliner »Palasthotels«. Der Vertreter Nordrhein-Westfalens forderte, den Artikel 2 zu streichen. Erst als er merkte, dass er damit nicht durchkam, schlug er vor, einen zweiten Satz anzufügen: »Die Frage des Sitzes von Parlament und Regierung wird nach der Herstellung der Einheit Deutschlands entschieden.« Unser Verhandlungsführer, Dieter Schröder, zögerte, ob mit einem solchen Zusatz der Artikel überhaupt noch eine Aussagekraft hätte, stimmte dann aber diesem Kompromiss notgedrungen zu. Einerseits war durch die Festlegung Berlins als Hauptstadt eine geschichtliche Wahrheit beschworen, andererseits war die eigentlich spannende Frage des Parlaments- und Regierungssitzes auf später vertagt. Die Formel ließ offen, wer darüber entscheiden sollte. Das konnte das gesamtdeutsche Parlament sein, und ebenso ein Plebiszit, eine Volksabstimmung.

Doch bei dieser Absprache blieb es nicht. Ende August rief mich der SPD-Partei- und Fraktionsvorsitzende Hans-Jochen Vogel im Rathaus Schöneberg an und berichtete mir, der Chef der nordrhein-westfälischen Staatskanzlei, Wolfgang Clement, habe soeben vor der SPD-Bundestagsfraktion berichtet, dass in den Staatsvertrag zur Hauptstadtfrage »einvernehmlich« noch ein Protokollvermerk aufgenommen worden sei, wonach »die gesetzgebenden Körperschaften des Bundes« nach der Wahl des ersten gesamtdeutschen Parlaments und nach Wiederherstellung der Länder in der ehemaligen DDR die Entscheidung über den Parlaments- und Regierungssitz treffen sollten. Damit war nicht nur die Möglichkeit eines Volksentscheids vom Tisch, sondern Clement hatte diesen Passus auch so interpretiert, dass sowohl Bundestag als auch Bundesrat entscheiden müssten. Da die Mehrheit der westdeutschen Länder im Bundesrat damals klar gegen Berlin war, bedeutete diese Interpretation, dass nicht einmal eine Mehrheit im Bundestag für den Umzug ausreichen würde.

Ich war über diese Nachricht in höchstem Maß verärgert. Am Abend zuvor hatten wir noch im Kreis der SPD-Ministerpräsidenten in der nordrhein-westfälischen Landesvertretung in Bonn zusammengesessen und bis tief in die Nacht über die letzten Kompromisse zu den noch strittigen Fragen des Einigungsvertrags diskutiert. Ich hatte erst nach langem Zögern einem Kompromiss zugestimmt, wonach die Zahl der Sitze der großen westdeutschen Länder im Bundesrat, wie geschildert, etwas weniger als ursprünglich geplant erhöht wurde. Kein Wort war über eine beabsichtigte Änderung der Hauptstadtpassage gefallen. Noch während man mir also die Zustimmung zu einem Kompromiss über die Sitzverteilung im Bundesrat abgehandelt hatte, hatte Wolfgang Clement hinter meinem Rücken die Zustimmung der anderen Länder zu seiner Protokollnotiz eingeholt. Dem Bundesinnenminister sowie der DDR-Delegation hatte er mitgeteilt, dass diese Formel Konsens aller Länder sei.

Als Dieter Schröder dies in der abschließenden Besprechung am 29. August scharf kritisierte, sagte Clement kalt, leider habe man vergessen, Berlin zu befragen. Zu ändern war jetzt nichts mehr, denn im Kronprinzenpalais »Unter den Linden« in Ostberlin war sozusagen der Sekt für die feierliche Unterzeichnung des Vertrags am 31. August schon kaltgestellt.

Die Interpretation Clements, dass Bundesrat und Bundestag gemeinsam über die Frage des Parlaments- und Regierungssitzes entscheiden müssten, war allerdings ziemlich gewagt, und Hans-Jochen Vogel hat ihr später auch vor der Bundestagsfraktion nachdrücklich widersprochen. Es würde unserem Verständnis von der Gewaltenteilung grundlegend widersprechen, wenn das eine Bundesorgan sich bei Organisationsfragen in die Belange des anderen Bundesorgans einmischte. Das würde einer verfassungsrechtlichen Überprüfung kaum standhalten. Vielmehr entscheidet der Bundestag autonom, wann, wo und mit welcher Tagesordnung er zusammentritt, und ebenso der Bundesrat. Und so ist dann auch verfahren worden.

Leider trat durch solche miesen Tricks, wie sie Nordrhein-Westfalen beim Einigungsvertrag praktizierte, die politische Dimension der Hauptstadtfrage völlig in den Hintergrund. Die meisten Menschen im In- und Ausland hielten und halten Berlin für die selbstverständliche und angemessene Hauptstadt Deutschlands, weil keine andere deutsche Stadt in die Höhen und Tiefen, die Kämpfe und die Leiden, die hellen und die finsteren Seiten der neueren deutschen Geschichte so verwoben ist. Das Schicksal keiner anderen deutschen Stadt spiegelt die neuere Geschichte der Deutschen auch nur annähernd so vollständig und so intensiv wider, nirgendwo ist sie über alle Zerstörungen hinweg so spannungsreich gegenwärtig wie in der Geschichte Berlins. Dies gilt für die politische Geschichte, die so wenige glückliche Momente aufweist und so entsetzliche Tiefpunkte, die nicht vergessen und verdrängt werden dürfen. Es gilt aber auch für die gesellschaftliche und kulturelle Entwicklung, für Industrie und Wissenschaft.

Freude statt Triumph

Natürlich hatten wir den Ehrgeiz, den »Tag der Einheit« am 3. Oktober zu einem glanzvollen Ereignis für Berlin zu machen. Wir erwarteten ein bis zwei Millionen Menschen. Die Aufgabe verlangte ein Höchstmaß an Sensibilität und Sorgfalt, um dieses Fest nicht mit nationaler Symbolik zu überfrachten. An diesem Tag musste sich die neue, noch umstrittene Hauptstadt von ihrer besten Seite präsentieren. Jeder Fehler, jede Panne würde uns von den Bonn-Lobbyisten sofort angekreidet werden. Demonstrationen oder gar Krawalle würden sofort als Argument gegen Berlin benutzt werden. Die autonome Szene hatte bereits angekündigt, das Fest stören zu wollen. »Deutschland, halt's Maul«, hieß der provokante Aufruf zur Gegendemonstration. Nicht nur die Kritiker von links, auch die Kräfte von rechts würden bei einem solchen Ereignis Punkte machen wollen. Schließlich waren Fernsehteams aus der ganzen Welt versammelt. Es lag nahe, dass Rechtsradikale versuchen würden, einen nationalistischen Fackelzug durch das Brandenburger Tor zu inszenieren.

Das musste verhindert werden. Das Fest sollte, gut ausbalanciert, die Freude über die Einheit und die kritische Selbstreflexion über Deutschland und seine Geschichte ausdrücken. Ich beauftragte den Staatssekretär in der Kulturverwaltung, Hanns Kirchner, und Senatssprecher Werner Kolhoff mit den Vorbereitungen. Mit der Programmgestaltung und der organisatorisch-technischen Abwicklung wurden die Berliner Festspiele beauftragt, die unter der Leitung von Ulrich Eckhardt schon bei der 750-Jahr-Feier der Stadt viele kulturelle Ereignisse meisterhaft veranstaltet hatten. Unser Grundkonzept war schnell klar: Wir wollten kein Fest des nationalen Pathos, sondern ein Fest des Volkes. Nicht Politik, sondern Kultur sollte die Stimmung dominieren. Es sollte fröhlich sein, aber nicht triumphierend, stolz, aber nicht arrogant, deutsch, aber nicht national. Wir wollten ein Fest der kulturellen Vielfalt, bewusst auch unter Einschluss der ausländischen Bürgerinnen und Bürger, ein Fest, das die Verankerung Deutschlands in Europa ebenso widerspiegeln sollte wie das Zusammenwachsen von Ost und West.

So entstand die Idee, zahlreiche Bühnen im Stadtzentrum aufzubauen und auf ihnen am 2. und 3. Oktober rund um die Uhr unterschiedliche Künstler spielen zu lassen. Und tatsächlich sagten schon kurz nach unserem öffentlichen Aufruf über tausend Musiker, Tänzer, Sänger, Schauspieler und Kabarettisten zu. Es gab Jazz am Marx-Engels-Forum, Folklore am Bebelplatz, Chöre am Neptunbrunnen, Carillon-Konzerte im Tiergarten, Rock am Alexanderplatz und ein Kinderfest vor dem Roten Rathaus. Am meisten freute mich, dass die Militärkapellen der Sowjetunion, der USA, Frankreichs und Großbritanniens gemeinsam auf einer Bühne im Lustgarten spielten. Ich wurde eingeladen, zum Auftakt dieses so symbolhaften Konzerts zu den Klängen der »Berliner Luft« den Taktstock zu schwingen, was ich, nachdem ich mit einem kundigen Mitarbeiter vorher in meinem Amtszimmer geübt hatte, gerne tat. Das Publikum hatte seinen Spaß daran.

Die Säle und Theater waren geöffnet und boten ein sehr anspruchsvolles und nachdenkliches Programm. Es gab Diskussionen mit Schriftstellern, die Erfahrungen des Lebens in der ehemaligen DDR vermitteln konnten. Wolf Biermann trat in der Humboldt-Universität auf, und in den Kirchen, die durch die Bürgerbewegung bekannt geworden waren, wurden klassische Konzerte gegeben. Bewusst verlagerten wir das Fest von dem alles überragenden Symbol, dem Brandenburger Tor, weg und hin zum Alexanderplatz. Die Sicherheitsfachleute hatten durchgesetzt, dass die Straße »Unter den Linden« von jeder Art von Buden oder Bühnen frei blieb, damit die Menschenmenge sich dort ungehindert bewegen konnte.

Wir schrieben auch – leider ohne jegliche Resonanz – die Landesregierungen an und baten sie um Beiträge für das Fest, um so die Vielfalt des vereinigten Deutschland darstellen zu können.

Und wir luden Parteien und Gruppen ein, sich und ihre Programme vorzustellen, was natürlich angesichts des nahen Wahltermins gerne angenommen wurde. So entstand in Rekordzeit ein buntes Programm, das dem Anlass angemessen war und das auch der Kritik und dem Protest genügend Raum gab.

Das Fest fand vom Abend des 2. Oktober bis zum Abend des 3. Oktober 1990 so statt, wie wir es geplant hatten. Es wurde mit rund zwei Millionen Besuchern das größte Straßenfest, das es in Deutschland bis dahin gegeben hatte, und es verlief in einer ruhigen, besinnlichen Atmosphäre. Die angekündigten Störaktionen blieben weitgehend aus. Der »Schwarze Block« der Autonomen blieb auf dem Weg zum Brandenburger Tor und zum Reichstag hoffnungslos in der Masse der Besucher stecken. Die von Ulrich Eckhardt ersonnene Klangmeile mit festlicher Musik entlang der »Linden« trug sicher auch dazu bei, die Stimmung in eine andere, friedlichere Richtung zu lenken. Nationale Töne fanden bei den Menschen an diesem Abend keinen Anklang. Dieses Fest war ein guter Startschuss für Deutschland, das sich der Welt präsentierte als eine Kulturnation, republikanisch und demokratisch gesonnen.

Hinter den Kulissen hatte es allerdings mit Bonn ein heftiges Gerangel um das Konzept gegeben. Diese Streitigkeiten bezogen sich aber nicht auf das »Fest der Einheit«, das die Bundesregierung nicht im Geringsten interessierte. Das sei Sache Berlins, hieß es, und wir mussten es komplett selbst organisieren und bezahlen. Die Bundesregierung interessierte sich einzig und allein für die historische Null-Uhr-Zeremonie, den Moment des Beitritts der DDR. Wieder ging es um eine wichtige Seite in den Geschichtsbüchern, und wieder war man im Kanzleramt sehr nervös. Der vom Innenminister entsandte Festbeauftragte, Ministerialdirektor Wighard Härdtl, kam drei Wochen vor dem Termin zum Vorbereitungsgespräch nach Berlin, und er präsentierte einen Ablaufplan, der aus unserer Sicht die denkbar schlechteste und zudem gefährlichste Variante war.

Nach dem Konzert, das die DDR-Regierung am Abend des 2. Oktober zum Abschied ihres Staates im Schauspielhaus geben wollte, sollten sich Kanzler, Kabinett, Präsident und die sonstigen Ehrengäste unverzüglich zum Pariser Platz vor dem Brandenburger Tor begeben und dort auf einer kleinen Bühne an der Nordseite Platz nehmen. Von diesem Standort aus sollten sie dann um 0 Uhr beobachten, wie etwa dreißig Meter entfernt am Brandenburger Tor die deutsche Fahne gehisst werden würde. Die Fernsehkameras sollten auf einem Podest gegenüber der Prominentenbühne platziert werden und so im Schwenk zwischen Staatsgästen und Tor die feierliche Szene optimal im Bild haben. Genau genommen planten die Bonner sogar, drei Fahnen zu hissen, eine an der südlichen und eine an der nördlichen Außenwand des Tors sowie eine weitere im Querformat unterhalb der Quadriga, die zu diesem Zeitpunkt allerdings gar nicht auf dem Tor, sondern zur Restaurierung in einer Halle des Museums für Verkehr und Technik stand. Ohnehin wurde das ganze Tor gerade restauriert und glich einer Baustelle.

Wir empfanden die Idee der Bonner als ausgesprochen geschmacklos und fatal. Am Brandenburger Tor hatte niemals eine Flagge gehangen – außer bei den Nazis, die das Gebäude während ihrer Aufmärsche und Fackelzüge mit Hakenkreuztüchern zugehängt hatten.

Hinzu kam, dass die so gehissten Deutschlandfahnen am Tor nicht hängenbleiben konnten, dem stand schon der Denkmalschutz entgegen. Sie hätten also am nächsten Tag oder einige Tage später wieder eingeholt werden müssen, womöglich klammheimlich nachts. Das alles erschien uns von der Symbolik her mehr als peinlich.

Der Hauptpunkt für unsere Ablehnung aber war, dass der Pariser Platz für eine solche Massenveranstaltung absolut ungeeignet war. Allenfalls fünfzehntausend bis dreißigtausend Menschen konnten dort stehen. Viele hunderttausend aber, die auch etwas sehen wollten, würden von hinten schieben und drücken. Die Erinnerung an das Chaos bei der Öffnung des Brandenburger Tors und die schrecklichen Ereignisse der Silvesternacht waren noch frisch. Völlig unrealistisch war es zudem, in einer solchen Menschenmenge für die Prominenz noch eine sichere Gasse für den Rückzug in das Reichstagsgebäude freizuhalten, wo im Anschluss an die Null-Uhr-Zeremonie ein Empfang gegeben werden sollte. Was Bonn hier plante, musste zu einer völlig unkontrollierten Situation führen, die durch das zu erwartende Auftreten radikaler Gruppen ganz schnell explosiv werden konnte.

Die Berliner Polizeioffiziere, die an der Besprechung mit den Bonner Abgesandten teilnahmen, sprachen sich vehement gegen den Bonner Plan aus und machten auf die Gefahren aufmerksam, die noch dadurch gesteigert wurden, dass DDR-Innenminister Diestel sich beharrlich weigerte, eine einheitliche Polizei in

Berlin zuzulassen. Allenfalls, so sagten sie, könne eine solche Veranstaltung halbwegs sicher durchgeführt werden, wenn schwere Absperrgitter und Polizeiketten zwischen Prominenz und Volk gelegt würden. Bonn möge selbst überlegen, welch unschönes Bild das böte.

Die Cheforganisatoren vom Bundesinnenministerium waren von ihrem Plan jedoch nicht abzubringen. Sie hatten offenbar klare Weisungen erhalten. Es ging ihnen um das entscheidende Fernsehbild: der Kanzler vor dem Brandenburger Tor, mit Flagge und Nationalhymne.

Der Senatssprecher, der für unsere Seite die Verhandlungen führte, bot den Platz der Republik vor dem Reichstagsgebäude als Alternativstandort an. Dort konnten bis zu 500.000 Menschen stehen und die Zeremonie beobachten. Man könne einen neuen, besonders hohen Fahnenmast vor dem Gebäude aufstellen, schlug er vor, und das gehisste Tuch könne als »Fahne der Einheit« für immer dort hängenbleiben, um an diesen Tag zu erinnern. Zudem sei das Fernsehbild viel besser, denn der Kanzler stehe unter der Inschrift »Dem deutschen Volke« auf der großen Treppe vor dem Hauptportal. Die Prominenz habe das Gebäude als Sicherheit im Rücken. Auch wäre die Symbolik hier viel treffender, meinte Werner Kolhoff, denn das Reichstagsgebäude sei als Sitz des gesamtdeutschen Parlaments mit dem 3. Oktober die neue politische Mitte unseres Landes.

Diese Bemerkung hätte er besser unterlassen, denn sogleich entspann sich eine aufgeregte Hauptstadtdiskussion. Man dürfe mit der Null-Uhr-Zeremonie keinesfalls in der Hauptstadtfrage etwas vorwegnehmen, meinten die Abgesandten aus Bonn. Ihr Hauptargument gegen den Berliner Vorschlag aber war, dass der Reichstag ein »westliches« Gebäude sei. Dort habe man die deutsche Fahne schon immer aufziehen können. Es gehe aber darum, dass sie jetzt im Osten gehisst werde.

Wir konnten uns des Eindrucks nicht erwehren, dass die Vertreter der Bundesregierung das Ost-West-Denken noch nicht ganz überwunden hatten und dass es hier eher um eine Siegesfeier nach erfolgreicher Eroberung als um eine Veranstaltung zur Vereinigung der beiden deutschen Staaten gehen sollte.

Schließlich spitzte sich die Debatte mit den Vertretern des Bundes derart zu, dass die Berliner Vertreter erklärten, wenn

Bonn auf einer Zeremonie am Brandenburger Tor beharre, werde der Senat öffentlich mitteilen, dass er diese Veranstaltung nicht mittrage. Man werde dem Bund so viele Polizeikräfte zur Verfügung stellen, wie er brauche, aber jede weitere Verantwortung für das Geschehen ablehnen. Die Vereinigung der beiden deutschen Staaten, die ja auch die Wiedervereinigung Berlins bedeutete, hätte dann mit einem erheblichen Missklang begonnen.

Es kostete mich mehrere Telefonate mit Bundestagspräsidentin Rita Süssmuth, Kanzleramtsminister Seiters und Innenminister Schäuble, bis ich die gefährliche und unsinnige Planung des Bundesinnenministeriums aus der Welt geschafft hatte.

Zwei Tage später brachte die Bürokratie am Rhein aber eine neue, noch schlimmere Variante auf die Tagesordnung. Weder am Brandenburger Tor noch am Reichstag solle die Null-Uhr-Zeremonie stattfinden, sondern am Staatsratsgebäude in Ostberlin solle die Flagge hochgezogen werden. Ministerpräsident

Nachdenkliche Gesichter: Bundestagspräsidentin Rita Süßmuth, Ministerpräsident a. D. Lothar de Maizière und Gregor Gysi, Vorsitzender der PDS

de Maizière und Kanzler Kohl würden nicht am Ort des Geschehens sein, sondern im Schauspielhaus bleiben, nach Ende des Konzerts kurze Reden halten und sich dann um Mitternacht zu den Klängen der Nationalhymne feierlich die Hand geben. Das Ganze sollte über Videoleinwand live für die Menschen auf der Straße übertragen werden. Ende September nahm ich selbst an einer nächtlichen Besprechung im Reichstagsgebäude bei Frau Bundestagspräsidentin Süssmuth teil, bei der die Teilnehmer sich bemühten, mit guten Argumenten, Engelszungen und einer riesengroßen Geduld Frau Bergmann-Pohl und Herrn de Maizière diese unsinnige Variante einzureden. Ihnen fiel der Abschied von der Eigenstaatlichkeit sichtlich schwer.

Die neue Planung war selbst dem Kanzler zu dumm: »Wir sitzen drinnen und die Leute draußen. Das gibt's nicht«, wurde mir als sein Kommentar überliefert. Damit war auch diese Schnapsidee vom Tisch, und die Zeremonie konnte so, wie von uns vorgeschlagen, vor dem Reichstagsgebäude stattfinden.

Ich war am 2. Oktober kurz vor Mitternacht als einer der ersten Ehrengäste mit meiner Frau vom Konzert im Schauspielhaus, das Kurt Masur mit dem Leipziger Gewandhausorchester gegeben hatte, am Reichstagsgebäude angekommen. Ich stand vor dem Portal auf der Freitreppe und war beeindruckt von der Szene, die sich mir bot. Rund eine halbe Million Menschen hatten sich hier versammelt, viele Deutschlandfahnen, aber auch einige Fahnen mit den Sternen Europas wurden geschwenkt. Hunderte von Scheinwerfern waren auf den großen Fahnenmast gerichtet, der inmitten eines eilends angelegten Blumenbeetes stand und an dem um 0 Uhr die »Fahne der Einheit« gehisst werden sollte. An sechzehn kleineren Masten wehten schon die Fahnen der Länder. Zum ersten Mal auch die Fahnen Brandenburgs, Mecklenburg-Vorpommerns, Sachsens, Sachsen-Anhalts und Thüringens.

Es war die klassische Silvestersituation, das gespannte Warten auf die näher rückende entscheidende Sekunde, die eine neue Zeit bedeutet. Die Massen auf dem Platz schoben und drückten, der Rückstau der Nachdrängenden reichte bis zur Friedrichstraße. Einige Absperrungen auf dem Platz der Republik waren bereits gefallen, und die Möglichkeit, dass fahnenschwingende Jugendliche einfach alle Barrieren übersteigen und das ganze, für die Fahnenzeremonie freigehaltene Areal überfluten würden, rückte von Minute zu Minute bedrohlich näher.

Es waren noch etwa zehn Minuten bis Mitternacht. Das Protokoll hatte meine Frau und mich, wie es dem Amt des Bundesratspräsidenten entsprach, in der ersten Reihe platziert, und wir warteten gespannt auf den Start der Zeremonie.

Plötzlich vernahm ich von hinten ein Rumoren und hektisches Getümmel. Es entstand ein großes Gedränge. Meine Frau traf ein Stoß in die Seite, und unversehens fanden wir uns weiter hinten wieder. Der Pulk des Kanzlers und des Kabinetts mit ihren Sicherheitsbeamten hatte sich vorbeigedrängelt und seinen Platz eingenommen. Ehre, wem Ehre gebührt. Jetzt kannten auch die »Helmut, Helmut«-Fans, die mittlerweile schon bis zur letzten Absperrung vorgedrungen waren, kein Halten mehr. Sie überkletterten die Gitter und strömten über die Wiese. Gerade noch konnten zehn Jugendliche aus Ost- und Westberlin in aller Hast die Fahne hissen, konnte die Nationalhymne gespielt werden, konnte Bundespräsident Weizsäcker ausrufen: »In freier Selbstbestimmung wollen wir die Einheit Deutschlands vollenden. Für unsere Aufgaben sind wir uns der Verantwortung vor Gott und den Menschen bewusst. Wir wollen in einem vereinten Europa dem Frieden der Welt dienen.« Dann kletterten die ersten Fans zu uns hinauf auf die Balustrade, reckten ihre Arme hoch und riefen wieder »Helmut, Helmut«.

Nicht nur die deutsche Einheit, auch die Vereinigung des Kanzlers mit seinen Anhängern war perfekt. Auf der Ehrentribüne brach eine mittlere Panik aus, die festlich gekleideten Gäste drängten hastig zurück ins Innere des Gebäudes. Draußen gab ein Polizist drei Warnschüsse in die Luft ab, um das Volk zum Stehen zu bringen.

Inhalt

ISBN 978-3-360-02180-9

Umschlaggestaltung: Buchgut, Berlin, unter Verwendung
eines Motivs von picture alliance/Wolfgang Kumm
Fotos: Archiv Peter Brinkmann S. 212; Archiv Erich Hahn S. 43,
Archiv Hans Modrow S. 239, 235, 242; Archiv edition ost S. 49, 103, 120,
128, 187, 391

Druck und Bindung: Grafica Veneta, Italien
Das Neue Berlin Verlagsgesellschaft mbH
Neue Grünstraße 18, D-10179 Berlin

Die Bücher des Verlags Das Neue Berlin
erscheinen in der Eulenspiegel Verlagsgruppe.

www.eulenspiegel-verlagsgruppe.de